创新与突破
职业本科教育发展研究

余 闯 施星君 / 著

上海社会科学院出版社
SHANGHAI ACADEMY OF SOCIAL SCIENCES PRESS

本研究列入浙江省哲学社会科学规划重点项目

前　　言

职业本科教育,作为新时代我国职业教育体系中最关键的环节,已从构想层面悄然进入了实质性推进与实践创新阶段。发展职业本科是我国职业教育高质量发展的应然之需和实然之路。无论是"立足教育看教育"还是"跳出教育看教育",现阶段我国职业教育发展的关键主题词,诸如"类型教育""全纳教育""增强适应性""高质量发展""加快构建现代职业教育体系""弘扬工匠精神""提高技术技能人才社会地位""打造技能型社会",等等,无不浮现着职业本科的身影。

与职业本科研究首次结缘,是在作者所在院校高职本科"4.0"联合办学试点的首批学生毕业典礼上。当时望着一张张年轻而又自信的脸庞,不禁关切:四年间学生学了什么?学得如何?就业情况如何?进而思索:为什么要办职业本科?为哪些产业和岗位培养人才?意欲培养怎么样的人才?如何培养?如何评价?于是开始上下而求索。2021年8月立项教育部职业教育改革研究课题"本科层次职业教育评价体系和机制研究——基于全国典型试点项目";同年11月在《高等工程教育研究》刊发《工科类职教本科人才培养定位及体系——以X学院机械工程专业为例》;2022年5月在《中国高教研究》刊发《职业本科专业评价设计的逻辑与路径》,至此迈出了这一领域研究探索的第一步。

闲云潭影日悠悠,物换星移几度秋。从2021年关注职业本科发展以来,迄今也过了一年半。回顾国内研究史,职业本科相关研究从2014年开始就逐渐被关注,自2019年起才真正成为热点,相关研究从此百花齐放、百家争鸣。有宏观上关于办学必要性、办学定位的高瞻远瞩之论,也有微观上关于专业设置、课程改革的精耕细作之文;有横向上关于中外高层次职业教育发展模式的详尽比较,也有纵向上关于我国职业本科办学历程的系统梳理;有立于职教研究金字塔尖的名家巨作,也有来自办学试点教学一线的草根声音。立意之高、底蕴之深、视野之阔、积累之厚、探索之实，无不令人感叹广大职教人的勤恳与睿智。但冷静看来，高、深、阔、厚、实兼具，唯独缺了个博——迄今未有关于职业本科的系统性论著。是故，本书试图立足一个"博"字，一是从背景、历程、内涵、定位、路径、政策、评价、条件、环境、机制等对职业本科教育进行全方位解析；二是博采众长，将现有职业本科教育相关研究中的独到观点见解、实践中的典型经验做法进行系统性梳理和体系化呈现；三是在巨人的肩膀上，将自身近几年在职业本科教育方面的观察、研读、探索、思考、体会及感悟凝结成文，与广大读者共研、共勉。

功夫不负有心人，历经一年多磨砺，这部涵盖10个章节，30多万字的书稿终于杀青。

本书第一章再现了我国职业本科发展历程，界定了职业本科的概念内涵，并解析了发展职业本科教育的必要性；第二章描述了国外职业本科（应用型本科）的发展历程与典型模式，揭示了其对我国的借鉴启示意义；第三章在与相关层次和类型的教育辨析基础上，着重剖析和评价了职业本科教育的人才培养定位；第四章分别就职业本科学校与专业设置，从现状、依据、评价与优化策略四个层面展开论述；第五章从职业教育聚焦到职业本科，描述了职业本科特色人才培养模式，凸显了职业性和高端性两大特性的交会；第六章结合典型工科、商科职业本科教学实例，从课程体系构建、课程开发、教学改革实施、实践教学改革等方面对职业本科专业（群）教学体系进行了详尽解读；第七章从教育支持体系视角重点阐释了职业本科教育师资队伍、实训基地以及教学资源三大要素建设要旨；第八章分别构建了职业本科学校办学水平以及职业本科专业人才培养的评价体系，并探讨了职业本科教育质量保证体系建设；第九章立足职业教育的外部性特征，从内外联动视域论述了职业本科教育的产教融合、招生就业、技能培训与技术服务，并在此基础上剖析了职业本科教育在促进社会认同中的形势与对策；最后一章从宏观到微观、从社会到学校，就治理层面探讨了职业本科人才培养的制度与保障。

10个章节基于认知与实践逻辑共同构筑了较为完整的职业本科教育研究体系，表征了我国职业教育正迈入的高质量发展阶段，一笔一画均勾勒出职业本科的显著特征：职业教育的类型性、本科层次的高端性、人才培养的复合性、技术技能的统一性、应用研究的实效性。

本书取名"创新与突破：职业本科教育发展研究"，源于教育部职业教育与成人教育司司长陈子季在南京工业职业技术大学首届本科生毕业典礼暨学士学位授予仪式当天视频致辞中所表示的"我国职业本科教育经过多年的探索创新和突破发展",其内在蕴意有三:第一,职业本科是职业教育层次上的突破,突破的是专科层次的天花板,强化的是类型教育特征,提升的是对经济社会发展的适应性;第二,职业本科是新时代我国职业教育高质量发展的产物,是职业教育在党的领导下实现办学体制机制和模式上创新,萌发勃勃生机;第三,本书在当前职业本科教育相关研究基础上实现了小小的突破创新,体现于更为健全的体系、更为丰富的内涵、更为通透的主线、更为翔实的内容、更为充分的实证,以及更为冷静的思考。

本书谈不上大家名著,仅是以严谨细实、精益求精的治学态度对职业本科理论研究及实践历程进行梳理、归纳与集成,并附个人之见解,不求能带来多大的理论突破和模式创新,只愿以拳拳之心和实践思考,为我国职业本科发展略尽绵薄之力。今后几年是我国职业教育高质量发展的关键,职业本科相关研究与实践亦永远在路上。"路漫漫其修远兮,吾将上下而求索",对职业本科教育的关注将更加密切,对职业本科研究的投入也将更加义无反顾。敢竭鄙怀,恭疏短引。如今砖已抛,玉待引,诚请广大专家学者洒潘江、倾陆海,共书新时代我国职业本科教育高质量发展之壮美诗篇。

临将付梓,百感交集。浙江工贸职业技术学院的王淑玲、余好、敖祖辉、何丹、李晓星、高尧、魏振锋、石娜、夏正超、毛海舟、夏侯珺等老师为本书付出了辛勤劳动,并提供了诸多真知灼见;南京工业职业技术大学等职业本科学校的老师为本书的撰写提供了许多宝贵的案例及数据,在此一并表示衷心感谢!

最后,正如陈子季司长所言,在职业本科探索实践的道路上,未来将会有更多创新与突破之壮举。让我们全体职教人携手并进、奋楫前行,共绘职业本科的美好明天!

目　录

前　言 ··· 1

第一章　职业本科教育发展基础 ··· 1
　　第一节　职业本科的起源与发展 ··· 1
　　第二节　职业本科概念内涵 ·· 22
　　第三节　发展职业本科教育的必要性 ······································ 29

第二章　国外职业本科发展历程及启示 ···································· 36
　　第一节　国外职业本科教育的起源与演进 ································· 36
　　第二节　国外职业本科教育的典型模式 ··································· 39
　　第三节　国外职业本科教育发展经验及启示 ······························ 70

第三章　职业本科教育人才培养定位 ······································ 74
　　第一节　职业本科教育人才培养定位的内涵 ······························ 74
　　第二节　职业本科教育与同级或同类教育的定位辨析 ··················· 82
　　第三节　职业本科人才培养定位的内在逻辑与价值追求 ················ 87

第四章　职业本科学校及专业设置 ··· 99
　　第一节　职业本科学校设置标准 ··· 99
　　第二节　职业本科教育布局分析与优化 ··································· 113
　　第三节　职教本科专业设置标准与生成逻辑 ······························ 125
　　第四节　职业本科专业设置分析及优化 ··································· 130

第五章　职业本科人才培养模式 ··· 134
　　第一节　职业本科人才培养体系建构 ······································ 134

第二节　职业本科人才培养模式设计 …………………………………… 141
　　第三节　职业教育人才培养模式的特征 ………………………………… 151
　　第四节　职业本科特色人才培养模式 …………………………………… 161

第六章　职业本科课程体系建构与实施 ………………………………… 174
　　第一节　职业本科课程体系设计原则 …………………………………… 174
　　第二节　职业本科课程体系设计 ………………………………………… 176
　　第三节　职业本科课程设计与开发 ……………………………………… 187
　　第四节　职业本科教学改革与创新 ……………………………………… 197
　　第五节　职业本科实践教学 ……………………………………………… 201

第七章　职业本科人才培养资源与条件 ………………………………… 207
　　第一节　职业本科高素质"双师"队伍建设 …………………………… 207
　　第二节　职业本科高水平实训基地建设 ………………………………… 219
　　第三节　职业本科教学资源开发与应用 ………………………………… 231

第八章　职业本科人才培养评价与质量保证 …………………………… 241
　　第一节　职业本科学校办学水平评价 …………………………………… 241
　　第二节　职业本科专业建设与人才培养水平评估 ……………………… 250
　　第三节　职业本科专业建设与人才培养质量保证体系建设 …………… 262

第九章　职业本科发展的外部体系及联动机制 ………………………… 269
　　第一节　职业本科的产教融合 …………………………………………… 269
　　第二节　职业本科的招生就业 …………………………………………… 275
　　第三节　职业本科技能培训与技术服务 ………………………………… 284
　　第四节　职业本科教育发展的社会认同 ………………………………… 291

第十章　职业本科人才培养的制度与保障 ……………………………… 299
　　第一节　现代职业教育国家资历框架搭建 ……………………………… 299
　　第二节　职业本科学位制度设计 ………………………………………… 308
　　第三节　职业本科治理体系建构 ………………………………………… 316

第一章 职业本科教育发展基础

在新时代我国职业教育体系中,职业本科的"引领性"作用至关重要。职业本科教育相关研究与探索实践早在20世纪末就萌生,现阶段已成为我国职业教育高质量发展的重点与热点。溯源更能"知今",扎根方可"知全"。

第一节 职业本科的起源与发展

一、我国职业本科的起源

对职业本科系统性研究的前提是对其起源及发展历程的追溯。2014年,《国务院关于加快发展现代职业教育的决定》(国发〔2014〕19号)(以下简称《决定》)首次提出"探索本科层次职业教育",开启了我国职业本科教育自上而下探索发展的新篇章。而实质上,早在20世纪末,我国就有学者和高校开始了职业本科教育的研究与探索。

(一)职业本科产生萌芽

我国关于职业本科教育的研究最早可追溯到1998年。当年有学者提出了"322模式",即增补本科高职教育,形成"中专(三年)、大专(二年)、本科(二年)职业教育相互衔接、中高贯通的教育体系"①。当时我国职业教育主要集中在中等(中专)层次,高等职业教育专科层次尽管有了一定发展,但尚未经历大规模扩招阶段。学者通过对当时我国经济社会发展形势的研判,提出对职业

---

① 叶尚川,陈敬良,袁明芳,李川.322模式:职业教育向高层次发展的突破性选择[J].上海高教研究,1998(12):81—83.

教育人才培养层次上移的要求,具有较强的科学性和前瞻性。但与此同时,作者认为 MBA、工程硕士、教育硕士属于研究生层次的职业教育,这一观点有待商榷。

1999 年 1 月教育部印发了《试行按新的管理模式和运行机制举办高等职业技术教育的实施意见》的通知,要求有条件的本科院校积极承担高等职业技术教育的培养任务。依托一些大学的二级学院和 1999 年以后新建地方本科院校发展高职本科教育或办学条件较好的高职院校进行本科试点成为众多研究者的基本思路[①]。朱利平立足经济社会发展需求、技能人才缺口现状以及高等教育结构性优化实际,提出了普通工科院校举办高等职业本科教育的路径和方法。[②]其中针对行业职业岗位设置专业、培养"双师型"师资等观点颇具新颖性。随后我国职业教育关注重心更多转向了高职专科扩招和办学,职业本科相关研究短期内淡出视野。

(二)职业本科实践起源

实践层面,我国自 2000 年起开始了初步尝试。是年 4 月,清华大学成立了我国第一个以培养"第二学位"为主的高层次职业技术学院——清华大学应用技术学院;华东理工大学于同年 10 月举办了两个本科高职专业和两个本科高职专业。[③]这些由国内理工类"985""211"高校举办的本科层次教育呈现出"面向就业和职业""培养应用技术人才""注重实践教学"等显著特征,但是称之为职业教育主要源于主流学者的认知,是否属于真正意义上的职业教育尚无官方定义或统一认识。其中清华大学官方发布信息为"为适应我国国民经济和社会发展的需要,充分利用我校现有的设施和条件,培养复合型、应用型技术人才和管理人才,经 1999—2000 学年度第 3 次校务会议 1999 年 9 月 30 日讨论,决定成立清华大学应用技术学院,简称技术学院,英文名称 School of Applied Science and Technology"。从中可提取三点信息:第一,清华大学官方并没有明确公告这属于职业教育;第二,技术本科、应用本科和职业本科的根本性差异没有得到清晰界定;第三,英文使用科学技术中的"Technology"而

---

① 董静,裴晓林,卢矜.我国高等职业教育本科研究综述[J].石家庄铁路职业技术学院学报,2012,11(3):111—115.

② 朱利平.普通工科院校举办高等职业本科教育的探索与研究[J].江苏理工大学学报(社会科学版),1999(4):62—64. DOI:10.13317/j.cnki.jdsxb.1999.04.019.

③ 李媛媛,彭巨擘.德国应用科技大学与我国高等职业本科教育的比较研究[J].价值工程,2016,35(5):205—208. DOI:10.14018/j.cnki.cn13-1085/n.2016.05.074.

非职业技术教育中常用的"Technique",也无法明确属于职业教育。

界定一种教育是否为职业教育的两个主要依据为:①人才培养的逻辑起点是学科知识体系还是职业岗位能力要求;②人才培养过程主线是依据知识建构逻辑还是生产(工作)过程和能力递进规律。从另一个角度看,2000年我国高等职业教育尚处于探索发展时期,各类职业技术学院办学历程不长,经验不足,经常借鉴普通本科学校的学校治理与人才培养模式。2001年,深圳职业技术学院开始试办本科层次高等职业教育,办学模式与上述两种教育差异并不大。所以,称清华大学和华东理工大学所办的应用技术本科教育为职业本科教育是符合时代性特征的。

二、我国职业本科发展历程

尽管我国职业本科起源较早,但近20年来我国职业教育发展更侧重于处于基础性低位的中等职业教育以及处于主体性地位的高等专科职业教育,职业本科的探索基本处于小规模、地方性、分散试点阶段。可以认为,2019年《国家职业教育改革实施方案》的出台成为职业本科正式走向快速发展的重要分水岭。

迄今可将我国职业本科发展大致分为四个阶段:萌芽阶段(1998—2001)、起步阶段(2002—2013)、多元探索阶段(2014—2018)、快速发展阶段(2019—)。

萌芽阶段(1998—2001):该阶段的典型代表为上述两项研究以及清华大学、华东理工大学、深圳职业技术学院三校的初步探索,不再赘述。

起步阶段(2002—2013):该阶段职业本科教育发展的主要特征可归纳为:研究碎片化、探索地方化、模式多样化。

理论研究方面,12年来研究热度不均,增长缓慢,到2013年,全年相关研究文献仅20余篇。12年来对于高职本科的研究基本集中在必要性、定位和发展路径三个方面。典型代表有:万由祥(2002)提出了三种办职业本科的路径,分别为综合实力雄厚的独立设置的高职高专院校升格、普通大学名副其实办高职的二级学院、普通本科院校转办。[①]郭扬(2002)将技术本科定义为本科层次的职业教育,并借鉴了我国台湾地区二年制技术学院和新加坡理工学院的

[①] 万由祥.发展高职本科教育刍议[J].孝感职业技术学院学报,2002(2):13—15.

办学思路,提出我国发展专科后二年或高中后四年的技术本科教育的思路。①杨金土(2003)认为我国本科教育层次所实施的高等技术教育,应该定位于高等职业教育范畴;确立高等职业技术教育在我国本科层次的应有地位,是我国实现现代化建设目标的客观要求。②程忠国等(2007)以1998—2005年期间我国共新增设本科院校189所为背景,在剖析高职本科与普通本科、高职专科之间区别的基础上,将高职本科人才培养定位为"培养技术密集产业的高技术应用型人才,并担负培养生产第一线需要的管理者、组织者和中职学校的师资等任务"③。就当是经济社会发展形势而言,这种定位表述比较精确且契合实际。颜廷凤(2008)通过对联合国教科文组织《国际教育标准分类》以及国际职业教育发展形势的分析,指出我国发展本科层次职业教育大有前途,同时提出了我国发展本科教育的基本途径和方法。④王琼(2009)从职业教育发展国际形势与趋势、我国经济与科技发展客观需求、学生接受高层次职业教育三个方面剖析了我国发展高职本科教育的必要性,他提出的培养"双师型"教师队伍、加强能力本位课程开发等策略,就现在而言仍不过时。⑤叶华光、崔现强(2010)梳理了高职教育本科和专科的主要边界,认为高职本科的人才培养目标可以概括为培养面向现代社会的高新技术产业,在生产、建设、管理、服务等一线岗位,直接从事解决实际问题、维持工作正常运行的高等技术应用性专门人才。⑥李红卫(2010)认为职业技术类大学与普通大学并驾齐驱的双轨制存在天然的不稳定性,另起炉灶式的发展模式成本太高,而目前高等教育系统存在职业技术类大学普通化、普通大学职业技术化的趋势,故立足现有高教资源,遵循"一元体制下的二元模式"发展高职本科是可能的有效路径。⑦俞建伟(2011)对国际上高职本科教育展开了比较研究,将日本的技术科学大学(University of Technology)、德国的技术科学大学(Fachhochschule)、英国的多科技术学院(Poly-

---

① 郭扬.关于我国发展技术本科的策略研究[J].职业技术教育,2002(1):13.
② 杨金土.我国本科教育层次的职业教育问题[J].职教论坛,2003(1):19—23.
③ 程忠国,李玉春,刘丹青.高职本科:一个亟待探索与创新的教育层次[J].教育与职业,2007(24):36—37.
④ 颜廷凤.我国本科层次职业教育发展问题探讨[J].安顺学院学报,2008(2):44—45,74.
⑤ 王琼.发展高职本科教育的探讨[J].云南财经大学学报(社会科学版),2009,24(5):138—139.
⑥ 叶华光,崔现强.高等职业教育本科与专科的主要边界研究[J].广州番禺职业技术学院学报,2010,9(1):10—14,23.
⑦ 李红卫.我国高职专升本政策回顾与展望——兼论我国发展高职本科的路径[J].职教论坛,2010(7):29—32.

technics)、美国的技术学院(Institute of Technology)、印度的技术大学(Technological Universities)和工程技术学院(Engineering and Technology Colleges)、中国台湾的技术学院和科技大学等均界定为本科层次的职业教育。①钟云华(2011)从宏观上经济社会对高级技术型人才的需求旺盛、中观上高职教育自身进一步发展需要层次升格、微观上高职学生对接受更高层次职业教育的需求三个维度分析了高职院校举办职业本科的必要性,并从观念转变、学科建设与课程设置等角度提出了举办高职本科教育的对策建议。②方泽强(2012)认为高职本科和应用型本科本质相同,仅仅称谓不同③;鲁武霞、张炳生(2012)则认为两者存在明显差异,地方应用型本科院校人才培养向高职本科转型,既符合社会、教育和院校自身发展的多重需要,又具有很强的现实可行性。④刘瑞芹、管弦(2013)提出了我国发展高职本科的五种途径,分别为:普通本科院校转制、高职专科院校升格、普通大学举办高职学院、部分高职专科院校具备条件的专业举办和专本科院校联合培养人才。⑤王毓(2013)指出职业本科教育人才培养定位应凸显"职业"特点,以专业为核心,明确具体的专业设置标准、专业教学标准、职业人才能力标准。⑥上述研究为后续研究与实践工作均具有重要的参考价值。

探索实践层面,由于该阶段国家层面没有明确的支持发展意见,地方教育行政部门及院校自主探索成为主流。2003年,青岛科技大学下设的职业技术学院已开始招收对口高职本科,是山东省首批7所普通本科院校举办高职本科教育的试点单位之一。自2006年国家示范性高职院校建设项目启动以来,多省市先后开展了构建现代职教体系的实践探索,对高职本科教育办学模式进行了各种层次、各种类型的试点,其中包含中职与本科分段培养的"3+4"模式,中职、高职、本科一体化培养的"5+2"模式,本科院校独立举办或与高职院校联合举办的四年制高职本科,以及高职院校与本科院校联合分段培养的

---

① 俞建伟.高职本科教育发展的国际比较及启示[J].国家教育行政学院学报,2011(4):32—35,7.
② 钟云华.对高职院校举办高职本科教育的探讨[J].职教论坛,2011(15):11—14.
③ 方泽强.分类视角下高职本科与应用型本科探略——兼论民办本科院校的定位[J].职业技术教育,2012,33(13):5—9.
④ 鲁武霞,张炳生.地方应用型本科人才培养应向高职本科转型[J].江苏高教,2012(3):139—141. DOI:10.13236/j.cnki.jshe.2012.03.049.
⑤ 刘瑞芹,管弦.当前我国发展高职本科教育的途径选择与实践探索[J].职教论坛,2012(22):79—81.
⑥ 王毓.职业本科:人才培养定位与实现路径选择[J].职业技术教育,2013,34(16):26—29.

"3+2"模式等,如表 1-1 所示①。

表 1-1 2006—2013 年全国部分高职本科教育试点情况

省份	启动时间	办学模式	高职院校数	本科院校数	本科专业数	招生人数	录取批次
天津	2012	4.0	6	6	10	450	本科二批
河北	2011	4.0	4	3	7	320	本科二批
山东	2013	3+2	11	10	11	1 200	本科二批
江苏	2012	高本分段联合培养	11	7	16	960	专转本
江苏	2012	高本分段联合培养	2	2	4	120	本科二批
四川	2013	4.0	6	4	12	600	本科二批
云南	2010	4.0	0	2	29	600	本科二批
贵州	2012	4.0	2	1	4	200	本科二批
广东	2012	4.0	1	1	5	300	本科二批
福建	2013	2+2,3+1	15	9	23	1 150	本科统招

从 2010 年开始,天津、河北、山东、江苏、四川、云南、贵州、广东、海南、福建等 10 省市已先后开始进行应用型高等职业本科层次教育探索与试点,范围已覆盖全国 1/3 的省市。经云南省政府批准,云南师范大学职业技术教育学院、昆明理工大学高等职业本科 2008 年开始面向全国招生,云南财经大学高等职业本科 2011 年开始面向全国招生,云南农业大学高等职业本科 2011 年开始面向全国招生。2012 年起江苏省 11 所高职院校和本科院校进行"3+2"分段培养学生。天津市于 2012 年启动四年制高职本科教育改革试点,研究制定职业院校生人均教育经费标准,推进海河教育园内学校师资互聘、课程互选、学分互认、实现资源共享。2013 年山东省在 11 所高职院校和 12 所本科院校的 12 个专业进行"3+2"分段培养高职本科学生的试点。

多元探索阶段(2004—2018):该阶段最重要的依据是 2014 年 6 月发布的《决定》,该《决定》关于职业本科的表述有"到 2020 年,接受本科层次职业教育的学生达到一定规模""探索发展本科层次职业教育""原则上专科高等职业院校不升格为或并入本科高等学校""引导一批普通本科高等学校向应用技术类

---

① 汪亚明,王珏.我国高职本科教育的现状、困境和对策研究[J].中国高教研究,2014(3):91—94. DOI: 10.16298/j.cnki.1004-3667.2014.03.017.

型高等学校转型,重点举办本科职业教育"。《决定》对职业本科发展的核心思想是建立健全高等教育和高等学校分类发展体系。就当时我国经济社会发展形势及职业教育总体发展水平而言,保证与强化专科层次职业教育的主体性地位是必然而正确的决定。那么"一定规模的本科层次职业教育学生"从何而来?无非两条路径,一是普通本科学校举办职业本科专业,包含学校转型、学校设立以及与高职专科学校联合举办;二是民办专科高职学校升格。

理论研究层面,贺蓉蓉(2014)认为新建本科院校是举办职业本科教育的主要力量,提出新建本科院校在办学定位上,应从普通高等教育向职业高等教育转变;在培养目标上,应从培养学科应用型人才向培养高素质、高技能型人才转变;在培养模式上,应从闭门办学向开放式办学转变。①孟娜(2014)将当时定位为职业本科多元化实践探索阶段,分析了独立转换型、整体升级型和联合发展型三种高职本科层次发展模式,并提出在现代职业教育体系构建框架下发展高职本科的四项策略,即与普通本科发展保持差异化,注重学生职业技术技能积累,拓展高职本科招生路径和加快评估体系建设。②曾茂林(2015)指出专科升级和本科转型的做法,容易导致学术质量不高、技术水平不硬的问题。为此,他提出了学术升级与技术返本相结合的地方高校大面积转型、理工大学衍生高职本科、部分高职拔尖技术专业升级的新路径,以培养满足我国经济社会发展需要的拔尖技术人才。③刘晓、乔飞飞(2015)认为"引导一批新建地方本科院校的转型"是当前我国发展本科层次职业教育最为现实的路径选择,同时提出了办学定位、人才培养目标和学生评价、教师队伍建设以及产学研平台建设方面进行系统转型的实践做法。④王明伦(2015)首次系统阐释了高职本科理性定位,即价值取向在立德、立能、立地;培养目标定位在技术型人才,专业定位在服务地方发展,课程定位在工作过程知识主导,科学研究定位在技术研发,教师能力定位在三能型教师;高职本科的本质特征体现在"技术",落脚点在"育人",核心使命是服务地方经济发展。⑤尽管与当前官方认可的定位表述上有所差异,但提出的基本方向具有重要的实践导向意义。李荣华、彭绪铭

---

① 贺蓉蓉.论新建本科院校向职业本科院校的战略转型[J].教育与职业,2014(17):44—46. DOI:10.13615/j.cnki.1004-3985.2014.17.016.
② 孟娜.现代职业教育体系构建框架下高职本科发展策略选择[J].职教论坛,2014(31):54—58.
③ 曾茂林.创新高职本科路径 破解高等教育结构问题[J].高教探索,2015(4):92—95.
④ 刘晓,乔飞飞.发展本科层次职业教育:路径选择与机制保障[J].职教论坛,2015(22):35—39.
⑤ 王明伦.高职本科发展定位研究[J].高教探索,2015(11):94—98.

(2016)通过分析发现,独立学院向高职本科教育转型具有得天独厚的优势[①],但仅立足于显性条件维度,而忽略隐性条件,如学校意愿、学生诉求、社会认知等。钟云华等(2016)从人力资本理论、社会资本理论与教育生态理论视角对职业本科发展进行了系统分析[②],但支撑理论发展的结论性意见不太鲜明。王明伦(2017)依据技术型人才培养类型的内涵要求,确定了技术型人才培养定位模型开发原则并建构了技术型人才培养定位模型。[③]张健(2018)通过分析得出了高职本科是培养拥有智慧技能、知识技术性特征的创新人才这一结论,并与中职、高职专科作了辨析[④],但未与应用型本科相区分。

实践层面,2014年起,尽管国家层面政策上支持了职业本科办学探索,开启了我国职业本科教育的顶层设计,但政策仍然缺乏配套的实施方案,对省级人民政府、各高校如何落实《决定》中的相关意见缺乏指导。为此该阶段职业本科办学实践仍主要处于自下而上的探索阶段。形式上,一种是专业层面的高职院校与本科院校联合办学,是起步阶段联合办学模式的延续。2014年6月23日,广西教育厅经过资格审查、公开答辩和终审等环节,最终确定桂林理工大学等4所本科高校和广西交通职业技术学院等6所高职院校开展高端应用型本科人才联合培养改革试点。首批试点专业共有6个,每个专业计划招生40人,共240人。同年,广东农工商职业技术学院和嘉应学院、无锡职业技术学院与江苏大学、江西现代职业技术学院与东华理工大学等一批联合办学项目也陆续开展;另一种是民办学校享受政策红利,实现办学层次的升格,如广东工商职业学院2014年升格为广东工商学院,宁波大红鹰职业技术学院2015年升格为宁波大红鹰学院(后更名为宁波财经学院)等。但升格后的学院基本上定位为应用型本科,且之后发展中呈现一定的学术漂移,与职业本科定义有所偏离。

快速发展阶段(2019—　)

2019年1月,国务院印发《国家职业教育改革实施方案》(以下简称"职教20条"),提出"开展本科层次职业教育试点"。与2014年的《决定》相比,"职教

---

① 李荣华,彭绪铭.独立学院向高职本科教育转型探析[J].教育与职业,2016(4):5—9. DOI:10.13615/j.cnki.1004-3985.2016.04.001.
② 钟云华,陈拥贤,胡立.高职本科教育发展的理论基础探析[J].职教论坛,2016(19):10—14.
③ 王明伦.高职本科人才培养定位模型研究[J].职业技术教育,2017,38(7):15—19.
④ 张健.高职本科应用型人才规格定位初探[J].职教论坛,2018(4):33—37.

20条"在总结过去职业本科探索经验的基础上,提出了中国特色的办学之路,同时在实践中不断修正与完善。

一方面,以学术观点开展高等教育分类,主要可分为学术型和应用型两类,①但在实践中,学术漂移现象仍较为普遍。在国外,学术漂移主要表现出低层次大学模仿高层次大学向上升级的现象,到21世纪以后不断扩大到应用型、职业型、技术型高校向学术型转移②;在我国,受传统精英情结以及森严等级结构的影响,尽管"职教20条"明确了职业教育的类型定位,但"高等职业教育低于普通高等教育"的认知不仅存在于社会公众,存在于普通高等教育师生,甚至存在于应用型高校和高等职业院校自身。这就是尽管普通高校和应用型高校均认识到了我国职业本科发展前景广阔,却迟迟不愿意转型的根本原因之一。以普通高校和应用型高校作为职业本科办学主体的政策设想遇到了切实的现实阻碍。

另一方面,广大公办高职专科院校热衷兴办职业本科,但2019年之前政策之门处于封闭状态。仅靠少数升格的民办高职专科院校转型,职业本科人才培养的规模和质量远远无法满足经济社会发展需求。为此,以民办和公办高职专业院校共同升格为主,以普通高校和应用型高校转型为辅的职业本科办学结构成为当前主流模式。

学术研究方面,近三年关于职业本科的研究,数量上超过了过去20年之和,质量上研究更多深入,主题更加聚焦,观点更加明晰。实践方面,形成了高职专科升格、独立学院专设、高职专科院校与独立学院合并专设等多种模式。2019—2021年相继诞生了32所职业本科学校。2022年6月,南京工业职业技术大学诞生的首届职业本科毕业生,领到了由职业技术大学颁发的学士学位证书,成了我国职业本科办学实践历程中的一个标志性里程碑。

三、我国职业本科发展现状

(一)学术研究

当前职业本科已经成为我国职业教育研究的热点以及高职院校关注的焦

---

① 陆正林,顾永安.高等教育分类的方法论思考[J].教育发展研究,2011,31(11):54—57. DOI:10.14121/j.cnki.1008-3855.2011.11.015.

② 冯典,陈蓉蓉.学术漂移的概念演进与理论脉络[J].江汉大学学报(社会科学版),2020,37(5):105—114+127. DOI:10.16387/j.cnki.42-1867/c.2020.05.010.

点。在职业本科相关研究领域,截至 2022 年 7 月,中国知网密切相关的研究文献达 1 200 多篇,且在近两年呈显著剧增态势(图 1-1)。

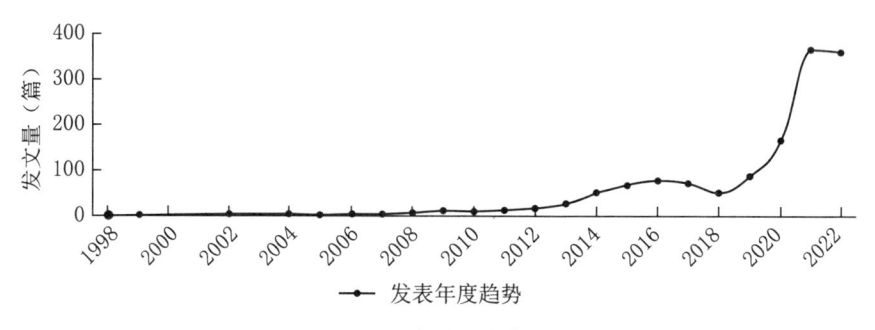

图 1-1　职业本科研究发展趋势

研究内容涉及职业本科办学体系及内外部生态的各个方面,如概念内涵、办学必要性及意义、办学定位、专业设置、人才培养模式、课程体系设计、教学改革、产教融合、质量评价等,以及微观上基于某一专业或专业大类的职业本科专业设置与人才培养,如图 1-2 所示。

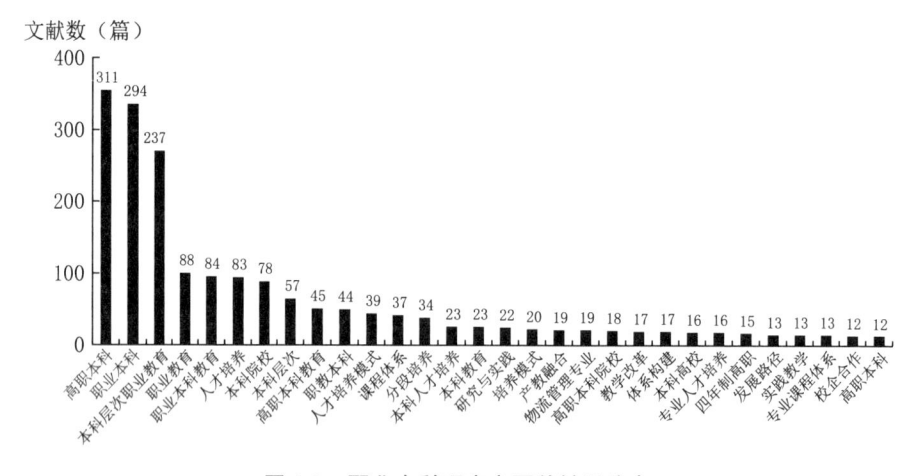

图 1-2　职业本科研究主要关键词分布

通过基于知识图谱的聚类分析,可将高频关键词聚类到内涵属性、办学模式、办学定位、培养体系 4 个领域(图 1-3)。

关于内涵属性的当前研究密度不均,向心度较低。涉及概念有职教本科、职业本科、高职本科、本科层次职业教育等,尽管表述不同,但其内涵具有一致

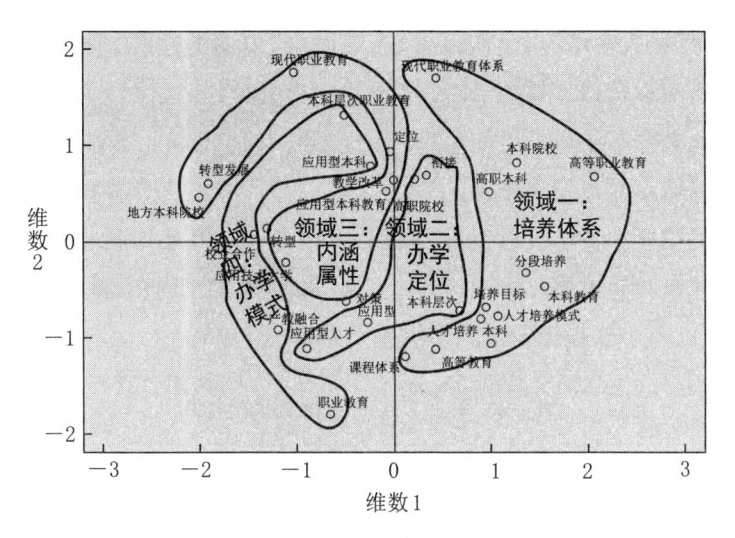

图 1-3　职教本科研究高频关键词图谱

性,即职业教育谱系中位于中高端位置的重要组成部分,类型上隶属于职业教育范畴,层次上为高等教育本科层次,在业界已具备较高共识。关于办学模式的研究已有一定积累,形成了相对成熟的范式,并逐渐明晰了专业层面"4+0""3+2""2+2"等联合培养模式,学校层面高职专科升格、独立学院转设以及高职专科与独立学院合并转设等各种范式的时代性、规律性与适用性特征。关于办学定位的研究是职教本科研究的焦点和难点,涉及理论与实践、知识与能力、学科与专业、工程与技术、技术与技能等概念内涵的理性思辨和关系处理。特别是"高层次技术技能人才"这一定位的内涵,以及与高职培养高素质技术技能人才、普通本科培养工程技术类人才的定位差异的认知仍缺乏权威理论引领及实践检验。关于人才培养体系的研究涉及人才培养目标、参与主体、课程体系构建、培养路径、培养成效评价及要素与机制保障等,其中人才培养模式和课程体系构建是关键。但当前研究较为分散,典型性以及基于不同专业门类的深耕不足。无论就理论价值还是现实意义而言,当前都需要更多关于职教本科人才培养模式和课程体系构建的研究[①]。

(二)探索实践

截至目前,全国共批准职业本科学校试点 32 所(表 1-2),联合办学试点数

---

① 余闯,施星君.工科类职教本科人才培养定位及体系——以 X 学院机械工程专业为例[J].高等工程教育研究,2021(6):103—109.

百个,各校均在人才培养、学位设置、产教融合、内部治理、治理保障等各方面展开了深入探索实践。按照 2021 年中共中央办公厅、国务院办公厅《关于推动现代职业教育高质量发展的意见》提出"到 2025 年,职业本科教育招生规模不低于高等职业教育招生规模的 10%"这一目标,今后 3 年多时间里,将会诞生新的一批职业本科学校以及举办职业本科专业的高职专科学校,创新形成丰富的实践模式与成果。可以说,今后几年仍是我们职业本科教育发展的初级阶段,但已经从起步探索走向了快速发展。

表 1-2　职业本科 32 所试点学校名单

学校名称	建校时间	所在省份	学校类别	办学性质	建校基础	建校路径
南昌职业大学	2019.06	江西	综合	民办	南昌职业学院	专科升格
江西软件职业技术大学	2019.06	江西	理工	民办	江西先锋软件职业技术学院	专科升格
海南科技职业大学	2019.06	海南	理工	民办	海南科技职业学院	专科升格
广东工商职业技术大学	2019.06	广东	综合	民办	肇庆工商职业技术学院	专科升格
广西城市职业大学	2019.06	广西	综合	民办	广西城市职业学院	专科升格
泉州职业技术大学	2019.06	福建	综合	民办	泉州理工职业学院	专科升格
山东外事职业大学	2019.06	山东	综合	民办	山东外事翻译职业学院	专科升格
重庆机电职业技术大学	2019.06	重庆	理工	民办	重庆机电职业技术学院	专科升格
山东工程职业技术大学	2019.06	山东	理工	民办	山东凯文科技职业学院	专科升格
成都艺术职业大学	2019.06	四川	艺术	民办	成都艺术职业学院	专科升格
山东外国语职业技术大学	2019.06	山东	语言	民办	山东外国语职业学院	专科升格
河南科技职业大学	2019.06	河南	理工	民办	周口科技职业学院	专科升格

续 表

学校名称	建校时间	所在省份	学校类别	办学性质	建校基础	建校路径
西安信息职业大学	2019.06	陕西	理工	民办	陕西电子科技职业学院	专科升格
西安汽车职业大学	2019.06	陕西	理工	民办	西安汽车科技职业学院	专科升格
广州科技职业技术大学	2019.06	广东	综合	民办	广州科技职业技术学院	专科升格
辽宁理工职业大学	2020.06	辽宁	理工	民办	辽宁理工职业学院	专科升格
运城职业技术大学	2020.06	山西	综合	民办	运城职业技术学院	专科升格
上海中侨职业技术大学	2020.06	上海	财经	民办	上海中侨职业技术学院	专科升格
新疆天山职业技术大学	2020.06	新疆	综合	民办	新疆天山职业技术学院	专科升格
浙江广厦建设职业技术大学	2020.06	浙江	理工	民办	浙江广厦建设职业技术学院	专科升格
南京工业职业技术大学	2020.06	江苏	理工	公办	南京工业职业技术学院	专科升格
景德镇艺术职业大学	2021.01	江西	艺术	民办	景德镇陶瓷大学科技艺术学院	独立学院转设
山西工程科技职业大学	2021.01	山西	理工	公办	山西大学商务学院、山西交通职业技术学院、山西建筑职业技术学院	合并转设
河北工业职业技术大学	2021.02	河北	理工	公办	河北科技大学理工学院、河北工业职业技术学院	合并转设
河北科技工程职业技术大学	2021.02	河北	理工	公办	华北电力大学科技学院、邢台职业技术学院	合并转设
河北石油职业技术大学	2021.02	河北	理工	公办	河北工业大学城市学院、承德石油高等专科学校	合并转设
湖南软件职业技术大学	2021.05	湖南	理工	民办	湖南软件职业学院	专科升格

续 表

学校名称	建校时间	所在省份	学校类别	办学性质	建校基础	建校路径
广西农业职业技术大学	2021.05	广西	农林	公办	广西大学行健文理学院、广西农业职业技术学院	合并转设
兰州资源环境职业技术大学	2021.05	甘肃	理工	公办	兰州财经大学长青学院、兰州资源环境职业技术学院	合并转设
贵阳康养职业大学	2021.09	贵州	医药	公办	贵州师范大学求是学院、贵阳护理职业学院	合并转设
兰州石化职业技术大学	2021.09	甘肃	理工	公办	西北师范大学知行学院、兰州石化职业技术学院、甘肃能源化工职业学院	合并转设
浙江药科职业大学	2021.10	浙江	医药	公办	浙江海洋大学东海科学技术学院、浙江医药高等专科学校	合并转设

（三）政策脉络

我国职业本科发展政策供给始于2014年,迄今累计约出台10项,其中2021年密集发布5项(表1-3)。从现行政策框架和演进特征上分析,政府对职业本科发展的态度可概括为"鼓励探索,稳步推进,适时审慎,质量为本"[①]。这是符合该阶段我们职业本科发展现状及规律的。

表1-3 职业本科相关政策统计

名 称	发布机构及时间	政策要点
关于加快发展现代职业教育的决定	国务院,2014	探索发展本科层次职业教育
国家职业教育改革实施方案	国务院,2019	完善高层次应用型人才培养体系,畅通技术技能人才成长渠道,开展本科层次职业教育试点

---

① 施星君,余闯.职业本科专业评价设计的逻辑与路径[J].中国高教研究,2022(5):102—108. DOI:10.16298/j.cnki.1004-3667.2022.05.16.

续　表

名　　称	发布机构及时间	政策要点
深化新时代教育评价改革总体方案	国务院，2020	完善与职业教育发展相适应的学位授予标准和评价机制； 加大职业培训、服务区域和行业的评价权重
关于推动现代职业教育高质量发展的意见	中共中央、国务院，2021	到2025年，职业本科教育招生规模不低于高等职业教育招生规模的10%
职业教育提质培优行动计划（2020—2023年）	教育部等，2020	稳步推进本科层次职业教育试点，支持符合条件的中国特色高水平高职学校建设单位试办职业教育本科专业
关于做好职业教育专业目录修（制）订工作的通知	教育部，2020	一体化设计中职、高职专科、本科层次职业教育专业目录，明确和畅通职业教育人才成长通道； 本科层次职业教育专业重点面向实体经济领域适当设置
本科层次职业教育专业设置管理办法（试行）	教育部，2021	从办学定位、专业基础、师资水平、培养方案、办学条件、技术研发与社会服务能力、培养质量与社会声誉7个方面对职业本科专业设置到条件和要求进行了规定
本科层次职业学校设置标准（试行）	教育部，2021	从办学定位、治理水平等9个方面规范了本科层次职业学校设置标准
职业教育专业目录（2021年）	教育部，2021	设置职业本科专业247个
关于做好本科层次职业学校学士学位授权与授予工作的意见	学位办〔2021〕30号	我国首个职业教育领域学位制度

四、我国职业本科当前存在困境

（一）认识存误区

不少学者和职业院校对于开展职业本科教育仍存在认识上的误区，作为学术探究自然倡行百家争鸣，但作为当前国家职业教育发展重要战略，仍需在关键领域达成思想共识。

1. 关于职业本科教育办学必要性的认识误区

持非必要观点的理由主要有三：第一，德国、日本以及中国台湾地区的应用科学大学、双元制大学并非职业教育体系内的学校，主要培养目标为工程师;第二,培养能工巧匠、技能大师并非一定要通过学校教育,而更多需要产业环境孕育;第三,新技术新产业的出现及产业升格需要更高素质与能力的技术技能人才,这要通过深化教育内涵而非追求学历层次来解决。①

上述三种理由就论点本身而言并无偏颇,但并不意味着能支撑职业本科非必要的结论。首先,高等院校分类并不等同于高等教育分类。②德国应用技术大学的确非职业教育体系内大学,但仍在部分专业实行双元制,按照职业教育人才培养模式开展校企双元育人。正如我国曾引导一批普通本科高等学校向应用技术类型高等学校转型,重点举办本科职业教育。《职业教育法(2022)》第十五条规定:"高等职业学校教育由专科、本科及以上教育层次的高等职业学校和普通高等学校实施。"也就是说,高等职业学校和普通高校都可以办职业教育。其次,德国于2020年初推出了改革后的《职业教育法》,在原有的基础上,为高等职业教育新增了"专业学士"(Bachelor Professional)和"专业硕士"(Master Professional)头衔,由德国工商业联合会授予。可见,由应用科学大学、双元制大学、综合大学、教育合作大学③等四类主体举办的这类教育显然具备两种属性:一是隶属职业教育,二是涵盖本科层次。最后,校企双元育人是职业教育最本质特征之一,产业环境是职业教育系统中的关键要素;圈囿于校园内,缺乏企业参与和职业氛围的学校教育并不能称之为职业教育。通过升格职业教育学历层次,健全配套学位制度来提升职业教育的吸引力和认可度,获取更多社会资源支持职业教育,无疑是新时代我国职业教育高质量、类型化发展的重要手段之一。

2. 关于职业本科发展背景下专科地位的认识误区

对于职业本科教育的必要性除认识不足外,还存在认识过度现象。一是关于职业本科发展对高职专科的挑战。部分学者担忧,职业本科教育的兴办造成了对高职业专科的挤压,尤其是招生和就业方面面临严峻挑战,甚至认为专科层次已经难以满足当前产业发展对技术技能人才的需求。还有学者预测未来我国职业教育会呈现哑铃型结构,即中等职业教育基础坚实、专科职业教

---

① 郭建如.职业教育本科的相关争议探析——兼论高等教育双轨体系构建与职业教育本科的发展空间[J].职业技术教育,2020,41(30):8—15.

② 潘懋元.分类、定位、特点、质量——当前中国高等教育发展中的若干问题[J].福建工程学院学报,2005,3(2):103—108.

③ Vocational education and training in Germany Short description [EB/OL]. [2020-07-20]. https://www.cedefop.europa.eu/en/publications/4184.

育空心化、职业本科教育强势崛起。①二是关于职业教育层次体系的贯通。有学者认为既然职业高等教育与普通高等教育是具有同等地位的不同类型,职业教育也应该建立起"专—本—硕—博"的层次体系。②

职业教育的跨界属性决定了职业教育生态体系的复杂性。③依据结构功能理论,区域产业和职业教育的系统均衡需要两者建立功能相适应的协调关系,职业本科办学的迫切度取决于产业转型升级的程度,倾向于一种水到渠成的自适应状态。而产业升级和高端产业发展并非一蹴而就,而是整体螺旋式演进的。就当前我国产业形态而言,产业体系完善、门类齐全、高中低段业态并存的现状将持续相当长一段时间,且东、中、西部地区发展不平衡现象仍然显著,为此就业市场仍存在大量适配中职、高职毕业生的工作岗位。教育部对现阶段中职和高职专科的办学导向的表述也是倾向于"升学和就业并重"。李胜、徐国庆通过政策指向、产业结构需求、现代职业教育体系要素分工、国际办学经验四个维度分析,也指出了职业专科教育仍是现代职业教育体系的主体,应与职业本科教育差异化发展。④另外,职业教育生态体系具有其特定的结构逻辑和演进形态,并非应与普通教育绝对对应;职业教育的类型特征并非意味着所有学历层次的贯通。以学术层次理论为依据的学位体系对职业教育有参考借鉴作用,但"生搬硬套"并不合适,不宜片面强调两种教育类型所有学位层次的一一对应,而应根据特定专业中学科理论作用强度的差异分类界定专业的办学层次体系,终结性学位可以为专科、本科、硕士、博士等。

3. 关于职业本科专业设置依据的认识差异

举办本科是广大高职院校多年的夙愿,无奈 2014 年《国务院关于加快发展现代职业教育的决定》文件暂不支持公办高职升本。《国家职业教育改革实施方案》、新一轮专业目录及《办法》的颁布,为各校发展职业本科提供了新方向、新指南。《办法》规定了职业本科专业设置的 7 方面要求,分别是办学定位、专业论证、师资条件、培养方案、办学条件、工作基础、质量与声誉。而在相关研究及实际工作中,各校的关注点多集中于师资条件、办学条件等条件性建

---

① 伍红军.职业本科是什么?——概念辨正与内涵阐释[J].职教论坛,2021,37(2):17—24.
② 彭光彬.职业本科教育专业发展路径研究[J].天津中德应用技术大学学报,2020(2):30—33.
③ 徐晔.职业教育"类型教育"生态系统的结构及功能探究[J].中国人民大学教育学刊,2021(1):127—134.
④ 李胜,徐国庆.职业本科教育发展背景下职业专科教育定位研究[J].中国高教研究,2022(2):102—108. DOI:10.16298/j.cnki.1004-3667.2022.02.16.

设领域,而对于专业设置必要性的认识不尽相同。

实质上,《办法》明确指出"本科层次职业教育专业应紧紧围绕国家和区域经济社会产业发展重点领域,服务产业新业态、新模式,对接新职业,聚焦确需长学制培养的相关专业"。这就涉及两个方面的依据研判。第一,教育部统筹,各行业指导委员会组织专家动态开展职业专业设置论证,根据国家经济社会发展、产业结构升级的不同阶段,职业岗位调整与岗位能力需求变化情况,动态更新职业本科专业目录。第二,各学校根据当地实际情况以及专业定位决策是否申办该专业。例如电子商务专业面向新商业、新媒体以及数据化技术变革,岗位能力需求大幅升级,开设本科层次的职业教育已是必然,且全国各省市、各地区,无论针对何种产品或服务的电子商务运营推广,岗位能力需求差异均不大,全国各校都可以根据实际情况谋划申办。又如制造类专业,全国各地制造业发展水平差异巨大。不少中西部地区业态相对传统,企业生产自动化程度不高,或尚未历经数字化改造,此类地域的高职院校制造类专业升本计划则无需急于一时。为此,一个学校、一个专业是否升级职业本科的决定性因素扎根于需求侧,而非供给侧。"区域产业中存在某些职业岗位群的人才需求,但现有高职专科层次又不满足"是设置职业本科专业的核心依据。

(二)机制不健全

当前,我国职业本科政策体系尚不健全,办学试点的总结与改进尚未形成完整的工作机制。从职业教育的动力机制和类型特征出发,构建完善的职业教育类型发展理论体系和实践路径仍任重道远。

1. 应用型本科转型的动力机制不足

国家虽然从2014年就支持地方普通高校向应用型方向转变,支持应用型高校转型举办职业本科,但是转型效果并不理想,主要原因有三。一是大多数本科独立学院和民办高校,受传统办学观念影响和社会大众认知导向,办学思路上更加愿意遵循学术逻辑,倾向效仿和追求一流学术型大学的培养理念和目标,以提升学校地位和声誉,提升对优质生源的吸引力。二是现行评价体系仍关注学校论文、课题、科技成果奖等科研水平指标,而各类纵向基金项目及核心期刊对职业院校并不够"友好",转型势必影响学校整体学术水平。三是政府缺乏针对职业本科办学的特定评价机制和要素保障机制,以确保职业教育的类型化定位。职业本科院校和普通本科院校同处于一个高度同质化竞争的发展环境中,势必导致职业本科院校通过强化学科建设和学术研究,向普通教育体系"学术漂移",以保证从政府部门、行业企业等外部组织获取足够的发展资源。①

2. 合作办学的协同机制不畅

学校间合作开展本科层次职业教育也是近年来我国开展本科层次职业教育的一大探索。但是,合作培养本科层次的职业教育人才受制于学校合作机制、生源质量、课程与教学的一体化衔接、学校工作环境多变、学生的学习动力和适应性等诸多复杂因素,也成为学校间合作开展本科层次职业教育的一大难题②,主要体现在三个方面。一是合作本科院校与高职院校的人才培养体系差异悬殊,本科人才培养方案中对通识课程、劳动课、选修课、专业基础课等课程的规定,特别是课程标准中关于学分学时、教学内容与高职院校差异较大,完全按照合作本科学校的培养方案,对高职院校而言执行难度较大。二是双方诉求点存在差异,在联合培养过程中,专科院校在学生技能、就业能力培养等方面表现优异,但就考研辅导方面缺乏足够的条件支持。合作本科试点的低考研率对本科院校整体考研率造成了影响,也间接导致了本科院校对该模式的支持力度不足。三是合作办学中很大一部分学生来源于中等职业学校,学生文化基础课程薄弱,对于本科基础性课程,学习效果不佳,给一些原理性课程教学工作带来了较大难度,且高职教师习惯了项目化教学,对原理性课程的教学设计需要投入更多时间精力。总之,合作办学应作为一种过渡性试点,从中需及时总结经验规律,推进职业本科办学的常态化机制创新。

3. 高职专科学校升格工作机制不全

鉴于本科院校举办职业教育的积极性和认可度不高,高职专科学校升格成为现阶段我国职业本科办学的主要路径,但升格工作的促进机制有待进一步健全。第一,国家层面除了发布《本科层次职业学校设置标准(试行)》《本科层次职业教育专业设置管理办法(试行)》两个文件外,对于高职专科学校升格的申办、招生、人才培养、经费拨付、监管、预警、退出等制度尚未健全,整体工作方案和时间进度安排尚未向社会公布,各省人民政府"十四五"(职业)教育发展规划中的布局工作并不同步。第二,学校层面广大高职专科学校制定本

---

① 石伟平,兰金林,刘笑天.类型化改革背景下本科层次职业教育发展的困境与出路[J].现代教育管理,2021(2):99—104.DOI:10.16697/j.1674-5485.2021.02.014.
② 王兴.本科层次职业教育人才培养的现实困境、目标定位与路径突破[J].职业技术教育,2020,41(34):6—11.

校"十四五"发展规划,如何有效布局本校升本工作缺乏有效依据。国家"双高计划"建设学校、国家"双高"专业群建设单位、省"双高计划"学校、省"双高"专业群建设单位,以及未纳入国家、省"双高计划"的学校分别是否需要规划本校升本工作,如何规划、哪些专业需要纳入等问题都缺乏有效指导。第三,前面已经分析,高等专科仍是现阶段以及今后较长一段时间内我国职业教育办学的主体,政府需引导更多高职院校,特别是省"双高计划"学校将有效资源重点投入到专科专业建设,而不应该过度、片面、一味追求办本科专业。

(三) 要素有短板

1. 师资力量不足

职业院校"双师型"教学团队建设的问题一直是职业教育领域中的难点,计划开展职业本科办学的高职院校及相关专业同样面临师资数量不足、教师能力不强、师资结构不合理等诸多问题。目前升本的 32 所职业本科学校师资结构差距很大,南京工业职业技术大学、河北工业职业技术大学等校师资力量相对比较强大,而一些民办学校博士率、高级职称率、"双师素质"教师比例等指标普遍达不到国家标准。专业层面,国家"双高"、省"双高"专业群的核心专业自然师资力量较为强大,在博士比、高级职称比等数据上达到国家标准的占比较高,但大部分仍存在"双师型"教师占比不足、博士教师的企业实践能力不足、来自行业企业一线的兼职教师数量不足、兼职教师承担课时数不足、兼职教师参与人才培养的动力不足等问题。而另一种常见情况是,拟申办职业本科专业的学校为了满足相关专业的博士比、高级职称比等数据,将其他专业有一定相关性甚至关系不大的博士、高级职称教师进行重组整合,不仅降低了本专业的教师专业化水平,难以达到提升本专业师资力量的实质性效果,还削弱了其他专业的师资水平。此外,近两年各高职院校对博士毕业生的青睐程度骤然提升,诸如广东、江苏、浙江等省既是经济强省,也是高等职业教育强省,与中西部地区的经济水平差异必然导致人才待遇差距的加大,进一步造成了博士人才向经济强省的集聚,严重影响了东中西部地区高职院校的教育平衡。

2. 生源质量不高

职业本科的生源主要分为两类:一类是经精英人才选拔制度即普通高考筛选下来的成绩较低学生,通常且不具备职业技能基础;另一类是中职学校、高职院校通过贯通培养、专升本等方式升入本科的职校学生,这类学生具备一定技能基础,但文化素养和学习习惯参差不齐。从内部视角看,这两类学生理论和技能基础均不相同,学习习惯不同,课程教学同步开展难度较大,分层教学对教学条件与师资能力的考验较高,不易执行。[①]而职业本科人才培养定位中对文化层度和知识迁移能力的要求较高,势必要求在人才培养方案中提升通识课程、专业基础课程的比例,这将加大学生学习难度,同时影响学生学习主动性。从外部视角看,社会对"职业"的理解带有固有的偏见,考生在同等分数下选择普通本科的概率远大于职业本科(除非学费差异悬殊)。当前仅南京工业职业技术大学一所已诞生毕业生,我国职业本科整体人才培养水平尚未历经社会检验及获得群众认可,生源质量不高与培养高层次人才的矛盾将对学校人才培养工作带来巨大的考验。

3. 专业设置趋同

职业本科专业设置必须满足区域产业转型升级对高层次技术技能人才的需求,这就涉及两个层面的问题。一是职业本科专业目录的动态更新机制。应用型本科、职业本科、职业专科三者既然并存,人才培养定位上势必存在显著差异(详见第三章),但在我国,三者相同或相似专业占比仍非常高。部分工科类专业,如机械设计与自动化、工业机器人技术等,三者的内涵基本一致,但名称略有差异,职业教育更注重技术,而应用型本科更注重科学和工程。如软件工程等数字技术类专业,以及物流管理、电子商务、国际贸易、会计等商科类专业,普通本科、职业本科和职业专科的专业名称几乎相同[②],难免在课程体系等方面趋同而偏离职业本科应用定位诉求。第二,各学校在专业设置过程中更多考虑办学条件而非区域产业需求,一些受学生和家长喜爱、生均培养成本较低、博士毕业生较多的专业,如会计、金融、国际贸易、电子商务等,往往是各学校首选举办职业本科的专业,而在中国智能制造和大国工匠培养中承担更重要任务的工科类专业很难得到其应有的职业本科办学优先权,这种情况亟须改变。

4. 评价标准不特

首先,我国关于职业本科的评价标准目前尚处于研究阶段,教育部层面尚未发布学校、专业或学位层面的评价标准。国务院学位办《关于做好本科层次

---

① 余智慧,陈鹏.科学逻辑主导下职业本科高校发展的现实困境与推进路径[J].中国高教研究,2021(12):97—102. DOI: 10.16298/j.cnki.1004-3667.2021.12.16.

② 廖茂忠.中国高校本科专业设置与发展研究(1952—2015)[M].北京:中国社会科学出版社,2017.

职业学校学士学位授权与授予工作的意见》（学位办〔2021〕30号）指出："本科层次职业教育学士学位授予单位应制定本单位的学士学位授予标准。学位授予标准应落实立德树人根本任务，坚持正确育人导向，强化思想政治要求，突出职业能力和职业素养水平，符合《中华人民共和国学位条例》及其暂行实施办法的规定。"其中未涉及具体的审核标准。2022年5月，江西省人民政府学位委员会印发了《江西省本科层次职业学校学士学位授权与授予审核管理办法（试行）》（赣学位〔2022〕2号），从办学方法、师资队伍、人才培养、办学条件、管理制度五个方面规定了本科层次职业学校学士学位授予单位审核标准，从专业定位、师资队伍、人才培养、教学条件、管理制度、质量保障六个方面规定了本科层次职业教育学士学位授权专业审核标准，是首个地方性政府建立的学位授予标准。然而职业本科评价标准建设涉及系列标准体系，纵向从国家、省级教育主管部门到各高职学校、二级学院，还包含学生评价、同行互评和社会组织评价；横向涉及学校评价、专业评价、教师评价、学业评价等各个方面，建立一套具有职业本科特质的评价标准体系仍任重道远。

第二节　职业本科概念内涵

一、职业本科概念的发展与处境

职业本科概念最早可追溯至1998年，学者提出了增补"本科高职教育"[①]。之后到2014年，学者更多使用"高职本科"这一概念。2014年的《决定》使用"本科层次职业教育"和"本科职业教育"。2019年"职教20条"使用的是"本科层次职业教育"，《本科层次职业学校设置标准（试行）》《本科层次职业教育专业设置管理办法（试行）》《关于做好本科层次职业学校学士学位授权与授予工作的意见》等文件也沿用这一概念。2021年中共中央办公厅、国务院办公厅的《关于推动现代职业教育高质量发展的意见》使用"职业本科教育"。学术界自2019年起大幅使用"本科层次职业教育""职教本科""职业本科"等概念。

无论使用哪一种名称，职业本科的概念都原是清晰的，即类型上属于职业

---

① 叶尚川,陈敬良,袁明芳,李川.322模式:职业教育向高层次发展的突破性选择[J].上海高教研究,1998(12):81—83.

教育,层次上属于本科层次的教育。但与以前所提的"应用本科""技术本科"等一对照,发现"职业本科"的界限又不是那么明确。无论是在学术研究亦或政策执行层面,"职业本科"到底是什么,还存在理解的偏差和执行的混乱。

（一）政策表述的延续性

国家职业教育改革的纲领性政策存在表述差异,体现出国家在职业本科教育发展上的政策延续性有待加强。2014年的《决定》提出的是:"引导一批普通本科高等学校向应用技术类型高等学校转型,重点举办本科职业教育。"说明了①应用技术类型高等学校是新建地方本科院校转型的重要方向之一;②职业本科属于应用技术类型。2019年"职教20条"指出:"推动具备条件的普通本科高校向应用型转变,鼓励有条件的普通高校开办应用技术类型专业或课程。开展本科层次职业教育试点。"相比之下体现了三种变化:①本科高校转向办应用型不再一刀切,而是视条件而定;②应用型从"转型"到"转变"的提法差异体现了应用型;③开展本科层次职业教育试点工作,不再作为其他本科转型的结果。2021年《关于推动现代职业教育高质量发展的意见》明确:"稳步发展职业本科教育,高标准建设职业本科学校和专业,保持职业教育办学方向不变、培养模式不变、特色发展不变。……鼓励应用型本科学校开展职业本科教育。"表述从2014年的"本科职业教育"、2019年的"本科层次职业教育试点",正式转变为"职业本科教育",形成了与"普通本科教育"相对应的一个概念。2022年新修订的《职业教育法》第十五条的规定"高等职业学校教育由专科、本科及以上教育层次的高等职业学校和普通高等学校实施",该表述明确了实施职业本科教育的主体为高职院校和普通高等学校,但没有明确主次问题;而第三十三条的表述"专科层次高等职业学校设置的培养高端技术技能人才的部分专业,符合产教深度融合、办学特色鲜明、培养质量较高等条件的,经国务院教育行政部门审批,可以实施本科层次的职业教育",则进一步强调了专科层次高校在举办职业本科教育中的重要地位。

（二）政策执行的精准性

顶层设计层面的政策表述的变化,同样导致了职业本科教育在地方执行上的差异。如以2019年之后职业本科刚出现时地方政策执行来看,主要有三种执行路径:一是合一路径,以江苏省为代表。2019年12月11日,江苏省提出"在未来几年内,江苏要建成10所应用型本科或者叫职教本科",将职业本科和应用本科合二为一。二是交叉路径,以湖南省为代表。2020年1月7日,湖南省颁布的《湖南省职业教育改革实施方案》的表述是"探索优质高职院校升格为应用型本科高校。探索本科层次职业教育试点,推动具备条件的普通本科高校向应用型转变"①,将职业本科和应用本科视为两条路,但高职升本的方向却是应用本科。三是分立路径,以山东省为代表。在 2020 年 1 月 15 日颁布的《教育部、山东省人民政府关于整省推进提质培优建设职业教育创新发展高地的意见》中的表述是"把现有半数左右省属本科高校转型为应用型本科高校;在进入'双高计划'的高职院校的骨干专业试办本科层次职业教育"②,保持原来的新建地方本科院校转型应用型本科之路,在职业本科的发展上仅是"双高校"举办职业本科专业。当然 2021 年之后,职业本科教育的执行大致明确为四条路径:一是公办高职院校独立升格;二是独立学院与高职院校合并转设;三是专科职业教育学校举办职业本科专业;四是应用型本科院校举办职业本科专业。

(三)学校名称多变性

在职业本科的先行探索中我们也看到了举办学校名称的不确定性,表现为去"职业""技术"化和更名为"应用技术学院"。如 2015 年天津中德职业技术学院升格为"天津中德应用技术大学",使业界自然而然将"应用技术大学"视为职业本科教育的发展方向。而高职院校在升格更名过程中也出现了职业技术学院更名的去"技术"化现象和专科院校升格更名的"应用技术学院"趋势③,如 2014 年广东工商职业学院升格为广东工商学院;深圳市新建一所应用性本科,校名几经变更,最后在 2018 年确定为"深圳技术大学"。到了 2019 年,两批职业本科试点院校的名称又再次回到职业教育体系中,定为"职业技术大学"。高等教育界常用高等院校的分类来表征高等教育的分类④,近几年职业教育向本科层次迈进探索过程中校名的各种变化,也表明了实践层面对我国职业本科办学主体和办学定位认识的演进过程,最终回归到了职业教育作为类型教育的统一语境中。专科层次职业教育的高一层次,至此定格为本科层次的职业教育。

---

① 黄京.探索优质高职升格为应用型本科院校[N].三湘都市报,2020-1-9(1).
② 冯虎.山东:高职院校可试办本科教育[N].经济日报,2020-1-15(1).
③ 伍红军.从高职院校更名现象看职业教育体系的命名趋势及其规范[J].职业技术教育,2018(31):34—38.
④ 潘懋元,陈厚丰.高等教育分类的方法论问题[J].高等教育研究,2006(3):8—13.

二、职业本科相关概念辨析

在我国"高职本科""本科层次职业教育""职教本科""职业本科"都曾经或在当前存在,属于一个概念的不同表述,其内涵是一致的。在国外相关学术文献中,Vocational undergraduate education,Undergraduate vocational education 以及 Vocational education of undergraduate 等名称也均有存在。细究几个概念,尽管语义和内涵上没有差异,但不同表述仍有其在演进历程及特定语境中的细微差异。

首先体现在历史流变上。我国中等职业教育简称中职,是初等职业教育的高一级职业教育。为了与普通初中、普通高中相区别,又分别称之为职业初中、职业高中。在高等教育领域,我国存在专科、本科、研究生三个层次,其中专科层次简称为高专或大专。当我国职业教育发展到高等教育这一层次时,仅局限在专科这一细分层次。因此,高职专科教育与普通专科教育常作为一种层次合称为"高职高专"。我国教育部原高教司就下设高职高专处。随着职业教育类型化特征的显现,教育部设置职业教育与成人教育司,把高职和中职统一划归该司职能。当职业教育发展到需要在本科这一层次举办的时候,高职就包含了专科和本科两个层次,为了与高职专科相对应,早期文献中称作"高职本科"居多。

其次体现在意志倾向上。本科层次职业教育和职教本科、职业本科两种表述差异主要体现在表征职业教育类型和表征本科层次的顺序上,前者在职业教育体系中强调本科层次,后两者在本科层次中表达职业教育类型。为了重塑人们认为高等职业教育只有专科层次的固有认知,"本科层次职业教育"自 2014 年起逐步盛行,出现在各类文件中,主要目的在于强调了此类职业教育的层次为本科。而"职业本科"以及作为"职业教育的本科层次"缩写的"职教本科",都是在职业教育这一类型体系中谈论一个具体的细分层次,更体现了职业教育的类型特征。

最后体现在应用效能上。"本科层次职业教育"尽管在现阶段适用面广,意义显著,但名称较长,不适合推广应用,更不便于传播交流,在一些字数限制的表述中使用受限(如新闻标题、课题名称等)。另外,为了与"职业高中""职业专科"相对应,"职业本科"的表述不仅凸显了职业教育的类型特征,体现了职业教育体系的完整性,还有利于表达与宣传。且"职业本科"后面可以加"教育""学校""专业"等词汇,用于对该教育、该学校和该专业的性质、类型及层次进行界定,符合汉语偏正结构词汇使用习惯,且与应用本科、技术本科等其他类型的本科教育概念表述习惯一致,便于广泛应用,故本书推荐使用"职业本科"这一概念。

三、职业本科概念界定

在界定"职业本科"概念之前,需梳理若干前置性概念。一是理论与应用的关系,这是界定普通本科与应用本科的前提。一般来说,理论是通过推理、演绎、抽象等研究来发现知识、归纳知识,因而普通本科带有明显的学科取向;而应用是通过实践来发现问题、探索问题、解决问题,因而应用本科有着典型的专业取向。二是职业与技术的关系,这是界定职业本科与技术本科的前提。西方把"职业教育""技术教育""专业教育"统称为"应用型教育",而我们通常把职业教育和技术教育合称为职业教育。①职业的源头是产业系统,体现的是职业化方向,培养的人才拥有某一职业资格,或具备从事某一行业岗位工作能力;而技术的源头是科学系统,是科学是专业方向,如通常所说的专业技术资格或技术等级等,培养的人才是拥有某一技术领域的执业资格,因其专业门槛而具有排他性。三是技术与技能的关系,这是界定职业本科与技术本科差异的另一种理解。目前高职教育培养技术技能人才,技术技能并用于界定人才培养的定位。姜大源先生将技术分为离身技术和附身技术,分别对应 technology 和 technique。②前者是人类在认识和改造自然过程中形成的解决生产问题的方案、经验和工具;后者是以人为主体,反映人在职业活动中所具备的操作经验和能力。而技能是掌握和运用专门技术的能力。也就是说,离身技术通过附身技术应用到生产实际,形成操作方案(工艺方案);附身技术依附在技能的背后指导技能实践,技能是附身技术具象化的呈现与实际落地。职业本科和技术本科的共同特性都是要专门的科学知识和经验支撑应用,都解决生产生活中的实际问题。技术本科以技术支撑为主,但职业本科领域技术与技能有机耦合,共同支撑了职业教育人才培养目标的双元性与复合性。

---

① 田犇.对"职业技术教育"称谓的评价——兼论高职教育的本质[J].宁波大学学报(教育科学版),2005(1):45—48.
② 姜大源.技术与技能辨[J].高等工程教育研究,2016(4):71—82.

据此分析,可将职业本科定义为:职业教育这一类型教育中的本科层次,主要面向产业高端和高端产业,培养高层次技术技能人才,包括职业本科院校、职业本科院校、职业专科院校,以及普通本科院校开设的职业本科专业。这一概念内涵主要包括四大要素。第一,教育类型框定于规范的、狭义的职业教育范畴,而非宽泛的应用型教育范畴。职业本科必须框定在职业教育范畴内,因为这是职业本科的基因所在。第二,面向的产业包含两种类型,一是产业(链)中的高端环节,如涉及复杂的工艺,或经历过数字化、智能化改造的生产环节;二是高端的产业,如人工智能、区块链、大数据等产业(技术应用领域)。第三,人才培养的目标定位是高层次技术技能人才,高层次体现在比专科更深厚的知识基础、更高水平的职业技能,以及更强的岗位迁移能力、可持续发展能力和创新能力,典型职业为现场工程师。第四,职业本科教育的具体载体包含职业本科院校和职业本科专业;职业本科教育的实施主体可以为职业本科院校、职业专科院校、普通本科院校等。此外,定义中未约束职业本科教育的受体,职业高中毕业生、职业专科毕业生、普通高中毕业生、技术工人等均可能成为职业本科教育的实施对象。

四、职业本科的特征

(一)面向职业

按照联合国教科文组织的界定,职业教育就是"让学习者获得职业或行业特定的知识、技艺和能力的教育"。从中体现了职业教育的三个特征:一是根据产业办专业,专业设置要立足区域产业需求,要以职业岗位群典型工作任务能力需求为导向构建课程体系;二是体现职业教育人才培养模式,深化产教融合、强调育训结合,通过工作过程系统化编排教学内容,组织教学活动;三是相比于普通教育,这种学习的目的是"获得"而非"发展",这就是说,职业教育带有强烈的就业导向。尽管职业本科学生具备升学等其他方面的需求及能力,但面向就业的重要属性并没有改变。

(二)服务产业

职业本科面向的场域是产业。这是职业教育的场域,也应是职业本科的场域。这就让职业本科的知识生产具有倒推性特征,即其不是从学科体系中来,而是源自产业生产实践的知识再生产,这是职业本科区别于普通本科之所在。职业本科面向行业产业,而应用型本科面向的是区域或地方,是为地方经济社会发展服务的①,这是职业本科与应用型本科的又一个区别所在。为什么职业本科面向的是产业而不是地方,因为职业教育服务的是特定的职业或行业。当然这样说,并不是说职业本科就排斥为地方经济社会发展服务,因为具体的行业或产业毕竟是落实在具体的区域和地方的,一定程度上两者存在大量交叉重合。而且,职业本科不仅面向的是产业,更要对接产业中的高端领域,这是职业本科区别于专科层次及其以下的职业教育的所在,也是体现职业本科"高等性"的必然。

（三）技术创新

职业本科的突出特征是技术创新。这是职业本科产生的"合法性"基础,因其是面向未来的职业教育,是直接服务于中国制造和应对第四次科技革命的产物。强调职业本科的应用技术创新特征,就是说职业本科要强调高新科技含量,是"用脑"的教育。这体现为三个方面。其一,职业本科要加强人才培养的基础性知识储备,重点培养学生心智技能而非操作技能;其二,职业本科教育需要着重培养学生的应用创新能力,能够应用所学知识解决生产经营管理中未曾遇到的问题,或具备改良工艺、流程、方法的能力;其三,职业本科要在研方面下文章,专业要能够服务对应产业未来发展的方向,帮助企业解决实际生产中的技术难题。

（四）引领发展

职业本科居于类型顶层而非体系底层,是职业教育类型的上升通道,是我国职业教育类型化、高质量发展的领头羊,体现在四个方面。第一,职业本科要从适应产业上升到引领产业,即专科职业教育是跟跑,而本科职业教育应该要领跑产业发展,适度超前。第二,职业本科要从校企合作上升到产教融合,从工学结合上升到知行合一,强调服务对象的普适性和高端性,在推动产业链、技术链、创新链、人才链四链衔接中起到关键性作用。第三,职业本科将对我国制造业转型升级、数字经济发展、"一带一路"实施、乡村振兴与共同富裕等战略性发展起到至关重要的推动作用,形成与普通本科、应用型本科差异发展、融通发展的战略地位,带动职业教育确立在国民教育体系中的"半壁江山"。第四,未来职业本科的高质量发展将大大改善和提升职业教育在国民心中的形象,带动更多人了解职业教育、认识职业教育、投入职业教育、

---

① 潘懋元,车如山.略论应用型本科院校的定位[J].高等教育研究,2009(5):35—38.

从事职业教育,从而真正落实"类型教育"地位,在促进教育公平、服务技能型社会建设。

第三节 发展职业本科教育的必要性

一、职业本科教育的价值取向

追溯职业本科教育的价值取向,也就是剖析职业本科教育的服务对象、基本立场和价值主张,探析多元主体的利益博弈与帕累托均衡,是界定发展职业本科人才培养定位的重要尺度。

(一)职业教育价值取向的二维解构

从职业教育的功能分类维度看,职业教育兼具教育功能和社会功能。其中教育功能体现为职业教育是一种满足更多学习者特征和需求的教育类型。社会功能体现为职业教育能够服务国家和区域发展战略,服务经济社会发展,满足产业人才需求,提高劳动生产率[1],促进就业和社会稳定。从职业教育的性质分类维度看,职业教育是工具性和人文性的统一体。[2]一方面,职业教育服务政府、企业、学生和家长,满足行业企业用人需求,满足学生就业谋生,提升职业技能,增强就业竞争力需求,呈现显著的工具属性;另一方面,职业教育之所以不是职业培训、短期实训、就业教育,是因为职业教育本身具有"育"的属性,职业本科的培养目标设计要体现价值理性与工具理性的和谐共生[3],应以"职业人"和"生命人"相统一的目标视域审视职业教育,关注受教育者作为"生命人"的主体性、创造性和责任意识[4],注重学习者人文素养、职业素养养成教育,这种超越了工具性目标范畴的形而上的价值取向,也就是职业教育的人文性价值取向(图1-4)。

---

[1] 苏丽锋.职业教育发展对产业结构升级的支撑作用分析[J].高等工程教育研究,2017(3):192—196.
[2] 孙兆化.工具性与人文性的统一:现代职业教育改革的价值取向[J].当代职业教育,2016(2):12—14+61. DOI: 10.16851/j.cnki.51-1728/g4.2016.02.004.
[3] 沙鑫美.类型目标:本科层次职业教育的必要指向[J].教育与职业,2020(19):5—11. DOI: 10.13615/j.cnki.1004-3985.2020.19.001.
[4] 周同,宋晶,闫智勇.现代职业教育的"人道"范畴[J].职教论坛,2014(4):4—7.

```
                        教育性
                         |
        提升劳动者技能,   |   服务劳动职业
        增强就业竞争力    |   可持续发展,
                         |   增进教育公平
  工具性 ————————————————+———————————————— 人文性
                         |
        服务经济社会发展, |   弘扬劳动精神,
        促进就业创业      |   服务技能型社会建设
                         |
                        社会性
```

图 1-4　职业教育双维价值取向

（二）职业教育价值取向的博弈与调和

职业教育的多元价值取向长期以来陷入博弈且时而失衡。2000 年之前我国职业教育以中职层次为主,就业导向鲜明,升学之路堵塞,社会教育公平诉求有所忽略,陷入工具属性凌驾于人文属性的取向偏颇。新世纪以来,随着高职的大幅扩招,新升格的高职学校缺乏理论指导、政策指引和经验积累,参考普通高校学科式人才培养模式成为无奈之举,高等职业教育的工具性价值并不鲜明。2006 年至今,我国大举学习德国"双元制"、英国"现代学徒制"等,实施"基于工作过程系统化的职业能力开发""项目化教改",倡行校企合作、协同育人,开展"半工半读、工学结合"[①]。同时《教育部关于职业院校专业人才培养方案制订与实施工作的指导意见》也规定了顶岗实习不少于 6 个月、实践学时不少于 50%。由此,服务产业、就业导向的职业教育工具价值、社会价值属性再度强化,并历经多年积淀逐步深入人心,甚至认为职业教育以就业为单一导向。[②]与此同时,为了调和相关政策在社会导向中可能出现的"负面杠杆效应"[③],防止职业教育在浓郁技术文化语境下"重技能、轻人文""重就业,轻发展"的功利性畸变,避免职业教育成为经济附庸,被技术奴役,近年来职业教育政府主管部门又通过系列政策举措强调"德技并修""五育并举""课程思政",

---

① 曾天山,房风文.中国共产党职业教育事业百年历程与经验分析[J].中国教育科学(中英文),2021,4(5):27—38. DOI:10.13527/j.cnki.educ.sci.china.2021.05.003.

② 孙善学.从职业出发的教育[J].教育与职业,2011(22):45—47. DOI:10.13615/j.cnki.1004-3985.2011.22.035.

③ 李香善.新时期高等教育价值取向的误区探析[J].延边大学学报(社会科学版),2018,51(3):120—125+145. DOI:10.16154/j.cnki.cn22-1025/c.2018.03.017.

支持中职、高职专科"就业与升学并重"。这种职业教育价值取向长期动态的博弈与调和很难找到平衡点。① 例如人才培养方案设计属于总学时固定的零和博弈,通识课增加,势必专业课减少;实践课增加,意味着理论课减少。

◆ 中职教育为主　◆ 参考普通高校　◆ 学习德国模式　◆ 强化五育并举
◆ 就业导向鲜明　◆ 实施学科教育　◆ 倡行工学结合　◆ 注重德技并修

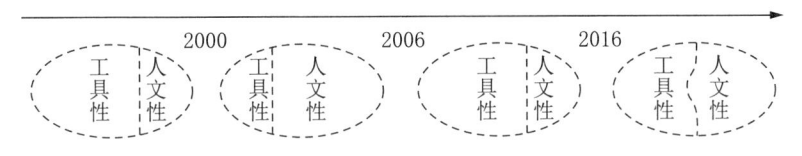

　　　　　　　2000　　　　　　　2006　　　　　　　2016

（工具性　人文性）　（工具性　人文性）　（工具性　人文性）　（工具性　人文性）

图 1-5　职业教育价值取向的长期博弈与调和

（三）职业本科教育的价值旨归

职业本科教育是当前职业教育体系中的高阶层次,具备了上述两种分类维度的所有职业教育一般性价值取向。同时,职业本科蕴含其独特性、深层化的价值取向,能够以更为广纳博采的交融视窗与更为包容审慎的柔性形态实现一定程度上正和博弈的调和,构筑技术之器与技术之道的深度耦合体。② 就"教育性——工具性"而言,职业本科聚焦高素质劳动者在高端就业市场的竞争力,通过更长学制培养,使劳动者技术技能更为扎实,就业竞争力进一步增强,能够胜任传统产业改造升级以及战略性新兴产业蓬勃发展背景下对能力要求更高的技术岗位或管理岗位。就"教育性——人文性"而言,职业本科通过提供更为"宽、厚、实"的通识教育与专业基础教育,以及设置更多方向的专业选修课程体系,服务劳动者综合素质提升,为学生适应产业形势快速复杂变化,增强可持续发展能力奠定基础,同时能够提升职业教育受众的社会地位,提高其面向更多发展机会的准入资质,进一步促进教育公平。就"社会性——工具性"而言,职业本科人才培养能够服务数字化、智能化背景下传统产业转型升级、战略性新兴产业蓬勃发展,以及社会生产组织方式柔性化对复合型、创新性高层次技术技能人才的需求③,职业本科应用技术研究能够为企业改良

---

① 侯长林,蒋炎益,杨耀锟.推动人的全面发展:高等教育高质量发展的最高价值取向[J].贵州社会科学,2022(2):113—119. DOI:10.13713/j.cnki.cssci.2022.02.009.
② 朱德全,熊晴.技术之器与技术之道:职业教育的价值逻辑[J].教育研究,2020,41(12):98—110.
③ 陆素菊.试行本科层次职业教育是完善我国职业教育制度体系的重要举措[J].教育发展研究,2019,38(7):35—41.

改进工艺、流程、方法,提高生产经营管理水平提供支持,同时能够促进全社会更充分的就业创业,从而服务经济社会高质量发展。① 就"社会性——人文性"而言,职业本科具有提升劳动者社会地位,促进全社会崇尚劳动、崇尚技能的风气形成,让技术技能"长入"经济、"汇入"生活、"融入"文化、"渗入"人心。

二、职业本科发展的外驱力

目前,学者主要从两个动力视角认识职业本科专业办学必要性。一是国家战略、产业变革等外部因素对职业教育提出更高要求,而外部动力又分为滥觞于需求侧的外拉力以及供给侧的外推力;二是职业教育类型化演进与高质量发展到达一定阶段的必要性产物。

(一)发展职业本科教育的外拉力

《职业教育法》第二条将职业教育定义为:为了培养高素质技术技能人才,使受教育者具备从事某种职业或者实现职业发展所需要的职业道德、科学文化与专业知识、技术技能等职业综合素质和行动能力而实施的教育。为此职业教育的朴素性质是服务受教育者就业能力或职业发展能力的增强,故职业岗位能力要求是职业教育人才培养的逻辑起点,需求侧的产业变化和职业岗位变化是职业教育改革发展的主要外拉力。曾天山等认为,职业本科重点培养面向行业企业的更高层次、更高水平的技术技能人才,发展职业本科教育是塑造产业国际竞争力的战略之举。② 李胜、徐国庆认为,职业教育人才培养层次从学理层面由产业人才需求结构决定,产业升级对技术技能人才提出更高要求,专业层次难以完全满足需求。③ 伍红军认为,第四次科技革命加剧了生产力快速发展与现有人才难以快速适应新型生产方式之间的矛盾,迫切需要高职人才培养适应性升格。④ 王学东、马晓琨认为,产业转型升级对技术技能人才需求层次的上移,综合性强、复杂度高的职业岗位从业者需要开展长学制培养。⑤

---

① 余智慧,陈鹏.科学逻辑主导下职业本科高校发展的现实困境与推进路径[J].中国高教研究,2021(12):97—102. DOI:10.16298/j.cnki.1004-3667.2021.12.16.

② 曾天山,汤霓,王泽荣.发展职业本科教育的重要意义、目标定位与实践路径[J].中国高等教育,2021(23):35—37.

③ 李胜,徐国庆.职业本科教育发展背景下职业专科教育定位研究[J].中国高教研究,2022(2):102—108. DOI:10.16298/j.cnki.1004-3667.2022.02.16.

④ 伍红军.职业本科是什么?——概念辨正与内涵阐释[J].职教论坛,2021,37(2):17—24.

⑤ 王学东,马晓琨.职业本科高校人才培养定位与体系建设[J].教育与职业,2022(5):21—27. DOI:10.13615/j.cnki.1004-3985.2022.05.016.

《本科层次职业教育专业设置管理办法（试行）》（以下简称《办法》）指出，本科层次职业教育专业设置应顺应新一轮科技革命和产业变革，主动服务产业基础高级化、产业链现代化，服务建设现代化经济体系和实现更高质量、更充分就业需要。当前新一代数字化、智能化技术的广泛深入应用，引发技术应用复杂化、生产组织智能化、工作内容迭代化、工作关系协同化等颠覆性嬗变，社会生产分工体系处于动态瓦解和重构之中，技能型人才心智技能成分占比不断增高。[①]这种岗位工作属性及能力需求特征的变革需要职业教育以更高层次、更长学制以及相应的人才培养模式变革加以适应。可见，职业本科办学的外拉力体现为"产业升级——岗位工作任务升级——岗位人才能力需求升级"，这点在法理和学理层面均已基本形成了认识上的统一。

（二）发展职业本科教育的外推力

依据人类生产活动的过程和目的不同，人才总体上可以分为两大类，一是发现和研究客观规律的学术型人才，一是应用客观规律为社会谋取直接利益的应用型人才。[②]后者又可分为工程型人才、技术型人才和技能型人才。多元智能理论认为：社会的发展需要多样化、层次化和结构化的人才群体。传统的智力观和偏重语言、数理逻辑智能培养的教学观与评价观，极大地抑制了多样化人才的培养，必须迅速予以改变[③]。每一个人都具有异质性禀赋和潜能，提供多样化的成长成才空间和通道方能够实现"不拘一格降人才"。我国实行"普职分流"和推动普职协调发展就是促进学习者分类成才的重要策略。一部分擅长技术应用、技能操作而弱于抽象思维、理论探究的技能型人才在职业教育的"土壤"中得以发挥自身优势禀赋，实现长足发展，彰显个人价值。在技术发展和社会生产演进进程中，各类型人才职业内涵与工作任务不断演变和交错，人们又在人才类型频谱中加入工程技术型、技术技能型等边际类型。[④]如今产业不断升级致使职业带向理论方向持续漂移[⑤]，人才类型边际日益模糊，技

[①] 施星君,余闯,毛海舟.职业本科授予学位类型探析——基于人才培养定位的本质追溯[J].教育与职业,2022(10):56—61. DOI:10.13615/j.cnki.1004-3985.2022.10.002.

[②] 夏建国.基于人才分类理论审视技术本科教育人才培养目标[J].中国高教研究,2007(5):5—8. DOI:10.16298/j.cnki.1004-3667.2007.05.002.

[③] 钟志贤.多元智能理论与教育技术[J].电化教育研究,2004(3):7—11. DOI:10.13811/j.cnki.eer.2004.03.002.

[④] 陈厚丰.高等教育分类的理论逻辑与制度框架研究[M].广州:广东高等教育出版社,2011:262,325—326.

[⑤] 杨开亮.工程技术类职教本科专业定位与人才培养研究——以A职业技术学院机械设计制造及其自动化专业为例[J].高等工程教育研究,2020(4):142—148.

能型人才能力特征也在向技术型靠近。为主动适应新产业、新岗位、新工作内容,技能型人才通过更高层次和更长学制的高等职业教育继续提升岗位适应能力的需求日益迫切。且进入新世纪以来 20 余年,我国年高校毕业生人数增加了约 10 倍,以及近几年全国各地专升本报考学生比例大幅提升,都寓示着社会学历层次的整体提升以及职场竞争的日趋激烈。而就业是最大的民生,也是社会稳定之基。在我国,职业院校毕业生就业率持续保持在 90% 以上。要实现更充分就业,意味着高等教育结构需要适应性调整,提高劳动者的就业、创业能力以及就业竞争力,推动我国技术技能人才队伍质量实现整体跃升。①发展职业本科教育是实现更充分、更高质量就业,提高劳动者的就业竞争力、可持续发展能力以及个体的社会地位的必由之路。

三、职业本科发展的内生力

职业教育作为一种"类型教育",类型特征意味着其需构建与普通教育体系并行的现代职业教育体系。第一,职业教育活动场域从学校拓展到产业和社会,参与方涉及学校、行业企业、社会机构等,具有显著的跨界属性。为此在学理层面需要搭建其独特的理论框架,建立与普通教育学相对应的学科体系,赋予职业教育学与普通教育学同等的学科地位②。职业本科的学科形成有自身特色的知识体系和话语逻辑,是职业教育学的重要组成部分,也是职业教育学位制度建立的主要依据,更是职业教育学学科地位的着重彰显。第二,发展职业本科教育是我国现代职业教育"不同类型、同等重要"地位实现的关键性举措,也是职业教育由参照普通教育办学模式向企业社会参与、专业特色鲜明的类型教育转变的重要路径,有利于使教育选择更多样、成长道路更宽广,使学业提升通道、职业晋升通道、社会上升通道更加畅通③,从而进一步完善中国特色职业教育体系,提升职业教育可持续发展能力。第三,职业教育要摆脱"次等教育"的固有偏见,在实践层面需要覆盖更为完善的办学层次。在现代职业教育体系中,中职处于基础性地位④,高职专科处于主体性地位⑤,专科层

---

①③ 曾天山,汤霓,王泽荣.发展职业本科教育的重要意义、目标定位与实践路径[J].中国高等教育,2021(23):35—37.
② 姜大源.职业教育要义[M].北京:北京师范大学出版社,2017:2—3.
④ 徐国庆.中等职业教育的基础性转向:类型教育的视角[J].教育研究,2021,42(4):118—127.
⑤ 徐国庆.职教如何成为一种教育类型[N].社会科学报,2019-6-13.

次之上则迫切需要职业本科的引领性作用,以改善职业教育面貌,提升民众对职业教育的认知度与吸引力,增进社会认同,并自上而下推动三个层次梯队性整合与有机衔接,促进纵向贯通的职业教育体系全面形成,在满足学习者学业进一步发展需求的同时,通过探索实践持续性检验、修正与完善职业本科理论体系。

第二章 国外职业本科发展历程及启示

20世纪中叶后期,国外职业本科教育开始出现,并逐步成为高等教育的重要组成部分。我国正在加快建设社会主义现代化国家,职业本科教育发展恰逢其时,研究国外职业本科教育发展历程,学习经验做法,有利于进一步推动我国职业本科教育的健康发展。

第一节 国外职业本科教育的起源与演进

近年来,我国高度重视职业本科教育,为推动其发展,相继出台了《关于加快发展现代职业教育的决定》《国家职业教育改革实施方案》等文件,但不可否认的是,目前我国职业本科教育仍处于探索阶段,还存在一些亟待解决的问题。本章将通过系统梳理、总结国外职业本科教育历史演进过程中突破难题和经验教训,为探索我国职业本科教育发展提供借鉴和参考。

一、国外职业本科教育起源

国外职业本科教育起源于20世纪60年代的西方发达国家,主要原因有两个,第一,职业教育与经济发展的联系最为密切,受经济的影响最为直接,随着西方各国工业化的快速发展,企业对高层次技术技能人才的需求不断增加;第二,战后人口福利显现,适龄入学人口急剧增加,越来越多的学生希望获得进入大学学习的机会,以提升自己的职场竞争力,而当时传统大学的容量,已经无法满足高中毕业生的需求。因此,各国政府、行业协会、知名企业及教育机构,共同努力创造了各具特色的职业本科(应用型本科)教育,如德国的双元制大学、应用科技大学,英国的多科技术学院,美国的社区学院,日本的技术科学大学等。

综观世界格局,一个国家高等职业教育的普及程度及发展水平,能够衡量一个国家经济发展状态和现代化程度。工业发达的国家在为人类创造物质文明的同时,也积极推动了职业本科教育的发展。

二、国外职业本科教育的历史演进

职业本科教育的发展与经济结构调整、产业转型升级密切相关,根据产业结构转型的需要,国外职业本科发展大致可以分为三个阶段:20 世纪 60 年代至 70 年代末的起步阶段,20 世纪 80 年代至 21 世纪初的快速发展阶段,21 世纪初至今的内涵提升阶段。

(一)起步阶段

20 世纪 60 年代至 70 年代末,第三次科技革命推动了工业的快速发展,产生了众多新的工业门类,以核能、计算机和激光为标志的新技术革命,直接导致了发达国家的产业经济结构由劳动密集型向技术密集型转型。

为了适应产业结构调整的需要,必须进一步提高劳动者的素质和技能。同时,世界各国为了满足越来越多的适龄青年升学需求,不断扩大招生规模,促进高等教育从精英教育向大众化教育转型。

1966 年,英国教育和科学大臣克罗斯兰提出"关于多科技术学院和其他学院的计划"[①],旨在把高水平的职业教育机构整合成新型高校即多科技术学院。此后的 10 年时间里,英国成立了 34 所多科技术学院,实现了《罗宾斯报告》[②]中每个郡都有 1 所以上本科高校的目标,形成了庞大的职业本科教育体系。

1968 年,德国各州文化部长联席会议,通过"联邦德国在各州统一高等专业学校领域"协议,将工程师学校和高级专业学校升格为高等专业学校——应用科技大学。1969 年第一所应用科学大学(Fachhochschule,FH)在石荷州出现。随后三年,多地均将工程师学校和高级专业学校升格为应用科技大学。

(二)快速发展阶段

20 世纪 80 年代至 21 世纪初,随着传统产业淡出和第三产业快速发展,特

---

① Talbot S, Reeves A, Johnston J. Observations on the re-emergence of a binary system in UK universities for economics degree programmes[J]. Perspectives: Policy and Practice in Higher Education, 2014, 18(1):14—19.

② Scott P. Robbins, the binary policy and mass higher education[J]. Higher Education Quarterly, 2014, 68(2):147—163.

别是高技术、高附加值产业集群化发展,使高技能的知识型工人成为各国企业普遍而又迫切的需求。

在1990年至1999年的10年期间,德国应用科学大学数量从98所增加到152所,在校生总人数从3万多增加到4万多。除了数量上膨胀式增长外,还从提高学校运行的有效性和培养社会需求人才的适应性两方面进行改革。如对课程体系、专业设置,甚至办学模式等进行调整。

德国的双元制大学和应用科技大学,则是通过调整专业设置或新增一些跨学科、交叉学科专业,来适应社会需求变化,如新增的经济法律、人文与科学、工业工程与管理等专业。

美国出现的三种主要模式:2+2模式,学生在社区学院经过两年职业教育,先拿到副学士学位,再到四年制大学里完成后面两年学业,拿到学士学位;4+0模式,普通四年制大学设置职业教育课程,直接招生,完成学业颁发学士学位;4+0或2+2相结合模式,自20世纪90年代起,美国有24个州允许社区学院提供学士学位课程,学生既可以在社区学院直接完成四年学士学位学习,也可以分段学习,先拿副学士学位再拿学士学位。

(三)内涵提升阶段

21世纪初,随着信息化时代的到来,引发了各类高端服务业的蓬勃发展。国家间的企业合作和人才流动成为发展趋势。

国家之间或相关政策缔约国之间通过签署国际法规、公约条款、行动计划等,共同促进职业本科教育的国际化,学历学位互认互授机制逐渐形成。

例如,欧洲29个国家为整合各国高等教育资源,打通国家间教育体制,推动"博洛尼亚进程"[1],使学生可以无障碍地在各国之间求学或就业;同时,还建立欧洲学分互认转换体系,统一的学分制以量化的形式实现学分相互认可是欧洲各国高等教育走向统一的桥梁和基石。

基于"博洛尼亚进程"带来的影响,德国废弃了传统的硕博二级学位制,引入国际通用的"学士—硕士—博士"三级学位制。同样,英国也积极发展与欧洲学分转换体系相兼容的框架条款,制定了《资格与学分框架》[2]。

---

[1] 博洛尼亚进程是欧洲诸国间在高等教育领域互相衔接的一个项目,以确保各国高等教育标准兼容性。1999年欧洲29个国家在意大利的博洛尼亚大学签订的博洛尼亚宣言称为"博洛尼亚进程"。

[2] Lester S. The UK qualifications and credit framework: a critique[J]. Journal of vocational education and training,2011,63(2):205—216.

此外，越来越多的国家意识到，以工作为导向的职业本科教育对提升人才竞争力至关重要。为了推动职教领域的国际合作，德国联邦教育部支持欧洲委员会发起欧洲学徒联盟等倡议，并与拥有双元制国家（奥地利、瑞士、卢森堡和丹麦）的相关部委，一起推出在线"学徒制工具箱"项目①，为希望实施该计划的欧洲其他国家提供参考和支持。

为了发展高质量的职业本科教育，德国、希腊、葡萄牙、意大利、斯洛伐克和拉脱维亚于2013年12月共同签署《柏林备忘录》②。为适应国际化教育，有些学校特地设置了国际留学生校区，例如德国巴登-符腾堡双元制大学，不仅建立文化多样性的留学生校区，在课程设置上也增加了更多的国际化模块。

学习借鉴国外职业本科教育的成功经验和典型范式，可以理清我国职业本科教育的的发展思路，促进我国职业本科教育高质量发展。

下面，我们将以德国的"双元制"职业本科教育（双元制大学及应用科学大学）、日本技术科学大学、英国的多科技术学院、美国社区学院展开具体分析。

第二节　国外职业本科教育的典型模式

所谓模式，是对隐藏的客观规律和成功经验进行归纳总结，帮助人类更好认识外界的方法。③纵览世界各国多样化的职业本科教育实践，依据学习地点划分，主要有三种模式：以学校为主体的办学模式、以企业为主体的办学模式、以"企业＋学校"相互合作的办学模式。其主要特征分别是：以学校为主体的办学模式，教学地点为学校，学校负责全面统筹规划，教学系统性强，理论扎实，定位清晰，主要代表性国家有美国、英国等。以企业为主体的办学模式，教学地点为企业，教学以企业事实场景为主，强调实践性和技能性，主要代表性国家有日本等。以"企业＋学校"相互合作的办学模式，教学地点为企业和学校，学生在两个场所交替学习和实践，教学强调能力性和职业性，主要国家代表有德国、瑞士等。

---

①　The apprenticeship toolbox [EB/OL].[2022-07-22]. http://www.apprenticeship-toolbox.eu/.
②　The Federal Ministry of Education and Research(BMBF)：The German Vocational Training System [EB/OL]. [2022-07-22]. https://www.bmbf.de/bmbf/en/education/the-german-vocational-training-system/the-german-vocational-training-system_node.html.
③　姜大源.职业教育要义[M].北京：北京师范大学出版社,2017:156.

一、德国双元制职业教育模式

奔驰、宝马、博世、西门子这些我们耳熟能详的品牌均来自"德国制造",这是高品质的代名词,也是德国人的金字招牌。严谨精致是"德国制造"的特征,而这一切皆归因于德国双元制教育体系,使一个只有8 000万人口的小国能够连续数年成为世界出口冠军。根据2020年《德国职业教育和培训报告》[①]数据显示,2019年德国整体人口失业率为3.2%,而欧盟27国为6.7%;青年(15至24岁)的失业率为5.8%,而欧盟27国这一指标的平均比率为15.1%。这是德国统一以来的最低纪录,具体见表2-1。报告同时指出,资格水平低或受教育程度低的人(国际标准教育分类[ISCED]0—2,即初中毕业及以下)[②]面临着最高的失业风险。2019年在德国初中毕业及以下青年的失业率为8.9%,而具有《国际教育标准分类法》3—4级资格青年的失业率为3.9%;具有《国际教育标准分类法》5—8级资格的青年失业率仅为3.1%,如图2-1所示。德国拥有欧洲最低的青年失业率这在很大程度上归功于其发达的双元制职业教育体系。双元制教育体系不仅推动了德国经济发展,而且促进了德国的民族团结。

"双元制"将企业实践教学和学校理论教学有机结合在一起,是高校与企业深度产教融合的一种高等职业教育模式。该模式已在德国、奥地利、瑞士和比利时等多个国家实施。"双元制"教学模式以企业岗位需求为导向,为企业量身打造合适的人才,有利于改善人才与岗位供需匹配性。德国"双元制"高等职业教育在世界范围内认可度极高。

表2-1 2019年德国及欧盟27国失业率详情

	整体人口失业率(%)	15—24岁青年失业率(%)
德国	3.2	5.8
欧盟27国	6.7	15.1

---

① Jurgen Siebe, Barbara Dorn. Vocational education and training in Germany: short description [M]. Publications Office of the European Union, 2020.

② 2011版国际教育标准分类法体系根据教育等级由低到高分为9个等级序列,即0级早期儿童教育,1级小学教育,2级初中教育,3级高中教育,4级中学后非高等教育,5级短周期高等教育,6级学士或同等学历,7级硕士或同等学历,8级博士或同等学历。Revision of the International Standard Classification of Education: http://www.uis.unesco.org/Education/Documents/isced-2011-en.pdf.

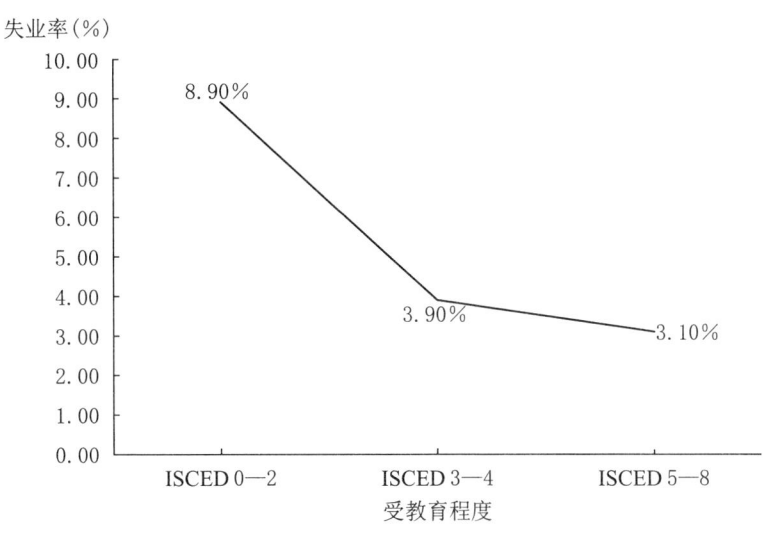

图 2-1　德国 2019 年青年失业率与受教育程度间关系

德国职业本科教育主要由四种类型的教育机构提供：应用科学大学（Fachhochschule）、双元制大学（Duale Hochschulen）、大学（Universitäten）、职业学院及合作教育大学（Berufsakademien）。[①]根据德国大学校长联席会（HRK）截至 2022 年 3 月 29 日的统计信息显示，应用科学大学（205 所）约占总高校（423 所）数量的 48%[②]，占比第一。根据德国联邦职业教育所对双元制职业本科教育学生人数统计来看，2019 年总共约为 10 万人参加双元课程学习，其中巴登-符腾堡双元制大学 3 万多人，单体数量最多（见表 2-2）。

表 2-2　2019 年不同类型学校双元学习课程的学生数量（单位：人）

	应用科技大学	双元制大学	职业学院	普通大学	其他	合计
公立	34 679	34 286*	5 289	5 289	2 235	77 642
私立	22 554	615	6 141	6 141	932	30 560
合计	57 233	34 901	11 430	11 430	3 367	108 202

数据来源：Ausbildung Plus-Datenbank（Stand：Januar 2019），*特指巴登-符腾堡双元制大学。

[①] Datenreport zum Berufsbildungsbericht 2019：Informationen und Analysen zur Entwicklung der beruflichen Bildung [Data report to the vocational training report 2019：information and analysis on the development of vocational education and training]. [EB/OL]. [2022-07-22]. https://www.bibb.de/dokumente/pdf/bibb_datenreport_2019.pdf.

[②] 德国大学校长联席会（HRK）"大学指南"[EB/OL]. [2022-07-18]. www.hochschulkompass.de.

（一）巴登-符腾堡双元制大学

1. 巴登-符腾堡双元制大学发展历程

巴登-符腾堡双元制大学 Baden-Wuerttemberg Cooperative State University（德语：Duale Hochschule Baden-Württemberg/DHBW）是德国第一所将职业培训和学术研究相结合的高等教育机构，实现了理论教学与实践教学的紧密结合。巴登-符腾堡双元制大学的历史可以追溯到1974年成立的合作教育大学——巴登-符腾堡州职业学院（Berufsakademie Baden-Wüerttemberg）[①]。巴登-符腾堡州职业学院由"斯图加特模式"发展而来，当时商界担心过于学术化的高等教育改革会导致企业没有合适的专业技术人才。因此，自1974年起，巴登-符腾堡州的许多知名公司与传统的高等教育机构一起合作，共同推动高等职业教育发展，这一模式由罗伯特·博世、戴姆勒-奔驰、标准电气洛伦茨等知名企业首创。该倡议旨在将大学学业和职业培训结合起来为高中毕业生提供更加多样化的学习模式以及良好的晋升机会和丰厚的收入。这种双元制教学模式为德国产业界培养了大量高级技术人才，并获得社会的广泛认可。2009年，德国政府考虑到巴登-符腾堡州职业学院在过去几十年的出色表现，授予巴登-符腾堡州职业学院大学的法律地位，升格为巴登-符腾堡双元制大学，开始授予学士学位。从2011年底开始，巴登-符腾堡双元制大学开启硕士层次的双元制课程的教学项目。

目前，巴登-符腾堡州双元制大学拥有约34 000名在校学生，9 000多家战略合作伙伴企业和145 000多名毕业生，是德国巴登-符腾堡州最大的高等教育机构。巴登-符腾堡州双元制大学借鉴了美国州立大学组织架构，由总部和分校两个层面共同构成，该大学总部设在斯图加特，有12个分校点，这种组织架构在德国是独一无二的。[②]每个校区均提供广泛的商业、工程技术、社会事务、健康四个领域30个专业100多个专业方向的本科学习课程。该大学继续推行公认且非常成功的双元制教育模式，所有学位课程均获得国家和国际认可，所有学生必须完成210学分课程学习才能获得学士学位。[③]

[①] Berufsakademie 称为职业学院，是一种受双元制教育体系启发的大学类型，其英文译名为合作大学，仅授予学士学位，这种类型的机构首先在德国巴登-符腾堡州创建，现在仅存在于汉堡、黑森州、下萨克森州、萨尔州、萨克森州、石勒苏益格-荷尔斯泰因州和图林根州。

[②] 巴登-符腾堡州双元制大学官网简介[EB/OL]．[2022-07-16]．https://www.dhbw.de/english/dhbw/about-us．

[③] 欧洲新的学分制，一个学分意味着25个学习小时，其中包括5小时的上课时间，12小时的课外作业和社会实践，7小时的老师辅导，1小时的考试。

2. 巴登-符腾堡双元制大学人才培养模式

人才培养模式主要体现在人才培养目标、专业设置、课程设置、教学模式、师资队伍等方面[①],下面将从这些方面分别进行剖析。

(1) 人才培养目标

由商界主动发起创立的巴登-符腾堡双元制大学,通过企业与学校联合办学构建的实用型教学模式,在过去40多年中,其人才培养目标根据企业需求量身定制,培养能解决实际问题的专业技术人才。这样的人才培养定位,实现了学校和企业双赢的目标,双方资源共享,企业可以借助学校资源培养合适的人才,学校可以借助企业资源培养适应产业结构转型升级需要的复合型人才。基于这个目标,巴登-符腾堡双元制大学高度重视企业的参与,采用双元主体的培养模式。在宏观上,企业是学校组织架构的一部分,是学校的战略合作伙伴;在微观上,招生制度、专业设置、课程设置等方面都给予企业优先选择的权限。

(2) 招生制度

巴登-符腾堡双元制大学在招生制度上明显有别于一般大学,除了具备大学入学资格外,还需要与企业签订相应的培养合同,学生具有双重身份,即学校的在校生以及企业的在职员工。巴登-符腾堡双元制大学通过"成功学习"项目计划来筛选学生,以学生与学习领域的契合度作为筛选依据,从而减少辍学人数,提高学生学习成功率。该计划由双元合作伙伴企业初步决定哪些申请人可以获得学习机会。在完成选定之后,准学生与企业一起向学校提交入学申请,这种招生机制学生入学录取资格决定权在企业,而非大学本身。据莫斯巴赫分校官网发布的信息显示,2022年7月有38家德国境内外银行向该校区银行专业的新生提供了岗位需求信息[②],学生和银行之间进行双向选择并签订培训合同,学习期间学生是带薪学习。

此外,巴登-符腾堡双元制大学依据申请者具备的资格条件,对于具备对应专业知识的申请者,可以直接向双元合作企业或机构提交入学申请;而不具

---

① 钟秉林.人才培养模式改革是高等学校内涵建设的核心[J].高等教育研究,2013,34(11):71—76.

② 莫斯巴赫分校银行专业2022年7月份合作伙伴名单:https://www.mosbach.dhbw.de/studium/studienangebot-bachelor/bwl-bank/duale-partner-studienplaetze/liste-der-dualen-partner/?tx_dhbwenterprise20_pi1%5Baction%5D=index&tx_dhbwenterprise20_pi1%5Bcontroller%5D=Job&tx_dhbwenterprise20_pi1%5Bpage%5D=1&cHash=1ca3034aa58914da0705bf187b4d0e7c.

备对应专业知识的申请者则需要参加学业能力考试并根据申请者的具体情况安排一些前置课程。

（3）专业设置

巴登-符腾堡双元制大学在专业设置上始终坚持适应性、复合性和区域性的基本原则,全校共设 30 个学士学位专业 100 多个专业方向,以工程技术为主兼顾商业、社会事务、健康三个领域。这与德国产业结构相匹配,以制造业为核心,兼顾第三产业的发展。首先,学校在专业设置上根据行业与技术发展不断调整专业设置,充分体现其适应性原则。例如,在社会事务领域开设网络空间安全专业,培养具有突出实践动手与创新能力的网络空间安全专门人才;开设社会工作心理健康和成瘾专业应对日趋被重视的心理健康和成瘾问题。其次,为了应对产业技术转型升级,社会急需具有跨学科知识和掌握不同专业知识的复合型专门人才,学校开设了复合型专业。例如,在商业领域开设国际商业和信息技术管理专业,培养能够利用信息技术解决现代商务及企业经营管理过程中的问题的专业人才,开设数字媒体专业培养信息技术与媒体相结合的复合型人才。最后,学校开设的很多专业都充分体现了为区域经济发展服务的办学定位。例如,素有"汽车工业之都"之称的巴登-符腾堡州,聚集了大家所熟知的奔驰、保时捷、博世等车企的总部,为了更好地服务区域经济,学校在技术领域开设了车载电子技术专业、汽车工程专业。

（4）课程设置

为了能够具体、直观地呈现巴登-符腾堡双元制大学的课程设置体系,我们将以莫斯巴赫分校的银行专业教学进度表为例(见表 2-3)。其课程主要有四大模块组成:专业核心课程、实践模块课程、专业选修课程和"关键能力"模块。在专业核心模块中,建立了对所选学科的基础知识、理论、概念和方法的理解和运用。学生学习使用科学方法搜集相关信息,通过合理的方式用所学知识捍卫自己在该学科中的立场,并反思在实践中应用所学知识的机会和风险。例如,银行业务基础、证券及投资业务、信贷机构的会计、银行业务中的数字化和 IT、银行管理等课程。在实践模块中,学生了解信贷机构的组织流程,并练习使用特定行业的工具和技术。学生学会在团队中承担责任,向专家和外行展示与捍卫自己在工作领域的想法和观点。从理论向实践转移由反思报告和实际项目工作作为支持,例如从业资格和实习模块。巴登-符腾堡双元制大学对实践课程格外重视,要求学生在 3 年时间需要获得 48 个实践学分,其中第一阶段和第二阶段都为 20 学分,而第三阶段为 8 学分。①每一阶段实践的内容各有侧重,与学校理论学习内容相匹配,实现专业实践与理论知识的融合。每一阶段都采用项目式作业任务的形式考核学生学习效果,要求学生结合企业实践拟定汇报主题。专业选修课程主要包括银行特定的资料和数字银行选修模块,学生有机会提高银行主题领域的技能,并根据自己的兴趣获得额外的资格。例如,数学和统计学、商法课程。为了给学生提供培养特殊关键能力的机会,经济系设置了"关键能力"模块。目前在银行专业课程中开设以下必修的"关键能力"模块课程:演讲、沟通技巧,包括具体练习、项目管理和公司模拟沟通。例如,数字金融——商业模式和流程、企业与投资银行——以资本市场为导向的企业客户业等课程。这些模块及其课程的进度表都是从学生一入学就安排好的,学生可以提早做好安排计划,在三年内完成 210 学分的学业任务并进入职场。

表 2-3　巴登-符腾堡双元制大学银行专业教学进度表(2021 年新入学)

1	2	3	4	5	6
银行业务基础	证券及投资业务		信贷机构的会计	证券管理	
银行业务中的数字化和IT			信贷和对外业务	财务管理	
经济学和微观经济学基础		数字金融——方法和应用		银行管理	
民法		宏观经济学		行业话题融合研讨会	
数学和统计学		商业法		数字金融——商业模式和流程	
从业资格 I		从业资格 II		企业与投资银行——以资本市场为导向的企业客户业	
实习模块一		实习模块二		经济政策	
				从业资格 III	
				实习模块三	

(5)教学模式

巴登-符腾堡双元制大学课程设置采取双主体培养机制,校企双方共同培

---

① 巴登-符腾堡双元制大学银行专业教学进度表[EB/OL].[2022-07-16]. https://www.mosbach. dhbw. de/fileadmin/user _ upload/dhbw/studiengaenge/bk/Master _ Rahmenstudienplan _ 2018-BWL-Bank.pdf.

养人才,共同承担责任与义务。以 3 个月为周期在学校与银行、企业等合作伙伴机构之间交替转换进行理论教学与实践教学的双元制课程学习(见表 2-4)。从银行专业 2021 年新入学理论实践学习时间安排表可以发现,这种交替模式贯穿于学生三年的教学过程,从第一学期入学开始一直到第六学期毕业。在三年中,理论学习共 85 周,实践学习共 105 周,实践学习占学习时间的比例为 55%。这是巴登-符腾堡双元制大学的特色和创新。这种转换不仅是理论知识层面的转换,更多的是学生在实践过程中完成了从理论知识到职业能力转换,真正实现了"学中做,做中学"。基于这种交替式教学模式,学生不但掌握了专业知识,而且提升了企业专业实践能力。该校每年约有 85% 的学生在毕业前就会与企业签订就业合同,从反馈意见来看,企业对这部分从双元制大学毕业的学生满意率最高。

表 2-4 巴登-符腾堡双元制大学银行专业理论实践学习时间安排表(2021 年新入学)

学期 1	理论	2021.10.01—2021.12.26	13 周
	实践	2021.12.27—2022.03.06	10 周
学期 2	理论	2022.03.07—2022.05.29	12 周
	实践	2022.05.30—2022.09.04	14 周
学期 3	理论	2022.09.05—2022.11.27	12 周
	实践	2022.11.28—2023.01.22	8 周
学期 4	理论	2023.01.23—2023.04.16	12 周
	实践	2023.04.17—2023.10.01	24 周
学期 5	实践	2023.10.02—2023.11.26	8 周
	理论	2023.11.27—2024.02.18	12 周
	实践	2024.02.19—2024.04.14 (2024.02.19—2024.05.12)	8 周 12 周
学期 6	理论	2024.04.15—2024.07.07 (2024.05.13—2024.08.04)	12 周 12 周
	实践	2024.07.08—2024.09.30 (2024.08.05—2024.09.30)	13 周 9 周

(6) 师资队伍

德国人一向以严谨而闻名于世,对于教师的入职标准更是如此。首先,巴登-符腾堡双元制大学的师资队伍组成是极具特色的,由实践经验丰富的全职教授和兼职双元制讲师共同构成,全校有760名全职教授,外加约10 000多名双元制讲师共同构成,这一部分双师型导师主要负责将他们的实践知识和诀窍传授给学生。根据德国《高等教育总法》规定,每位专业教师首先必须拥有所教授课程对应专业的博士学位,其次还必须有至少5年以上的本专业实际工作经历,即具有"工程师"和"教师"的双师资格。

3. 巴登-符腾堡双元制大学优缺点

巴登-符腾堡双元制大学教学模式深受学生和企业推崇,有效解决了就业市场上供需结构性错位的矛盾。这种模式对用人单位来说具有双重优点:一方面,用人单位通过参与制定培养方案、课程设置,主动培养他们需要的人才作为专业人员后备力量;另一方面,学生在接受职业教育的过程中熟悉工作环境和工作任务,能够很快地投入工作,从而节约了用人单位新员工入职磨合期的成本。而从学生角度,一方面,学生在整个学习期间都带薪学习,这意味着他们在经济上独立,可以完全专注于学业;另一方面,通过实践可以了解企业文化,能够更好地选择适合自己的企业。由于巴登-符腾堡双元制大学取得巨大成功,2016年成立的格拉埃森纳赫双元制大学采用了巴登-符腾堡双元制大学的教学模式,即理论和实践每3个月交替转换的教学模式。[①]这是继巴登-符腾堡州双元制大学之后德国第二所双元制大学。虽然巴登-符腾堡双元制大学教学模式非常成功,但也存在着一定的局限性。比如,要求学生在3年时间便完成210个学分的学习任务,学生学习压力非常大。另外,整个教学模式大部分主动权掌握在企业方,新建立的双元制大学可能比较难找到高标准的战略合作伙伴。

双元制大学的起源以及发展很大程度上依赖于企业的需求定位,是一种自下而上的教学改革方式。在德国还存在着另外一种教学模式,几乎和双元制大学产生于同一时期,是政府为了应对产业升级变化而产生,即如今在数量上已经占据德国高等教育半壁江山的应用科学大学。

(二)应用科学大学

1. 应用科学大学的发展历程

应用科学大学是德国高等教育机构的一种,其历史可以追溯至1968年,

---

① Die einzelnen Modulbeschreibungen. [EB/OL].[2022-07-18]. http://www.dhbw.de/fileadmin/user/public/SP/Mosbach/Bauwesen/Projektmanagement_Hochbau/index.htm.

由原三年制的国家工程师学院和高等专业学校升格而来。其成立基于不同的社会因素交错在一起。首先,当时以工程师学校为代表的高级专业学校强烈要求将学校地位提升至高等学校层次以及学生强烈的升学愿望。其次,大学的容纳能力不能满足战后人口福利,导致高等教育资源供需极其不平衡。最后,工业化进程不断加快对受过高等教育的专业人才的需求也随之日益增加。1976 年,德国《高等学校纲要法》确立了应用科学大学与德国传统大学相同的地位,并规定为 4 年学制。它与传统大学的不同之处主要在于其更注重实践。因此,应用科学大学经常被直接归类到职业本科教育,其实这是不对的,因为应用科学大学主要开设的还是工程教育学位,只有那些部分采用双元制授课形式的才是职业本科教育模式。应用科学大学双元制课程学习通常可以分为两个阶段,前面六个学期主要是职业技能培训阶段,后面的学期主要是学校学术教育阶段包括全日制学习、实习、实践、毕业设计。

在德国,授予博士学位的权力通常仍保留给传统的大学。然而,在 2016 年,富尔达应用科学大学成为第一所被授予开设博士课程的高等学校。此后,一些应用科学大学开设的博士课程由德国或国外的合作大学授予学位(类似于德国研究机构的博士课程,如弗劳恩霍夫协会或马克斯普朗克协会)。应用科学大学双元制模式坚持以就业为导向,与区域经济、产业保持密切联系,毕业生也深受雇主喜欢。如今应用科学大学也在加强科研,这些研究项目有些是由公共资助,有些是由行业赞助。

2. 应用科学大学教学模式分析

德国应用科学大学在数量规模上已经占据了德国高等教育的半壁江山,其双元制课程培养体系已经成为一张金字招牌,其毕业生更是市场的宠儿——意味着高就业率高起薪。德国应用科学大学的创办被称为"联邦德国成立以来最成功的高等教育改革"[①],而其成功离不开其独特的人才培养模式。

(1)人才培养目标

德国《高等教育总法》明确规定"应用科学大学的教学应为学生今后从事某一职业奠定基础,根据学生所学课程,重点为学生传授必要的专业知识、技能和方法"。由此可以看出,应用科学大学人才培养目标是以职业为导向,注重知识应用、贴近实务界与产业界,将高层次的应用型人才培养作为立校之

---

① 姜锋,Erich Thies,蒂斯.当代德国高等教育改革研究[M].上海外语教育出版社,2015.

本。应用科学大学要求教师必须不断检验所教授的知识与实务应用之间的相关性,需要帮助学生将所学知识运用到实践中。因此,在教学上主要采取互动式教学方式,注重理论与实践之间的转化。应用科学大学的学生大多数都来自所在地区,毕业后留在当地就业,在地方经济发展中发挥了重要作用。富尔达应用科学大学人才培养目标是以应用研究为重点的实践型教育,保持与商业和工业的紧密联系,为学生提供良好的工作机会。人才培养目标决定了课程的设置与教学方式等。

(2) 招生制度

根据德国教育部网站(BMBF)相关资料显示,德国应用科学大学招收的学生主要分为两类:一类是德国文理中学毕业生,相当于我国普通高中毕业生,这些学生要求在入学报到前需要有 3 个月以上所报专业相关企业实习经历;另一类是实科中学和主体中学毕业生,相当于我国中职学校毕业生,通常已经具备两年以上职业教育基础。也就是说,应用科学大学入学标准除了大学入学资格外还需要具备职业教育背景。此外,有些院校为了强化实践教学,还要求学生与职业学院签订培训合同。例如,富尔达应用科学大学营养师专业要求学生除了满足大学入学资格外还要与其合作的六所国立营养师职业培训学院之一签订培训合同。[①]

(3) 专业设置

应用科学大学的专业设置上主要体现应用性与复合性原则。首先是应用性,科隆应用科学大学下设应用社会科学学院和应用自然科学学院,开设很多应用性很强的专业,例如社会工作管理专业、幼儿和家庭教育专业。卡尔斯鲁厄应用科技大学开设一系列技术应用专业,例如机电一体化、工业一体化专业。其次是复合性,类似双元制大学,在这里不再赘述。

(4) 课程设置

应用科学大学整体课程设置紧凑有序,帮助学生可以在较短时间内高效完成学业。从富尔达应用科学大学教学进度表(见表 2-5)可以看出,前六个学期学生有很大一部分时间是在职业培训学校或者企业进行职业训练,特别是第六学期是一个完整的实习学期。学校有权对学生的实习情况进行监督,这

---

① 资料来源:富尔达应用科学大学官网关于营养师学士学位课程说明。https://www.hs-fulda.de/en/international/international-office/admissions/degree-programmes/details/studiengang/diaetetik-bsc/show.

样更加有利于学校对理论与实践相互渗透程度的把握。学生完成职业训练后,可以通过行业协会组织的考试,并获得行业协会颁发的职业资格证书,相当于行业准入证书。第七至第九学期,学生进入全日制学习阶段,主要学习专业深化知识,例如营养心理学、可持续营养这些专业课程的学习,同时通过项目研讨和案例学习重点培养学生解决实际问题的能力。在第九学期,学生还需要完成营养学研究的学位论文和学士学位考试,并获得学校颁发的理学学士学位。通过九学期的学习,学生最终获得"双证"——职业资格证书和学位证书,而这正是得益于应用科学大学紧凑的课程体系。

表2-5　富尔达应用科学大学营养师学士学位教学进度表

学　　期	项　　目	说　　明			
第一学期	研究方法	在合作的营养师职业培训学校进行职业训练			
第二学期	研究方法				
第三学期	案例学习1				
第四学期	项目学习	实习	在合作的营养师职业培训学校进行职业训练		
第五学期					
第六学期	实　习	在合作的营养师职业培训学校进行职业训练			
第七学期	案例学习2	营养心理学	可持续营养	应用营养和食用科学	运动和疾病
第八学期	饮食疗法	营养流行病	选修模块		
第九学期	膳食咨询	临床营养	营养伦理学	本科毕业论文:营养学研究	

资料来源:富尔达应用科学大学官网关于营养师学士学位教学安排表[EB/OL].[2022-07-21]. https://www.hs-fulda.de/en/studies/departments/nutritional-food-and-consumer-sciences/study-programmes/bachelor-programmes/dietetics-dual-bsc.

(5) 教学模式

应用科学大学主要采用融入双元制教育模式,将理论与实践相融合,在强调专业理论学习的同时,加强实际职业岗位培训。通常情况下,应用科学大学学生在学业后半段会有完整的实践学期,学生根据自己的专业选择自己感兴趣的企业或者机构。除了必修的实践学期外,许多应用科学大学还要求学生在学习期间必须完成一些实习模块,由行业专家担任兼职教师。此外,为了更好地促进师生互动,应用科学大学一般采取小班化教学原则,使学生能够从教师那里获得深入和个性化的指导。

(6) 师资建设

应用科学大学对专业教师的综合素质要求非常高,学历、双师型要求类似双元制大学。此外,应用科学大学不但大量聘请相关领域的一线技术专家或能工巧匠作为兼职教师,而且有些应用科学大学要求校内教师以 4 年为周期重新回到企业学习半年时间,以提升实践能力和科学研究能力。

3. 应用科学大学优缺点

应用科学大学与双元制大学是同一个时期的产物,都是为了应对产业结构升级,大量适龄入学青年对高等教育的需求而产生。但是应用科学大学是自上而下的由政府主导,推进工程师学院和高等专业学校升格而来,而双元制大学则是自下而上的由企业主导,为避免大学培养的人才过于学术化而创立的高等职业教育模式。作为职业教育的典范,这两种双元制教学模式不仅弥补了普通高校学生实践能力不强、职业学校学生理论学习能力弱的缺陷,而且解决了企业高层次专业技术人才紧缺的问题。其最大区别就在于企业介入人才培养的程度不同,课程内容实践部分的容量不同。双元制大学在课程学习中更加突出两个学习地点的理论和实践的紧密结合以及双元主体人才培养机制。

二、日本技术科学大学模式

日本职业教育为世界职业教育的发展提供了日本方案,坚持实用主义原则,重视职业教育体系内纵向衔接贯通。日本高等专门学校与技术科学大学之间形成了一个从中职到高职再到本科及研究生层次的"中—高—本—硕"职业教育无缝衔接体系。高等专门学校进行中职高职五年一贯制教学,而技术科学大学则是本硕职业教育的代表院校。下面将通过对技术科学大学发展历程以及现状特色的深入剖析,尝试揭示职业本科教育的发展规律和特征,以期为我国职业本科教育提供经验启示。

(一) 日本技术科学大学发展历程

目前日本共有两所技术科学大学,分别是丰桥技术科学大学及长冈技术科学大学,于 1976 年由日本文部科学省[①]设立,技术科学大学的成立可以理解

---

① 负责统筹日本国内的教育、科学技术、学术、文化和体育等事务,职能大约相当于中国的教育部、科技部和文化部的总和。

为是职业教育高移化①的结果。第二次世界大战后,日本国内经济迅速复苏,大力发展制造业等第二产业,产业发展对中级技术型人才需求与日俱增。为了应对社会需求,1961年日本政府通过《学校教育法部分修正案》,公布成立高等专门学校并于次年(1962年)开始正式招生。②到了1965年,第一批成立的高等专门学校有了四年级学生,为了学生的发展需要,升学深造问题便摆在了面前。但是,当时以培养中级技术型人才为导向的高等专门学校是无法与以学术研究为导向的传统大学进行衔接的。与之同时,产业转型发展对人才也提出了更高的要求,不仅需要中级技术人才,还需要具备实践能力的指导型高级技术型人才。③在两个因素的共同作用下,于是两所技术科学大学于1976年应运而生,并于1978年开始正式招生。④

技术科学大学秉承培养适应新时代需求的高级技术型人才的初心,承担着职业本科、硕士教育的使命。然而,随着第一批硕士学生毕业,学校发展面临着新一轮挑战,那就是没有博士课程。经过多方努力,终于在1986年两所技术科学大学成功开设博士课程,并招收第一批博士学生。至此,日本就有了一个完整贯通中职—高职—本科—硕士—博士全过程的职业教育体系,既可以满足体系内学生升学需求,也可以应对产业发展不同层次人才需求。时至今日,技术科学大学已经为社会培养了数万名高级技术人才分布在日本甚至世界各国的各行各业。技术科学大学的毕业生在竞争激烈的日本就业市场上深受企业青睐,丰田、松下、东芝这些我们耳熟能详的企业的一线岗位都有他们的毕业生,而造就这一成功范例还要归因于技术科学大学的特色人才培养模式。

(二)技术科学大学人才培养模式

1. 人才培养目标

技术科学大学人才培养目标源于其生存和发展的驱动力——日本产业革命及技术发展对技术型人才的能力进行了更加具体化的层次细分,既要有现场操作的"实践型中级技术型人才",也要有具备实践应用能力、创新能力的

---

① 指职业教育由初等向中等,中等向高等转移的趋势。
② 豊橋技術科学大学.豊橋技術科学大学四十年史———世界に開かれた技術科学[M].日本:豊橋技術科学大学,2016:2—5.
③ 文部科学省.技術科学大学の創設[EB/OL].[2022-07-21]. http://www.mext.go.jp/b_menu/hakusho/html/others/detail/1318392.html.
④ 豊橋技術科学大学歴史[EB/OL].[2022-07-21]. https://www.tut.ac.jp/about/summary.html.

"指导型高级技术型人才"①。"实践型中级技术型人才"是高等专门学校培养目标,"指导型高级技术型人才"则是作为高等专门学校的延伸——技术科学大学的培养目标。"实践型中级技术型人才"更倾向于能够动手实践的能工巧匠,而所谓的"指导型高级技术型人才"除了具备高超技艺外,还需要具备"技学力""指导力""战略性"及"国际化"四大素养。②"技学力"是指技术研究和开发能力,对技术举一反三运用推敲的能力。"指导力"是能指导并监督中级技术型人才有效准确地完成工作任务。"战略性"是指有远瞻性可以预判事态发生变化的趋势。"国际化"是指具有广阔国际化全球化的眼界和胸怀(见图 2-2)。例如,长冈技术科学大学人才培养目标就是具有先进实践能力和创造能力的领先工程师,以推动全球技术发展。③

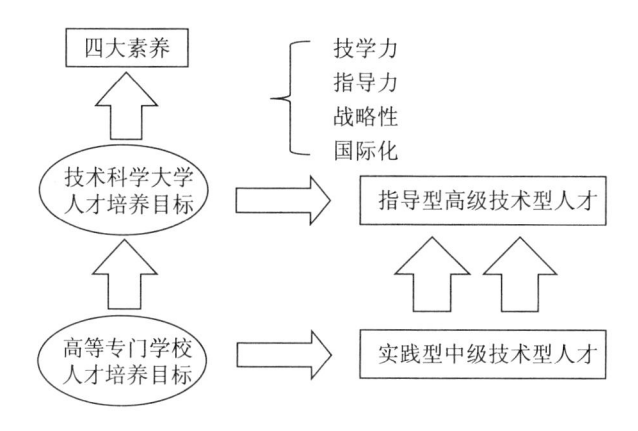

图 2-2 技术科学大学人才培养目标

2. 招生制度

技术科学大学建校之初,就以培养"指导型高级技术型人才"为办学宗旨,经过几十年的发展,在高等教育改革浪潮中始终保持战略定力,坚定办学目标。例如,在招生制度上采取推荐免考与入学考试相结合的录取制度。④他们

---

① 文部科学省.技術科学大学の創設[EB/OL].[2022-07-21]. http://www.mext.go.jp/b_menu/hakusho/html/others/detail/1318392.html.
② 严世良,夏建国,李小文.战后日本技术教育体系构建的历史沿革、现状特色及启示——以"高等专门学校—技术科学大学"技术教育体系为例[J].教育发展研究,2019,39(Z1):96—101. DOI:10.14121/j.cnki.1008-3855.2019.z1.016.
③ 長岡技術科学大学学士課程[EB/OL].[2022-07-21]. https://www.nagaokaut.ac.jp/kyoiku/hongaku_kyoiku/curriculum_policy/gakushi_cp.html.
④ 長岡技術科学大学特色[EB/OL].[2022-07-21]. https://www.nagaokaut.ac.jp/annai/daigakusyokai/tokushoku.html.

招收的学生一般分为三类：普通高中毕业生、职业高中毕业生、高等专门学校毕业生，其中高等专门学校毕业生是主要招生对象。长冈技术科学大学2022年本科招生总人数为390人，其中80人来自高中毕业生，310人来自高等专门学校[①]，占招生总数的79.49％。同样丰桥技术科学大学2022年本科招生总人数为440人，其中80人来自高中毕业生，360人来自高等专门学校，占招生总数的81.82％。[②]此外，对于大三编入[③]的学生在入学考试、书面材料审核以及面试等环节也充分考虑学生在高等专门学校的学习基础，所有考试的出题范围及所需提交的材料都是以高等专门学校教育为前提。技术科学大学的人才培养目标不仅体现在人才筛选上，在专业设置上也得到充分体现。

3. 专业设置

技术科学大学本科专业设置主要包括机械工业、电气电子信息工程、信息技术、化学生物技术、城市建筑等工科领域。一方面，与高等专门学校开设的专业基本逐一对应，除少了一个商船海运类专业外，这样有利于体系内知识、课程、师资的连贯衔接。有学者认为是因为商船海运专业主要培养从事海运工作的船员、船长，这一类岗位操作性较强，需要的是实践型中级技术型人才，而不需要指导型高级技术型人才，所以技术科学大学不开设这类专业。[④]另一方面，科学技术不断进步，对人才的需求也发生了变化，不仅需要专业技术人才，还需要极有创新能力的复合型技术人才，这就需要设置跨领域的学科专业，比如，丰桥技术科学大学设置了信息与智能工程专业、建筑与城市系统专业，长冈技术科学大学设置了信息与管理系统工程专业、环境与社会基础工程专业。这些复合型创新专业的设置就是为了满足社会对人才需要的变化。

4. 课程设置

日本技术科学大学在课程设置上基于四年本科教学分为两个阶段。第一阶段为第一、二学年，第二阶段为第三、四学年，学生从第一阶段升入第二阶段

---

① 長岡技術科学大学[EB/OL].[2022-07-21]. https://www.nagaokaut.ac.jp/annai/daigakusyokai/syuuyou.html.
② 豊橋技術科学大学[EB/OL].[2022-07-21]. https://www.tut.ac.jp/about/capacity.html.
③ 日本一种特殊的制度，即中途插班。
④ 严世良,夏建国,李小文.战后日本技术教育体系构建的历史沿革、现状特色及启示——以"高等专门学校—技术科学大学"技术教育体系为例[J].教育发展研究,2019,39(Z1):96—101. DOI:10.14121/j.cnki.1008-3855.2019.z1.016.

在各类课程上必须达到一定学分要求或者通过编入考试从高等专门学校转到技术科学大学。与一般大学不同,技术科学大学在第一阶段主要开设专业基础课,作为修读专业课程的基本专业领域相关课程,而在第二阶段开设专业应用课程与重点关注的专业领域相关的课程以及通识教育课程和外语(见图2-3)。这样的课程设置有效地避免了课程的重复性并兼顾不同类型学生的需求。因为基础专业课程编入的学生已经在高等专门学校学习过,所以技术科学大学将这一部分课程安排在第一阶段,让两种类型学生获得相同的专业教育背景。在第二阶段设置的三种类型课程是两类学生都欠缺但又需要具备的素养,这些课程如果安排在第一阶段就会造成编入学生知识体系的不完整。专业应用课程是培养学生对专业操作技能的应用能力,也就是"指导型高级技术型人才"所需要具备的技学力和指导力。通识教育课程主要包含数学、物理、生物、人文科学和社会管理这些课程,旨在提升学生综合视野及战略性素养。外语则是日本很多学生所欠缺的,旨在培养学生国际化素养。

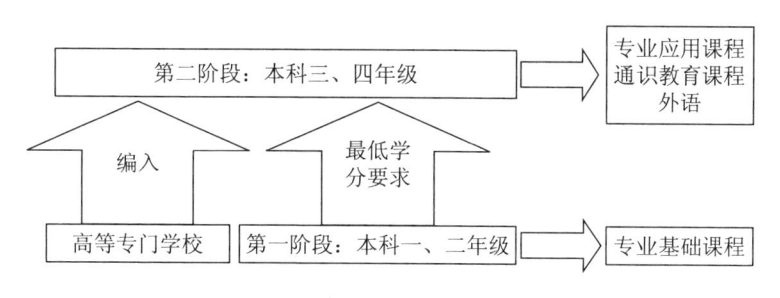

图 2-3 技术科学大学课程设置

5. 教学模式

技术科学大学的教学模式主要采用讲座、练习、实验和实践四种形式。特别是专业课程,会根据社会经济发展宏观环境进行调整,以若干个教授、副教授组成一个团队,采用模块化的小讲座进行专业技能的讲授。作为工科学校,练习和实验更是学生学习专业技能不可或缺的形式。学生既可接受"学徒制"的传承——"看师傅做、学师傅做",又可进行跨学科的学习和研究,这样不仅拓宽了学生的视野,还提高了学生的综合能力。例如,长冈技术科学大学实施的"螺旋型教育",重视基础知识的学习与"实际业务"训练的结合。电气电子信息工程专业要求大一大二学生通过练习、实验专业科目(电与磁练习、电路练习、电气工程基础实验、信息处理练习等)并获得相应的基本专业技能。从大三开始,要求学生通过电气、电子和信息工程实验和实践练习获得基本的实验知识,获得必要的专业知识和应用这些知识的能力。①此外,大四前半期进行专题研究和演讲,这些课题都是基础性、预备性的实际研究项目。学生正是在对这些实际课题的研究中体会了科学研究的方法和技术应用的实践过程,在产品试制及工艺改进中积累了丰富的实践经验。在大四后半段,要求所有学生到企业体验"实际业务",进行为期5个月的实地实践②,实习地点不仅有日本国内企业,还有海外企业,学生将通过实践训练学习解决问题的方式,获得运用专业知识解决问题的实践和创造能力。

不难看出,技术科学大学里第一阶段是重视学生的练习、实验也就是实际操作能力,而在第二阶段的实验实践更多是技能的应用与研究,是站在指导者的角度。整体而言,练习、实验和实践三种教学形式占比超过50%。这样的教学模块设置可以有效地促进培养目标的实现。

6. 师资队伍

技术科学大学师资队伍建设秉承着名师出高徒的理念,所有教师团队成员不论在理论教学还是实践指导都属于专家级别。受聘教师有专职校内教师,也有兼职企业一线高级技术人才,这种教师聘任制度可以有效地将校外和校内教师资源整合在一起,实现优质资源共享。日本技术科学大学重视产学官协同活动,和产业、地方政府、公共研究机构建立了共同研究制度和研究项目,学校教师、产业工程师及机构研究人员进行互派。在这种制度下,很大程度提高了校内教师的实践能力,促进了学校产学融合研究的发展。日本技术科学大学的另一个特色就是常年聘请高等专门学校教师任教,一般聘期为1—2年,教师在技术科学大学内开展教学和研究活动,聘期结束后返回原单位。技术科学大学采取这样的教师交流形式主要为了让第一阶段学生的学习与在第二阶段编入的学生更加相似。

此外,日本职业本科教育以丰厚的薪资待遇吸引最优秀的人才来保证师资队伍的高质量,实现教学的高水准。日本技术科学大学的教师不但社会地位高而且薪资待遇好,薪水比普通高等学校教师高出10%,比公务员高出

---

① 長岡技術科学大学学士课程[EB/OL].[2022-07-21]. https://www.nagaokaut.ac.jp/kyoiku/hongaku_kyoiku/curriculum_policy/gakushi_cp.html.
② 長岡技術科学大学官方课程介绍[EB/OL].[2022-07-21]. https://www.nagaokaut.ac.jp/kyoiku/hongaku_kyoiku/curriculum_policy/bachelor_curriculum.html#cmsmechanical.

15%,并且按工龄逐年增加。①但是要成为日本技术科学大学的教师职位竞争激烈,除要求有专业对口的博士学位以外,还需要两年以上企业工作经验。因此,能获得聘任机会成为技术科学大学教师的基本都是学识渊博的专家级人才。

(三)技术科学大学优缺点

总体而言,技术科学大学是一种非常典型的以培养"指导型高级技术型人才"为目标的职业本科教学模式,培养目标明确。在教育体系设置上纵向贯通衔接,课程设置上做到"瞻前顾后",兼顾前面课程设置的内容,避免重复,同时考虑到后面的延伸发展。此外,有效整合校企优质教师资源及实践场所,培养能够利用信息技术的具有先进实践和创造能力的领先工程师。学习成果评价是基于"技术",以把握生活、人类和社会的技术为主要目标,通过考试、报告等作为评估手段。但是其所涉及专业领域相对狭隘,基本上集中在工科。

三、英国多科技术学院模式

英国职业本科教育模式是存在争议的话题,有学者认为多科技术学院以及升格后应用大学模式都是英国职业本科的典型模式②③④,也有学者认为英国是世界上唯一经历过职业本科教育体系从起步、发展到终结的国家,他们认为多科技术学院升格成大学后经历了"学术漂移"就失去了职业教育的特色,也就意味着英国职业本科教育模式的结束⑤⑥。为什么会存在着不同的观点呢?这还得从多科技术学院的动态发展变化过程来寻找原因。

(一)多科技术学院发展历程

1. 20 世纪 60 年代至 1992 年

相比英国传统大学的高度自治,多科技术学院整个发展历程中政府起了

---

① 姚文杰,何斌.发达国家本科职业教育办学的特点、经验与启示——基于德国、美国和日本三国的分析[J].教育与职业,2020(17):81—88. DOI: 10.13615/j.cnki.1004-3985.2020.17.014.

② 姜大源.职业教育学位设置:文本分析与模式识别——基于比较视野的职教法律法规相关条款的释解[J].中国职业技术教育,2020(16):5—24.

③ 陈宝华.发达国家本科层次高职教育发展路径研究[J].职教论坛,2014(1):81—84.

④ 罗敏,陆素菊.职教本科发展的英国经验与启示——以伯恩茅斯大学为例[J].职教通讯,2020(10):29—35.

⑤ 姚加惠.英国多科技术学院"消亡"的原因及启示[J].中国高等教育,2020(1):63—64.

⑥ Kogan M. The end of the dual system? The blurring of boundaries in the British tertiary education system[J]. HIGHER EDUCATION POLICY SERIES-LONDON-JESSICA KINGSLEY PUBLISHERS LIMITED-, 1993, 16:48—48.

主导作用,都是政府基于满足不同时期社会需求和民众多元化教育需求而推动的高等教育改革。1965年英国时任教育与科学大臣克罗斯公布关于成立多科技术学院、形成"二元制"高等教育体系动因的官方报告指出三个主要原因:一是传统大学培养的人才类型不能满足经济社会对职业技术类高级人才的需求,二是高等教育中需要处于社会控制范围内并能积极响应社会需求的部分;三是弱化高等教育中职业教育和技术教育将损害英国的国际竞争力。于是,1966年,英国政府颁布了《关于多科技术学院与其他学院的计划》白皮书,将原有继续教育机构中的部分艺术学院、教育学院和技术学院等独立学院合并为多科技术学院。从1969年1月成立的哈特菲尔德多科技术学院开始,英国政府在4年内就成立了30所多科技术学院,加上1989—1991年间成立的4所,共计34所多科技术学院顺势而生。

多科技术学院专注于专业知识、技能的应用教学,最初学科主要集中在高级工程和应用科学,即STEM学科[科学(Science)、技术(Technology)、工程(Engineering)、数学(Mathematics)],特别强调工程类。尽管在成立后不久,他们还创建了与人文学科有关的部门。但是多科技术学院坚持开放办学,以服务地方产业发展为使命,不断深化务实合作,拓展服务空间,在政府的强势引导和资源整合下,为社会培养了一大批能直接服务产业需求的人才。在"二元制"教育体系下,虽然国家在法律层面承认多科技术学院与传统大学具有同等法律地位,但是职能上和管理体制上还是有所区别。在职能上,传统大学可以同时开展教学与研究来发展学术,而多科技术学院只能专注教学。在管理体制上,传统大学可以自主授予学位,而多科技术学院没有独立授予学位的权力,多科技术学院毕业生的学位授予由学校向教育科学部牵头组建的国家学位授予委员会(Council for National Academic Awards,简称CNAA)申请。国家学位授予委员会主要职能是审核多科技术学院学位课程并授予学位,这些课程受到多科技术学院外部评估员的严格审查,以确保其达到国家质量保证标准。尤其是在工程学方面,多科技术学院的学位是采用外部独立验证流程、工程机构监督机制,这些创新举措使多科技术学院与行业的互动更加密切。但是这种"二元制"管理体系让多科技术学院面临着一种被误解的尴尬局面。有些人认为多科技术学院在高等教育的地位、含金量都不如传统大学,因为它们缺乏学位授予权。到20世纪80年代,多科技术学院校长们对政府主导的治理模式产生极大的不满,认为这样极大地限制了学校管理层在学校事务上的决策权,多次呼吁应当给予多科技术学院与传统大学同等的自治管理权,并最终导致了多科技术学院政策的变革。1988年,《教育改革法》(Education Reform Act)使多科技术学院从地方政府的管辖中独立出来。1992年,《继续教育和高等教育法》废除了"二元制"教育体系,建立了统一的高等教育体制。多科技术学院成为"应用大学",获得了办学自主权。

2. 1992年至今

多科技术学院在获得大学地位后进行了改名,有些院校干脆放弃了"多科技术学院",并在头衔中添加了"大学"。例如,哈德斯菲尔德理工学院成为哈德斯菲尔德大学。然而,这通常是不可能的,因为已经存在同名的另一所大学。大部分多科技术学院位于城市中心或其他大都市区,所以这些多科技术学院就改名为城市大学。例如:曼彻斯特城市大学和伦敦城市大学。也有些院校采用了反映当地地区的名称,例如诺丁汉特伦特大学(以流经诺丁汉的特伦特河命名)和谢菲尔德哈勒姆大学("哈勒姆"是指谢菲尔德大部分地区所在的南约克郡地区)。34所学院升格名单详见表2-6。

表2-6 英国多科技术学院改名前后清单

原理工学院	新大学
原安格利亚理工学院	安格利亚鲁斯金大学
原伯明翰理工学院	伯明翰城市大学
原布莱顿理工学院	布莱顿大学
原伯恩茅斯理工学院	伯恩茅斯大学
兰开夏理工学院(1984年前是普雷斯顿理工学院)	中央兰开夏大学
前身为考文垂理工学院和兰彻斯特理工学院	考文垂大学
原莱斯特理工学院	德蒙福特大学
前身为东北伦敦理工学院和东伦敦理工学院	东伦敦大学
1970年前为伍尔维奇理工学院,之后是泰晤士理工学院	格林威治大学
原哈特菲尔德理工学院	赫特福德大学
原哈德斯菲尔德理工学院	哈德斯菲尔德大学
原金斯顿理工学院	金斯顿大学
前身为利兹理工学院,1998—2013年为利兹城市大学	利兹贝克特大学
亨伯赛德理工学院	亨伯赛德大学

续 表

理工学院	新大学
利物浦理工学院	利物浦约翰摩尔斯大学
前身为伦敦金融城理工学院和北伦敦理工学院	伦敦城市大学
原曼彻斯特理工学院	曼彻斯特城市大学
原米德尔塞克斯理工学院	米德尔塞克斯大学
原纽卡斯尔理工学院	诺森比亚大学纽卡斯尔分校
原特伦特理工学院(后来的诺丁汉理工学院)	诺丁汉特伦特大学
原牛津理工学院	牛津布鲁克斯大学
1989年前普利茅斯理工学院,之后是西南理工学院	普利茅斯大学
原朴茨茅斯理工学院	朴茨茅斯大学
原谢菲尔德理工学院	谢菲尔德哈勒姆大学
前身为南岸理工学院(伦敦)	南岸大学
原斯塔福德郡理工学院	斯塔福德郡大学
原桑德兰理工学院	桑德兰大学
提赛德理工学院	提赛德大学
原布里斯托尔理工学院	西英格兰大学
西伦敦理工学院	西伦敦大学
伦敦市中心理工学院和皇家理工学院	威斯敏斯特大学
原伍尔弗汉普顿理工学院	伍尔弗汉普顿大学
威尔士理工学院和格拉摩根大学	南威尔士大学
阿尔斯特理工学院	阿尔斯特大学
纳皮尔理工学院	爱丁堡龙皮尔大学

虽然《继续和高等教育法》的颁布,标志着英国"二元制"教育体系时代的结束,但是升格后的"应用大学"延续了多科技学院的传统与地方产业积极良性互动的优势,邀请行业专家、雇主代表与院校学者合作共同制定适合特定职业或专业需求的人才培养方案,将岗位体验、实践实习嵌入到课程体系中,学生主要在真实工作场所学习。[①]因此,升格后的多科技学院依旧是职业本

---

① The National Committee of Inquiry into Higher Education. The Dearing Report [EB/OL]. [2022-07-25]. http://www.educationengland.org.uk/documents/dearing1997/index.html.

科教育的典型模式。特别是多科技术学院的"三明治课程"有机地将学生的理论课程学习与实际工作结合起来,既能保证学校的课程设置和教学内容紧跟产业发展,同时又能提高学生解决实际问题的知识应用能力。"三明治课程"这种典型的工学结合、校企合作模式,提高了多科技术学院学生的就业竞争优势。例如,2019学年英国所有全日制本科生毕业15个月后就业率调查报告显示,谢菲尔德哈勒姆大学毕业生就业率高达94%,位居英国所有大学第二名,曼彻斯特城市大学及牛津布鲁克斯大学毕业生就业率均达到91%。① 这种高就业率现象得益于"三明治课程"体系要求学生有一年时间在企业或行业进行全职实习,并且有严格的考核机制。

(二)多科技术学院的办学特色

横向观察比较34所升格后新大学,发现其呈现多样化发展趋势,但是总体而言,新大学沿袭了多科技术学院时期立足以教学为主、与产业紧密结合的传统。新大学在人才培养目标、专业设置、课程体系、教学方法等方面还是有相似之处。

1. 人才培养目标

新大学的人才培养目标主要还是为工商企业界培养高素质高技能的应用型人才,注重学生实践经验和知识应用能力的培养。赫特福德大学将自身定位为面向企业和产业的学校,谢菲尔德哈勒姆大学将自身定位为知识运用型大学,诺丁汉特仑特大学将自身定位为教学质量和毕业生就业率并举大学。② 每个院校的具体目标略有不同,但是总体而言都紧贴社会实际,始终与地方产业、市场保持紧密联系,确保其毕业生专业理论知识和实践技能均能满足企业需求。

谢菲尔德哈勒姆大学的愿景是成为世界领先的应用型大学,为来自不同背景的学生提供机会获得技能、知识和经验,使得他们有能力改变生活。谢菲尔德哈勒姆大学立足于其所在的城市和地区,关注现实世界的影响,为了应对当今社会面临的挑战,他们的学者、学生在世界一流的实训场所对三个关键主题进行跨学科研究工作:推动未来经济发展、实现更健康的生活和建立更富创造力的社区。谢菲尔德哈勒姆大学在材料科学、艺术与设计、运动科学与工

---

① Graduate Outcomes 2019/20:Summary Statistics [EB/OL].[2022-07-25]. https://www.hesa.ac.uk/news/16-06-2022/sb263-higher-education-graduate-outcomes-statistics.
② 孙敏.英国多科技术学院调研报告(下)[J].世界教育信息,2013,26(11):30—34.

程、生物医学以及经济和社会研究等领域享有国际声誉,所有这些都有配套的研究机构提供支持。这不仅体现在其明确的人才培养目标,而且还落实在其专业设置及课程体系设置上。该大学邀请行业专家为学生提供协作式跨学科的专业设置及课程设置,将工作机会、信息化技术、企业实习都嵌入到课程体系中。这保证所有的学生在获得学位的同时都将通过其屡获殊荣的"高技能就业战略"而获得实习就业的机会。谢菲尔德哈勒姆大学在QS之星大学评级系统的教学、就业能力、设施、创新和包容性等类别中均获得最高分,同时被评为杰出创业大学。

2. 招生制度

新大学在招生制度上没有特殊要求,不管本土学生还是国际学生,招生要求都与普通课程入学要求一致,在此就不赘述。

3. 专业设置

新大学在专业设置上十分灵活,能够及时根据产业发展变化做出调整,设置跨学科专业为社会培养复合型人才。谢菲尔德哈勒姆大学运动科学与工程专业被认为是应用数学和物理的技术解决体育问题,关注有关设备对运动员表现和安全的影响,涵盖设计设备、建造设施、分析运动员表现、规范标准、开发教练工具等领域。曼彻斯特城市大学数据新闻就是为了适应21世纪的新闻业现状要以数据为依据而设立,要求学生学会寻找、收集和分析数据,并将数据应用于讲故事、演示和调查性报道。伯恩茅斯大学计算机动画与特效专业也是基于电影、新媒体和动画产业逐步成为英国新的经济增长点而开设。由于准确把握市场需求走向,其毕业生被多家国际巨头企业争相预订。当然,好的专业设置还需要配备完善的课程体系才能显示其竞争优势。

4. 课程体系

新大学的课程体系是最具特色的,即"三明治"课程体系,帮助学生获取知识并将其付诸实践,培养学生与世界互动、与他人合作和新的方式思考的能力。其采用"理论—实践—理论"交替式的人才培养模式,在整个课程体系设置上强调"学中做,做中研"。其课程体系大致结构是:大一学习大类专业基础课程,了解专业宏观环境,注重知识广博,目的在于让学生通过一年的学习来明确自己的专业兴趣及特长,以免过早选择专业,这样更加有利于学生今后职业的发展。大二学习专业方向课程,为大三实习奠定基础。大三要求学生到对应专业企业或者机构进行为期一年的带薪全职实习,大部分院校要求学生实习时间在 30—45 周之间。通过这一年的实习,有效地将工和学结合在一起,让学生对专业知识、技能有了更深的把握,为毕业后找工作创造有利条件。大四学生回到学校进行项目化专业课程学习、研讨以及最后的毕业设计或者毕业论文。这种校企合作、工学结合、理论实践交替形式的"三明治"教学体系提高了学生的就业率及起薪水平。

以伯恩茅斯大学会计与金融专业为例,具体课程安排见表 2-7。该大学会计、金融和经济学分院下设 5 个相关专业,分别为会计专业、会计与金融专业,经济专业,金融专业、国际金融专业,这 5 个专业大一的课程是采取专业共享课程的形式,目的在于通过第一年的课程学习,学生可以真正了解课程细节,并获得对该行业的全面了解,在大一课程结束时,学生可以灵活地转移到会计和金融领域的不同专业。大二的课程更加专业化,并且学生根据自己兴趣可以选择不同的模块,例如资产评估、纳税筹划这两个课程,学生可以二选一。大二的学生除了要学习专业知识,还需要开始为大三的实习做准备。学校通过邀请企业来学校举办相应的主题日、实地考察、研讨会和评估活动等举措让学生可以结识行业领先的从业者和专业人士。此外,学校每年还会举办年度招聘会,约有 70—80 个企业参加,学校学生实践部门与梅赛德斯奔驰、普华永道、IBM、摩根大通等公司长期合作带来大量实习机会。在大二课程结束后,大三全年每个本科生必须参加一个持续时间至少 30 周以上的全职实践,学生可以选择在世界任何地方完成 30 周实践。专业工作实习是伯恩茅斯大学的

表 2-7 英国伯恩茅斯大学会计与金融专业教学进度表

大　　一	大　　二	大　　四
会计法和金融法	会计信息系统	高级会计理论与实务
会计与金融经济学	管理会计	当代会计与金融问题研究
初级会计实务	财务报告	个人和专业发展组合
定量分析	企业财务管理	商业战略视角、投资管理及政策
金融市场概论	资产评估、纳税筹划	公司学习选择
业务环境	审计和控制、银行和金融服务	风险建模、衍生品和替代品投资

资料来源:https://www.bournemouth.ac.uk/study/courses/ba-hons-accounting-finance-foundation-year-option。

说明:大三全年为全职校外实习,每位学生的具体情况均有所不同,故学校无法在进度表中列示。

特色项目,对学生简历、职业、社交机会和技能产生重大影响,有助于学生获得行业经验并提高就业能力。大四设置了更加专业的课程模块,例如高级会计理论与实务、当代会计与金融问题研究,进行模块化研讨、实验。正因为如此,毕业生在毕业15个月后100%就业或升学,毕业生平均工资为2.78万英镑,比该学科领域的平均收入水平高出21%。

5. 教学模式

新大学在教学上采用多种不同的形式,强调校内外实践教学。除了大三的全职实习外,在每学期还会以安排校内研讨会、企业主题日等方式,把企业、行业专家请到学校进行实践指导。每个专业都建立了最先进的实践基地。此外,学校还与当地企业、行业协会合作,为学生提供实地参观、见习机会。

以谢菲尔德哈勒姆大学为例,该大学采用的五种教学方法:①校内教学。在校园内讲师、行业领袖和技术专家的面对面课程采取实践课程、讲座、研讨会小组、演示的方式。②在线学习。学校创新的数字平台通过直播课程、在线学习材料和学生社区应用程序,供学生随时使用和重复使用。③边练边学。学校先进的实验室、工作室、研讨会和模拟环境,或在外部实地考察、访问,或通过数字技术帮助学生对知识的应用及深化。无论学生是在校内还是校外实习,学校都会指定讲师和技术专家进行指导或支持。④工作经验。学生通过实习、实践和志愿活动与行业专家一起对真实项目进行研讨。⑤独立学习。学生可以借助学校资源探索自己的项目或与其他学生合作开发新项目。通过这样独特的教学形式帮助学生应用知识将学习付诸实践。①

6. 师资队伍

新大学立足企业需求,引进行业专家充实教师队伍。伯恩茅斯大学聘用企业中有实践经验的技术人员和一线管理人员担任专业教师。这些来自企业一线的教师了解真实的工作场景,能够亲自带领学生动手操作和实验,既能将工作中遇到的困惑和问题反映到教学中,又可以将理论研究应用到生产实际中去,实现理论与实践相结合。例如,会计专业很多教师就是来自企业的财务经理或者是持有国际注册会计师、国际管理会计师的人。

---

① Learning at Hallam [EB/OL]. [2022-07-25]. https://www.shu.ac.uk/study-here/why-choose-us/teaching-quality/how-we-teach.

(三) 多科技术学院优缺点

特殊的发展背景赋予了新大学鲜明的特点,升格后多科技术学院保持着以职业为导向的人才培养目标,立足自身以教学为主、与产业紧密结合,"学中做,做中研",其科研方向主要集中在对基础研究要求较低,同时又能迅速转化为产业需求的领域。注重学生实践经验和知识应用能力的培养,特别强调大三这一年的全职实习。同时从人才培养方案开始就主动邀请企业专家参与,时刻紧密联系产业。但是多科技术学院的学生比一般的大学生要多花一年时间才能拿到学士学位。

四、美国社区大学模式

美国职业教育发展与工业化、城市化进程始终伴随,为经济输送了大批技术技能型实用人才。同时,美国职业教育受实用主义教育和终身教育理念影响比较大,美国职业教育被称之为"生涯与技术教育(CTE)"。美国职业教育几乎纵向贯穿于整个教育体系——从小学到大学,横向融合在各种不同类型教育机构——从社区大学到综合型大学。综合型大学普渡大学的技术学院是美国较早提供职业本科教育的机构,但是美国职业本科教育最主要的载体还是社区大学。社区大学立足于地方经济的发展需求,建立了以胜任岗位工作为出发点,突出实践教学,以培养综合职业素质为基础,为社会培养了一大批新兴产业和高新技术人才。

(一) 社区大学发展历程

社区大学的理念源于美国著名教育家、芝加哥大学第一任校长威廉·哈珀,于1901年创办了第一所社区学院"乔利埃特初级学院(Joliet Junior College)"。[①]社区学院旨在为社区内那些希望接受高等教育但尚未实现入学计划的学生提供受教育的机会。社区学院主要提供三种类型教学服务,即职业教育、学院教育及社区教育。职业教育学生主要以获得职业教育技能证书及学位证书,并获得对应专业岗位为目的,约占50%。学院教育主要是转学教育,学生以社区大学为桥梁,转换社区大学学分升入普通大学三年级继续深造为目的,约占30%。前总统奥巴马就是通过洛杉矶西方学院社区大学转学至常青藤大学哥伦比亚大学。社区教育即职后培训,学生以更新知识、技能,寻

---

① First Community College [EB/OL].[2022-07-25]. https://www.jjc.edu/about-jjc/history.

找更好职业岗位为目的,约占20%。由此可见,社区大学的重心在职业教育。

截至2021年,亚利桑那州成为美国第24个允许社区大学提供学士学位的州,其中佛罗里达州和华盛顿州社区大学开设学士学位计划比任何其他州都多,佛罗里达州28个社区大学中有27个大学开设学士学位项目,华盛顿州34个社区大学中也有27个学校开设学士学位项目。① 允许社区大学授予学士学位是为了满足劳动力需求,增加获得教育和职业发展机会而提出的策略。

(二)社区大学的办学特色

1. 人才培养目标

社区大学在办学模式上呈现多元性、灵活性的特点,但是总体而言,始终围绕社区需求培养高水平技能型人才,帮助学生掌握使他们能在社会上发挥作用和未来工作岗位从事生产的职业技能。社区大学曾被奥巴马政府视为低收入群体迈入中产阶级的跳板,正是基于其人才培养目标是服务区域经济、普惠广大民众。社区大学政策上支持社区内中低收入家庭的学生就读,使他们可以获得接受教育的基本权利,享有平等受教育机会。社区大学这一人才培养目标体现在其开放性的招生制度和多样性的专业设置等方面。

2. 招生制度

社区大学在招生制度上采用"双低"的基本标准,即低学费和低起点,突显开放性原则。社区大学实行"宽进严出",实行开放入学,招生过程没有严格的选拔标准和门槛限制。社区大学的目标之一是为本社区入学适龄青年(应届或非应届高中毕业生)提供继续学习的机会。社区大学实行开放式的招生录取模式,只要达到一定入学标准即可以入学,相比传统大学,社区大学入学要求会相对低一点。例如,绿河学院招生标准只需要学生高中成绩平均分达到"C"(2.0)即可②,相当于中国的60分甚至更低。社区大学的招生制度还体现多样性原则,除招收本社区的学生外,还招收本社区外的其他学生以及外国学生,特别是给弱势群体提供接受教育的机会。奥巴马政府通过对社区大学的改革,对低收入人群减免学费,本社区的居民也可以享受优惠。2021—2022学

---

① Pretlow J, Cameron M, Jackson D.Community College Entrance and Bachelor's Degree Attainment: A Replication and Update[J]. Community College Review, 2022, 50(3):227—252.

② Academic Information [EB/OL]. [2022-07-26]. https://catalog.greenriver.edu/content.php?catoid=4&navoid=161.

年,公立社区学院人均学费为3 800美元,公立四年制大学为10 740美元。[①]社区大学低廉的学费,让更多弱势群体有机会接受高等教育从而改变生活。

此外,社区大学采用相对灵活的学制。社区大学学士学位的学制可以是4年也可以是2年+2年形式,这与招收的学生类型有关。第一类是应届高中毕业生,可以直接在社区大学完成其4年专业学习并获得学士学位;第二类是持有副学士[②]学位的学生。例如,绿河学院幼儿早期教育专业要求持有副学士学位的学生,需要在绿河学院继续完成大三、大四两年课程学习才能获得应用科学学士学位。[③]

3. 专业设置

社区大学专业设置呈现多样性,几乎覆盖了所有的职业和技术教育领域,例如航空科学专业、幼儿教育专业、自然资源管理专业、信息技术专业等,尽最大可能满足各社区的实际需求,尤其是用人单位的需求。其专业设置也充分体现普惠性原则和终身教育的理念。这些专业除了适应区域经济发展、产业结构因素外,更重要的是为了让学生可以获得胜任岗位需求的技能,开启专业技术职业生涯,这与美国整体职业教育定位"生涯与技术教育"不谋而合。

4. 课程体系

基于人才培养目标,社区大学采用了以培养综合职业素质为基础的课程体系。主要采用以胜任力培养为基础的教育体系(Competency Based Education,简称CBE模式),注重职业发展方向,重视学生未来的职业发展需求。社区大学会聘请行业中一批具有代表性的专家共同组成课程开发委员会,每年召开1—2次会议,从企业人力资源需求出发,对社区大环境进行调研分析,对收集到的各方面信息进行层层分解,并据此更新调整每个专业的培养方案。学校根据胜任每一个职业岗位所应具备的能力要求组织教学人员,按照教学规律,对各项能力进行分类、归纳和总结,从而构成不同的教学模块,并制定按能力分解的教学大纲。

社区大学的课程体系通常包括三大模块:通识课程、理论课程和实践课

---

① American Association of Community Colleges, Fast Facts 2022[EB/OL].[2022-08-04]. https://www.aacc.nche.edu/research-trends/fast-facts/.
② 副学士学位即在社区大学已经完成大一、大二课程的学习。
③ 资料来源:https://www.greenriver.edu/students/academics/degrees-programs/early-childhood-education/.

程。通识课程中主要包括各种文化课程,理论课程主要是专业领域理论知识,实践课程教学则是以训练学生的实践能力和实操技巧为主,通常会在企业工厂中或者学校实训基地中进行。从绿河学院幼儿早期教育专业应用科学副学士及学士学位教学进度表(见表2-8)可以明显地看到这种模块化的教学形式:

表2-8 绿河学院幼儿早期教育专业应用科学副学士及学士学位教学进度表

大一		
秋季	冬季	春季
幼儿教育模块	健康、安全和营养模块	幼儿发展教育课程模块
语言和读写能力发展模块	观察和评估模块	探索科学和数学模块
实践及反思		
通识教育		
大二		
秋季	冬季	春季
儿童艺术模块	特殊儿童模块	儿童、家庭和社区关系模块
行为指导模块	音乐/运动活动模块	项目研究
实践及反思		
通识教育		
大三		
秋季	冬季	春季
婴幼儿心理健康模块	婴幼儿发展基本认知模块	情感管理学模块
与家庭和社区建立互动模块	早期看护平等教育模块	依存关系模块
实践及反思		
通识教育		
大四		
秋季	冬季	春季
创伤儿童及家庭教育模块	识别和干预特殊儿童模块	儿童教育领导学模块
情感行为管理模块	评估	项目研究
实践及反思		
通识教育		

资料来源:https://www.sbctc.edu/resources/documents/colleges-staff/programs-services/bachelors/approved-proposals/green-river-bas-proposal-early-childhood-education-final.pdf。

将具体教学内容分解为各种不同模块进行,在每学期都涵盖了理论教学与实践教学,并且设置反思环节,确保在培养过程中以岗位所需职业能力为核心,从而实现职业能力培养目标。

5. 教学模式

社区大学教学模式基于其大三课程体系而展开,理论实践相结合、校内校外相结合,在教学上高度重视实用性、实践性教学。实践课通常占到总课时的50%左右,学生还必须利用寒暑假期去社区的相关企业或机构实习。在校企合作中,企业有专门的指导员负责学生在企业的实习工作,帮助学生及时调整学习目标与合适的岗位。通过深层次的校企合作,实现社会化育人,这也是美国社区大学培养技术技能人才实践能力的关键。

6. 师资队伍

社区大学的师资建设一方面体现了开放性原则,另一方面又不失严谨性原则。教师来源的开放性体现在社区大学的师资队伍由专职教师和兼职教师共同组成,兼职教师主要来自社区内的企业家、行业的专家或者资深的一线技术人员,主要负责应用性、针对性强的课程教学工作。兼职教师的比重占50%以上,并逐年呈上升趋势。教师聘任过程中充分体现了严谨性,首先,聘任资格上明确要求对应专业硕士及以上学历并具有所教授的课程一年以上的实际工作经验或相关领域五年以上工作经验。其次,每年会对在职教师进行全面评估作为是否继续聘任的依据。

(三)社区大学优缺点

社区大学优点主要体现在适应并满足当地劳动力需求上。社区大学往往比传统本科大学更灵活,能够及时更新和修改学位课程,可以更好满足不断变化的劳动力市场的需求,特别是在一些变化性比较强的领域,比如时尚专业、幼儿教育专业。此外,社区大学与当地企业密切合作的关系可以及时捕捉劳动力需求变化信息。本科课程为学生提供无缝衔接,学生可以在社区大学直接获得学士学位,不必冒因转学不被传统大学认可而丢失学分的风险。对社区大学也有反对的声音,一些批评者数度警告职能漂移,担心社区大学过度学术化,与传统大学功能重复造成资源浪费。

综上所述,四种模式情况如表2-9所示:

表 2-9 四国职业本科教育典型模式

典型模式	德国双元制		日本	英国	美国
	双元制大学	应用科学大学	技术科学大学	多科技术学院	社区大学
学制(年)	3	3.5—4	4 或 5+2	4	4 或 2+2
人才培养目标	根据企业需求量身定制	高层次的应用型人才	指导型高级技术型人才	应用型人才	职业生涯一技之长
入学要求	企业合同+大学入学标准	职业培训学校合同+大学入学标准	推荐免考与入学考试	与一般大学入学要求一致	低门槛,开放式
专业设置	适应性、复合性和区域性	应用性、复合性	工科为主,小而精	灵活性、复合性	灵活性、多样性
课程设置	宽基础	宽基础	注重通识课程	先广再精	模块化
教学模式	3 个月为周期,企业学校交替学习	前 3 年职业培训学校实践为主	螺旋式教学以企业场景为主	大三全年企业全职实习	校内外教学实践相结合
师资队伍	大量双师型讲师	校内与校外双导师合作	校企师资资源共享	校内与校外双导师合作	大量兼职行业专家

总体而言,双元制大学真正做到校企合作、双主体共同培养人才;应用科学大学主要依托职业培训学校深化人才培养;日本技术科学大学做到纵向无缝衔接中高本硕博,专业小而精;英国多科技术学院强调"三明治"课程,大三的全年全职实习;美国社区大学强调普惠教育以及技术职业生涯教育。

第三节 国外职业本科教育发展经验及启示

德国的"双元制"职业本科教育模式(双元制大学及应用科学大学)、日本的技术科学大学模式、英国的多科技术学院模式、美国的社区大学模式这四种典型职业本科教育模式,为各行各业培养了大批高级技术型人才,推动科技进步及经济发展的同时,也提升了受教育者的就业竞争优势,并优化了所在国的高等教育体系。

根据我国当前经济社会发展需求和产业集群发展的地域特征,规划与探索职业本科教育发展路径,国外职业本科教育的发展经验可以为我们提供有益的借鉴和参考。具体归纳为以下几个方面。

一、明确办学定位

职业本科作为一种新生的高等教育类型,要想蓬勃发展就要另辟蹊径,采取与普通本科错位发展的办学定位,才能在高等教育体系中获得一席之地。

首先,明确职业本科教育人才培养目标和办学定位,是培养高层次技术应用人才、高新技能应用人才。这个办学定位把职业本科与高职以及与普通本科都区别开来了。

高职人才培养目标是实践型中级技术人才,而职业本科人才培养目标是指导型高级技术型人才。同样是技术型人才,高职与职业本科的侧重是不一样的,高职侧重在实际操作,而职业本科侧重在应用,能够指导别人。换言之,高职相当于培养运动员,而职业本科在培养教练,教练不仅需要有多年运动员实战经验积累,还要具备良好的沟通能力,能够指导运动员学会如何应对各种可能出现的情况,因此教练还应当具备战略性和前瞻性。这是从纵向角度把职业教育体系内中职、高职、职业本科不同层次间的办学定位区分开来。清晰的界定可以有效避免衔接损耗,比如课程设置的重复或者缺失。

横向角度,职业本科和普通本科不同教育类型间的办学定位,也是截然不同的,职业本科是培养指导型高级技术型人才,而普通本科则是培养高级学术型人才。两者关系可以理解为导演和编剧的关系,普通本科培养的是编剧,能够运用文字的形式表述剧情,职业本科培养是的导演,能够指导剧组成员用肢体语言的形式表述剧情。只有明确了办学定位和培养目标后,才能制定合理的人才培养方案。

其次,把服务区域经济发展作为学校办学的根本定位,设置适应区域经济发展的专业,不再按照学科设置专业,而是根据职业群、工作领域为导向设置专业。深入调查产业发展需求,邀请行业专家、企业工程师共同参与专业设置,设置与区域经济转型升级相匹配的新兴复合型专业,以解决实践中的问题为出发点,培养适应社会需求的复合型技术人才。例如德国不来梅港应用科技大学,根据当地以港口业为支柱产业的区域经济特征,设置了"航海经济技术"这个极具区域特色的专业。

最后,办学定位还应该注重普惠性和基础性,让弱势群体家庭的学生也可以享受优质教育资源,让他们通过教育获得职业技能,从而改变生活。例如,美国的社区大学采取"双低"政策,低学费,低门槛,帮助弱势群体家庭实现平等教育,促进共同富裕。这样的办学定位不但解决适龄青年教育就业问题,而且弥补了劳动力市场技能型人才缺口。

二、推进学段衔接

所谓学段衔接,就是中高本之间的衔接问题。学段衔接最主要的问题,就是如何避免衔接损耗。那么如何做到损耗最小,也就是衔接效率最大呢?

首先,在专业设置方面,职业本科专业设置需要兼顾中职、高职已有的专业,然后根据办学定位,再确立是否要延续那些专业设置,还是要进行整合调整或者删除。

其次,在课程设置方面,可以借鉴日本技术科学大学的因材施教,兼顾不同类型学生的需求,如职高生系列与普高生系列。职高生已经在职业教育体系内,以前已经学过一些专业基础知识。普高生以前不属于职业教育体系,从未学过专业基础知识。针对这两类学生,就需要有不同的课程体系设置。比如,普高生往往基础学科知识比较扎实,外语水平也还不错,所以可以适当减少通识课程、外语课程,而增加专业课程的课时。职高生往往是专业基础比较好,但是通识课程以及外语还有所欠缺,这两类课程就需要相对加强。

最后,在毕业机制设置方面,可以借鉴美国社区大学。四年职业本科可以分段学习或者连续学习。分段学习是先学大一、大二的课程获得一个副学士学位,等积累一定社会经验以后再来完成大三、大四的课程学习;连续学习则是四年连续完成全部课程。此外,还可以引入学分转换机制,每个学校可以列出每个阶段学生入学要求标准,对于在不同学段想要转学的学生,学校可以根据其所学课程内容及学分,再决定是否可以直接接收,还是需要一些桥梁课程作为补充。

三、创新人才培养模式

以职业为导向是职业教育这一教育类型的特征,产教融合是现代职业教育发展的重要趋势,这就需要深化校企合作。采取"双主体"育人模式也是国外职业本科教育获得成功的主要因素之一。

近年来,我国先后出台了《国务院办公厅关于深化产教融合的若干意见》《建设产教融合型企业实施办法》等政策文件,从政府宏观层面大力提倡职业教育深化产教融合、校企协同育人。

国外职业本科院校的成功经验是，企业深度参与学校办学，从培养目标、专业设置、课程内容、师资队伍建设等都离不开企业。例如，德国双元制大学"双主体"育人模式，校企共担培养责任和义务，学校与企业既是供需关系又是战略伙伴关系。学校输出的毕业生是企业输入的员工，只有企业以育人主体的姿态全程参与人才培养才能确保人才质量，才能满足企业需求。因此，在确立职业本科培养模式时，应该构建"校企合作，产学研一体"的办学格局。

要构建校企"双主体"育人模式，首先，可以借鉴德国双元制大学的成功模式，依托《教育部办公厅关于全面推进现代学徒制工作的通知》，建立起适合校企双方的育人管理机制，深化学生身份制度改革，探索建立"在校学生"与"在职员工"双重角色管理制度，促进招生与招工、教学与生产的共同发展。

其次，职业本科院校要与行业机构、区域企业共建并共享优质教育资源。职业教育资源包括师资资源、场所资源、人力资源以及技术资源等，例如日本技术科学大学学校教师、产业工程师及机构研究人员进行互派。

企业专家来学校兼职，可以将最前沿的实操技能带到学校，同时也可以帮助学生练好专业基本技能。学校教师到企业，不仅可以提高教师实践技术能力，而且也可以为企业员工提供培训，帮助员工及时更新知识体系。学生到企业实践，一方面可以体验企业"真实工作场景"，另一方面也给企业带来高性价比人才资源。

此外，校企双方还可以依托高新技术的研发与应用项目，促进产学研的有效衔接，推动应用研究和技术转让。两方协同发展，互惠互利，利用学校的专业研究优势与企业开展多层次、宽领域的合作，全面实现校企教育资源的共建共享。目前，我国主要采取整合民办职业教育资源，升格为职业本科院校的方式，原因之一就是，民办职业院校有民办企业为依托，可以更好地与企业融合。

第三章　职业本科教育人才培养定位

发展和推进职业本科教育,不仅是职业教育自身实现高质量发展的需要,也是更好满足人民群众高质量就业与教育需求的必然要求。职业本科教育在我国的发展虽然处在起步阶段,但在国家现有职业教育体系中处于塔尖位置。发展职业本科教育,首先要廓清其人才培养定位,回答职业本科教育到底"培养什么人"这一根本问题。[①]

第一节　职业本科教育人才培养定位的内涵

一、职业本科教育人才培养的目标定位

职业本科教育要"培养什么人",2019年国务院印发的《国家职业教育改革实施方案的通知》初露端倪,方案中指出的"完善高层次应用型人才培养体系,培养高端技术技能人才"正是职业本科教育的使命和任务。

2021年,我国教育部相继下发《本科层次职业教育专业设置管理办法(试行)》《本科层次职业学校设置标准(试行)》等文件,为职业本科教育的健康发展指明了方向。2021年10月,中办、国办印发《关于推动现代职业教育高质量发展的意见》,明确指出2025年本科职业教育的规模将不低于10%。职业本科教育是高等职业教育不可或缺的一部分,也是国家教育体系极其重要的一环。职业本科教育培养的人才既要符合我国教育事业的培养目标,又要遵循职业教育的培养目标。职业本科教育是为党和国家培养具备坚定的社会主义

---

① 职教本科的优势在哪里?——专访教育部职业技术教育中心研究所副所长曾天山[N].光明日报,2021-8-17.

核心价值观,能够适应建设社会主义强国的需要,并且在德智体美劳方面全面发展的,在职业道德和职业素养上追求高水平发展,掌握较高水平技术应用的理论与实践知识,能够在专业相关的技术领域开展技术应用、技术管理以及技术创新的高层次技术技能型人才。

《本科层次职业教育专业设置管理办法(试行)》突出职业本科教育专业人才培养的属性,强调了职业教育的类型特征,延展了职业教育体系向高层次培养应用型人才的链条,实现了在职业教育人才培养供给侧的精准施策。

根据已掌握的知识、技能、技术的比重以及层次,应用型人才包括技能型人才、技术型人才和工程型人才。随着信息技术的应用不断促进产业升级和融合,复合型高端人才需求剧增。应用型复合型人才分为两类:工程技术型和技术技能型,可见国家提出培养技术技能型人才,本质上是为了培养复合型人才。由此看来,在人才培养目标定位上,职业本科教育以培养联结研发环节与生产环节的高层次技术技能人才为主。①

职业本科教育面向的是产业高端和高端产业,培养具有较强应用能力和技术解决能力的高层次技术技能型人才,既要凸显职业教育类型,也要强调本科层次。其培养的人才要与其他层次的技术技能人才有实质区别,同时也要与普通本科教育培养的人才有类型上的区分。

(一)培养类型:高层次技术技能人才

职业本科教育在层次上属于本科层次,也就意味着职业本科教育在人才培养上要严格符合《中华人民共和国高等教育法》中关于本科层次毕业生必须具备的专业技能、方法和知识等学业标准。达到本科层次毕业生质量水准的同时,还要突出强调培养的技术技能人才属于高层次级别,相对于初级、中等技术技能人才所掌握的技术技能水平。高层次技术技能人才在技术技能应用与实践上显然处于高阶位置。

坚持培养技术技能人才不变,是职业本科教育作为职业教育这一类型教育必须明确的培养目标。职业本科人才培养定位更好地诠释了技术与技能的有机统一。②职业本科教育处于我国现有"中等职业教育—职业专科教育—职业本科教育"学校职业教育体系中的最高层次,与职业专科教育相比,职业本

---

① 推动职业本科教育提质培优(人民时评)[N].人民日报,2022-3-28.
② 施星君,余闯,毛海舟.职业本科授予学位类型探析——基于人才培养定位的本质追溯[J].教育与职业,2022(10).

科教育层次更高,在职业技术的理论要求上,必须具有宽厚的、扎实的技术理论基础,因此职业本科教育培养的技术技能人才要有高层次的区分度。

高层次意味着在培养标准层次上属于现代职业教育体系的高阶位置,与中等职业教育、职业专科教育培养的人才相比,经由职业本科教育培养的人才无论在知识、素质还是在能力上都需要体现逐级递进的特征,与其相对应的职业技能等级在高水平、高端的层级。高层次技术技能人才的培养关键在于具备专业基础技术和一般技术的基础上,掌握专业核心技术并能灵活应用,将技术与科学、技术与知识、技术与技能、技术与工程融会贯通,在此条件下积累扎实的基础学科知识、应用学科知识和人文社会科学知识。

高层次技术技能人才要适应产业发展的生产一线,能够满足生产一线解决技术技能实际问题的需求,这是职业本科教育培养的出发点和落脚点。通过职业本科阶段的专业学习,学生在专业领域技术的应用能力达到高水平的状态,体现在能够对初级技术人员提供技术指导、咨询和培训的能力,以及在面对多样性、动态变化的工作情境时,职业本科人才凭借本身具备更为广泛的知识面和技术技能水平,能够快速将知识技能应用于解决生产一线错综复杂的问题。此外,高层次技术技能人才还要具备一定的技术创新能力,在技术实践中基于已有知识技能迅速接收新工艺、新技术、新设备、新材料进行生产流程创新再造,具备不断更新理论知识指导实践生产的能力。

(二)培养属性:突出人才的职业特色

作为教育类型,职业本科教育的职业性是鲜明特征,职业本科教育是为生产一线输送高层次技术技能人才,因此,培养的人才是否能够直接应用于生产一线,具有职业高度适配性,能发挥实际作用,是职业本科教育始终坚守的特色。锚定职业目标,培养核心职业能力,职业本科教育在定位上要突出人才的职业特色。基于对职业需求的充分调研,前瞻性地预测未来职业人才需求状况,培养的人才要以产业发展需要和市场需求为导向,高度贴合职业岗位的标准要求。

突出人才的职业特色,职业本科教育不仅要重视知识和技术技能习得,更要加大职业核心素养的培养力度,深度融合职业核心素养、关键要素于职业本科教育的教学目标。培养学生个体职业核心素养需要贯穿在职业实践的每个阶段,职业本科教育应在各个阶段设置明确的职业核心素养培养目标和实施方案,促使学生通过理论认知,结合不同阶段的职业实践、体验反思,从而内在生成职业核心素养。

职业本科教育职业属性的培养定位显示其职业生涯导向的教育功能,使学生具备职场成长和发展的核心能力,比如主动学习能力、人际交往素养、问题解决能力、组织管理能力、团队协作能力、信息处理能力以及数字化应用能力等。职业属性也体现职业本科教育服务社会发展的功能。在培养职业核心素养中,要注重适应社会发展的综合能力,比如创新创业能力、职业规划能力、团队协作能力、职业道德素养、社会责任意识、职业价值观念等。①职业核心素养经过不同阶段的职业实践逐步提升至职业追求,随着价值理念的更新、精神涵养的升格、职业信仰的塑造,终极目标是培养饱含工匠精神的"大国工匠""能工巧匠"职业人才。

(三)培养要求:落实"全人化"人才培养理念

对于职业本科教育而言,落实"全人化"人才培养理念就是以培养融合科学、人文、技术、伦理精神于一体的可持续发展的高层次技术技能型人才为目标,职业本科教育"全人化"理念在于摒弃一味偏重技术而荒废人文的功利价值观,强调从"学历本位"到"能力本位""人格本位",塑造全人的育人本质。

德国思想家洪堡早在19世纪就提出了"全人教育"的理念,指出全人教育除了专业知识,更看重人的素质教育的培养。②培养"全人化"职业本科人才要注重人格为先、德才兼备、品德为重,实施全员、全方位、全过程"三全"育人观。要以习近平新时代中国特色社会主义思想为指导,活化课程思政内容,注重科学素养与人文素养的深度融合,使学生保持对科学技术和人文艺术的好奇心、想象力、创新创意思维。要以社会主义核心价值观为导向,通过思政引领、知识衍新、德技并修,推动"全人化"人才培养。要将国家贡献力和社会责任感贯穿于职业本科人才教育的全过程,坚持"为党育人、为国育才",培养心怀"国之大者"的高层次技术技能人才。要尊重学生个性、挖掘潜力,使学生在职业本科学习期间养成终身学习的良好习惯,做好未来发展的多种准备。③

尊重学生个体是职业本科教育"全人化"培养的前提和基础。"全人化"培养意在面向每个个体自由全面的发展,这也是构建社会完整的必要保障。职

---

① 刘兰明.职业特色是职业本科的灵魂[N].中国青年报,2022-1-24.
② 蔡基刚.警惕职业教育"本科化"退化为"文凭化"[N].《光明日报》,2021-4-29.
③ 杜玉波.新时代本科教育的使命与路径[J].中国远程教育,2022(7).

业本科教育是现代职业教育体系的关键一环,也是促成"个体完整"与"社会完整"有效衔接的直接通道。因此,职业本科教育贯穿"全人化"人才培养理念,旨在构建面向人人的、个体能够自由选择的、开放式的终身教育和长远发展的生命教育。

二、职业本科教育人才培养的价值定位

(一)政治定位

习近平总书记强调,我国的高校是党领导下的中国特色社会主义高校。坚持以马克思主义为指导,全面贯彻党的教育方针,在党的旗帜下推进教育事业的发展,是办好教育的根本保证,离开了这一点,就会走偏方向。"为党育人、为国育才"回答了"为谁培养人"这个教育的首要问题。教育是个体社会化的重要工具,具有鲜明的意识形态属性。布鲁贝克曾指出,历史上一些著名的教育哲学家有过相似的观点,就是将教育视为政治的分支。从政治论观点来看,职业本科教育人才培养正是顺应党和国家事业发展所需,与世界高等职业教育发展大势同步。

职业本科教育人才培养必须坚持党的领导,发挥中国特色社会主义制度优势,坚持正确的办学方向,立足中国实践,破解职业本科教育发展中现存的难题,总结职业本科教育已有的发展经验,从岗位适配、生产劳动、社会实践、职业培训等角度全面探索解决我国产业发展中重要问题的路径,为社会主义现代化强国培养建设者和生力军。

政治定位决定了职业本科教育人才培养关注的重点不能仅限于习得高层次技术技能,还应强调推动各个职业领域不断向前发展的创新精神、劳模精神、劳动精神、工匠精神,厚植技能成才、技能报国的理想信念,发挥职业本科人才在生产技术一线的中流砥柱作用。习近平总书记指出,"青年的价值取向决定了未来整个社会的价值取向,而青年又处在价值观形成和确立的时期,抓好这一时期的价值观养成十分重要"。唯有将培养大国工匠、能工巧匠作为职业本科教育人才培养的初心和使命,方能彰显新时代中国特色职业教育向纵深推进的意义,为党和国家的事业发展贡献职业教育力量。

(二)哲学定位

教育目的和教育功能是教育哲学中最初且影响深远的问题,两者的统一关系到教育的合理性。约翰·怀特将教育目的分为内在的(intrinsic)和外在

的(extrinsic)两种①，教育内在目的在于提升学生个体价值，教育外在目的除了实现学生个体价值，还应该注重学生的公民义务，包括通过教育实现个体对国家政治经济发展起到贡献。克拉克·克尔认为，随着近代民族国家的兴起，大学承担了民族国家对其越来越多的期待。②无论是哪种高等教育类型，归根结底都要为国家的政治和经济利益服务。

在高等教育范畴，职业本科教育是与普通本科教育并驾齐驱的类型教育，职业本科教育在其教育目的和教育功能上仍需要遵循高等教育发展的一般规律，追求不懈的知识探索和知识传播，增强社会适应性，维护和保障社会秩序，能够解决社会难题，这样才能从政府和社会获得合法合理的地位。职业本科教育身处国家高等教育体系之中，在依靠国家政策支持发展的同时，应该主动承担起对于国家和社会的道德责任，将培养的高层次技术技能人才塑造成为有能力承担社会义务的合格公民。现代大学已经走出"象牙塔"，职业本科教育更应将教育目的和教育功能统一到服务经济发展和社会秩序的战略高度上，必须坚持把经济社会发展对技术技能人才需求作为发展职业教育的逻辑起点，找准自身发展定位，在适应社会发展、服务国家需求的过程中逐步提升职业本科教育的适应性。

（三）现实定位

随着智能制造和工业4.0时代的到来，我国人才结构性矛盾逐渐突出，高层次技术技能人才短缺问题更加凸显，尤其是缺乏具备卓越创新能力的高精尖产业人才。职业本科教育打破了高等职业教育的天花板，其人才培养定位从根本上来说是要解决产业发展亟须高层次技术技能人才的现实问题。

培养具有创新能力和解决生产一线实际问题的高层次技术技能人才是夯实产业基础、推动产业发展的关键举措，他们在人才链上起到承上启下的作用。现阶段，我国不像其他欧美国家一样利用技术移民快速壮大本国的技术技能人才队伍，而是更多地寄希望于国内职业本科教育发挥显著作用，培养大量高层次技术技能人才，为建设技能型社会提供源源不断的生力军。因此，职业本科教育在人才培养定位上要紧密联系现实所需，着力培养高技术、高技能复合型人才。

---

① 约翰·怀特著，李永宏等译.再论教育目的[M].北京：教育科学出版社，1997.
② 克拉克·克尔著，高铦等译.大学之用（第5版）[M].北京：北京大学出版社，2019.

当前,在我国面临百年未有之大变局的重要时期,职业本科教育必须将党和国家的利益视为人才培养的最高目标,推进产教深度融合、创新校企合作,以自身高质量发展肩负起培养多样化人才、传承技术技能的现实使命。职业本科教育要勇于走出中国特色发展道路,坚持自信自强,立足国内、放眼国际,主动参与"一带一路"国际合作,提升解决全球产业经济面临共同问题的能力。

三、职业本科教育人才培养定位突出"职业"和"本科"

(一)职业本科教育人才培养定位坚守"职业"的属性

职业本科教育是职业教育向本科层次发展的产物,其人才培养的逻辑起点是职业教育强调的岗位要求,强调职业性,面向职业群、岗位群培养高层次技术技能人才,具有强烈职业导向。

本科职业教育在专业设置以产业需求为导向,面向产业一线职业岗位(群)的办学方向。职业本科教育的人才培养职业属性是要在现有专业(群)的基础上,在坚持职教的职业性、实践性、开放性的基础上,通过专业改造与升级、专业特色彰显与突破、专业结构优化与调整、人才培养改革与创新,全面应对产业链、创新链和价值链的变革趋势,以鲜明的专业特色和高移的人才培养水平来满足技术发展趋势和战略性新兴产业、高端高新产业市场需求。①

2022年5月1日新修订《职业教育法》开始实施,从法律的角度确立了职业教育与普通教育同等重要的地位。职业本科教育要想真正获得社会认可,就必须办出鲜明的类型教育特色,推进产教融合、校企合作办学,培养的毕业生紧密对接产业、行业的需求,受到用人单位欢迎,这样才能切实提高职业本科教育的适应性。

(二)职业本科教育人才培养定位凸显"本科"的特征

职业本科教育属于本科层次,与之相应的岗位或岗位群能力属于本科层次,专业相关的技术技能要求应在本科水准。职业本科教育人才培养定位充分体现本科层次的特征,主要表现为以下几个方面。

1. 职业面向高端、职业发展空间提升

从职业面向来看,职业本科教育主要面向产业高端或高端产业,精准对接

---

① 张学,周鉴.本科层次职业教育人才培养的定位、逻辑与理路[J].中国职业技术教育,2022(18).

产业中的高端领域,培养有潜力成为"大国工匠""能工巧匠"的高端技术技能人才,能够服务产业基础高级化、产业链现代化的高层次技术技能人才,这与职业专科教育以及中等职业教育的职业面向显然不在一个层次。

面向产业高端和高端产业、对接新职业的同时,考虑到与其他阶段的职业教育进行系统对接呈现递进关系,职业本科教育需要深入系统设计,聚焦国家和地方经济重点产业发展的关键领域,围绕战略新兴产业的业态和模式,找准新的职业需求,从而彰显职业本科院校的办学特色。与此同时,职业本科教育需要积极探索产学研用相统一的产教深度融合办学模式,发挥社会多方力量,贯穿职业本科人才培养体系,贯穿"岗课赛证"理念,创新融通育人的机制。

新的职业教育法为接受职业教育的学生提供平等机会,无论是在升学、就业还是职业发展等方面都与同层次普通学校学生享有同样的权利。在职业发展空间上,职业本科教育培养的学生毕业后有了更多平等机会的选择。职业本科教育培养的毕业生与接受普通本科教育的毕业生一样,均可按要求报考硕士研究生、报考公务员和事业单位。

2. 技术运用上注重创新能力培养

如果说职业专科教育在培养学生技术运用上多为操作性和模仿性,注重技术熟练度培养的话,那么,职业本科教育则强调技术运用的复杂性和综合性,对学生在技术创新方面的能力培养有了更高的要求。

职业本科教育培养学生的创新能力具备本科层次的水平,与此关联的产业领域注重技术的复合能力和集成能力。职业本科教育在创新能力培养上要避免理论授课和实践练习相脱节、避免脱离职业素养和职业道德只谈技术的问题。职业本科教育应在理论和实践中双管齐下,强调创新意识和解决问题的能力,将职业素养和工匠精神深度融入学习技术技能的全过程,这样方能培养出符合职业本科教育定位且具备一定创新能力的技术技能人才。

3. 知识结构强调复合型跨学科

职业本科教育紧扣本科阶段教育的特质,在知识结构上需要强调知识面的"广泛"并且能够整合多学科知识,人才培养上更加注重学生跨岗位、跨职业的复合能力和多元知识的整合能力培养。职业本科教育培养的人才既要具备较为宽厚扎实的理论基础和技能基础,又要具备较为精湛的专业技能;既能够发现技术、工程、工艺、流程中的问题并予以解决,又能够带领、指导他人共同开展工作。①职业本科教育在培养目标上是培养精技艺、善经营、会管理的现场工程师。职业本科教育在知识水平上要达到本科水平,在技术技能水平上要高于高职专科水平。②

第二节　职业本科教育与同级或同类教育的定位辨析

与同类不同级、同级不同类的教育相比,职业本科教育在人才培养层次、培养内容、培养模式上都有其自身的特殊性。③

一、职业本科教育与职业专科教育

与职业本科教育同类不同级的教育主要指职业专科教育,职业本科教育与职业专科教育都属于高等职业教育的范畴,在人才培养定位上遵循高等职业教育的规律,逻辑起点为职业岗位(群)对知识、能力、素质方面的要求。职业本科教育和职业专科教育属性一致,在类型上都属于职业教育,都是基于职业岗位的实际需求,推行强调职业性、实践性的人才培养模式,注重以工学结合的方式实现职业教育的人才培养目标。虽然两者都属于高等职业教育类型,但在现代职业教育体系中,职业本科教育比职业专科教育处于更高层级的位置。

从国内现有研究观点来看,大部分学者较为关注的是职业本科教育和职业专科教育的差异,针对两者共同点的讨论较少。华东师范大学职业教育与成人教育研究所所长徐国庆认为职业本科教育是本科层次的职业教育,是职业教育延伸到本科层次的结果,是完全按照职业教育人才培养模式举办的本科教育。④南京工业职业技术大学党委书记吴学敏谈到相较于职业专科教育而言,职业本科教育培养学生掌握的理论基础更深厚、形成的知识体系更完备、拥有的专业能力更复合、积累的技术技能更高层次,从而具备向高端技术技能发展的条件。职业本科教育在人才培养中充分链接产业转型升级的需要,精

---

① 赵坚.本科层次职业学校的办学定位、现实困境与路径选择[J].职教通讯,2022(6).
② 曾天山.职业本科教育的明天会更好[N].中国教育报,2022-7-1.
③ 曾天山,汤霓,王泽荣.发展职业本科教育的重要意义、目标定位与实践路径[J].中国高等教育,2021(23).
④ 徐国庆,陆素菊,匡瑛,贺艳芳,苏航.职业本科教育的内涵、国际状况与发展策略[J].机械职业教育,2020(3).

准瞄准高端产业与产业高端对高层次技术技能人才的需求。

职业本科教育按照全日制本科的四年学制设置，相比职业专科教育，职业本科教育并非只是延长了一年学制，并不是职业专科教育的加长版，两者根本区别在于人才培养的层次不同。职业专科教育人才培养定位是实用性技术技能人才，即培养从事生产中某一环节的技术技能人才，生产链上某一环节的动手实践操作能力是职业专科教育培养工作能力的内核。职业本科教育在人才培养定位上不仅要有实用性，更强调技术技能人才的"高层次性"，所谓高层次指的是从事的岗位工作要求更强的专业性、整体性、复合性，职业面向高端产业和产业的高端。因此，职业本科教育更加注重学生理论知识、复杂问题的综合解决能力以及技术创新思维的培养，突出高层次技术技能的应用性。因此，厘清职业本科教育和职业专科教育的同类不同级区别需要注意以下几个方面。

第一，关于培养年限。在学制上，职业本科教育是四年，职业专科教育是三年，但这并不意味着职业本科教育就是简单地将职业专科教育的学时延长一年，不能理解为职业本科教育是在职业专科教育的基础上增加一年的学习时间而已。事实上，职业本科教育的四年学制是一个系统的设置，与其人才培养定位密不可分，与职业专科教育的人才培养定位有本质区别。

第二，关于培养层次。在培养层次上，职业本科教育的"本科"层次和职业专科教育的"专科"层次相比，显然前者属于更高层次的学历教育。在国内职业教育体系中，职教本科教育处在最高位，必然要在职业教育体系中发挥引领作用，因此在人才培养上需要更加注重以深厚理论为压舱石、跨学科复合能力、解决问题的创新能力。职业本科教育培养人才的突出特征是新技术的掌握，注重高新科技含量，是"技术技能用脑进阶"的职业教育，而不能趋同于职业专科教育的"实用操作"水平。相较于职业专科教育人才培养而言，职业本科教育的培养层次在于质的提升。

第三，关于教学内容和方法。在教学内容上，职业本科教育与职业专科教育虽有知识结构上的联系，但职业本科教育绝不应该仅仅在职业专科教育的现行教学内容上盲目增加几门本科课程，比如简单地考虑增设公共基础课、专业基础课等，而是职业本科教育在教学内容上的设置需要紧扣其人才培养定位和培养目标进行系统化的安排。

在教学方法上，职业本科教育如果只是将职业专科教育阶段学生的教学、管理等方法直接照搬过来就会陷入误区。虽然都属于高等职业教育,但职业本科教育和职业专科教育在教学侧重点上是不同的,需要充分考虑职业本科教育的可利用资源、学生的特质和能力,基于人才培养定位实施能够有效培养高层次技术技能人才的教学方法。

第四,关于对接产业。在对接产业方面,职业专科教育以适应或满足产业需求推进校企合作,职教本科教育在产教融合上不局限在满足适应产业发展需求,还应提升到教育先行引领产业发展的维度。职业专科教育偏向于校企双向合作,其合作对象往往是行业中较有代表性的企业,而对职业本科教育来说,需要从校企合作的层面跃升到产教深度融合的状态,产教深度融合凸显职业本科教育与产业界合作向纵深发展。职业专科教育在实习实训环节更多停留在技术技能的操作和演练,而职业本科教育更为关注生产一线复杂性问题,强调培养学生手脑并用的创新能力。

与职业专科教育相比,职业本科教育人才培养定位上更倾向于培养具有深厚的理论知识、颇为完整的知识体系、更加复合的专业能力、更高层次的技术技能应用的人才,能够与产业转型升级的需求同步甚至超越,人才培养目标明确锁定在高端产业和产业高端相应职位岗位对高层次技术技能人才的要求上。因此要坚持职业本科教育的本科属性,防范成为专科层次职业教育加长版或拼接版。[①]

二、职业本科教育与学术本科教育

在我国高等教育体系中,职业本科教育是与普通本科教育具有同等重要地位的全日制本科层次教育类型,其根本属性为职业教育。与职业本科教育同级不同类的教育主要指的是普通本科教育,包括学术本科教育和应用本科教育,在级别上都属于本科教育的范畴,但在类型上有着本质的区别。职业教育的根本属性决定了职业本科教育在人才培养定位以及表现特征上与普通本科教育截然不同。密切联系产业实际、服务一线生产需求是职业教育对其人才培养的明确定位,专注技术技能型人才的培养是职业教育始终清晰的目标方向。职业教育是类型教育,衡量一类教育是否属于职业教育的显著标志在于其表现特征,也就是根据职业岗位和工作任务进行相应的技术技能人才培

---

① 中国教科院王新波:职教本科不是高职专科加长版或普通本科复制版[N].新京报,2022-6-20.

养。需要强调的是技术技能人才培养涵盖四大要素：一是契合生产一线的需求，二是对应职业岗位的能力，三是明确具体的工作任务，四是强调技术技能的应用。

学术本科是学术型本科、学术本科教育的简略表述，是一种特定本科教育模式。[①]职业本科教育与学术本科教育是我国高等教育体系的组成部分，是本科层次高等教育的两种类型，授予的都是学士学位，类型的不同决定了两者在人才培养定位上有本质的区别。

（一）培养目标的差异

学术本科在学生素质和能力培养上，不以直接应用为目的，重视学生基础理论知识的学习和研讨，以使学生掌握坚实宽广的基本理论，为日后在文化科学技术领域有更好的发展打下基础。[②]职业本科教育则是强调学生对技术技能的直接应用能力，重点培养学生在岗位上以技术解决问题、快速适应产业对高端技能要求的能力。

（二）培养内容的差异

比较两者的培养内容，学术本科教育重在理论上的专业化通识教育，职业本科教育在强调专业理论基础的同时还多了职业性、技能性要求。按照学术教育（培养科学家）—工程教育（培养工程师）—技术教育（培养技师）—技能教育（培养产业工人）通行的四分法来看，与此相对应职业本科教育培养的则是擅长现场处理的技术工程师。职业本科教育在夯实理论基础的同时，更加强调解决实践问题的技术能力培养；既注重理实一体化课堂教学，更加强调基于工作情境的实践教学。

在人才培养实施过程中，职业本科教育注重贯穿"岗课赛证"融通育人的职业教育理念，围绕"岗位要求＋工学结合课程学习＋技能竞赛＋职业技能等级证书"的要求构建突出实践富有特色的课程体系。与此相比，学术本科教育更重视基本理论的掌握、科研方法的训练和创新意识的培养。职业本科教育要坚持其职业属性，重视职业技能人才培养的特点和规律，采用与之相匹配的教材、教法，完善学士学位标准设置和质量要求等保障制度，切忌直接将学术本科教育学士学位授予条件照搬过来，要避免与学术本科教育人

[①][②] 别敦荣.学术本科、应用本科和职业本科概念释义、办学特点与教育要求[J].中国高教研究，2022(8).

才培养规格趋同。

三、职业本科教育与应用本科教育

职业本科教育与应用本科教育都属于本科层级的高等教育,但两者在人才培养定位上有着根本性的差异。职业本科教育为产业一线培养高层次技术技能人才,需要精通技术原理和操作技能,对于一些复杂技术问题能够给予现场研判,并且具备现场解决技术难题的能力。具有显著"职业属性"和职业教育特质的人才培养定位将职业本科教育与应用本科教育区分开来,"宽基础、强实践"一直受到应用本科教育的推崇。

应用本科教育是普通本科教育的一个分支,它的出现是学术本科教育向技术应用领域的延伸。应用本科教育服务技术密集型产业,为其培养高级技术的应用人才、生产一线的管理者等。应用本科教育人才培养的逻辑起点是学科,它是基于学术本科教育的既定模式增加应用型人才培养的实践环节,强调将学科知识转化为具体可操作的工程方案,培养工程师是应用本科教育的基本方向。

职业本科教育直面产业行业的生产现场,根据岗位实际所需培养高层次技术技能人才;应用本科教育面向区域社会的经济发展,依托学科培养高层次技术应用型人才。尽管两者培养的人才都和技术应用有关,但不能简单地将职业本科教育认为是应用本科教育在高等职业教育的"复制",原因在于它们人才培养的逻辑起点完全不同。应用本科教育遵照学科体系逻辑,学科凌驾于专业之上,仅仅是在人才培养过程中拓展了一些应用环节;职业本科教育以工作体系为逻辑起点,专业设置紧密对接岗位需求,在人才培养过程中采取有利于职业能力构建的行动导向模式。①从职业岗位需求出发的职业本科教育决定其人才培养的实践性,无论是理论学习还是技能训练都应贯穿实践的主线,具体表现为将复杂的技术原理转变成应用一线的技术操作,也就是培养能够在生产现场进行指导和问题解决的技术工程师。

从本质上来看,应用本科教育属于强调理论性的普通本科教育范畴,只是它的人才培养定位具有"应用性"特征,注重理论如何转化以及在实践的应用;

---

① 潘海生,林旭.遮蔽与澄明:稳步发展职业本科教育的关键问题与可为路向[J].高校教育管理,2022(3).

职业本科教育的实践性有突出的特质，即以职业为准绳，人才培养的出发点和落脚点都是职业实践，产业行业不同岗位对技术技能人才的要求是职业本科教育人才培养的逻辑起点。应用本科教育聚焦行业发展，强调科学应用与工程策划；职业本科教育聚焦职业发展，强调技能发展与技术创新。

正如前文所说职业本科教育是培养在生产一线有指导能力和解决问题能力的"技术工程师"，应用本科教育培养的是"工程师"，"技术工程师"与"工程师"工作性质的不同在于"工程师"负责设计图纸，而"技术工程师"要将设计图纸拆解转化为能够直接向现场"技术操作员"提供示意的技术流程图，而且"技术工程师"需要在现场把控"技术操作员"技术实践与"工程师"设计图纸原理相一致，在此过程中"技术工程师"起到技术支持和质量监督的关键作用。从强调生产一线的角度，职业本科教育培养的"技术工程师"可以理解为就是"现场工程师"，"现场"二字强调的是"技术工程师"在一线的技术执行力和指导作用。

目前学界对职业本科教育和应用本科教育的辨析未达成共识，别敦荣（2022）认为职业本科是应用本科的亚类，也有观点认为职业本科教育在第四次科技革命的背景下如果对中国技能型社会建设起到关键决定性作用，甚至能够奠定战略地位的话，势必动摇应用本科教育在区域经济社会发展的重要地位，这样一来，职业本科教育的版图将会拓展，可能会把应用本科教育归为其中。

第三节　职业本科人才培养定位的内在逻辑与价值追求

一、职业本科教育人才培养定位的内在逻辑

（一）理论逻辑

1."职业带"理论

1981年，H.W.French所著的《工程技术员命名和分类的若干问题》一书由联合国教科文组织出版，"职业带"的概念源自该书。"职业带"理论通过一个连续带将工程领域不同技术职位的范围进行划分，根据相应技术范围内工程技术员的理论知识程度、从事技能的特征以及受教育层次等关系将技术人员分为三类：技工和技师、技术员、工程师。一条斜线将整个职业带划分为两

部分,左上部分代表的是实践操作技能,右下部分代表的是理论知识水平。①(见图3-1)斜线上方三角面积为手动操作技能区域,从图3-1中可见手动操作技能的比重从左到右在下降;与之相反的是,斜线下方三角面积的技术工程原理知识区域是从左到右在增加。

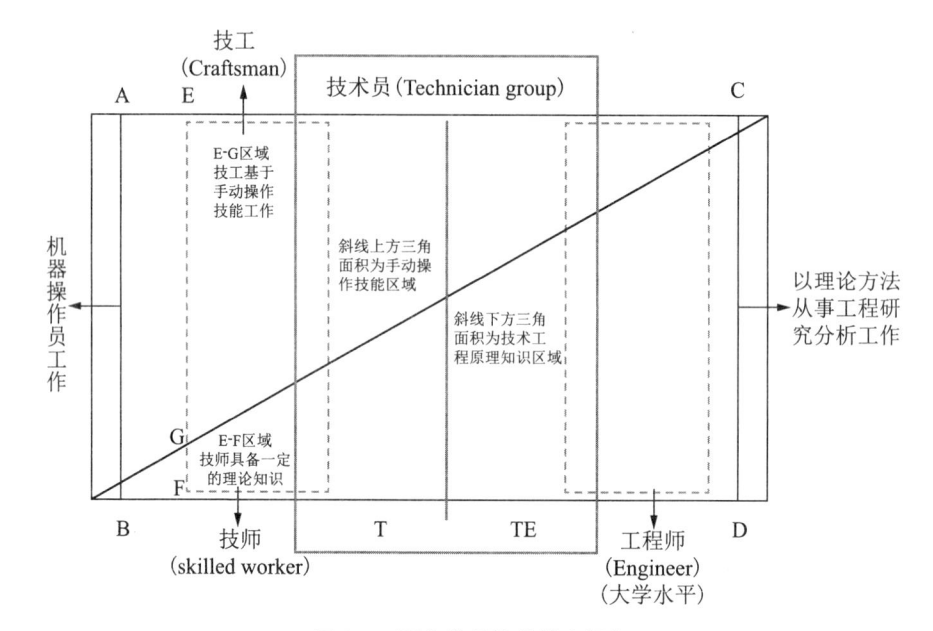

图 3-1 职业带理论的基本框架

资料来源:H.W.French.Engineering Technicians: Some Problems of Nomenclature and Classification(Studies in Engineering Education 7)[M]. Paris, France: UNESCO United Nations Educational, 1981:16.

在"职业带"中,最靠左侧的 A-B 线段表示机器操作员的工作,机器操作员的工作基本上都是手动操作实践,涉及的技术知识微乎其微,对机器操作员的手动操作能力要求高,而理论知识要求低。与之对应最靠右侧的 C-D 线段是工程师,表明这类人员主要以理论方法从事工程研究分析的工作,具有监督职责,涉及高深技术理论知识,相对来说对实践操作的技能要求较低。

技工和技师工种在职业带中不是由线表示,而是由面积表示,指的是在工程领域技术的范围内不同工种对手动操作技能与技术理论知识之间的占比要

---

① 石忠,王晨倩.本科职业教育人才培养定位的逻辑意蕴与应然架构[J].中国职业技术教育,2021(7).

求不同。职业带斜线左上 E-G 范围对应的是技工，这类人员很大程度上基于掌握的手动操作技能就可以进行工作，G-F 范围对应的是技师，他们需要具备一定的理论知识，但知识的程度比较有限，而且这些知识往往与特定的工艺技能有关。

"职业带"理论认为技术人员具备四项技能——专业化的技能（specialization skills）、系统技术技能（systems and technique skills）、人际关系技能（human relations skills）、概念技能（conceptual skills）包括技术观点、技术分析、解决技术问题和技术决策。随着技术人员级别的提升，四项技能的比重会有所变化（见图 3-2）。当技术人员处于较低级别阶段，系统技术技能和专业化的技能占比较高，而概念技能和人际关系技能占比较低；反之，当技术人员级别上升到较高层次，概念技能和人际关系技能占比较高，系统技术技能和专业化的技能逐渐减弱。

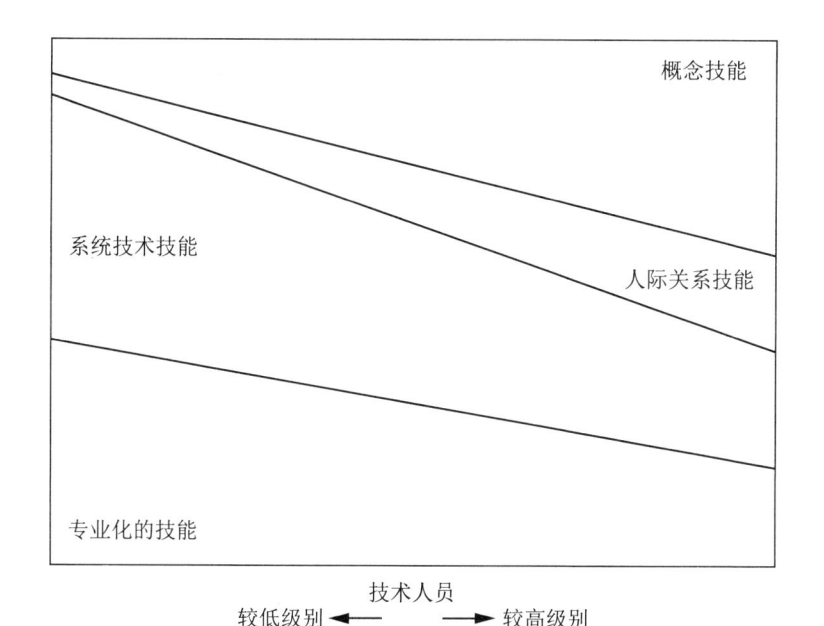

图 3-2　不同级别技术人员四项技能的变化走向

资料来源：H.W.French.Engineering Technicians：Some Problems of Nomenclature and Classification(Studies in Engineering Education 7)[M]. Paris，France：UNESCO United Nations Educational，1981：27.

尽管"职业带"理论研究的是工程领域技术人员分类，但对于职业本科教育人才培养定位中清晰厘清理论知识和实践操作技能的分配以及彼此关系变化有着重要理论依据。按照"职业带"理论不同级别技术人员的分布,职业本科教育培养的人才对应的是既要涉猎高深技术理论知识,又要在技术实践操作上具备分析、解决、决策能力的技术工程师层次。

2. 岗位"漂移"理论

进入工业4.0时期,伴随数字化、人工智能、物联网等技术的广泛应用,产业生产的智能化程度不断提高,生产领域的科技进步带来技术知识更新速度加快,岗位技术理论知识体系和内容趋于复杂化,从事生产一线的技术人员在理论知识和技术实践上面临新的问题和挑战。国内学者通过实地调研生产一线得出相关结论:①"技工"需要从事体力劳动的比重下降,转向强调动手的同时也要动脑,既要具备岗位常识也要懂得专业知识。②"技术员"较少从事直接的体力操作,工作基于分析技术问题的知识展开,解决问题的知识储备有限。③"工程师"主要负责设计图稿和排除故障,要求具备跨学科的理论知识和较高的协同能力。

随着岗位等级的分化,岗位发生了"漂移",即从传统化到现代化,再到智能化,形成了岗位现场、操作方式、效率控制和人力资源四个维度,从低到高的路径是:岗位现场中人的参与从前台逐步向后转移;操作方式上不断摆脱人工造成的误差,机器越来越精准化;效率控制上不再受人的体力制约,设备全面提升效率;人力资源学历要求成为基础条件,创造设计能力成为核心竞争力。①岗位"漂移"带来的变化对职业本科教育适应产业转型升级提出了客观要求,要基于职业群和岗位群,以跨专业跨学科思维打破单一专业的固有模式,积极转向顺应智能化、自动化大势开拓职业本科教育发展新路径,以培养高层次技术技能人才的复合型能力为更具综合性、复杂性的岗位体系服务。

岗位"漂移"对职业本科教育高层次技术技能人才的培养方向提出了更明确的要求,所谓高层次不仅要体现在技术技能实践水平上,还要向技术分析、技术决策升级,在熟悉生产一线技术流程工作的基础上进行模拟技术故障问题解决,定位从"使用技术"向"重塑技术"高移,围绕岗位技术问题的认知、分析和解决探索"宽基础理论实践+跨专业复合能力+多维度创新创造"三位一

---

① 岗位适应逻辑下职教本科人才培养定位[EB/OL]. (2021-08-13)[2022-07-17] http://www.xpc.edu.cn/jichubu/info/1119/1736.htm.

体人才培养模式。伴随产业转型升级,传统职业岗位要求升级或者出现了新的职业岗位,现有的职业专科教育,甚至学术本科教育、应用本科教育无法满足其岗位"漂移"后带来的人才需求,职业本科教育人才培养应该顺势而为。岗位"漂移"致使近年来传统行业中仅要求劳动技能的就业岗位逐渐减少,面对大学毕业生结构性就业矛盾,职业本科教育在人才培养定位上充分考虑"岗位"漂移深层次的影响因素,应岗位所需培养高层次技术技能人才恰是有效解决大学生就业结构性矛盾的重要出路。

(二)实践逻辑

职业教育是与经济社会和产业发展有着千丝万缕极高关联度的教育类型,具有主动适合社会变化、产业变动的自我调整适应能力。职业本科教育在人才培养的实践逻辑在于适应我国新时代新发展理念、新发展格局对高水平技术技能人才提出的要求,表现出职业本科教育在经济社会发展和教育发展中的独特功能与作用。职业本科教育传授技术知识,其培养的人才面向社会生产领域从事物质生产活动,实践逻辑是职业本科教育坚守职业教育类型要求、凸显自身无可替代性的根本立足点。

职业本科依据现实需要改造客观世界,积极发挥技术传承创新和技能迭代的社会功能。[①]国家对职业本科教育人才培养进行顶层设计,对职业本科教育的内涵进行科学界定,完善专业设置标准,对已经升格、转设或预备升格的高职院校强化人才培养能力的评估,对现有试点院校强化人才培养的经验总结和样板打造,通过示范效应来形成标杆,增强对人才培养的目标、培养方式、培养路径等的探索,为职业本科教育的试办和规模化推进提供可供参考的蓝本。

产业参与职业本科教育人才培养相关标准、相关制度的制定,将当前行业产业的最新岗位标准、技能标准等全面向职业本科院校开放,强化技术技能人才需求规模与结构的发布,为职业本科教育有效地推进人才培养的质量提供产业信息,确保其所进行的教学实施符合行业产业要求。

职业本科院校加强职业本科教育人才培养的研究与探索,根据职业本科教育的类型属性及定位进行人才培养内涵与外延的梳理与界定,持续优化职业本科教育的相关文件,依据自身的办学定位和办学特色有针对性地进行人

---

① 匡瑛,李琪.此本科非彼本科:职业本科本质论及其发展策略[J].教育发展研究,2021(3).

才培养的调整与优化,形成独具特色的职业本科教育人才培养模式。

（三）技术逻辑

我国产业技术正进入新的变革时代,5G、大数据、物联网、数字化、人工智能等技术与传统产业的融合日新月异,赋予传统产业新的生机,产业生产效率和效益不断提高。与此同时,战略性新兴产业发展势头锐不可当,在新一代信息技术、新材料技术等引领下的新信息、新能源、节能环保、电动汽车等产业技术更迭频繁,现代化装备水平不断提高,从而促进技术技能向纵深发展,不断拓展技术知识的宽度、广度、深度,技术变革走向势必要求技术技能人才在供给侧精准对接产业需求侧。当技术逻辑投射到高等教育体系,职业本科实质是职业教育发展层级化的现实产物。[1]职业本科教育人才培养基于新一轮的科技革命和技术变革需求,是职业教育对技术技能人才供给侧的主动回应。

在现代技术体系中,基础技术、一般技术、核心技术是逐级递进的关系,职业本科教育在人才培养中以掌握基础技术、一般技术为基石,重点围绕产业中的核心技术来作为人才培养体系的支柱,因此职业本科教育培养的学生不但要具备一技之长,还要具有技术问题解决、技术难题攻关以及技术发展创新的能力,这也意味着职业本科教育培养的技术技能人才能为我国产业领域解决"卡脖子"关键技术起到重要作用,成为助推我国产业发展能级和回应世界产业技术竞争的中坚力量。

二、职业本科教育人才培养定位的价值追求

（一）增强职业教育的适应性

"'十四五'期间要加大人力资本投入,增强职业技术教育适应性"是党的十九届五中全会提出的号召。习近平总书记在对职业教育的重要批示中再次强调了"增强职业教育适应性"。纵观国内实体经济发展现状,实体经济的转型升级、高质量现代产业体系的建设与国家推进现代化进程环环相扣,而"技能短缺"是目前面临的重要制约因素,主要指的是两个方面的短缺,一是高水平技能劳动力,二是完善的技能劳动力供需结构。

为适应产业转型升级、基层一线技术技能人才需求层次上移的现实,迫切

---

[1] 王佳昕,潘海生,郏海霞.技术论视域下职教本科定位与人才培养逻辑[J].高等工程教育研究,2021(5).

需要职业教育人才培养提质升级,要求高等职业教育类型上进一步完善、层次上进一步提升。①我国的工业体系在全球各国中属于最完备的,从制造业到智造业的转型升级和推动新兴产业的发展,促进产业发展从中低端向中高端跃升,亟须高技能人才队伍提供支撑。据统计,全国技能人才总量超过2亿人②,而目前高技能人才总量只有5 000多万人,仅占技能人才总量的25%。据测算,到2025年,我国制造业十大重点领域人才需求缺口近3 000万人。"十四五"计划新增高级工800万人次,使得高技能人才总量占技能人才的总量达到30%,这与发达国家(普遍在40%以上)相比仍有较大差距。③

职业本科教育正是为了满足国家经济高质量发展和解决社会高技能人才的短缺瓶颈,形成培养高层次技术技能人才助力实体经济转型升级以及高端产业可持续发展的核心机制。稳步推进职业本科教育旨在增强职业教育的适应性,通过培养适应经济发展和社会需要的高层次技术技能人才,促进技术技能积累创新,增强适应服务产业发展的能力和助推产业转型升级能力。

增强职业教育的适应性一方面要求职业本科教育优化类型教育特色,既要充分认识职业教育本身的人才培养规律,又要体现本科层次的教育水平,培养能够胜任面向复杂技术的生产岗位,或者能够为一线技术操作者提供技术分析和解决方案,能够在企业技术创新中发挥重要作用并能为企业带来技术创新和技术创造的高层次技术技能人才。

增强职业教育的适应性另一方面要求职业本科教育遵循"不求最大,但求特色,且为社会所需"的办学理念,精准对接技术变革和产业转型升级的现实需求,加快教育链、人才链与产业链、创新链的有效衔接,提高办学质量,办出中国特色和新时代职业本科教育水准。职业本科教育要善于总结分析普通本科教育的优势与短板,在人才培养定位上坚持差异化战略,做到"人无我有、人有我特",不一味追求规模扩张的脚步,而是合理谋划办学规模和动态监测办学质量,将追求高质量办学作为自身增强适应性的首要目标。

职业本科教育在人才培养中要极力避免追求极端"技能化"倾向。职业本

---

① 周建松,陈正江.高质量发展背景下高职教育新定位与新使命[J].中国高教研究,2022(8).
② 人力资源和社会保障部."十四五"职业技能培训规划[EB/OL].(2022-01-04)[2022-7-12] http://www.scio.gov.cn/32344/32345/47674/47681/xgzc47687/Document/1718585/1718585.htm.
③ 职教本科的优势在哪里?——专访教育部职业技术教育中心研究所副所长曾天山[N].光明日报,2021-8-17.

科教育和学术本科教育、应用本科教育同属于本科层级的教育，在明晰职业本科教育和普通本科教育存在差异的同时，也要重视对本科教育内在共性规律的理解与认识。增强社会适应性对于职业本科教育而言，需要深入研究社会、政治、经济、文化等宏观环境因素对职业本科教育产生的影响，并将这些影响积极转化为职业本科教育实践行动的机会，在此过程中主动发挥对技能型社会建设的推动作用。

（二）新时代大国工匠、能工巧匠"道技合一"

关于职业教育人才的培养目标，2021年10月中共中央办公厅、国务院办公厅印发的《关于推动现代职业教育高质量发展的意见》有最新的表述："职业教育是国民教育体系和人力资源开发的重要组成部分，肩负着培养多样化人才、传承技术技能、促进就业创业的重要职责。"所谓"技不压身、多多益善"，职业本科教育人才培养过程中对于技能的追求是无上限的。职业本科教育在专业人才培养上应始终坚持"理论基础扎实、技术技能过硬"导向，即理论性知识的积累不是职业本科教育在教学内容上的第一要义，真正做到将学生的理论知识及时转化为可以应用、可以预见、可以发展的技能，这才是职业本科教育应该恪守的教育宗旨。

作为与普通教育具有同等重要地位的类型教育，全面贯彻党的高等教育政策方针，致力于人的全面发展，坚持立德树人是职业本科教育的历史使命和根本任务。培养高层次技术技能人才德智体美劳全面发展，成为合格的社会主义建设者和接班人，当然是职业本科教育人才培养的最高目标。新时代大国工匠、能工巧匠"道技合一"，要求职业本科教育在人才培养上不仅坚持德技并修、育训结合，还要坚持服务至上、技术创新，增强服务行业企业能力。

职业本科教育在人才培养上强调社会道德与家国责任，这是技术技能人才面临复杂社会情况时的指引人生航向的灯塔。在新时代，面对复杂多变的国内外形势，随着科学、技术、观念和文化的快速发展，只有训练有素且拥有坚定拥护党和国家的个体，才能适应社会环境和产业机构的变化，才能在此过程中始终做出明智的、对国家和社会负责任的行动选择。职业本科教育培养的高层次技术技能人才，在岗位上可能会面临很紧迫、很棘手、很复杂的技术难题，需要建构完备的自我道德约束系统来支持更复杂的权衡取舍。

道德责任是社会关系和人类群体行为的调节要素，职业本科教育注重道德责任的培养目的是促成自觉的个体选择和理智行为，使培养的高层次技术技能人才能够主动地将个人发展与社会发展相联系。当前正处于技术竞争日益激烈的时代,职业本科教育培养的是品行至上、技能精湛的硬核技术人才群体,技能型国家的建设需要越来越多的大国工匠、能工巧匠,而培育大国工匠、能工巧匠,离不开丰沃的土壤——精准的职业本科教育人才培养定位。从这个意义看来,将工匠精神融合在教学全过程并树立行业工匠的人才培养目标,是职业本科教育解时代所需的有力举措。

工匠,是对高素质技能人才的一种肯定性称谓,工匠精神是一种品质化的职业精神。工匠精神是职业本科教育追求极致的价值理念,其核心内涵在于不断追求完美和极致,有精湛的职业技艺,将一丝不苟、精益求精的职业精神融入每一个环节,能够生产出高质量的产品或者提供高品质的服务。职业本科教育培养工匠精神的实质是一种职业核心素养与敬业精神的养成,使职业本科人才对所从事的岗位工作锲而不舍,对工作质量的要求不断提升,对于每一个工作岗位上的每一件事都保持毫不懈怠的态度。

(三)公民"终身教育"发展理念

长期以来,职业教育通常止步于专科,这被认为是其发展的关键"瓶颈",职业本科教育的发展正是职业教育在我国终身教育体系中拾级而上,也是服务全民终身学习、建设学习型社会在职业教育领域迈开的一大步。职业本科教育贯穿了"终身教育"发展理念,与继续教育有机衔接,是面向人人的终身教育体系不可或缺的部分,是服务全民终身学习体系的重要支柱。

发展职业本科教育是鼓励社会多元主体参与、在高等教育领域形成职业特色鲜明的类型教育,为接受高等教育的群体提供了多样的类型选择、更宽广的学习路径,使学历提升、技能提升、职业提升的通道更为四通八达。当然也要谨防"学术漂移"带来的风险,避免职业本科教育踏入追求"唯学历"的误区。职业本科教育要恪守职业属性,在人才培养定位上厘清与学术本科教育、应用本科教育的区别,确保职业本科教育能够真正按照自身的人才培养逻辑来发展。

不论何种教育类型,其基本使命和重要职责就是培养满足社会需要有责任担当的公民。职业本科教育同样承担着公民教育的义务,直接关系到公民教育的效果,因此培养出健全自律,具有现代公民意识、公民美德的高素质公民是职业本科教育应该承担的社会责任。职业本科院校在培养学生的技术技能的同时,也要引导他们形成良好的社会行为规范职业习惯,以适应将来进入社会的需要。开展公民教育和培养社会好公民,从某种意义上说,职业本科教育在履行教育的基础责任。由此可见,在专业教育教学和实习实践的过程中,技术技能的养成是一方面,另一方面要保证职业本科人才必然成为社会良好秩序的遵守者和支持者。公民教育是伴随人的一生,职业本科教育在人才培养目标定位上,从来不是面向科学家、企业家、政治家这些精英身份,而是培养能够脚踏实地在国民经济各行各业作出贡献的技术技能人才。职业本科教育应充分融合公民教育的理念使其培养的人才受益终身,使培养的职业本科人才既能具备良好的社会公德素养,也能成为一名合格的公民与优秀的国家建设者,为职业本科教育的社会价值认同积累重要的影响力。

(四)教育链、人才链和产业链、创新链有效对接

职业本科教育是技能型社会发展和现代劳动力市场需求对高等职业教育客观要求的结果。

产业发展离不开技能人才的支持,每个产业都有相应的高、中、低端技能人才链条。现阶段,我国大部分省市的人才政策主要面向高学历人才群体,聚焦于领军型人才、专家型人才。正是因为对制造业领域迫切所需的高技能人才、专业技术人才缺乏高关注度,使得制造业高端人才和高技能人才极为紧缺的问题日益显露。现代产业向着数字化、信息化、智能化的方向发展,传统的一线生产岗位工作流程重构,对于一线生产技术技能水平要求在不断提高,技术技能型人才需求层次上移,对人才的素质、能力、技能结构提出全新要求。

产业链、创新链的急速变化促使岗位所需要的技能趋于复杂化,从而需要从事技术技能生产的人员通过不断学习形成能够适应新技术、新材料、新工艺的能力和素养。教育链和人才链应对产业链、创新链的连锁反应提供支持。

随着新一轮信息技术的推进,概念技能的内涵在不断拓展,不仅涉及传统技术理论认知与实践领域,还指向技术的设计、技术的决策。有效链接教育链、产业链和人才链、创新链,形成有效精准对接的命运共同体,才能真正发挥职业教育可以持续培养适应产业需求人才的价值。在此背景下,职业本科教育正在促成职业教育链、现代产业链和技术技能人才、价值创新链形成合力打造命运共同体。

作为不可或缺的一环,职业本科教育正在构建中等职业教育、职业专科教育、职业本科教育等衔接的现代职业教育体系中起到重要作用。职业本科教育在人才培养定位上适应传统产业的数字化、智能化、高端化趋势,将新技术

融入专业建设和人才培养,使其更加适应高端岗位的技术技能要求。①

（五）校企合作走向产教深度融合

校企合作、工学结合是职业教育办学的一大特色。产教融合、校企合作不是目的,而是过程和路径,是撬动职业教育高质量发展的杠杆和支点。对于职业本科教育来说,人才培养合作模式不能局限于职业教育中普遍采用的校企合作,而要满足适应高层次技术技能人才在需求侧提出的要求,产教深度融合是职业本科教育校企合作的特色举措。产教融合是符合我国职业教育发展规律的内在需求,同时也是国家促进产业升级的重要举措。在产教融合引领下,职业本科教育人才培养模式能够有效地将政府、企业、高校、社会等多方力量有效集结,与企业、当地政府和产业园区形成合力,打造其他类型的协同育人平台,加快高层次技术技能人才培养的步伐。

职业本科教育扭转学生从传统的以升学为导向变成以就业为导向、从以学科能力为本位变成以职业岗位能力为本位的两大局面,两大转变反过来也要求职业本科教育更加注重产教融合。通过创新融合的体制机制,确保产教深度融合能够体现在学校治理、院系办学、专业建设、人才培养和社会服务全过程,形成社会多元主体协同育人的系统生态。

产教融合过程中职业本科院校和不同企业各有分工:职业本科院校负责基本技术技能培养,技术输出企业负责核心技术培养,人才需求企业负责岗位技能培养。随着企业的黏合度不断加强,职业本科院校除了向企业输送高层次技术技能人才,还应创设教师在企业兼职承接企业项目,推动校企合作、产教融合走深走实。这样一来,企业的岗位技术标准与学校的课程理论、专业实践教学要求就能够相互融合,人才培养更加具有岗位针对性、适用性。

产教深度融合的过程中尤其要重视典型标杆的作用,要让有教育情怀、有育人担当、有社会责任感的企业和企业家积极参与职业本科教育,让心怀国之大者的企业真正受益,同时让积极就业服务企业的学生受益。评判企业是否符合产教深度融合准入的标准在于其用工用人制度以及行业内实际成效和口碑。职业本科教育应以产教深度融合为抓手和依托,为学生创造良好的育人环境,学生创新精神和创业能力的培养是长期的过程,因此需要将创新创业教育贯穿到产教融合的每一个实践环节,从而全面提升学生的综合素质,为企业

---

① 米靖,赵伟.职业教育如何开启提质培优高质量发展新征程[N].光明日报,2021-4-27.

输出更多能力强、素质优的高层次技术技能人才。

职业本科教育可以通过创新体制机制促进产教深度融合。基于常规的校企合作理事会、专业建设委员会，可以根据产教双方目标一致，以实际项目为纽带，搭建产教深度融合平台。可以建立企业专家库，聘任产业教授、技术顾问等产业界代表全方位参与人才培养的方案确定、专业建设、教材选用和质量评价。

职业本科教育可以创新产教深度融合的培养机制。在校内生产性实训基地开展实践操作的基础上，将职业本科高年级学生的综合实践安排在真实的生产环境中，通过参与真实项目来提升技术技能，将学习评价与岗位技能评价糅为一体，全面提升学生岗位实践能力和问题解决能力。同时，与地方政府、产业园区和企业培训中心等进行合作，建设技术研发中心，聚焦企业一线技术难题，师生共同携手企业承担技术攻关项目，着重提升学生技术技能的创新性。

职业本科教育可以创新产教深度融合的平台机制。职业本科院校与政府和企业共建大学科技园，建设"孵化平台"，通过提供顶岗实习岗位重点提升学生技术技能创新能力。鼓励学生尝试解决技术问题参与教师科研项目，出台政策支持教师吸纳学生加入科研团队，推动项目实践育人。

职业本科教育，在"培养什么样的职业本科人才"问题上确立精准清晰的定位，是提高职业本科教育的办学成效和社会地位的一种必然。职业本科教育高质量发展不是一蹴而就的，切不可急功近利、盲目推进。只有扎根中国大地、科学层级定位、坚守职业属性、办出中国特色、精准对接产业，才能确保职业本科教育朝着高质量发展方向稳步推进。

第四章　职业本科学校及专业设置

从职业教育改革发展以及职业教育高质量发展的长远需要出发,如何精准研制本科层次职业教育专业设置办法,进一步规范本科层次职业学校设置工作,完善现代职业教育体系,就需要探析我国《本科层次职业学校设置标准(试行)》的内在机理及逻辑理路,把握和明晰《标准》的核心要义,从而完善职业教育国家教学标准体系,保证本科层次职业教育行稳致远的基础性工作的扎实开展,推进现代职业教育高质量发展。

第一节　职业本科学校设置标准

2021年1月27日,教育部出台了《本科层次职业学校设置标准(试行)》(以下简称《标准》)。《标准》的编制与出台遵循职业本科教育的办学定位,是对新时代贯彻国家关于职业教育改革发展的新部署,落实《国家职业教育改革发展实施方案》中"职业教育与普通教育是两种不同类型教育,具有同等重要地位""开展本科层次职业教育试点"的要求,更是构建服务全民终身学习的中国特色现代职教体系的重要策略。本节论述主要参考借鉴教育部职业教育与成人教育司工作组于2020年发布的报告《关于发展职业本科教育的基本考虑》。

一、《本科层次职业学校设置标准》编制说明

(一)指导思想

深入贯彻国家关于职业教育改革发展的新部署,落实《国家职业教育改革实施方案》的要求,在标准研制上坚持统一筹划、多元参与、合理分工、程序规范的基本路径,遵循类型定向、广泛采集、严格筛选、科学建构的工作方法,以设置标准的研制为引领开展职业本科教育办学试点,引导学校贯彻党的教育

方针,落实立德树人根本任务,服务国家重点行业和地方支柱产业,完善技术技能人才培养体系,培养德智体美劳全面发展的高层次、高素质技术技能人才。

(二)制定原则

1. 引领性原则

依据国家最新颁布的《中华人民共和国职业教育法》中明确提出的职业教育是与普通教育具有同等重要地位的教育类型,本着着力提升职业教育认可度的精神,并结合国务院《国家职业教育改革实施方案》相关精神,深刻把握职业本科教育的内涵要求和时代要求,所设指标应该导向性明确,不断引导学校坚持面向市场、服务经济社会发展、促进社会就业的办学方向,以设置标准引领带动学校进一步强化内涵式发展、提升办学能力,坚定高层次技术技能型人才的培养目标和办学定位。

2. 科学性原则

设置标准应遵循高等教育和职业教育双重发展规律,依据国务院《国家职业教育改革实施方案》等近年来出台的相关法律法规、政策文件,并结合当前我国高职专科层次职业学校发展的实际诉求,广泛采集标准、严格筛选设置的各项指标,科学建构体系,确保设置的各项标准之间达到逻辑自洽、相互独立,保证设置标准具有较高的效能度。

3. 类型性原则

严格遵循职业本科学校的办学目标和人才培养定位,将促进就业和适应产业发展需求作为导向,设置标准要将"产教融合、校企合作、工学结合、知行合一"的指示要求贯彻落实到设置标准的研制建构全过程,充分体现职业本科教育的自身特点,凸显职业本科学校与普通本科学校在人才培养方面的差异性及独特性,充分展现出高层次技术技能人才培养,进而彰显职业教育类型的自身特征。

4. 遴选性原则

职业本科学校属于职业教育突破学历层次瓶颈的高层次人才培养模式,结合新时代对高层次职业教育发展的目标要求,设置标准要立足高定位、高标准、高起点,坚持客观公正、质量优先,避免一哄而上;要具有一定辨识度的遴选性指标,能够确保具有社会较高认可度、具有丰富办学经验以及良好办学基础条件的院校脱颖而出,进而保证新时代职业本科学校的高质量、高水平。

5. 可采性原则

设置标准的各项指标及指标的界定,力求在充分运用现有的各类平台信息数据采集齐全的基础上,经过科学的数据分析及论证,以确保数据准确性和客观性。对重大成果、标志性成果及项目性指标,着重在具有公信力且能在较长周期内保持稳定的项目及领域设置相关指标。

(三) 评价指标体系的主要内容

《标准》中的各项评价指标体系主要参照普通本科高等学校的设置标准,并辅以新时代职业教育办学的现实要求,采用了"增""调""改"途径来建构相应的各项指标体系。在"增"方面,结合职业教育发展实际,增加了具有新时代职业教育特色的1+X证书、产教融合以及双师型教师等指标。在"调"方面,调整了对学科布局、学位点数量以及重点实验室的要求,使其更加符合现代职业教育发展需求。在"改"方面,主要是对现有职业教育发展的专业布局数量和设置模式、办学基础、教师职称学历等指标进行了较大修改。本设置指标体系涵盖了6个一级指标和26个二级指标。办学方向指标侧重考察学校的发展路向是否符合当前党的教育方针政策和国家对新时代职业教育的办学定位要求。专业建设、师资队伍指标和基础条件指标,分别从"软性"和"硬性"两个方面来考察学校的整体办学能力水平。人才培养和社会服务指标侧重来考察学校的办学产出与成效。

1. 办学方向

设置该一级指标的主要目的是为了考察学校是否能够坚持党的全面领导和社会主义的办学方向、贯彻落实党委领导下的校长负责制,能否坚持新时代职业教育的办学定位,并建立学校完善的治理结构体系,保证理念的落实、落细。党的领导是职业教育办学方向正确的灵魂,办学定位是具体的方向引领,学校治理则是重要保障。通过设置党的领导指标考察学校党组织在学校领导核心作用的发挥及领导班子的任职资格;通过办学定位指标考察学校是否坚持了社会主义办学方向及职业教育类型定位;通过学校治理指标体系考察学校是否建立完善领导体制和现代治理制度,确保职业教育办学理念落地。

2. 专业建设

设置该一级指标的主要目的是为了考察职业本科学校是否紧密对接当下区域产业发展的实际需求进行专业布局,同时在专业建设过程中是否落实产教融合的社会需求,坚持育训并举参与"1+X"证书制度改革。通过专业设置指标考察学校是否根据社会产业需求进行了专业布局,并建立了优化调整机制;通过产教融合指标进一步考察专业建设是否同当下区域产业与企业实际需求实现了紧密对接;通过1+X证书指标考察学校专业人才培养方案是否融入"X"证书要求,培养学生职业技能。

3. 师资队伍

设置该一级指标的主要目的是为了考察学校师资队伍的规模、能力、结构是否能支撑新时代社会对高层次高素质技术技能人才的培养。生师比指标主要从师资队伍的规模方面考察学校是否有足够的教师来支撑人才培养。兼职教师、职称学历两个指标主要从结构方面考察学校是否形成了一支专兼职紧密结合、人员结构合理的教师队伍。双师素质、教学能力两个指标主要从能力素质方面考察学校教师是否能够胜任理实一体课堂教学的需求。

4. 人才培养

设置该一级指标的主要目的是为了考察学校人才培养的投入、过程以及结果是否在符合国家相关规定的基础上达到了一定的质量要求。该指标体系的架构主要是从人才培养的条件与产出两个方面进行全方位的考察,思政教育、实践教学、教学资源、国际合作这些指标主要衡量学校人才培养的基本条件,教学成果奖、学生竞赛、就业质量指标则侧重在衡量学校人才培养的成效。

5. 社会服务

设置该一级指标的主要目的是为了从知识创新与职业培训两个方面考察学校社会服务能力。在知识创新上包含了科学研究和技术服务两个指标,前者侧重于传统的学科知识创新,而后者则凸显职业教育的特色,从应用技术研发来评判学校服务区域产业的能力。职业培训指标则通过培训的规模来判断学校在服务本地行业、企业人力资源升级上的能力贡献。

6. 基础条件

设置该一级指标的主要目的是为了从一些硬性的、基础的办学条件来衡量学校的办学能力。该指标在布局架构上主要从办学经费、基础设施、数字校园三个方面进行考察。经费投入指标通过生均拨款水平来衡量学校办学资源投入的稳定性和持续性。基础设施包含了办学场所、仪器设备、实训条件三个指标,主要考察学校在硬件建设上能否达到国家的相关要求,能否支撑人才培养活动开展。数字校园指标则主要考察学校在信息化建设上的投入与应用能力。

(四) 设置标准的创新之处

1. 在指标架构上本科规范与职业教育特点相结合

在指标体系的整体架构布局上以《普通本科学校设置暂行规定》中的设置标准框架为主要依据,因为该评价指标作为一套较为成熟的标准经过了较长时间的检验。在一级指标上参考普通本科学校设置标准进行设置,但在二级指标上则充分彰显职业教育的办学特色,如"1+X"证书、双师型教师、兼职教师、实践教学、职业培训、技术服务等内容都是职业教育自身所特有的指标。

2. 在指标开发上广泛吸收与精挑细选相结合

在指标的开发上,广泛搜集各种院校设置或办学评价指标,而且每个指标都尽量做到有详实的出处和政策依据,在广泛搜集的基础上初步形成包含上百个指标的初稿,然后基于可比性、时效性以及有效性的筛选原则,对这些指标经过反复的横向比较分析,并在吸收多方专家的意见基础上反复增删修改,最终确定了 26 个指标,在程序上尽可能做到科学性与规范性,从而保证指标具有较高的质量。

3. 在指标遴选上门槛把牢与方向引领相结合

在指标遴选与设置的过程中,既设置一些较为硬性的门槛性指标,也设置一些体现改革发展方向的发展性指标。硬性指标的设置能够有效甄别一些办学资质不达标的院校,从而保障本科职业学校人才培养的质量底线,如生师比、教学仪器设备值、办学场所等。为了引领学校办学方向,彰显办学个性,也设置了一些方向性、引领性的指标,通过这些指标来引导申报院校找准方向、办出特色,比如一些软性的指标以及一些体现改革创新任务的硬性指标。

4. 在指标关联上自成体系与互不交叉相结合

在指标体系内部各项指标间的关系方面,十分注重指标间的逻辑关联,确保开发出的指标评价体系不是零散和细碎的,而是能够自成体系的,在能够有效评价学校办学资质的同时,实现指标之间的逻辑联系,从而避免某一部分的缺失。比如一级指标体系就是从办学方向、办学能力、办学成效三个方面进行整体评价,三者之间形成了紧密的逻辑闭环。在形成一定的逻辑关联下,同时还确保各个指标之间具有互斥性,不存在概念模糊或界定不清而造成的重复评价现象。

二、《本科层次职业学校设置标准》具体内容

本设置标准一共有6个一级指标,26个二级指标。内容涵盖办学方向、专业建设、师资队伍、人才培养、社会服务、基础条件六个方面。设置依据主要有《职业教育法》《国家职业教育改革实施方案》《普通本科学校设置暂行规定》《关于加强和改进新形势下高校思想政治工作的意见》《中国特色高水平高职学校和专业建设计划项目遴选管理办法(试行)》《国务院办公厅关于深化产教融合的若干意见》《关于在院校实施"学历证书+若干职业技能等级证书"制度试点方案》等相关法律法规、政府文件为标准,采取定性、定量相结合的评价指标构成(详见表4-1)。①

表4-1 职业本科学校设置标准

一级指标	二级指标	标准	设置依据	指标类型
一、办学方向	1. 党的领导	坚持党的全面领导,充分发挥党组织在学校的领导核心和政治核心作用。领导班子符合国家关于高等学校领导任职条件的要求	《普通本科学校设置暂行规定》(教发〔2006〕18号)	定性
	2. 办学定位	坚持社会主义办学方向和立德树人的根本任务,培养德智体美劳全面发展的高层次、高素质技术技能人才。全日制在校生规模10 000人以上	《职业教育法》、《普通本科学校设置暂行规定》(教发〔2006〕18号)	定性+定量
	3. 学校治理	落实党委领导下的校长负责制,建立以章程为核心的现代大学制度体系,政府、学校、行业、企业多方参与办学,组织机构健全,内部质量保障体系完善	《中国特色高水平高职学校和专业建设计划项目遴选管理办法(试行)》(教职成〔2019〕8号)	定性
二、专业建设	4. 专业设置	对接国家和区域主导产业、支柱产业与战略性新兴产业,拥有不少于20个专业,至少2个专业符合《职业本科专业设置标准》,形成集群发展优势	《普通本科学校设置暂行规定》(教发〔2006〕18号);《国家职业教育改革实施方案》(国发〔2019〕4号)	定性+定量

---

① 焦雨.本科层次职业教育发展的现状、挑战与对策[J].职业技术,2022,21(2):30—36. DOI:10.19552/j.cnki.issn1672-0601.2022.02.006.

续　表

一级指标	二级指标	标准	设置依据	指标类型
二、专业建设	5. 产教融合	拥有5个以上产教融合发展项目（职业教育集团、学徒制专业、产业学院、混合所有制二级学院），形成校企合作良性运行机制	《国务院办公厅关于深化产教融合的若干意见》（国办发〔2017〕95号）	定性＋定量
	6. 1＋X证书	至少有2个专业参与1＋X证书制度试点	《关于在院校实施"学历证书＋若干职业技能等级证书"制度试点方案》（教职成〔2019〕6号）	定量
三、师资队伍	7. 生师比	生师比不高于18∶1	《普通本科学校设置暂行规定》（教发〔2006〕18号）	定量
	8. 双师素质	有3年以上企业工作经历，或近5年累计有6个月以上企业实践经历的教师占专业课教师比例不低于80％。职业技能等级证书培训师，职业技能鉴定考评人员，省级及以上技术能手、技能大师、首席技师等行业专家型人才不少于专业教师的20％	《国家职业教育改革实施方案》（国发〔2019〕4号）	定量
	9. 兼职教师	专兼职教师比例达到1∶1，或行业企业一线兼职教师授课课时占学校专业课总课时的20％以上	《国家职业教育改革实施方案》（国发〔2019〕4号）	定量
	10. 职称学历	具有高级专业技术职务专任教师人数不低于专任教师总数的30％，其中具有正高级专业技术职务的专任教师应不少于50人。专任教师中具有研究生学历的教师数占专任教师总数的比例应不低于50％	《普通本科学校设置暂行规定》（教发〔2006〕18号）	定量
	11. 教学能力	教师获得过5项以上国家级奖励（仅包括国家教学名师、"万人计划"教学名师、国家优秀教学团队、国家级教师教学创新团队、全国高校黄大年式团队、全国职业院校教学能力比赛获奖）	《中国特色高水平高职学校和专业建设计划项目遴选管理办法（试行）》（教职成〔2019〕8号）；《全国职业院校教师教学创新团队建设方案》（教师函〔2019〕4号）	定量

续　表

一级指标	二级指标	标准	设置依据	指标类型
四、人才培养	12. 思政教育	思想政治理论课学时达标且满意度不低于90%。课程思政覆盖本科职业教育专业90%以上的专业课程,教育教学效果好	《关于加强和改进新形势下高校思想政治工作的意见》(中发〔2016〕31号)	定量
	13. 实践教学	实践性教学课时占总课时50%以上,顶岗实习时间不少于6个月	《国家职业教育改革实施方案》(国发〔2019〕4号)	定量
	14. 教学资源	广泛开发和使用信息化教学资源,以及新型活页式、工作手册式教材等新形态教材。主持国家级职业教育专业教学资源库项目,或建有国家级在线开放课程,或立项国家职业教育规划教材10部以上。生均适用图书不低于80册	《国家职业教育改革实施方案》(国发〔2019〕4号);《教育信息化2.0行动计划》(教技〔2018〕6号);《普通本科学校设置暂行规定》(教发〔2006〕18号)	定性+定量
	15. 教学成果奖	近两届获得过国家级教学成果奖励(第一完成单位)3项以上	《普通本科学校设置暂行规定》(教发〔2006〕18号)	定量
	16. 学生竞赛	近5年学生在国家级及以上竞赛中获得过30项以上奖励(仅包括世界技能大赛、全国职业院校技能大赛、中国"互联网+"大学生创新创业大赛、"挑战杯"全国大学生课外学术科技作品竞赛和中国大学生创业计划竞赛),并有一等奖或金奖	《中国特色高水平高职学校和专业建设计划项目遴选管理办法(试行)》(教职成〔2019〕8号)	定量
	17. 就业质量	近3年毕业生的就业率均高于95%,用人单位满意度均高于80%	《中国特色高水平高职学校和专业建设计划项目遴选管理办法(试行)》(教职成〔2019〕8号)	定量
	18. 国际合作	近3年境外学生、交流交换生规模均不低于100人,或有中外合作办学项目1个以上	《中国特色高水平高职学校和专业建设计划项目遴选管理办法(试行)》(教职成〔2019〕8号)	定量
五、社会服务	19. 科学研究	近5年累计获得省部级以上科研项目20项以上,其中国家级科研项目5项以上,年均科研到账经费达到500万元以上	《普通本科学校设置暂行规定》(教发〔2006〕18号)	定量

续　表

一级指标	二级指标	标准	设置依据	指标类型
五、社会服务	20. 技术服务	至少有1个技术研发中心、协同创新中心、重点实验室、技能大师工作室等省级及以上研发平台。近5年专利授权总数不少于100项,其中发明专利不少于10项	《国家职业教育改革实施方案》（国发〔2019〕4号）	定量
	21. 职业培训	近5年年均培训人日数不低于在校生人数的1.5倍	《中国特色高水平高职学校和专业建设计划项目遴选管理办法（试行）》（教职成〔2019〕8号）	定量
六、基础条件	22. 办学经费	基本建设投资与教育事业费有稳定、可靠的来源和切实的保证,生均拨款（投入）不低于国家要求的生均拨款水平	《普通本科学校设置暂行规定》（教发〔2006〕18号）；《国家职业教育改革实施方案》（国发〔2019〕4号）	定量
	23. 办学场所	生均占地面积应达到60平方米以上。生均校舍建筑面积应达到30平方米以上。生均教学科研行政用房面积不低于15平方米	《普通本科学校设置暂行规定》（教发〔2006〕18号）	定量
	24. 仪器设备	生均教学科研仪器设备值不低于5 000元	《普通本科学校设置暂行规定》（教发〔2006〕18号）	定量
	25. 实训条件	拥有满足教育教学需要的专业化实训基地,实训课程条件和校企合作实训条件均达到相应水平	《普通本科学校设置暂行规定》（教发〔2006〕18号）	定性
	26. 数字校园	数字校园基础设施高于《职业院校数字校园建设规范》标准	《职业院校数字校园建设规范》（教职成函〔2015〕1号）	定性＋定量

三、职业本科学校设置标准指标解析

1. 党的领导

本指标指中国共产党对职业本科学校的领导作用。主要考察党组织对学校发展的领导作用和领导班子成员的任职条件。要求申报学校坚持党的全面领导,充分发挥党组织在学校的领导核心和政治核心作用;领导班子符合国家关于高等学校领导人员的任职条件要求。本指标的数据来源为学校填报。

2. 办学定位

本指标指学校的办学方向、服务面向和发展目标。主要考察学校办学方向、根本任务、人才培养目标和办学规模。要求坚持社会主义办学方向和立德树人的根本任务，培养德智体美劳全面发展的高层次、高素质技术技能人才，全日制在校生规模1万人以上。本指标的数据来源为学校填报、高等教育事业基层统计报表及高等职业院校人才培养工作状态数据库。

3. 学校治理

本指标指学校全体成员基于共同的价值取向和目标导引，以民主科学的规则和机制调控，充分激发全员发展和创造价值，高质高效达成目标，并保证机会与结构公平的组织系统。主要考察校长负责制、制度体系和内部质量保障体系等方面的情况。要求落实党委领导下的校长负责制，建立以章程为核心的现代大学制度体系，政府、学校、行业、企业多方参与办学，组织机构健全，内部质量保障体系完善。本指标的数据来源为学校填报。

4. 专业设置

本指标指根据区域经济社会发展需求，契合产业结构升级变化趋势，有效对接本地优势产业、支柱产业与特色产业，设置相关专业与专业群。主要考察学校专业和专业群设置情况。要求对接国家和区域主导产业、支柱产业与战略性新兴产业，拥有不少于20个专业，至少2个专业符合《职业本科专业设置标准》，形成集群发展优势。本指标的数据来源为学校填报、高等教育事业基层统计报表及高等职业院校人才培养工作状态数据库。

5. 产教融合

本指标指学校为提高人才培养质量而与行业企业开展的深度合作。主要考察学校办学实践中的产教融合情况。要求学校拥有5个以上产教融合发展项目（职业教育集团、学徒制专业、产业学院、混合所有制二级学院），并形成校企合作良性运行机制。本数据来源为高等职业院校人才培养工作状态数据库及学校填报。

6. "1+X"证书

本指标指学历证书＋若干职业技能等级证书。主要考察学校参与"1+X"证书制度试点情况。要求学校至少有2个专业参与"1+X"证书制度试点。本指标的数据来源为高等职业院校人才培养工作状态数据库。

7. 生师比

本指标指在校学生总数与学校专任教师总数之比。主要考察专任教师数量是否足够。要求在校学生总数与学校专任教师总数之比不高于18∶1(扩招人数不计入生均基数)。本指标的数据来源为高等教育事业基层统计报表、高等职业院校人才培养工作状态数据库。

8. 双师素质

本指标指学校专业课教师同时具备理论教学能力与实践教学能力。主要考察学校专业课教师的企业工作经历和实践经历,以及在行业企业的影响力。要求有3年以上企业工作经历,或近5年累计有6个月以上企业实践经历的教师占专业课教师比例不低于80%;职业技能等级证书培训师、职业技能鉴定考评人员,省级及以上技术能手、技能大师、首席技师等行业专家型人才不少于专业教师的20%。本指标的数据来源为学校填报、高等教育事业基层统计报表及高等职业院校人才培养工作状态数据库。

9. 兼职教师

本指标指从行业企业聘请的承担学校专业教学任务的技术技能人才。主要用于考察学校是否聘请一定具有实践经验的老师来指导学生实践学习。要求专兼职教师比例达到1∶1,或行业企业一线兼职教师授课课时占学校专业课总课时的20%以上。本指标的数据来源为高等教育事业基层统计报表及高等职业院校人才培养工作状态数据库。

10. 职称学历

本指标指学校教师的高级专业技术职务和研究生学历。主要考察学校教师拥有高级职称和高学历情况。要求具有高级专业技术职务专任教师人数不低于专任教师总数的30%,其中具有正高级专业技术职务的专任教师应不少于50人;专任教师中具有研究生学历的教师数占专任教师总数的比例应不低于50%。本指标的数据来源为高等教育事业基层统计报表及高等职业院校人才培养工作状态数据库。

11. 教学能力

本指标指学校教师开展教学活动的能力,包括认识能力等一般能力和把握教材能力、运用教法能力等专门能力。主要考察学校教师获教学能力相关国家级奖励情况。要求教师获得过5项以上国家级奖励(仅包括国家教学名师、"万人计划"教学名师、国家优秀教学团队、国家级教师教学创新团队、全国高校黄大年式团队、全国职业院校教学能力比赛获奖)。本指标的数据来源为高等职业院校人才培养工作状态数据库。

12. 思政教育

本指标即思想政治教育，指教师用一定的思想观念、政治观点、道德规范等对学生施加有目的、有计划、有组织的影响，使他们形成符合社会所要求的思想品德的教育实践活动。主要考察学校思想政治理论课学时是否达标，满意度如何；课程思政覆盖本科职业教育专业情况，以及其教育教学效果如何。要求思想政治理论课学时达标且满意度不低于90%，课程思政覆盖本科职业教育专业90%以上的专业课程，教育教学效果好。本指标的数据来源为高等职业院校人才培养工作状态数据库及学校填报材料。

13. 实践教学

本指标指以增强学习者对所学理论知识的理解、提高学习者应用知识能力的教学活动。主要考察学校实践教学所需要的实训基地、课程、课时、顶岗实习时间等是否达到规定的要求。要求实践性教学课时/总课时≥50%，而且顶岗实习时间不少于6个月。本指标的数据来源为高等职业院校人才培养工作状态数据库。

14. 教学资源

本指标指为教学的有效开展提供的素材等各种可被利用的条件。主要考察学校开发和使用新形态教材，主持国家级职业教育专业教学资源库项目，建设国家级在线开放课程，立项国家职业教育规划教材，以及生均适用图书等方面情况。要求广泛开发和使用信息化教学资源，以及新型活页式、工作手册式教材等新形态教材；主持国家级职业教育专业教学资源库项目，或建有国家级在线开放课程，或立项国家职业教育规划教材10部以上；生均适用图书不低于80册。本指标的数据来源为高等职业院校人才培养工作状态数据库及学校填报材料。

15. 教学成果奖

本指标指为鼓励教育工作者从事教育教学研究，提高教学水平和教育质量，对反映教育教学规律，具有独创性、新颖性、实用性，培养效果明显的教育教学方案进行表彰的奖项。主要考察获国家级教学成果奖情况。要求学校在近两届国家级教学成果奖评选中作为第一完成单位获得过3项以上奖励。本指标的数据来源为高等职业院校人才培养工作状态数据库。

16. 学生竞赛

本指标指学生参加的有多个人参加、按照一定规则进行的比较知识、技术和技能水平高低的活动。主要考察学生在国家级及以上竞赛中获奖情况。要求近 5 年学生在国家级及以上竞赛中获得过 30 项以上奖励（仅包括世界技能大赛、全国职业院校技能大赛、中国"互联网＋"大学生创新创业大赛、"挑战杯"全国大学生课外学术科技作品竞赛和中国大学生创业计划竞赛），并有一等奖或金奖。本指标的数据来源为高等职业院校人才培养工作状态数据库。

17. 就业质量

本指标指学校学生就业工作的优劣程度。主要考察毕业生就业率和用人单位满意度。要求近 3 年毕业生的就业率均高于 95%，用人单位满意度均高于 80%。本指标的数据来源为高等职业院校人才培养工作状态数据库。

18. 国际合作

本指标指国际行为主体之间基于共同目的而在一定问题领域中彼此配合的行动和方式。主要考察境外学生、交流交换生规模或中外合作办学项目情况。要求近 3 年境外学生、交流交换生规模年均不低于 100 人，或有中外合作办学项目 1 个以上。本指标的数据为高等职业院校人才培养工作状态数据库。

19. 科学研究

本指标指为了认识客观事物的内在本质和运动规律而进行的调查研究、实验、试制等活动。主要考察获得国家级科研项目和省部级科研项目数量，以及科研经费到账情况。要求近 5 年累计获得省部级以上科研项目 20 项以上，其中国家级科研项目 5 项以上，年均科研到账经费达到 500 万元以上。本指标的数据来源为高等职业院校人才培养工作状态数据库。

20. 技术服务

本指标指拥有技术的一方为另一方解决某一特定技术问题所提供的各种服务。主要考察学校拥有省级及以上研发平台和获专利授权情况。要求至少有 1 个技术研发中心、协同创新中心、重点实验室、技能大师工作室等省级及以上研发平台，而且近 5 年专利授权总数不少于 100 项，其中发明专利不少于 10 项。本指标的数据来源为高等职业院校人才培养工作状态数据库。

21. 职业培训

本指标指对准备就业和已经就业的人员实施的以提高其综合职业素质为

目的的教育和训练活动。主要考察学校承担非学历培训的规模。要求近 5 年年均培训人日数不低于在校生人数的 1.5 倍。本指标的数据来源为高等职业院校人才培养工作状态数据库。

22. 办学经费

本指标指学校为完成工作任务和事业计划所需经常费用的统称。主要考察基本建设投资、教育事业费和生均拨款(投入)情况。要求基本建设投资与教育事业费有稳定、可靠的来源和切实的保证,生均拨款(投入)不低于国家要求的生均拨款水平。本指标的数据来源为高等教育事业基层统计报表及高等职业院校人才培养工作状态数据库。

23. 办学场所

本指标指用来开展办学活动的地方。主要考察生均占地面积、生均校舍建筑面积和生均教学科研行政用房面积。要求生均占地面积达到 60 平方米以上,生均校舍建筑面积达到 30 平方米以上,生均教学科研行政用房面积达到 15 平方米以上。扩招人数不计入生均基数;对于土地资源稀缺的城市,此指标可酌减。本指标资料来源于高等教育事业基层统计报表及高等职业院校人才培养工作状态数据库。

24. 仪器设备

本指标指学校办学中所需要用到的各种仪器和设备。主要考察生均教学科研仪器设备值。要求生均教学科研仪器设备值不低于 5 000 元。本指标资料来源于高等教育事业基层统计报表及高等职业院校人才培养工作状态数据库。

25. 实训条件

本指标指学校所具备的开展校内和校外实践教学活动的条件。主要考察实训基地、实训课程和校企合作进行实训等方面的情况。要求学校拥有满足教育教学需要的专业化实训基地,实训课程条件和校企合作实训条件均达到相应水平。本指标的数据来源为学校填报。

26. 数字校园

本指标指以计算机网络为核心技术,以信息和知识资源的共享为手段的网络化、数字化、智能化校园环境。主要考察数字校园基础设施情况。要求学校数字校园基础设施高于《职业院校数字校园建设规范》标准。本指标的数据来源为学校填报。

第二节　职业本科教育布局分析与优化

当前,开展本科层次职业教育试点是推动我国现代职业教育高质量发展的关键环节,是落实教育类型和同等地位的重要举措,是提升职业教育社会地位的必经之路。自我国首批15所职业本科学校开展试点以来,为现代职业教育的春天鸣响了第一声"春雷",打开了高等职业教育通向职业本科、职业硕士研究生、职业博士研究生的大门。在政策的强力推动、社会的高度关注、学校的不懈努力下,职业本科教育已逐步迈入稳步发展阶段,总体呈现出起步稳、发展快和前景广等态势。

一、本科层次职业教育试点现状分析

我国职业本科试点已开展近三年,三年来国家针对职业本科试点的政策文件相继出台,试点工作得到了政府、行业企业、社会及学校的大力支持;全国32所职业本科试点学校应运而生,60余个职业本科试点专业开始招收职业本科学生,近13万名学生走进了职业本科教学课堂,7 000余名教师开启了职业本科教育教学生涯。职业本科试点专业逐渐增加,形成了以专业大类、专业类和专业组成的三级专业结构体系。①具体情况如下。

（一）我国职业本科制度体系正在逐步形成

近年来国家相继出台了一系列支撑职业本科试点的政策制度。

一是《国家职业教育改革实施方案》从国家层面确定了职业本科和普通本科具有同等重要地位,是组成我国高等教育并行的"两条铁轨",缺一不可。②

二是《本科层次职业学校设置标准(试行)》明确了职业本科学校基本设置条件,量化了办学规模、专业设置、师资队伍、人才培养、科研与社会服务能力及基础设施等指标。③

三是《本科层次职业教育专业设置管理办法(试行)》细化了职业本科专业设置条件与要求、专业设置流程及专业设置指导和监督。④

---

① 罗校清,李锡辉.本科层次职业教育试点现状、困境及推进策略[J].教育与职业.2022(7)上:12—19.
② 国务院印发《国家职业教育改革实施方案》[J].教育发展研究,2019,39(03).
③④ 教育部办公厅关于印发《本科层次职业教育专业设置管理办法(试行)》的通知[J].中华人民共和国教育部,2021.

四是《职业教育专业目录(2021年)》完善了职业本科专业设置目录,将职业本科专业分为19个专业大类、90个专业类和247个专业。①

五是《关于推动现代职业教育高质量发展的意见》首次对职业本科招生规模进行量化,要求到2025年职业本科招生规模不低于高等职业教育招生规模的10%。②

六是《关于做好本科层次职业学校学士学位授权与授予工作的意见》确定了职业本科和普通本科同等质量,正式将职业本科纳入现有学士学位体系,在就业、考研及职称评审等方面一视同仁。以上制度体系为职业本科试点稳步发展提供了制度保障。③

(二)职业本科试点学校正在逐年增加

1. 从试点院校数量来分析

以教育部批准各校参与职业本科试点的时间节点进行统计,截至2022年3月31日,全国已有32所学校参与职业本科试点。其中,2019年15所,2020年9所,2021年8所。32所试点学校中由高职院校升格为职业本科的23所,由独立学院和高职院校合并转设的9所,分别占比71.88%和28.12%。高职院校直接升格模式明显多于独立学院和高职院校合并转设模式。32所试点学校中以"职业技术大学"命名的19所,以"职业大学"命名的13所,分别占比59.37%和40.63%。以"职业技术大学"命名略多于"职业大学"命名,两者目前只有学校名称字数多少和长短的区别,暂未有相关教育职能部门或职业教育研究机构分析其好坏和利弊。④

2. 从试点院校布局来分析

全国31个省份(港、澳、台除外)已开展职业本科试点的有20个,未开展职业本科试点的有11个,分别占比64.52%和35.48%。开展职业本科试点的省份中,有3所职业本科试点学校的3个,分别为河北省、江西省和山东省;有

---

① 教育部办公厅关于印发《本科层次职业教育专业设置管理办法(试行)》的通知[J].中华人民共和国教育部,2021.

② 中共中央办公厅、国务院办公厅印发《关于推动现代职业教育局质量发展的意见》[J].中华人民共和国公报,2021.

③ 国务院办公厅印发《关于做好本科层次职业学校学士学位授权与授予工作的意见》[J].中华人民共和国公报,2022.

④ 罗校清,李锡辉.本科层次职业教育试点现状、困境及推进策略[J].教育与职业.2022(7)上:12—19.

2所职业本科试点学校的6个,分别为广西壮族自治区、广东省、陕西省、山西省、浙江省和甘肃省;仅1所职业本科试点学校的10个,分别为河南省、海南省、四川省、江苏省、辽宁省、湖南省、贵州省、重庆市、上海市、新疆维吾尔自治区。暂未开展试点的11省份目前均在积极筹备和申报过程中。从全国整体情况来看,职业本科试点分布呈多点布局、全面推进趋势。[1]

3. 从试点院校办学性质来分析

全国32所职业本科试点学校中民办性质的有22所,公办性质的仅10所,分别占比68.75%和31.25%,民办职业本科试点学校明显多于公办。2019年批准的15所试点学校全部为民办性质,占比100%。2020年批准的9所试点学校中民办性质的7所,公办性质的2所,分别占77.78%和22.22%。2021年批准的8所职业本科学校全部为公办性质。可以看出,教育部在新审批试点学校过程中已由民办为主向公办为主转变。

(三)职业本科招生规模正在逐渐扩大

1. 从试点院校专业设置来分析

职业本科19个专业大类中已开展试点的专业大类有16个,仅水利大类、轻工纺织大类、公安与司法大类3个专业大类暂无学校开展试点。90个职业本科专业类中已开展试点的专业类有38个,占职业本科专业类总数的42.22%。其中,招生专业数量最多的是计算机类,有8个专业开展试点;其次是语言类,有5个专业开展试点;然后是机械设计制造类和艺术设计类,分别有4个专业开展试点。247个职业本科专业中已开展试点的专业有63个,占专业总数的25.51%。当前,出现部分专业扎堆试点现象,如大数据工程技术、机械设计制造及自动化管理专业已有15所试点学校招生,软件工程技术专业有14所试点学校招生,电子商务和建筑工程专业分别有12所试点学校招生。[2]由此可见,近三年各试点学校招生专业主要集中在部分专业类和专业上,还有部分专业无人问津,可见,试点专业和专业类有较大空间。

2. 从试点院校录取线来分析

32所试点学校参与2021年职业本科招生的有30所,从30所试点学校录

---

[1] 罗校清,李锡辉.本科层次职业教育试点现状、困境及推进策略[J].教育与职业.2022(7)上:12—19.

[2] 周金堂.职业教育改革背景下本科层次职业教育试点工作的观察与思考[J].职业教育研究,2022(5):61—67.

取分数线来看,基本在各省本科批录取控制线上下。①其中,录取分数线和本省录取控制线持平的学校15所,占比50%。超过本省录取控制线1分至10分的学校4所,超过11分至30分的学校7所,超过30分以上的学校4所,分别占比13.33%、23.33%和13.33%。录取分数线最高的是南京工业职业技术大学,物理类别超出本省录取控制线54分,历史类别超出本省录取控制线32分。2021年参与职业本科招生的专业63个,招收职业本科学生4.14万名。目前,全国职业本科在校生规模达12.93万人,可见社会、家长、学生正逐步接受职业本科教育。

3. 从试点院校收费来分析

学费标准以每年1万元为分界线,全国32所试点学校低于每年1万元的11所,高于1万元的21所,分别占比34.38%和65.62%。低于每年1万元的试点学校公办占10所,民办仅1所。②公办学校学费标准一般都在每年5 000元左右,最低的是贵阳康养职业大学现代家政管理和智慧健康养老管理专业,每年仅4 100元。民办试点学校唯一低于每年1万元的是新疆天山职业技术大学,每个专业为每年9 700元。学费标准高于每年1万元的21所试点学校全部为民办,其中学费标准在1万元至2万元的学校8所,2万元至3万元的学校10所,3万元以上的学校3所,学费最高的是江西软件职业技术大学区块链技术专业,学费标准为每年36 000元。由此可见,民办学校学费普遍高于公办学校,且相差较大,如民办学校最贵的区块链技术专业与公办学校最便宜的现代家政管理专业学费标准相差8.78倍。

二、职业本科教育试点面临的困境

职业本科试点虽已取得阶段性的成效,但在社会地位、发展定位、教学质量和办学条件等方面仍存在不同程度的问题和困境,制约了职业本科试点的推进速度,主要表现如下。③

(一)社会地位方面

1. 社会对职业本科的"知晓度"普遍偏低

一是社会对职业本科的认知存在偏差,传统上理解的本科一般是指重点

---

①②③ 罗校清,李锡辉.本科层次职业教育试点现状、困境及推进策略[J].教育与职业.2022(7)上:12—19.

本科、普通本科和独立学院本科,俗称一本、二本和三本,而职业本科实施时间不长、规模不足,人们习惯将其等同为二本或者三本,很少从教育类型和同等地位上进行区别。二是用人单位对职业本科的人才培养目标了解不多,由于第一批职业本科学生还未毕业,用人单位较难掌握学生真实的技术技能水平和就业适应能力,因此暂不会把职业本科毕业生作为人才招聘的主要对象。[①]三是社会对职业本科的认可度基本停留于专科层面,试点学校从专科完全转变为本科需要一定的过程,短时间内专、本学生混合管理模式依然存在,本科大学的氛围一时较难形成,社会对职业本科大学的评价还需逐步转变。

2. 考生"被动"报考职业本科的现象明显

"被动"报考职业本科学校的因素主要有两个,一个是"职业",一个是"民办"。职业教育长期以来被定位为"兜底教育",在考生和家长心中印象不佳。同时,考生和家长对职业本科了解较少,个别家长见到"职业"两字就误解为职业本科就是专科层次。[②]虽然职业本科已纳入各省本科批次招生,但考生和家长仍然不会"主动"选择,更不会以第一志愿填报职业本科学校,除非部分考生高考成绩在本省本科批控制线上下,为确保能被本科批次录取,才会"被动"选择职业本科学校作为保底志愿。另外,"民办"职业本科也是考生和家长"被动"选择的主要原因之一。一是民办职业本科学校学费普遍偏高,普通家庭难以承担其高额的学杂费。二是担心民办职业本科学校的师资、办学条件和学习氛围比不上公办普通本科。三是顾虑民办职业本科的毕业证书在就业方面没有优势。由于"职业"和"民办"的双重原因,开展职业本科试点以来各试点学校录取分数线普遍不高,个别民办试点学校还出现生源不足现象,需要通过本科批征集志愿来降分录取。

(二)发展定位方面

1. 职业本科教育发展路径不清晰

职业教育和普通教育作为两种不同类型教育具有同等重要地位,从国家法律和制度层面都已明确。但相比之下,普通高等教育早已建立起比较完善

[①] 李巨银,林敏,朱善元.本科层次职业教育的现实困境与行为路径[J].教育与职业,2021(10)上:5—11.

[②] 王亚南.本科层次职业教育发展的价值审视、学理逻辑及制度建构[J].中国职业技术教育,2020(22):59—66.

的教育发展路径,普通本科学生向硕士研究生和博士研究生晋升通道相对容易。而国家虽已经明确职业本科学士学位和普通本科学士学位同等质量,不影响就业和考研,但职业本科学生发展至普通高等教育的硕士研究生,在人才培养模式、专业知识结构、技术技能提升上是否符合职业本科学生发展规律,这些不确定性问题都值得进一步深入研究和探索。①

2. 职业本科试点学校整体规模较小

当前我国高等职业学校1 518所,其中高职专科学校1 486所,职业本科试点学校32所,仅占高等职业学校的2.1%。大部分省份仅一所学校参与,还有部分省份未参与职业本科试点。参与职业本科试点学校少、范围窄的原因,一是申报学校办学条件不能满足职业本科学校设置标准;二是国家教育行政部门审批严格、程序复杂;三是按照稳步发展职业本科的指导思想,试点要求逐步提高。正因为职业本科试点学校偏少、职业本科学生规模不大等,导致试点氛围较难形成,试点效果较难体现,试点经验较难提炼,试点影响较难扩散。

(三)教学质量方面

1. 试点学校师生思想观念转变滞后

职业本科试点对于教育行政部门、试点学校、教师和学生都是一个全新事物,可参考借鉴的国内经验基本为零,需要试点学校在试点过程中不断总结和提炼。但在本轮试点过程中各试点学校思想观念转变相对滞后,影响职业本科试点推进速度。一是试点学校由高职专科升格为职业本科,不是简单地由"学院"更名为"大学",而应在办学理念、治理体系、教学质量、科学研究、社会服务、文化传承、员工素质、工作作风等方面实现全方位的升格,但试点学校在如何实现全方位升格方面缺少可行性举措。二是职业本科高层次技术技能人才培养目标不清晰,高起点、高标准、高质量应该高在何处,缺少具体量化考核指标。三是职业本科试点学校对试点任务认识不清楚,没有制定明确的试点改革路线图和时间表,基本按照国家和各省份要求按部就班开展试点工作,较难形成各校试点特色和亮点。

2. 职业本科试点专业整体布局欠规划

一是职业本科专业定位不清晰。部分试点学校专业设置没有主线,未按照专业大类、专业类和专业三级目录合理布局学校专业结构,个别试点学校一

---

① 廖龙.本科层次职业教育改革:现状、路径与方向[J].中国职业技术教育,2020(25):24—29.

个专业就是一个专业大类。二是专业设置调研不充分。未结合区域经济社会高质量发展需求设置专业,个别试点学校出现根据招生情况来设置专业的问题。三是职业本科专业教学条件不达标。教师专兼结构不合理,专任教师企业实践经历不够,校内外实习实训基地和专业技能教学设施设备的数量、功能不能完全满足职业本科专业教学需求。

3. 职业本科人才培养过程管理不规范

一是职业本科人才培养方案执行过程监管机制不够健全,尚未建立职业本科专业动态调整机制,方案修订缺乏科学依据。二是"三教"改革不够深入,教学手段单一,教学资源适应和响应产业发展、技术升级、业态更新的速度不够快,数字式、活页式、工作手册式的新形态教材开发不够丰富。三是教学管理不到位,教学日常检查、定期检查、专项检查等不够规范,教学评价主体单一,试点学校职业本科相关制度建设与文化建设不到位,课程标准与考核标准不齐全,过程质量监控不到位等。

三、职业本科教育的优化策略

针对职业本科试点过程中存在的主要问题,应该从增强公信力、凸显吸引力、筑牢硬实力、强化软实力、提升影响力五个方面下功夫,进一步推进试点工作的顺利开展,[①]具体优化策略如下。

(一)政府主导,增强公信力

1. 完善职业本科制度体系建设

近三年,国家针对职业本科试点制定了一系列政策文件,为职业本科稳步发展奠定了坚实基础,但随着试点的不断推进、试点规模的不断扩大,需要进一步完善相关法律和制度体系建设。一是以贯彻落实新修订的职业教育法为契机,从国家立法层面确保职业教育和普通教育的同等地位,逐步转变社会对职业教育的偏见,保证职业本科的合法地位。二要全面实施"职教高考"制度。"职教高考"是落实职业教育和普通教育同等重要的一项重大举措,是打破40多年来一直以知识考试模式为主的突破口,也是扩大职业本科招生范围和保障职业本科学生技术技能水平的主要渠道。"职教高考"实施后考生既可选择

---

① 罗校清,李锡辉.本科层次职业教育试点现状、困境及推进策略[J].教育与职业.2022(7)上:12—19.

以知识考试为主的普通高考,也可选择"文化素质＋职业技能"的职教高考。三要进一步建立健全职业本科招生、就业和创业等方面的政策保障制度,从政策制度层面把好职业本科学生入口和出口质量关。四是推动职业本科课程教学标准、教学质量标准、"双师型"教师标准、学生实习实训标准、学位授予标准等标准体系建设,逐步实现职业本科教育教学规范化、标准化。

2. 推进高等职业教育框架体系建设

当前我国高等职业教育主要分为职业本科和高职专科两种层次,随着国家产业转型升级加速和经济结构调整加快,社会对高层次技术技能型人才的迫切需求,高职院校对办学层次提升的迫切需要,必将推动高等职业教育发展至更高层次更高水平,这样才能满足社会所需、学校所盼、学生所求。①按照普通高等教育和职业高等教育"两条铁轨"并行发展的思路,当务之急是要办好职业本科试点,防止职业本科办成高职专科的延伸版、普通本科的复制版,然后在职业本科成熟的基础上开展职业硕士研究生试点,再逐步发展至职业博士研究生培养,从而构建一个完整的高等职业教育框架体系,实现普通高等教育和职业高等教育在"两条铁轨"上同步向前。

(二)推进职教高质量发展,凸显吸引力

1. 坚持职业本科特色发展

一是按照职业本科高起点、高标准和高质量原则,充分发挥职业本科技术技能水平高于普通本科、理论水平高于高职专科的优势。二是在办学方向上坚持职业教育类型不变,在培养定位上坚持技术技能人才培养模式不变,在产教融合、校企合作上坚持办学特色发展不变,始终保持职业教育的底色和特色。三是打造职业本科教育品牌,主要是在试点学校办学特色上创品牌,在高层次技术技能人才培养上酿品牌,在校企合作协同育人上出品牌。四是推动高等职业教育走出去,开展高等职业教育中外合作交流、合作办学,打造一批具有国际化水平的职业本科大学。

2. 创新校企合作办学机制

一是创新职业本科校企合作模式。职业本科试点学校要在政策推动和行业指导下积极与企业开展深度合作,校企共建产业学院、技术技能创新平台、

---

① 王亚南.本科层次职业教育发展的价值审视、学理逻辑及制度建构[J].中国职业技术教育,2020(22):59—66.

专业化技术转移机构、学生实习实训基地和教师培养培训基地等,不断延伸自身办学空间。二是拓展职业本科校企合作内容。试点学校和企业可按照"九个共同"拓展校企合作内容,即职业本科人才培养方案校企共同制定、教师队伍校企共同委派、教材资源校企共同开发、教学方法校企共同设计、实训条件校企共同建设、培养质量校企共同监管、技能竞赛校企共同组织、师资培训校企共同承担、就业创业校企共同分享,不断丰富校企合作形式和内容。三是优化校企合作政策环境。进一步理顺产教融合型企业的申报流程和申报标准,多部门协同落实产教融合型企业"金融＋财政＋土地＋信用"的激励政策,激发企业参与校企合作的内生动力,推动学校和企业形成校企命运共同体。

3. 优化技术技能人才发展环境

一是加强大国工匠、能工巧匠的宣传力度。挖掘和宣传一批行业企业一线专业技术技能人才的典型事迹,形成尊重劳动、崇尚技能、厚植创造的社会氛围。二是将符合条件的高层次技术技能人才纳入各地高层次人才计划。鼓励在高层次人才培育、引进和遴选等方面优先考虑技术技能人才,改变传统的重学历轻技能的用人导向。三是打通高层次技术技能人才晋升空间。从立法层面保证普通本科和职业本科学生在求职招聘、购房落户、职称评审、职务晋升等方面享受同等待遇,对在工作中有突出贡献的技术技能人才,按照国家有关规定给予表彰奖励。四是提高技术人才的薪酬待遇。按照工作技术技能含量高低决定薪酬待遇的原则,鼓励技术技能人才钻研技能、创新技能、探索技能,不断提升技术技能人才的社会地位。

(三)加大投入,筑牢硬实力

1. 坚持教育公益属性,实施公办民办同享国家财政性教育经费

当前全国32所职业本科试点学校中,仅10所公办学校享受国家财政性教育经费办学,22所民办学校虽都被定性为非营利性民办学校,但均未享受到国家财政性教育经费。一要从国家制度层面,统筹全国性财政教育经费开支,不断缩小各地财政性教育经费差异,逐步提高职业本科试点学校财政性教育经费,并试点开展非营利性民办职业本科学校"民转公"工作。二要从地方政府层面,统筹公办和民办学校学生同享国家财政拨款经费,逐步解决民办学校基础设施建设经费不足问题。地方财政部门积极落实非营利性民办高校财务专用账户监管制度,确保民办学校营利性收入用于学校事业发展建设,保证日

常教学正常运行,保障教师队伍稳定可靠。三要从地方教育部门层面,加强专项试点项目、专项建设项目、科学研究项目等相关教育专项的立项倾斜,通过项目立项拨款、以奖代补等政策拓宽试点学校经费来源渠道。

2. 加大基础设施建设,确保试点学校办学条件符合设置标准

一是土地面积方面,保证生均占地面积不低于60平方米,且校园占地面积不低于800亩。二是建筑面积方面,在确保生均校舍建筑面积不低于30平方米的情况下,优先建设教学科研行政用房。三是教学科研仪器设备方面,加大场景化实训教室、生产性实训工厂、虚拟仿真实验教室和理实一体化教室等教学仪器设备的购置。四是图书资源方面,在确保生均图书不低于80册的基础上,优先职业本科核心专业类相关专业书籍和电子图书采购。五是学生实习实训场所方面,加大校企共建共享共用生产性实训基地、产教融合实践平台。

(四)加强内涵建设,强化软实力

1. 以核心专业类建设为龙头,培育试点学校持续发展力

一是合理规划学校专业大类和专业类布局。坚持稳步发展职业本科教育原则,在科学分析产业、职业、岗位和专业的关系基础上,结合试点学校所在区域产业优势和自身专业特色,科学设置学校专业大类和专业类,形成学校专业大类和专业类发展主线。①二是逐步在专业大类和专业类范围内增加专业。确保专业大类和专业类不变的情况下,围绕学校专业类主线合理确定专业发展方向和数量,按照高起点、高标准、高质量要求,坚持职业教育类型不变、技术技能人才培养模式不变、办学特色发展不变,遵循"成熟一个发展一个"的原则,逐年逐步设置新增专业。

2. 以高水平专业建设为重点,打造试点学校核心竞争力

一是扎实开展职业本科专业人才培养调研。调研对象要围绕该专业面向的主流行业、企业和就业市场,调研数据要全面真实可靠,调研分析结论要与人才培养方案的职业面向、培养目标与规格、课程设置、课程标准、技能考核标准等紧密关联,相互衔接。二是突出"职业"和"本科"两个关键词制定职业本科专业人才培养方案。要切实把人才层次的高等性、知识结构的职业性、人才类型的技能性、就业岗位的适应性贯穿人才培养的全过程。②三是科学设置专

---

① 崔志钰,陈鹏,倪娟.高职院校专业群建设:意义辨析·问题剖析·策略探析[J].高等工程教育研究,2020(6):136—140,181.

② 王亚南.本科层次职业教育发展的价值审视、学理逻辑及制度建构[J].中国职业技术教育,2020(22):59—66.

业课程体系。课程体系设计围绕高层次技术技能型人才培养的思路定位,课程标准对接行业企业新标准、新技术、新工艺,课程内容根据职业本科学生认知规律和职业能力成长规律进行序化或重构。四是围绕高层次技术技能教学需要开展职业本科特色教材建设。要以行业企业真实生产项目、典型工作任务和大型工程项目案例为载体,按照职业本科课程标准与行业职业标准对接、职业本科教学内容与企业工作任务对接的原则,编写适合职业本科教学的工作手册式教材、活页式教材和融合现代信息技术的新形态教材。五是按照场景模式建设职业本科专业实训基地。可采用小组讨论式、项目开发式、圆桌研讨式等场景模式建设实训教室,便于师生开展小组教学、项目教学和案例教学。六是彰显产教融合、校企合作特色。结合行业、企业发展新需求和职业变迁,对接岗位能力发展趋势和动态,及时调整相关内容,在专业建设、课程体系、教学模式、评价方式、质量管理等方面体现学校及专业自身特色。

3. 以高质量教师队伍建设为关键,提升试点学校师生凝聚力

一是制订试点学校中长期高层次人才引进计划。高职称高学历方面引进职业本科专业领域内教授和博士研究生,技术技能方面引进该行业内知名技能大师、工匠大师和领军人才,协同推动行业企业关键技术难题攻关,共同承担职业本科专业核心课程教育教学。二是扩大行业企业一线兼职教师比率。加强校企人才交流深度合作,建立校企人才互培互聘互用机制,校企共同为企业一线兼职教师创造有利条件和舒适环境,解决企业一线兼职教师不愿来、不想来的问题。三是加强"双师型"教师实践教学能力培养。完善专任教师赴企业生产一线实践锻炼机制,保证专任教师每年赴企业生产一线实践经历时长,保持专任教师技术技能水平与技术技能革新同步。四是打造高水平高级别专业教师团队。以试点学校核心专业为基础,以技能大师、领军人才为引领,以国家、省级教学名师为中心,组建一批专业核心课程教学团队、技术技能研发团队和技术难题攻关团队等。

4. 以职教高地文化建设为亮点,塑造试点学校发展传承力

一是践行职业本科"大学"使命。试点学校应勇当建设现代化经济体系和实现更高质量发展的排头兵,努力成为职业教育步入现代化的领头羊,不断提升职业本科教育的高度和水平。二是彰显职业教育特色。紧密对接国家科技发展趋势和国家重大战略需求,把职业教育摆在教育改革创新发展中最重要

的位置，不断完善职业教育体系，促进就业和适应产业发展需求，推进校企协同育人、合作育人，形成区域产业和教育共生共荣的发展格局。三是把握职教高地发展机遇。抢抓新一轮科技革命和产业变革给高等职业教育规模发展带来的机遇，主动服务产业基础高级化、产业链现代化，努力培养企业急需的高层次技术技能人才，积极满足社会对学历层次重心上移的需求。四是坚持试点学校内涵发展、特色发展。试点学校不仅要结合区域经济社会高质量发展优势，也要结合区域产业转型升级和结构调整特点，更要结合学校自身发展亮点，不断强化学校内涵发展和特色发展，形成学校独具特色的职教文化，为学校高质量发展奠定坚实基础。[①]

（五）科学精准评价，提升影响力

1. 构建多方参与的评价模式，满足多元利益主体诉求

政府评价层面，总体按照管、办、评分离模式开展评价。政府作为职业本科试点学校的管理者，不仅要结合试点实际情况合理制定评估细则和管理办法，做到评估有法可依、有章可循，还要考虑各地试点发展方向和规律，推动试点学校错位发展和特色发展。学校评价层面，应通过"以评促建、以评促改、评建结合"主动承担教学质量合格评估主体责任，根据评估细则实施教师教学质量评价、学生学习质量评价、技术技能培养质量评价和就业创业质量评价等。社会评价层面，作为实施职业本科教学质量评估的关键环节，一要建立行业企业参与职业本科教学质量评价机制，二要建立用人单位人才质量交流互动机制，三要建立家长和学生教学质量意见反馈机制，切实保障社会公众参与职业本科教学质量评价的知情权、参与权和评价权。

2. 合理应用质量评价结果，推动职业本科高质量发展

试点学校应以《本科层次职业学校教学工作合格评估指标和基本要求》为契机，明确职业本科教学方向，加强教学规范管理，完善质量保障体系。一是通过评价确保学校职业教育特色更加鲜明，办学定位更加精准，发展目标更加清晰。二是确保学校专业设置更加精准对接国家和区域主导产业、支柱产业和战略新兴产业，并及时根据产业转型升级动态调整学校专业建设。三是确保学校人才培养定位更能适应区域高端产业和产业高端需求，高层次技术技

[①] 罗校清，李锡辉.本科层次职业教育试点现状、困境及推进策略[J].教育与职业.2022(7)上：12—19.

能人才培养质量更具创新精神和实践能力。四是确保学校课程教学资源更丰富,教学方法与学习评价更加多样,实验实训场景更接近企业生产一线。五是确保学校教师队伍年龄、学历、专业技术职务、专兼职比例等结构更加合理,教师教学创新团队更具高水平,教师教学水平更具专业化。六是确保学校教学经费投入更有保障,校舍、运动场所、活动场所、实践教学场所及设备更加完善,图书资料种类更加齐全。七是确保学校教学管理制度更加规范、完备,主要教学环节质量监控更加严格,学生就业质量更高、适应性更强,社会对高层次技术技能人才更加认可。

第三节 职教本科专业设置标准与生成逻辑

专业是高等职业教育与社会对人才需求的桥梁和纽带,为更好地服务国家战略,适应我国经济社会发展和转型升级对高层次技术技能人才的需要,迫切需要开设职业本科专业。《职业本科专业设置标准》有 7 个一级指标,24 个观测点,现就职业本科专业设置标准及生成逻辑说明如下。①

一、职教本科专业设置标准解析

(一)职教本科专业设置指标体系

详见表 4-2《职业本科专业设置指标体系》。

表 4-2 职业本科专业设置标准

一级指标	二级指标	指标要求	指标属性
一、专业定位	1. 专业定位	围绕服务国家或区域经济社会发展重点产业领域,准确对应职业岗位(群),培养契合新技术革命和产业转型升级对高素质高层次技术技能人才的需求	定性
	2. 专业规模	年均招生 50 人以上	定量
二、师资队伍	3. 生师比	学生与专任教师比不高于 18∶1	定量

---

① 教育部办公厅关于印发《本科层次职业教育专业设置管理办法(试行)》的通知[J].中华人民共和国教育部.2021.

续　表

一级指标	二级指标	指标要求	指标属性
二、师资队伍	4. 双师素质	有三年以上企业工作经历或近五年累计不低于 6 个月社会实践工作经历的专业课教师，占全体专业课教师总数不低于 50%	定量
	5. 学历职称要求	专任教师中硕士以上学位的比例占 80% 以上，高级职称的比例占 30% 以上	定量
	6. 兼职教师	专兼职教师比达 1∶1	定量
	7. 教学和科技团队	有省级以上教师教学或科技创新团队	定量
	8. 教学名师和高层次人才	有省级以上教学名师或高层次人才培养对象	定量
	9. 教师获奖	专任教师获得国家级教学成果奖 1 项以上，或专任教师近三年获得省级以上教学能力大赛奖励 2 项以上	定量
三、课程与教材	10. 课程建设	专业专任教师主持 1 门国家级或 2 门省级以上精品在线开放课程，或主持职业教育专业教学资源库和子项目	定量
	11. 教材建设	专业专任教师有主编国家规划教材或省级精品教材、重点教材 2 部以上	定量
四、实践教学	12. 实训基地规模	实训基地条件优于高等职业学校专业实训教学条件建设标准，生均实训场所面积不少于 10 平方米，生均教学科研仪器设备值 1 万元以上	定量
	13. 实训基地	建有与本专业紧密相关省级以上虚拟仿真实训室或生产性实训基地	定量
	14. 实践课比例	实践性教学课时占总课时的比例不低于 50%	定量
五、校企合作	15. 产业学院	与行业领先企业合作共建产业学院或建立职教集团 1 个以上	定量
	16. 校内实训基地	与行业领先企业合作共建实训基地 1 个以上	定量
	17. 校外实训基地	与企业合作建立校外实训基地 20 个以上	定量
六、技术研发与社会服务	18. 科技平台	建有与本专业紧密相关的省级以上工程技术中心或重点实验室或技能大师工作室	定量
	19. 科技项目	近五年，主持纵向课题 5 项以上或横向课题经费到账 100 万元以上（文科 20 万元以上）	定量

续　表

一级指标	二级指标	指标要求	指标属性
六、技术研发与社会服务	20. 科研成果	近五年获得省级以上科技或推广成果奖、哲学社会科学优秀成果奖 1 项以上，或近五年获得国家授权发明专利 10 项以上	定量
	21. 教育培训与技术服务	年均开展培训 500 人次以上或年均向企业、社会等推广新技术 10 项以上	定量
	22. 对口帮扶	对口支援相关院校专业 2 个以上	定量
七、人才培养质量	23. 学生获奖	近五年本专业有学生获得全国职业院校技能大赛、"互联网＋"创新创业大赛、"挑战杯"大赛国家级奖项	定量
	24. 就业质量	近 3 年本专业毕业生就业率 95% 以上，用人单位满意度 85% 以上	定量

（二）职教本科专业设置指标内涵解析

专业定位，指根据国家或区域经济社会发展重点产业，找准产业职业岗位（群），合理确定专业办学目标，使专业更好地为新技术革命和产业转型升级服务。

专业规模，指年均招生人数。

生师比，指该专业在校生总数与该专任教师总数的比值。

双师素质，指具备讲师以上职称并具备其他技术系列职称或职业技能等级证书或近五年在企业（社会）一线实践累计达 1 年以上的教师。

学历职称要求，指专任教师中高级职称教师比例。

兼职教师，指专业从企业（社会）一线聘请从事理论和实践教学的教师。

教学和科技团队，指获得省级以上教育行政部门或行业主管部门认定的教学和科技团队。

教学名师和高层次人才，仅指获得国家教学名师、万人计划教学名师、国务院特殊津贴享受者、全国模范教师等称号，或各省教育厅、科技厅等教育或行业主管部门确定的教学名师和高层次人才对象。

教师获奖，指专任教师作为主要完成人获得仅包括教育部组织评选的教育教学成果奖。专任教师教学能力大赛获奖指该专业专任教师在教育部、教育厅主办的职业院校教师教学能力比赛中获奖。

课程建设包括两个方面，一是省级以上在线开放课程，指教育部认定的国家精品课程、国家精品资源共享课程、国家精品在线开放课程等国家级课程或省教育厅认定的省精品课程、省精品在线开放课程等省级课程。二是职业教育专业教学资源库,指本专业主持或参与职业教育专业教学资源库及子项目建设。

教材建设,指本专业老师公开出版获得教育部认定(审定)的国家规划教材或获得省教育厅认定(审定)的精品教材或重点教材。

实训基地规模,指该专业校内实训场所总面积/专业在校生人数和生均教学科研仪器设备值1万元以上。

实训基地,指包括中央财政支持的职业教育实训基地建设项目;教育部认定的生产性实训基地、虚拟仿真实训中心,各省财政支持的实训基地建设项目。

实践课比例,指实践教学课时占所有课程总课时的比例。

产业学院,指由学校和企业根据各自优势合作共建的股份制产业学院。

校内实训基地,由校企共建校内实训室等实训基地。

校外实训基地,与校外合作企业签订合作协议共建校外实训基地,企业为学生提供实训岗位。

科技平台,指省级工程实验室(工程中心)、省工程(技术)研究中心、省技术转移中心、省级大学科技园、省高校协同创新中心(高职院校工程技术中心)等省级以上科技平台。技能大师工作室指为高技能人才开展技术研修、技术攻关、技术技能创新和带徒传技等创造条件建立的省级以上技能大师工作室。

科技项目,纵向课题指由各级政府及其职能部门、各基金委下达的项目,纵向科研项目包括三类:国家级项目、省部级项目和地厅级项目。横向课题是指由社会需求单位,如企业、事业、政府机构等委托的科学研究、技术咨询、技术开发、技术服务等项目。

科研成果,指科学技术奖、哲学社会科学优秀成果奖、高校哲学社会科学优秀成果奖、教育科学研究成果奖(高校科学技术研究成果奖)等奖项。授权发明专利指获得通过中国国家知识产权局授权的发明专利。

教育培训与技术服务,教育培训指承担的各类非学历培训的总人次;技术服务指通过试验、示范、培训、指导以及咨询服务等,向企业推广新技术、新工艺、新规范等。

对口帮扶,对口帮扶指学校与对口支援院校签订帮扶协议,并对其帮扶建设;精准扶贫指专业发挥自身优势,积极参与精准扶贫工作。

学生获奖,仅包括世界技能大赛、全国职业院校技能大赛、中国"互联网+"大学生创新创业大赛、"挑战杯"大赛。

就业质量,指毕业生年底就业率。

二、职教本科专业设置标准生成逻辑

（一）原有专科层次特色优势专业个体的自我进化

特色优势专业一般都是专科层次院校中的优势王牌专业,这类专业也得到社会的广泛认可。职业本科院校的本科专业生成与建立大多是依托特色优势专科专业个体进化升级形成的。其特点和优势在于职教本科专业群可依据其原有的"热度"和"关联度"来进一步形成不同的专业群类型。另外,还可以根据原有专科专业群所服务领域进行深层次的进化与升级,同时,继承其技术技能应用型的自身优势。

相较而言,职业本科教育与普通本科教育更具有应用类知识的全过程优势,也同样使专科层次特色优势专业在未来的自我进化中能够一枝独秀。

（二）原有专科层次专业之间的演化

职业本科院校的专业布局及专业类型的设置是基于我国原有专科院校及专业层次为基础发展演化形成。原有专科层次专业中具有"热度""关联度"的差异性,导致转型升级后的职教本科专业发展参差不齐。高热度与高关注度专业将会在专业之间的竞争优势更为明显,而低热度与低关注度专业有可能会在竞争中被淘汰。近年来,专业群建设愈来愈成为专业之间发展的趋势,相信未来职教本科专业的发展过程中,在竞争中寻求专业间的相互合作是大势所趋,只有把握好竞争与合作关系的专业,才会在职业本科教育专业系统演化中赢得先机和优势。

（三）未来职教本科专业趋向于动态调整

遵从职业教育发展的一般规律,职业本科院校各专业会依据社会性需求而形成差异,同样会出现热门专业和冷门专业。不同专业之间也会因社会和市场需求,形成专业的新布局状态。职教本科专业生态系统的演化会因时、因势、因地发生相应变化。专业的内部环境与外部环境也都会影响未来职业本科院校的专业布局。面对第四次工业革命的到来,职业本科院校及专业的发展趋向于动态的变化与调整,而且,这一趋势将会伴随着职业教育发展的全过程。

第四节 职业本科专业设置分析及优化

职业本科专业设置是新时代我国职业本科院校提高本科层次职业院校教育质量、培养高层次技术技能人才的重要条件之一。2021年1月,教育部印发《本科层次职业教育专业设置管理办法(试行)》,对本科层次职业教育专业设置的条件要求、设置程序以及指导与监督等做出规定,把本科职业教育专业设置工作向前推进了一大步。鉴于我国本科层次职业院校专业设置尚处于初步探索阶段,探寻本科层次职业院校专业设置内涵式发展路径极为必要。

一、职业本科院校专业设置的意义

职业本科院校的专业设置承载着经济社会与职业教育接口的重要使命,新时代对本科职业教育高质量发展的迫切要求凸显出本科层次职业院校专业设置的重大意义。

(一)本科层次职业教育人才培养的基础

立德树人是高等学校的根本任务。高等职业院校的人才培养目标在遵循这一基本原则的基础上应该具有其独特的专业培养目标的特性。从人才培养的定位来看,本科层次职业教育要培养面向经济社会发展需求的一线的应用型、技能型技术技能人才,专业就成为这类人才发挥重要作用的根本载体。科学合理的专业设置是满足各个专业落实人才培养目标和培养规格的先决条件。同时,职业本科院校的专业设置要紧跟行业发展和经济社会发展需求,科学布局,合理配置专业及专业群,从而不断增强职业本科教育人才培养的质量和效能。[①]

(二)本科层次职业院校高质量发展的前提

随着国家对技能型人才的需求,高等职业院校也进入了发展快车道。在快速发展过程中出现了一系列新问题、新挑战,高职院校发展中出现了专业建设"大跃进"现象,从顶层设计来看,高职院校及专业的宏观战略布局与新时代职业教育发展之间缺乏先导性和引领性。高职院校在专业设置中存在一定的

---

① 朱强,高月勤.高职院校专业设置与办学定位关系辨析与重塑[J].职业技术教育,2019,40(22):23—27.

盲目性,片面追求专业的"大而全"和所谓的热门专业,这种现象导致了职业院校发展受到多重条件制约。令人欣喜的是国家出台政策,提出走质量为核心的发展之路。通过以专业设置为抓手,引导院校由以前的规模扩张转向内涵式发展,抓好专业设置这一前提,促进本科职业院校健康、可持续发展。应该说,专业设置是有效对接区域行业企业等需求侧对人才的新时代需求,能够为高层次技术技能人才培养提供基础和平台,进而促进职业院校整体的高质量发展。

(三)对接行业企业需求、服务经济发展的关键

职业教育具有先天的经济服务功能。高等职业教育的专业设置是对经济社会劳动力结构和产业结构的微观反映,体现了教育与经济的良性互动关系。本科层次职业院校作为现代职业教育体系的一个重要层次,秉承着职业教育的类型特色,在未来的国家创新驱动战略指引下,发挥着高层次应用技术人才的有效供给功能。而专业设置则是本科层次职业院校发挥功能作用的关键,与时俱进、科学合理的专业设置,对于未来本科层次职业教育发展及服务经济社会至关重要。

二、当前职业本科院校专业设置存在的问题

从我国当前本科层次职业教育专业设置的具体情况来看,当前 32 所本科层次职业院校中 22 所为民办院校。民办高职院校具备产学研结合优势、学生就业优势和体制机制灵活优势。这些因素也在一定程度上决定了其能够成为本科层次职业院校的先行者。但同样试点院校也存在本科层次办学经验不足等问题。

概括起来存在以下几种问题:一是专业定位模糊,专业内涵不一致。各个院校对自身办学定位、专业定位不清晰,随意解读专业内涵,这与职业教育面向一线的技术技能人才的培养目标产生偏差。二是专业设置片面追求数量扩张,忽视专业质量提升。在办学资源和经验有限前提下,盲目扩大专业规模而挤占原有专业的资源配置空间,导致教育资源分散、优势专业不优、弱势专业更弱和人才培养质量下降等现象。三是专业设置趋同化现象严重,缺乏统筹规划。专业设置同质化现象严重,专业之间冷热差异明显,是高职院校专业设置长期且普遍存在的问题。四是院校专业聚集度低,专业群建设不完善。对于职业院校而言,应用型人才培养离不开实习实训基地和其他基础设施的建

设、"双师型"教师队伍的建设等。专业聚集度较低,势必造成办学成本增加,特色发展不鲜明,弱化办学成效,等等。五是新兴专业发展缓慢,专业设置滞后。"十四五"时期,国家提出了发展战略性新兴产业的部署,要求加快发展新一代信息技术、生物技术、新能源以及航空航天、海洋装备等九大产业。面向新时代国家需求,职业院校专业设置存在着滞后性,新兴专业发展缓慢,因此,提高高职院校人才培养的前瞻性和创新性是当务之急。

三、职业本科专业设置优化路径

基于专业设置在本科层次职业教育中的重要地位,特别是针对当前本科层次职业院校专业设置中存在的问题,如何找准自身专业定位、如何科学合理设置专业、如何构建职业本科院校特色品牌专业等优化路径是关键环节。①

(一)科学规划专业,促进专业设置由量的扩张转为质的提升

本科层次职业院校在专业设置时首先要遵循专业设置程序,科学规划与评估,严格遵从市场需求的导向,走规模与质量协调发展之路。专业设置过程中要坚持"规模是基础,质量是核心"的指导思想,同时,要与社会企业紧密对接,建立学校与企业合作,积极引进"双师型"教师,优化教学科研团队,促进专业内涵式发展。

(二)依据本科职业专业目录,规范使用专业称谓

根据《国家职业教育改革实施方案》《中国教育现代化2035》等文件精神,科学精准使用专业目录。职业教育与普通教育是两种不同类型的教育,职业教育不是普通教育的附属品。专业目录不仅反映职业教育类型特征,也是职业院校专业设置和人才培养的依据。因此,本科职业专业目录要表达职业院校特点的专业的内涵和本质。本科层次职业教育理应承担起培养高层次应用型人才的这份职责,找准专业定位,把握专业内涵,突破专科层次专业设置过细过窄的弊端。根据国家"专业目录五年一大修,每年动态更新"的原则,更新规范调整职业教育专业目录。

(三)依托本科职业学校实际,打造特色专业群

本科职业院校特色专业群建设是其特点和特色。综观我国目前本科层次

---

① 王佳昕,郤海霞.基于逻辑起点探寻本科职业教育的基本内涵与实践路径——从科学、技术与生产发展的关系视角[J].中国职业技术教育.2022(3):12—17,34.

职业院校专业群建设,存在着专业集聚度偏低、优势专业合力有待加强等问题。如何做强特色专业群?一方面,本科层次职业院校要深化产教融合、校企合作,整合资源、调整专业数量,实现特色化、品牌化和效益化;另一方面,本科层次职业院校要集中优势专业,聚焦优势专业,以点带面,提高专业群整体水平。另外,专业群建设要举全校资源之力,实现专业群的"群效应"发挥,进而提升学校核心竞争力。

(四)关注产业趋势,搭建人才需求预测平台

用世界眼光来看中国的职业教育发展,应该说,我国本科职业院校及专业设置都较为滞后。当然,这与我国本科层次院校建立较晚有一定关系。新时代下,新职业、新技术的蓬勃发展对本科层次职业院校的专业设置提出了巨大挑战。其中,人才培养与产业发展相适应,高职院校要具备前瞻性和创新性,遵循适当超前的原则,使其专业设置逐步从被动适应转为主动引领就是当下职业人的责任与使命。对此,本科职业院校应关注产业发展趋势,主动与社会、行业、企业对接,根据社会市场需求来超前设置新专业;学校、政府要建立信息化共享平台,特别是地方政府要把握好地区经济特色,建立人才需求分析和预测平台,实现资源共建共享,为本科职业院校专业设置提供必要的决策信息。

第五章　职业本科人才培养模式

我国经济高质量发展亟须高端技术技能人才，职业本科教育此时应运而生，为我国产业转型升级发展、创新发展培养高层次技术技能人才。而人才培养活动的有效实施依赖于构建完善的人才培养体系，人才培养质量与效率依赖于设计合理的人才培养模式。职业本科人才培养具有高等教育与职业教育的双重属性，其人才培养模式除了遵循人才培养模式的范式，同时应具有其自身独特的内涵特征。

第一节　职业本科人才培养体系建构

当前高职院校在积极探索职业本科，对职业本科人才培养体系尚未形成统一的标准认识，仍处于各自摸索阶段。厘清职业本科人才培养体系的特征、建构理念与思路框架，有助于高职院校构建合适的高水平的职业本科人才培养体系。

一、职业本科人才培养体系特征

（一）注重高层次定位

职业本科人才培养定位是职业本科办学的基点，是人才培养的根本方位。职业本科人才培养定位一定是与经济社会发展紧密相关的。当前中国制造正向中国"智造"转变，迈向中高端，数字中国以及国家创新驱动等战略的实施，对技术技能人才需求层次上移。高职培养的高技术技能人才已满足不了产业现代化、高级化的人才诉求。2021年初教育部印发《本科层次职业教育专业设置管理办法（试行）》，明确了职业本科高校建设围绕"高层次技术技能人才"这一培养目标。因此，职业本科人才培养体系必然要注重高层次定位，彰显职业教育的本科层次。王学东、马晓琨等学者也认为职业本科教育要着眼于"高层次"培养技术技能人才。①但对于"高层次"的内涵,目前还没有形成统一的认识。例如,吴学敏认为,职业本科人才应体现金的人格、铁的纪律、美的形象、强的技能、创的精神五方面的高层次特征②。方泽强认为,高层次体现在创造性地运用理论知识解决复杂的现场技术问题,而且具有高水平的操作和应用能力。③李政认为,高层次应该表现为技能人才的专业性。④可见,职业本科人才培养的"高层次"应表现在具有高超的专业实践能力与高尚的职业价值观,能胜任当前与未来产业发展的工作岗位。

(二)注重德技双修

教育的本质是育人,是实现人的全面发展,本科层次的职业教育更不能例外。2018年召开的全国教育大会上,习近平总书记强调立德树人,努力构建德智体美劳全面培养的教育体系,打造综合素质过硬的高校人才。职业本科高校肩负着我国新发展阶段高层次技术技能人才培养的重任,在人才培养过程中要充分关注人的全面发展,一方面要将立德树人的任务贯穿于职业本科人才培养的全过程,引导学生德智体美劳全面发展,帮助学生树立理想信念,使培养之人是中国特色社会主义建设所需之人;另一方面要强化技术技能的培养,促进学生掌握先进的技术,使培养之人能解决企业实践发展难题,能够推动我国产业的转型升级、创新发展。所以,职业本科的人才培养规格要注重人才培养的德技双修,其人才培养体系要强调对学生的知识、能力和素质的综合培养,以促进学生思想道德和技术技能的全面发展。

(三)注重产教融合

产教融合是提升现代职业教育社会发展适应性的重要路径,提升学生的技术服务能力是职业教育的本质要求。职业本科教育是应产业升级而生,只有注重技术服务能力培养才能更好地满足产业形态高级化、集成化、数字化变革的人才需求。2021年教育部印发《本科层次职业教育专业设置管理办法(试

---

① 王学东,马晓琨.职业本科高校人才培养定位与体系建设[J].教育与职业,2022(5):21—27. DOI:10.13615/j.cnki.1004-3985.2022.05.016.

② 吴学敏.本科职业教育人才培养体系构建研究——基于技术本质视角的分析[J].中国职业技术教育,2021(12):52—57.

③ 方泽强.本科层次职业教育的人才培养目标及现实问题[J].职业技术教育,2019,40(34):6—11.

④ 李政.职业本科教育办学的困境与突破[J].中国高教研究,2021(7):103—108.

行)》,也明确指出本科层次职业教育的服务面向是产业基础高级化和产业链现代化,要注重产教融合、校企合作。产教融合依然是职业本科专业人才培养体系的重要内容,也是职业本科专业发展的重要属性。在职业本科人才培养过程中需强调将企业实际生产环境引入教学,将新规范、新工艺、新技术融入教学,追求人才培养与行业发展相统一,提升教学的现实价值,同时,积极探索更高水平的"做中学""学中做"的教学模式,提升高层次技术技能人才培养的契合度和适应性。

(四)注重创新思维

职业本科教育是以职业为导向、以技术为本的教育,培养的高层次技术技能人才不仅能运用新技术新方法,还要能创造性地解决企业技术问题。这就意味着在职业本科人才培养体系中,不仅要技术教育,也要创新教育,要注重职业本科人才的创新思维的培养。职业本科教育虽然是职业教育的类型,但层次是本科,因此其人才培养体系需兼顾本科人才能力培养的特点,不管是普通本科人才培养还是应用型人才培养都要强调学生创新思维的培养。浙江广厦建设职业技术大学王兴提出,本科层次职业教育应培养作为"技术人""职业人""完整人"的高素质技术技能型人才,以提升技术应用能力为核心,突出"应用性""层次性""创新性"和"复合性"[①];广东工商职业技术大学方泽强认为,职业本科应培养"将理论转换成具体的操作构思或产品,并组织实施和指导生产实践"的高层次技术技能型人才,即技师、高级技师,具备创新性、复合性、行业性和可持续发展能力[②];南京工业职业技术大学王博认为,职业本科与高职专科相比,其专业对接的职业岗位和岗位群发生了上移,培养定位应瞄准高端性、复合性、创新性[③]。职业本科人才培养是以技术技能积累与突破为基础的创新,更侧重使学生形成理论化、抽象化的技术知识体系,熟练从事技术创新相关工作,具有创新意识、创新精神和创新能力,不仅能动会用,更能够突破创新。

(五)注重贯通融合

职业教育类型分为中等、专科与本科三种类型。普通高等教育类型分为

---

① 王兴.本科层次职业教育人才培养的现实困境、目标定位与路径突破[J].职业技术教育,2020,41(34):6—11.

② 方泽强.本科层次职业教育的人才培养目标及现实问题[J].职业技术教育,2019,40(34):6—11.

③ 王博.职业本科教育相关争议与基本问题探析——基于文献综述的视角[J].江苏高职教育,2022,22(1):11—22.

普通本科、应用本科以及硕士研究生、博士研究生。目前职业教育有几种贯通模式：中高职一体化模式（中职与高职贯通），专升本（高职与普通本科、应用本科贯通），联合本科（高职与普通本科、应用本科贯通），独立职教本科。不同层次的教育贯通是促进人全面发展的重要路径，是满足人民对更好教育的诉求的重要举措。因此，职业本科人才培养体系必然要注重与中职、研究生等类型层次的贯通，打通学生对高层次技术教育的追求之路。另外，国家为推动高素质技术技能人才培养，积极构建 1+X 证书制度体系、社会培训体系，因此，职业本科人才培养体系必然要体现与 1+X 证书制度体系融合，推进人才培养满足产业发展诉求，同时也要体现育训并举，落实国家实施学历教育与培训并举的措施。

二、职业本科人才培养体系建构的理念

人才培养体系是为实现人才培养目标，整合校内外资源发挥教育要素价值的一个有机整体。从系统论看，职业本科人才培养体系是各相关教育要素的组合并形成相互作用、相互促进的关系结构。因此，建构职业本科人才培养体系的重点在于教育要素的提质以及创新组合。①

第一，要强化专业技术与教育要素的融合。职业本科教育的定位是培养高层次技术技能人才，能够在职业岗位中运用先进技术，能够创造性解决产业升级中的复杂问题。因此职业本科人才培养体系要强化专业技术与教育要素的融合，真正实现职业本科人才目标。首先要引导新技术、新规范与新工艺进教材、进课堂、进课程体系，实现教学内容的先进性；其次要探索"岗课赛证"融通，将行业标准、竞赛标准、1+X 证书考核标准等融入课程、融入人才培养体系中；再就是提升教师、校内外实训基地、教学资源等要素的高水平化，以支撑高技术人才的培养。

第二，要坚持理论与实践并重协同育人。职业本科教育在人才培养过程中要循守职业教育的本质，需更高水准地推进产教融合，强化人才培养的实践育人环节，同时还要坚守宽厚的隐性知识是培养高技能的基础这一成长规律。故在职业本科人才培养体系的建构中，要注重理论与实践并重协同育人。一

---

① 王学东，马晓琨.职业本科高校人才培养定位与体系建设[J].教育与职业，2022(5)：21—27. DOI：10.13615/j.cnki.1004-3985.2022.05.016.

方面对接新型产业、产业升级的人才能力需要，深化产教融合，打造多主体育人，推进产学研合作协同育人；另一方面要构建工学交替的实践教学体系，支撑学做一体化模式。提升学生的技术技能培养，可以借鉴职业教育多年探索的现代学徒制、订单班等实践教学模式。

第三，要促进人的全面发展。人才培养体系是促进人的全面发展的根本保障。职业本科人才培养体系首先要体现人生观、价值观与世界观的培养，重点体现本科人才职业能力的拓展性发展，体现职业教育的职业技能性发展，同时还要尊重学生差异性发展。在人才培养目标上要五育并举，在课程体系构建上要有层次性、先进性，在教学模式探索上要有多样性，在人才培养模式上要有灵活性，在管理制度上要有基本原则和弹性，以满足学生发展的共性需求和个性需求，从而促进学生的全面发展。

第四，要践行国家职业教育改革方针。为推进现代职业教育提质培优赋能产业发展，国家教育部等部门出台了一系列的职业教育改革措施和指导意见。比如《国家职业教育改革实施方案》提出要完善高层次应用型人才培养体系，促进产教融合校企"双元"育人，促进"1+X"证书制度的实施等教改精神。2021年全国职教大会提出要深入推动"岗课赛证"综合育人。2020年教育部印发《高等学校课程思政建设指导纲要》，强调高校要全面推进课程思政建设，回答好"培养什么人、怎样培养人、为谁培养人"这一教育的根本问题。职业本科人才培养是国家职业教育改革的重要内容，也是践行产教融合、"岗课赛证"融通、课程思政建设等国家职业教育改革措施的重要载体。建构职业本科人才培养体系必然要贯彻落实国家职业教育改革方针，保障高层次技术技能人才培养能够满足产业升级发展、创新发展等高端技术技能人才需求。

三、职业本科人才培养体系建构思路框架

（一）目标层：高层次技术技能人才培养

厘清人才培养的规格与目标是建构人才培养体系的首要问题，职业本科人才培养体系是培养高层次技术技能人才，这一点从学校人才培养的顶层设计到专业的人才培养方案必须明确。从学校层面看，在构建职业本科人才培养体系的过程中，需要廓清区域的产业结构、技术技能人才需求层次，同时也要廓清职业本科人才培养目标与专科、应用本科以及普通本科人才培养的定位区别。基于此要从顶层设计专业人才培养的目标方向，引导优化本科专业

布局、选择育人路径等,为各专业开展人才培养提供准确指向。从专业层面看,真正落实高层次技术技能人才培养的载体,区域产业升级需要什么样的高技能人才,职业本科专业就要培养什么样的技术技能人才。因此,开设职业本科的专业要深入调研产业升级发展的人才需求点,梳理清楚本专业高层次技术技能人才的知识、能力与素质目标。以浙江工贸职业技术学院与本科高校合办的机械工程专业为例,学校采取联合办本科的模式,为区域激光装备制造产业提供了高技能人才。该校通过对长三角地区的激光装备制造产业的人才需求调研发现,职业等级分为中级工、高级工、技师和工程师与高级工程师,对应不同的岗位与培养层次,其中中职可完成中级工的培养,高职可完成高级工的培养,职业本科可完成技师的培养,普通本科可完成工程师与高级工程师的培养,因此机械工程职业本科专业将人才培养层次定位为以技师为主,高级工为辅。同时,通过对该产业集群的岗位能力要求进行梳理,将职业本科人才培养目标定为熟悉激光设备生产流程,具有一定的质量管控能力,熟悉各类激光设备加工工艺,能够设计安排高等复杂程度的零件激光加工,以区别于高职的设备检测、维修能力培养,也区别于普通本科光、机、电各种功能的系统综合设计。①

(二)主体层:多元育人主体的内涵建设

高水平职业本科教育是现代职业教育提质培优的重要方向,也是学校办职业本科的追求。高职院校既是职业本科的办学主体也是育人主体,其内涵升级建设是办高水平职业本科专业的基础,是高技能人才培养质量的保障,因此,推进多元育人主体的内涵建设可以归为职业本科人才培养体系构建的重要内容。首先是高职院校内部升级建设。高职院校作为职业教育的主力军,虽然在培养技术技能人才有着得天独厚的基础优势,但如何从培养高职层次的技术技能人才跨到培养本科层次的技术技能人才,首先需解决的是对目前自身的办学条件升级改造。比如高水平的双师队伍建设机制、校内外实践基地建设机制、数智化教学资源建设机制等,以保障职业本科人才培养主体的硬软件标准提升,来支撑高层次技术技能人才的培养。其次是构建学校、企业、行业协会、政府等育人命运共同体,以服务产业发展为逻辑基点,推进校校合作、校企合作等,整合校内外育人资源,为深化产教融合、实施学徒制等人才培

---

① 余闯,施星君.工科类职教本科人才培养定位及体系——以X学院机械工程专业为例[J].高等工程教育研究,2021(6):103—109.

养模式等教育改革增强职业本科育人主体优势,从而强化高校培养高层次技术技能人才的能力。比如南京工业职业技术大学通过构建校企双向流动机制,与企业共建生产性基地、产业研究院、协同创新中心等,推动企业参与学校人才培养。其中,该校与华为共建信息通信技术人才培养基地、与阿里云计算公司共建物联网基地、与北京精雕共建"南工-精雕学院",深化了校企育人主体对职业本科人才培养的作用。

(三)模式层:人才培养模式的创新维度

人才培养模式是提升人才培养效率与质量的关键。不管是普通高等教育还是职业教育,人才培养模式的创新是其教育改革的重点主题。人才培养模式改革虽无统一标准,但却有范式可以参考,比如可以从培养理念、培养目标以及培养方式等方面去探索,同时融入产教融合、专创融合、产学协同、岗课赛证融通等元素。职业本科专业在设计人才培养模式时,可以从明确人才培养的理念、目标、主体以及方式等维度出发,探索适应本科层次的职业教育人才培养模式。比如在人才培养理念方面要深化产教融合,要坚持课程思政育人,要推进岗课赛证融通,也可以借鉴现代学徒制人才培养理念,彰显职业教育的特色;在人才培养主体方面要探索多元主体协同育人,凸显技术技能培养的特点;在人才培养方式方面要根据专业特点推进岗课赛证、专创融合等模式,增强高层次技术技能人才培养的社会适应性。

(四)平台层:协同育人平台的创新打造

职业本科教育的实施离不开协同育人平台,协同育人平台是专业推进产学合作协同育人、产教融合育人以及多主体协同育人等育人模式的重要载体。一是学校、学院以及专业等不同层面可以结合自身的专业优势、机制优势,联合产业、行业协会等社会主体建立产业学院,更好地服务区域产业的转型升级发展。二是专业群借助区域行业协会构建实践服务共享平台,整合区域中小企业资源,为职业本科学生提供中小企业的实践机会,一方面助力中小企业克服技术瓶,提高创新能力,能更好地匹配产业链的现代化发展,另一方面通过服务中小企业锻炼学生的新技术应用能力,从而提高学生的技术技能服务能力。比如南京工业职业技术大学结合本科职业教育试点目标和创新创业教育发展趋势与自身特色,打造支撑平台"升级版",整合创业、产业等教育资源,培养学生的基础创新能力和应用能力。再如浙江工贸职业技术学院与本科高校合办的机械工程专业,依托国家级协同创新中心平台,整合资源,联合威马、亚龙等龙头企业,开展机械工程技师层面的人才培养。

(五)保障层:多层级多层面的体系联动

高职院校从多层级、多层面建立切实可行的职业本科教育生态体系,是职业本科人才培养有序开展的根本保障。从学校层面看,可以综合考虑普通本科、应用本科以及高职专业的管理模式,梳理建立职业本科教育的管理体系,如学位管理制度、教学管理制度、实训实习管理制度、招生就业制度、教学质量监控制度以及教学改革试点等激励考核制度,既遵循本科教育管理的规则,也坚持职业教育的本色,发挥职业本科教育的价值。以立德树人为根本指向,结合学校办学模式、办学特色设计三全育人体系、课程思政实施体系等,实现为中国特色社会主义强国建设培养高层次人才的使命。从专业建设层面看,要重塑课程体系以适应职业本科层次的需求。职业本科专业要对照产业岗位群的能力要求、"1+X"等职业技能等级标准以及行业竞赛标准,梳理专业基础、专业核心以及专业拓展等课程模块,同时匹配相应的创新发展课程模块,形成"通识课+专业平台课+专业核心课+拓展课"的课程结构体系。同时,构建"课程内实训—专项实训—综合实训—企业实践"的实践教学体系,递进式培养学生的技术技能,提升技术技能培养与企业的匹配度,保障职业本科高层次技术技能人才的培养质量与社会适应性。从教师层面看,针对职业本科教育的要求,建立教师发展体系、三教改革体系等,打造高水平职业本科教学创新团队,为职业本科人才培养提供有力的师资保障。

第二节 职业本科人才培养模式设计

职业本科专业要有效实现培养高层次技术技能人才的目标,需要探寻适宜的人才培养模式。目前部分高职院校开设了职业本科专业,对于人才培养模式的实践探索,既有普通本科的人才培养影子,又有高职教育的人才培养做法。基于此,本节将剖析职业本科人才培养模式的内涵与要素,同时提出职业本科人才培养模式的设计原则与基本框架,以供探索职业本科专业人才培养模式者参考借鉴。

一、职业本科人才培养模式的内涵

人才培养模式的根本内涵是模式,所谓模式是指可遵循、可再现、可简化的一种标准形式。而对于人才培养模式的具体定义在学术界中也存在着不同的说法,有学者从过程的视角认为人才培养模式是对人才培养过程质态的总体性描述,是对整个人才培养过程的一种设计、构建和管理,在整个人才培养体系中发挥着统帅作用。但也有学者从方式的角度界定"人才培养模式",强调它是指通过建立并运用教育与教学的方法,或者通过一定的培养方式与方法设计,从而达到人才培养目标。也有研究者从结构要素的角度将人才培养模式细分为不同要素构成的组合体,或提出它是整个人才培养过程中管理模式、教学模式和课程模式的统称和集合体。①综上所述,人才培养模式是人才培养的结构和过程及其相互关系的模式,它涵盖了人才培养的方向、目标、过程、途径等七个基本要素,因此,笔者将从这七个基本要素去把握职业本科人才培养模式的内涵。②

(一)人才培养的方向内涵:要服务地方高质量发展

人才培养方向是专业开展人才培养的方位指向,是回答"为谁培养人才"。职业本科作为一种职业教育类型,其人才培养方向是面向新时代经济社会发展各领域所需的高端技术技能人才及应用型人才。职业本科专业在确定人才培养模式时,必须要以服务地方经济社会高质量发展为宗旨,准确把握地方产业高级化、现代化以及产业数字化和绿色创新发展的人才诉求,培养当地经济发展亟需的高端技术技能人才及应用型人才。

(二)人才培养的目标内涵:要培养高层次技术技能人才

人才培养目标是专业人才培养质量与规格的总体要求。职业本科在教育类型上隶属于职业教育范畴,在层次上为高等教育本科层次,因此,职业本科的人才培养目标既要有职业教育的特征要求,又要有高等教育的特征要求,也就是说职业本科的人才培养目标是要为中国特色社会主义在新发展阶段面向生产、建设、服务和管理等经济社会发展领域培养高层次的技术技能人才。职业本科专业在确定人才培养模式时,要以"高层次技术技能人才"为总目标,在结合专业与产业的对接环节、层次,明确各个专业的具体人才培养目标。

---

① 王启龙,徐涵.职业教育人才培养模式的内涵及构成要素[J].江苏技术师范学院学报(职教通讯),2008(6):21—24.
② 龚怡祖,殷祥文.试论高校创新人才培养理念的建构[J].南京农业大学学报(社会科学版),2003(1):68—78.林小星.论高职教育人才培养模式的内涵特征及其改革创新[J].教育与职业,2014(30):26—28.

（三）人才培养的内容内涵：要融合新知识、新技术与新规范

人才培养内容直接关乎人才培养目标能否达成，它是所有课程内容的概括、总称，涵盖知识、技能、行为规范、价值观和世界观等，通过课程体系实现人才培养目标和内容的有机结合。职业本科面对新一轮科技革命和产业变革，课程既要强调高等教育的学科性，也要注重职业教育的实践性，更要适应新时代的经济社会发展需要。因此职业本科的课程要体现新知识、新技术、新规范的高层次深度融合，要参照行业职业技能等级标准、职业从业标准，与企业合作开发教学资源内容，注重学生高层次职业综合能力的培养。

（四）人才培养的过程内涵：要坚持工学结合、理实融通

人才培养过程是以人才培养目标为牵引，将培养内容按一定原则、方法推进的教学活动过程，是人才培养模式创新的核心环节。职业本科人才培养过程要符合职业本科的特征，在注重理论学习的同时也要注重实践锻炼，而高层次技术技能人才培养路径体现在"理论→实践→实践"的过程中，因此，职业本科人才培养模式亦要坚持工学结合，学校可以利用职业教育产教融合、校企合作的优势创新工学交替的教学模式，使得教学内容理实融通、有效落实，保障专业高层次技术技能人才培养目标的实施。

（五）人才培养的途径内涵：要深化产教融合、校企合作

人才培养途径是实现人才培养的通道。职业本科人才培养通道构建要将实践基地教学与学校教学融合，要将企业的文化培训、知识培训及技能培训与课程教学融合。通过校企合作，在龙头企业建设专业实践基地，在学校建设职场化的教学环境，构建模拟与实战双循环的工学结合人才培养路径，从而实现"产与教"的深度融合，促进学生职业能力和专业服务经济社会的能力建设提升。

（六）人才培养的制度内涵：要注重人性化与弹性化结合

人才培养制度是人才培养方案实施的保障和前提，主要包括专业设置、课程重修、学分互换、修业以及日常教学管理制度等。职业本科人才培养应以地方经济社会发展需求为导向，构建具有终身职业教育贯通、学分互换与学分银行实施、弹性学制以及工学结合等特点的人才培养制度体系，促进学生的个性全面发展，提升高等职业教育的现实意义。

（七）人才培养的评价内涵：要实现育人和管理功能并重

人才培养评价是指按照一定的标准、方法，对人才培养的成效等进行测

量、考核、评定和判断,以促进人才培养目标的实现。①职业本科人才培养可以剖析其他类型教育的评价方法、标准,从自身人才培养的层次出发,围绕"谁评价、怎么评、评什么"的问题,构建多元的评价体系,促进学生的个性价值和社会价值的全面发展,在教学中发挥育人功能,在管理中发挥管理功能。

二、人才培养模式的要素解析

人才培养模式是学校人才培养系统中至关重要的子系统之一,是多种基本要素的综合体,其明显特征是组成要素极其复杂、组合形态变化多样。高校对人才培养模式的革新主要表现为对其要素结构方面的优化。因此,设计人才培养模式首先必须解析其构成要素。

（一）人才培养理念

人才培养理念是指从学校顶层设计层、专业建设规划层到教师教学设计层所遵循的教育理念。人才培养模式是人才培养理念的体现,人才培养理念是人才培养的指导思想,其核心旨在回答如何培养人的问题。从理论逻辑看,人才培养理念的功能旨在揭示人才培养的内在逻辑与最终价值;从实践逻辑看,旨在指导人才培养过程,包括培养的程序与环节等的设计与构想,所以对人才培养模式其他要素的选取、组合有着至关重要的影响力。②

（二）专业设置模式

专业设置是指高等教育部门设置的与产业结构相匹配、与市场需求相适应的学科门类,专业设置模式是人才培养模式的重要组成部分。专业设置一般可以在口径、方向、时间、空间等几方面进行设置。③专业口径指的是在一定专业范围内所涉及的广泛学科以及相关业务的覆盖范围。专业口径亦有大小宽窄之分,因此专业口径的设置一方面要能够培养出具有普遍适应性的受教育者,另一方面要能够实现在学制之内完成对合格人才的培养。专业方向则是指专业口径范围内所分化的专攻方向及其分化程度,比如现代物流管理,在实践中有国际物流、港口物流等方向。专业时间设置指的是学生分流培养的时间有早晚、松紧之分,既可以一进校门就分流,也可以模糊专业身份,到一定

---

① 林小星.论高职教育人才培养模式的内涵特征及其改革创新[J].教育与职业,2014(30):26—28.
② 董泽芳.高校人才培养模式的概念界定与要素解析[J].大学教育科学,2012(3):30—36.
③ 龚怡祖.大学专业设置模式探析[J].教育发展研究,2001(11):72—73.

阶段再定向培养。设置专业空间指的是学生选择专业后,在专业能力拓展、或专业调换的机制。

(三)课程设置方式

课程设置是指专业为达到人才培养目标所需要的教学科目及其目标、任务、内容、范围、进度和活动方式等的总体规划。课程设置是否合理,是衡量培养人才的质量、规格和要求是否达到预期目标的标尺,是衡量学校办学方向和效益的标尺,也是评价人才培养模式现状的标尺。[1]职业本科专业可以结合应用型本科与高职专业的课程设置,从课程结构、课程内容等方面进行总体规划。课程结构是指课程门类或内容的组织形式,课程内部各要素、各成分的内在联系和相互结合的比例关系变化,对课程功能产生直接的影响。课程内容指的是根据教育观及相应的课程目标,从科学知识、经验中选择和组织的案例、观点、法规和问题等有机要素。

(四)教学制度体系

教学制度体系是为了落实教学管理目标而制定的与人才培养的微观过程密切相关的规定、标准、程序及其实施的体系,它是维持正常教学秩序、促进学校健康发展的基本保证。[2]职业本科教育的教学制度体系的核心内容应该包括学分制、选课制、导师制、实习制、日常教学管理制度等。它们自成体系,却又相互关联。以学分制为例,它是以选课制为核心思想,以学分计量制度为重要基础,以导师制为重要条件的学分转换、积累、互认的一种教学管理制度。

(五)教学组织形式

教学组织形式是指为了完成教学任务与实现教学目标,教学主客体借助一定的媒体,围绕学生知识的获得、智力的形成和人格的提升,在一定的教学时间和空间中相互作用的方法、结构和程序。教学组织形式服务于教学目标的达成,教学内容的实施以及教学方法的运用,直接影响教学质量。在实践教学中,教学组织形式通过设计师生组合方式,安排教学的时间和空间,有机组合教师与学生、教学时间、教学空间、教学内容、教学手段等教学活动构成要素。教学组织形式经历了从中世纪的读课(lectio)、辩论(disputatae)、学徒制

---

[1] 毋丹丹,闫智勇.博与专:我国高等职业教育课程设置的哲学思辨[J].继续教育研究,2009(11):151—153.

[2] 杨笑冰.现代大学教学制度体系的有效性分析及改进思路[J].纺织服装教育,2012,27(6):482—485.

游学,到文艺复兴时期的习明纳(seminar)、讲座制(academic chair system)、实验教学,到近代的视听教学(audio-visual instruction)、计算机辅助教学(computer assisted instruction)的衍变,不断提升专业人才的培养质量,以满足个人和社会的发展需求。

(六)教学管理模式

教学管理模式是指在一定教学管理理念指导下对教学过程进行计划、组织、评价、指导、协调,以得到最优化的教学资源配置,实现教学目标的过程。教学管理模式涉及诸多要素:教学计划、课程等"事"要素,教室、实验室、多媒体设备等"物"要素,教学文件、学生成绩、课表等"信息"要素,教师、学生、教学行政管理人员等"人"要素。教学管理模式在一定的社会条件下,会随着各要素的变化而变化。职业本科教育作为一种新生的教育类型,其教学管理关系到职业本科是否有序发展,因此,应吸取高职院校和应用型本科院校的经验,创新"以规章制度为本"的管理模式,依照规章程序的程序化管理进行教学管理,保障教学管理的统一性、标准性、计划性,不断促进教学管理水平的提高。

(七)隐性课程形式

课程指的是学习主体在学校场域中产生积极发展的教育因素和教育性经验的总和,一般可划分为两大类:显性课程和隐形课程。显性课程是教学主体以一定的教材为依托,有计划、有组织地实施教学,达到预期教学目的的课程;与之相对应的隐性课程指的是教师在授课过程以潜移默化的形式,在受教育者身上有意识或者无意识地发生作用的教育因素和教育性经验的总和,它是一种潜在的、内发的课程。学生习得知识、确立世界观、形成道德规范,确立兴趣和志向,都离不开隐性课程和显性课程的共同作用,职业本科教育也不例外。若仅有显性课程作用于学生,离开了隐性课程的学习,将是不完整的学习。

(八)教学评价方式

教学评价是根据一定的标准,以目标为导向,系统性地对人才培养过程、质量和效益作出价值判断的过程。教学评价分为两个层面:微观层是对教学实施的水平和学生学习的成绩进行评价,引导教学改进与激发学生的学习主动性;中观层是对学校办学的整体质量的评价,引导学校教学诊断与改进。作为职业本科专业的教学评价方式,它不仅要能从内部界定教育的质量,还要能衡量高层次的人才培养标准,所以,教学评价是检验高层次技术技能人才培养效果的方式和对教育主客体的身心施加积极影响的有效手段。

三、职业本科人才培养模式设计的原则

(一)坚持系统论与要素论

众多学者对人才培养模式有不同的理解与说法,有"人才培养规范"说,有"人才培养系统"说,有"教育过程总和"说,有"培养活动样式"说,有"人才培养结构"说,有"整体教学方式"说,等等。综上所述,人才培养模式可以界定为"人才培养的系统"。人才培养本身可以说是一个系统性工程,它包括人才培养的理念、主体、客体、目标、途径、模式与制度等要素[①],而人才培养模式是"人才培养"系统中最重要的要素系统,即人才培养模式是由诸多要素有机结合的整体,具体表现为由导向性要素——培养目标、规范性要素——培养规格、关键性要素——课程体系、表象性要素——教学形式、保障性要素——运行机制、凭借性要素——教学方法、补充性要素——教学途径、促进性要素——隐性课程等构成的有序系统。[②]这些要素相互作用、相互影响,共同促进提升人才培养的质量与效率。职业本科人才培养也不例外,我们要设计职业本科人才培养模式,从职业教育属性和高层次人才培养定位出发,结合人才培养模式的构成要素,围绕要素创新实施方法,同时从系统的角度进行要素创新组合,形成具有职业教育特色的人才培养模式。

(二)注重时代性与创新性

职业教育的人才培养一定是满足当前经济社会发展需求的,人才培养模式必然会烙上时代之印。职业本科人才培养模式设计必然要与我国新发展阶段经济社会发展紧密联系,保证高技能人才的时代性和实用性,保证高技能人才的培养质量与效率,实现人力资源的可持续发展。人才培养模式虽有基本的构成要素,但人才培养模式的改革创新一直是教育变革的主要内容。职业本科人才培养模式作为培养高层次高技术技能人才探索的核心环节,应从学校层面与专业层面出发,从教育理念到培养主体、从人才培养定位到培养模式、从学生学习到老师教学、从培养途径到培养制度,在探索和

[①] 董泽芳.高校人才培养模式的概念界定与要素解析[J].大学教育科学,2012(3):30—36.
[②] 张大良,李国志.基于教学质量保障的人才培养模式选择与建构[J].江苏高教,2008(3):61—64.

构建中不断与时俱进,不断优化与创新,赋予职业本科人才培养模式的时代内涵。

（三）体现行业性与应用性

职业教育的人才培养是以"就业为导向",面向行业培养"职业人"的教育。面向行业培养技术型人才,行业的高层次技术技能人才需求是职教本科专业培养人才的基本依据。职业本科人才培养模式必然要通过专业设置调整,适应行业发展需求,甚至引领行业的发展。同时人才培养注重高端应用能力的培养,人才培养模式的探索要以高层次技术技能型人才培养为根本任务,设计人才培养方案,创新人才培养方式,增强职业人才培养的应用性。

（四）遵循理论性与实践性

人才培养模式回答的是怎样培养人,完成的是育人育才的工作。不同类型教育的人才培养模式虽做法不同,但目的一样,都是培养经济社会发展所需的人才,它们都要遵循教育的规律与本质,都要体现知识、能力与素质,只是职教本科更体现应用能力。因此在构建职业本科人才培养模式过程中,既要考虑人才成长的规律以及育人本质,注重德智体美劳的全面发展,同时又要不断去探索育人主体、培养过程以及评价体系等,在实践的基础上完善、修正,最终形成具有校本特色的人才培养模式。只有既符合教育理论又经过实践证明了的人才培养模式,才是行之有效的、具有推广价值的模式。

（五）强调内涵式发展道路

内涵式发展是结构模式发展的一种发展类型,是指在以人为本的基础上,以事物内在要素为发展动力,事物内在本质属性的科学式、上升式发展模式。[①] 从职业本科人才培养的高层次定位看,职业本科必须紧密结合行业的前沿技术创新、管理创新等,抓住高等职业教育改革的机遇,走内涵式的人才培养道路,保障人才培养与产业高级发展相契合,从而实现职业本科教育的社会价值。因此,职业本科人才培养模式的设计必须要注重人才的内涵培养,将人才培养的高层次性、高适用性以及高拓展性作为人才培养模式实施的目标。要依托学校办学条件,整合校内外教育资源,围绕人才培养的要素,积极探索改革,培养能够适应我国产业转型升级、科技创新发展、中国数字化以及乡村振兴等社会发展所需的高技能人才。

---

① 余瑶.高等教育内涵式人才培养模式创新研究[J].中国成人教育,2016(7):56—58.

四、职业本科人才培养模式的基本框架

（一）人才培养目标定位：要突显技术性与职业性相结合

职业本科人才培养模式首先要考虑的问题便是人才培养目标。职业本科教育培养的是适应生产、建设、服务和管理等经济社会发展领域培养高层次的技术技能人才，注重人才的实用性技能和职业技能的培养。因此职业本科人才培养目标应要求学生既要掌握扎实的专业基础理论知识，又要具备高超的实践技能，还要具备综合职业素养，凸显人才培养的技术性与职业性。以浙江工贸职业技术学院欲设置的现代物流管理职业本科为例，在人才培养方案的制定中，除了培养学生能对大数据进行统计、执行物流给定方案、进行基本物流管理及智能设备操作，还要培养学生能进行大数据分析、能进行物流方案设计、能进行供应链运营管理、能智能设备操作与维护等能力。

（二）人才培养理念：要坚持课程思政与岗课赛证协同育人

职业本科人才培养的根本任务是"立德树人"，高校对课程思政的实践探索已经从"点"上升到"面"。"将高校思想政治教育融入课程教学和改革的各环节、各方面"，实现各类课程与思想政治理论课的"同向同行"，也是职业本科人才培养遵依的教育理念。"岗课赛证融通"综合育人是培养高技能人才的重要途径，其理念蕴涵于我国职业教育的实践和职业教育改革的政策中。2010年，党中央、国务院颁布的《国家中长期教育改革和发展规划纲要（2010—2020年）》（以下简称《教育规划纲要》）明确提出"坚持德育为先，促进德育、智育、体育、美育有机融合"，"开展职业技能竞赛"，"积极推进学历证书和职业资格证书'双证书'制度"，"实行工学结合、校企合作、顶岗实习的人才培养模式"等一系列战略举措。近年来，我国职业院校围绕岗课赛证融通与课程思政建设进行了持续有益的探索实践，两者协同育人便是职业教育人才培养实践的结果，也是其实践的路径方向。职业本科作为职业教育在人才培养模式的探索中自然需要以课程思政建设与岗课赛证融通协同育人来推进高技术技能型人才的培养。以浙江工贸职业技术学院欲设置的现代物流管理职业本科为例，在人才培养方案中，坚持两者协同育人的理念，从专业建设层面推进课程思政建设、"1+X"课证融通、课赛融通等，促进专业育人与育才的统一。

（三）人才培养主体：要形成双元主体协同育人

对于职业本科教育来说，"校企合作、产教融合"仍是其重要内涵，简单说，

就是要与企业深度合作,实现高校与企业之间的资源共享,促进高校、企业与学生三方的共同发展,形成双元主体协同育人。从学校层面看,一方面构建校企命运共同体机制,引导企业参与人才培养的过程;另一方面要设计职教本科人才培养目标与地方产业互动的调整机制,提升人才培养的实用性。从院系层面看,构建实习、教学培训、资源共享等管理制度,构建校企合作平台,落实学校产教融合要求,引导专业推进人才培养实施。从专业层面看,与龙头企业合作,推进工学交替的人才培养方式,推进校企在课程开发与课程体系重构、人才培养方案制定、培训开展等方面的共同合作,推进顶岗、轮岗实习与毕业设计一体化,同时实现资源共享,包括师资队伍共享、教学资源共享,优化职业本科人才培养的条件。以浙江工贸职业技术学院欲设置的现代物流管理职业本科为例,专业依托温州现代物流学院,整合政府、企业、协会等资源,构建多方协作育人共同体。一方面完善校企协同育人机制,推进校企融合,即与京东物流、顺丰速运等相关企业建立紧密的校企合作关系,优化具有产学研一体化功能的校企融合机制,建设紧密性校外产教融合实训基地,打造校企合作的新高地;另一方面推进教育、培训等资源共建共享,实现开发协同。以校企为核心,多方参与、共建物流人才培养方案、课程标准、专业课程资源、培训课程资源;建立共享型实践教学基地,利用物流管理专业1+X证书试点的优势,开展职业技能等级培训考核合作、项目制培训合作等,实现协同发展,实现多赢。

(四)人才培养课程体系:要科学化与系统化结合

职业本科人才培养的课程体系是培养高层次技术技能人才的根本保障,是职业本科人才培养模式的关键。职业本科既区别于普通本科、应用本科,也区别于高职专科,但又具有本科教育和职业教育的特征,因此,职业本科的课程体系既要体现本科的学科特征,又要体现职业教育的实践性与技能性特征,即要构建科学化、系统化的课程框架,包括通识课程、专业基础课程、专业核心课程、专业拓展课程、专业实践课程等。通识课程注重人文、思想政治、身体素质等综合素质的培养,包括人际交流能力、问题解决能力以及学习能力等。专业基础课程注重学生知识厚度的培养。专业核心课程强调理论与实践结合,注重专业知识的应用能力培养。专业拓展课程注重学生知识、技能的广度培养,能够适应岗位迁移与升级的需求。专业实践课程注重实践技能的训练和形成,注重学生动手能力和操作能力的培养。①以我院欲设置的现代物流管理职业本科为例,在人才培养方案的制定中,设计了通识课程、专业基础课程、专业课程、专业拓展课程以及实践课程。其中专业基础课程,包括管理学、经济学、计算机科学与技术、信息管理、物流管理基础等,以培养学生系统的现代物流基础理论知识和技术技能。专业课程,包括供应链管理、物流成本管理、运输管理、采购与仓储管理、配送管理、物流信息技术、物流设计与优化等,培养学生具备物流数据分析决策能力、智慧物流的运营与操作技能以及数字化供应链管理思维,能进行大数据分析、能进行物流方案设计、能进行物流部门运营管理、能进行智能设备操作与维护。专业拓展课程,包括营销策划、人力资源管理、电子商务等,培养学生岗位群的职业拓展能力以及创新创业能力和可持续发展能力。实践课程,包括跟岗实习、毕业设计、顶岗实习等,培养学生适应岗位(群)需要的专业核心技术技能。

第三节 职业教育人才培养模式的特征

相较于一般专科层次职业教育的人才培养模式,职业本科教育需要采用更高要求、更高层次、更高标准的培养模式。本节拟从主体层面协同育人、流程层面贯通培养、内容层面课程建构、要素层面三教改革等角度阐述职业教育人才培养模式的特征,为创新人才培养模式提供依据,做到学校升格不变"质",专业升本不忘"本",学生升学不变"道",有效提升人才培养质量。

一、主体层面的协同育人模式

(一)校企融合,双主体迈向整体化

以产教融合、校企合作为核心的双元结构是职业教育作为一种类型教育的显著特征。通常情况下,普通教育中的各项活动全部在校内完成,都为教育系统内部结构的框架下实施的教育行为;而职业教育中涉及的各项活动,则需要在学校、企业等多个学习地点中完成,学校与企业相互支持、相互促

---

① 盛艳秋.高职院校高技能人才培养模式的内涵与基本框架研究[J].教育与职业,2014(15):35—36.

进,形成一种在教育系统内部结构及其外部结构相互耦合连接的参照系下实施的教育行为。①因此,中、高等职业教育与职业本科教育等各个层次职业教育不仅需要关注学校、学习和教育等普通教育中的要素,更要关注企业、工作和职业等普通教育中较少关注的要素。

职业本科人才培养过程中,基础是让学生掌握能够顺利投入工作的各项技能,核心在于强化学生的能力,目标是培养联结研发环节与生产环节的高层次、创新型技术技能人才。这一目标的实现需要广泛吸引行业企业深度参与专业建设,拓展校企合作形式和内容,积极推进产业与教学密切结合,把学校办成集产学研用等功能为一体的产教融合体。

因此,职业本科要求将传统产教融合、校企合作等举措进一步深化,促进校企双主体整体化融合,通过引企入校、引校入企,创新校企合作方式,着眼当前产业发展和企业需求,从创设合作办学框架、深化育人模式改革、深挖教育类型特色、优化培养方案内涵等角度入手努力提高人才培养质量。

南京工业职业技术大学聚焦职业本科教育,校企协同发力、系统攻坚,形成技术联盟型、协同服务型、双创孵化型、国际伴随型四类协同育人模式,打造了南工-北京精雕学院、华为5G＋数字化人才培养基地、西门子智能制造中心、ABB智能技术工程中心等校企深度合作育人平台16个。还成立了产业技术研究院6个,师生联合攻关企业技术难题500余项,仅2021年横向到账经费就超过3 000万元。②

(二)校际联动,"中高本"走向一体化

从培养目标定位角度看,中等职业教育人才培养更加注重岗位技能,以技能为主、技术为辅;专科职业教育人才培养以技术技能的融合为中心,侧重于某一专业领域技术技能的培养。③对于融合了"本科"和"职教"两方面属性的本科职业教育而言,它的培养目标定位应为兼具高素质、高技术、高技能,并且能够创新性地运用技术手段解决一线问题。

---

① 姜大源.跨界、整合和重构:职业教育作为类型教育的三大特征——学习《国家职业教育改革实施方案》的体会[J].中国职业技术教育,2019(7);9—12.

② 教育部.率先试点　系统改革　提质升级　加快探索职业本科教育特色发展之路[EB/OL].2022[2022-7-29]. http://www.moe.gov.cn/fbh/live/2022/53982/sfcl/202202/t20220223_601486.html.

③ 吴学敏.开展本科层次职业教育"变"与"不变"的辩证思考[J].中国职业技术教育,2020(25):5—13.

中职、高职、职业本科的培养目标定位逐步延伸,将"职业学校"这一人才培养主体进一步细分,在引入职业本科后更加强化了层次性、递进式特点。为避免职业学历教育和职业资格证书纵向衔接不良、培养目标和教学内容重复割裂等问题,各层次学校将逐步走向一体化。

浙江工贸职业技术学院立足"双高"专业群特色与优势,在此方面做了大量有益探索,通过优势互补、校校联合开展"专升本"联合办学培养,实现了学生在高职院校和本科院校"双注册"。学校根据学生学业成长和职业发展需要,从学历层次和技能等级两个方面拓展阶梯式可持续提升的机会与路径,厘清各层次人才培养之间的关联与差异,制定了一体化人才培养方案,解决了长期困扰本科院校的学历认定和高职院校的技能提升问题,打破了高职教育和本科教育的藩篱,为学生的专业纵深发展创造了有利条件,实现了"1+1>2"的叠加效果。

二、流程层面的贯通培养模式

(一)分段培养,系统制定人才培养方案

中职、高职、职业本科一体化贯通培养以及"中—高—企—本"等新形态贯通培养模式,对培养方案的制定提出了较高要求。但是,由于受到中职、高职、职业本科之间教学理念、培养目标和课程设置等差异所限,学生很难获得知识和技能的有效衔接,进而造成了人才培养目标错位、课程结构内容重复浪费、实践能力脱节等一系列问题。因此,系统化的人才培养方案是贯通培养模式的重要特征之一。

人才培养方案遵循服务发展、促进就业导向,清晰设置职业能力和学历层次的向上通道,中职阶段重点开设操作性较强的实践操作类课程,夯实操作技能,强化其基础地位;高职阶段重点开设技术技能应用类课程,注重专业理论支撑,提升操作技能,熟练技术应用并树立技术创新意识,巩固其主体地位;本科阶段开设技术技能应用及研究类课程,并深化专业理论知识学习,夯实技术应用并进行理论探索和实证研究,体现其知识积累与能力进阶,并为学生后续发展打下基础。[①]

[①] 张阿芬,苏天高,廖亦彩.职业教育"中高本衔接"贯通人才培养探析[J].福建教育学院学报,2022,23(4):74—76.

浙江工贸职业技术学院以浙江省四年制高职人才培养试点专业建设为契机,以"基础教学资源共享、核心技能平台分类、实践创新能力递进"为建设路径,精准制定不同学制人才知识和技能培养目标及课程标准,系统化推进中职、高职、职业本科一体化贯通培养。实施生产项目训练式、现代学徒制和导师制培养光电制造与应用技术专业二年制高职(三年中职+二年高职)、三年制高职、四年制高职本科的多元学制高素质技术技能型人才,如图5-1所示。

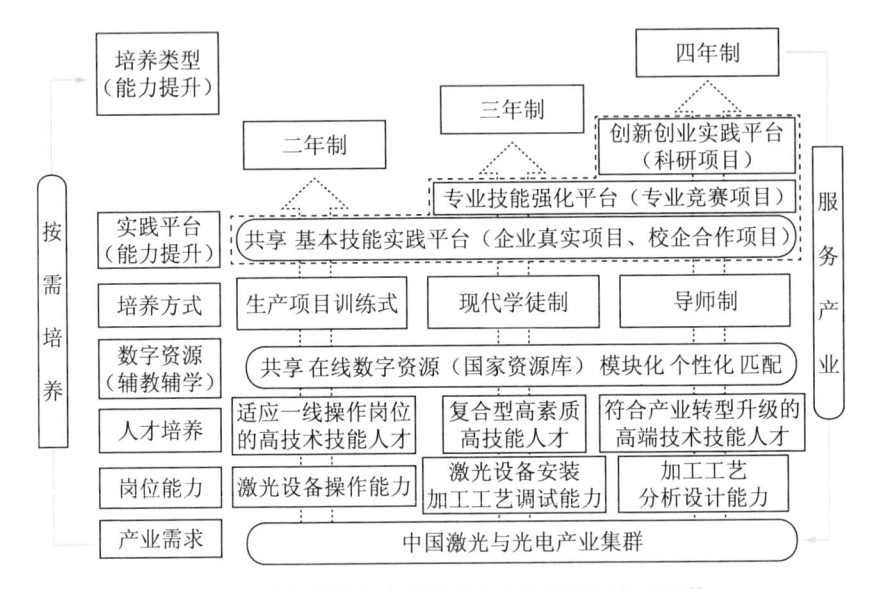

图5-1 光电制造与应用技术专业多元学制人才培养

为保证多元学制人才培养方案顺利落地实施,浙江工贸职业技术学院配套推出了相关的具体制度。例如,配套制定实验实训、工学结合、顶岗实习等实践类标准;配套谋划"中高本"多层次教师队伍建设方案,探索实施职业教育师资培训、教师下企业、双师型教师校企流动等举措;配套出台各层次院校间优质资源共享机制,借助现代化手段保障教学标准化进行。

(二)对口贯通,构建校际沟通协作机制

随着职业本科的引入,现阶段职业教育已经形成了以中职为基础、高职为主体、职业本科为引领的完整职业教育链条。但是,由于中职、高职、职业本科之间涉及多个层级学校,缺乏统一的保障和沟通机制,产生了诸多问题。因此,畅通的校际、校企沟通协作机制也是贯通培养模式的重要特征。

在工作组织方面,国家层面,组建专家咨询委员会,为解决"中高本"衔接工作中的重大问题提供组织保障;省级层面,统一"中高本"职业教育的归口管理部门,结合国家政策与省内实际情况,对各中职、高职、职业本科院校开展具体管理与指导;校级层面,成立衔接工作委员会,加强各级领导和教职员工在相互衔接过程沟通与管理,及时正确处理衔接过程中遇到的问题。[①]

在制度保障方面,研究出台"中高本"衔接一体化人才培养相关政策制度,从招生考试管理、人才培养过程管理、学籍管理、质量监督与管控、转段与退出管理及"中高本"院校职责分工协作等方面做出明确规定,全面指导规范"中高本"衔接贯通人才培养工作。在质量监控方面,构建包含学校、合作企业、管理部门等主体的质量体系,如图5-2所示。

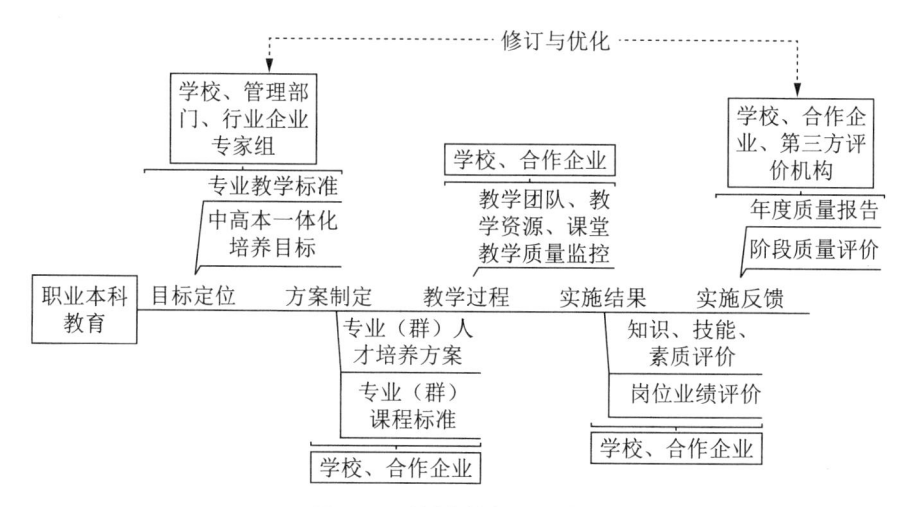

图5-2 质量监控与评价体系

首先,根据不同层次人才培养目标,中职、高职、职业本科以及管理部门、行业企业协会联合组织专家,调研岗位需求,明确人才培养目标,制定"中高本"一体化人才培养方案。实施中,通过学校教学管理部门和"中高本"一体化工作组对教师团队、教学资源、教学实施等要素开展考核,同时对学生的知识技能掌握情况进行评价。最后,整合多方信息,形成年度质量报告,根据报告及时优化培养方案。

---

① 王一涛,路晓丽."中高本硕"衔接的理论溯源、实施现状与路径优化——基于类型教育的视角[J].教育发展研究,2021,41(3):60—67. DOI: 10.14121/j.cnki.1008-3855.2021.03.010.

三、内容层面的课程建构模式

（一）把握类型，彰显职业教育特色

2019年1月，国务院印发《国家职业教育改革实施方案》指出，"职业教育与普通教育是两种不同教育类型，具有同等重要地位"。作为一种教育类型存在的职业教育，首次获得了官方积极而明确的导向。因此，职业教育类型是职业本科课程建构最鲜明的特征，职业本科教育依然未超越或脱离职业教育的类型范畴，必须赓续"职教基因"。

职业本科需以"岗课赛证"融通为主线强化职业教育育人特点，结合本科层次人才培养实际，拓展"岗课赛证"为"岗课赛证研"，融合岗位需求（专业技能）、证书考试（职业素养）、学科竞赛（综合素质）和科学研究（创新能力）于课程体系中。同时，体系的建构要坚持理实并举，充分考虑企业一线需求及最新技术的发展，培养高素质职业人才。

今后要进一步加大实践应用的占比，紧密联结生产一线，提高实践应用的专业性和复杂性，引导学生在现有技术、工艺进行一定程度的创新，突出职业本科教育的鲜明类型特征。

（二）筑牢标准，坚守本科层次底线

2021年11月，国务院学位委员会办公室《关于做好本科层次职业学校学士学位授权与授予工作意见》文件指出，职业本科与普通本科两种类型、不同特色、同等质量，将职业本科纳入现有学士学位工作体系，按学科门类授予学士学位，学士学位证书格式一致。因此，在职业本科课程建构时应关注本科层次这一底线要求，避免把职业本科混同于一般的专科职业教育，套用低层次课程模式，从而降低培养质量标准。

职业本科的课程建构应使毕业生具备联结研发环节与生产环节的完整理论知识，以此为基础面向高端产业与产业高端开展科技成果转化、生产加工和技术服务，灵活运用理论知识和实践技能开展复杂操作，实现以理论知识带动实践能力提升，促进人才培养提质增效。[①]

浙江工贸职业技术学院依据激光装备制造与应用产业链中岗位能力要

---

① 郝建,于扬,牛彦飞.职业教育本科专业建设的内涵、特征与基本路向[J].教育与职业,2022(8):50—54. DOI:10.13615/j.cnki.1004-3985.2022.08.007.

求,明确培养二年制学生熟练操作使用激光设备的能力,培养三年制学生激光设备制造及售后的能力,培养四年制本科层次学生提供解决工艺及售后方案的能力。依据培养目标,差异化制定《激光加工技术》等课程标准,不同学制精准实施同课不同标。依据课程标准,整合构建模块化教材,明确区分不同学制的教学内容难易程度和知识深度,取得了良好的培养效果。

(三)衔接学段,统筹课程体系建设

职业教育学校主要包括中职、高职、职业本科,遵循技术技能人才成长规律,衔接贯通各个培养阶段,实现立体化技术技能人才培养,是职业教育发展的必然要求,也是课程建构的重要特征之一。

中职、高职、职业本科联合研制一体化课程体系,中职打基础,以专业基础和基本技能为主;高职突出基本理论和综合实践;职业本科在强化专业理论和实践水平的基础上,更强化管理和创新能力,如图5-3所示。

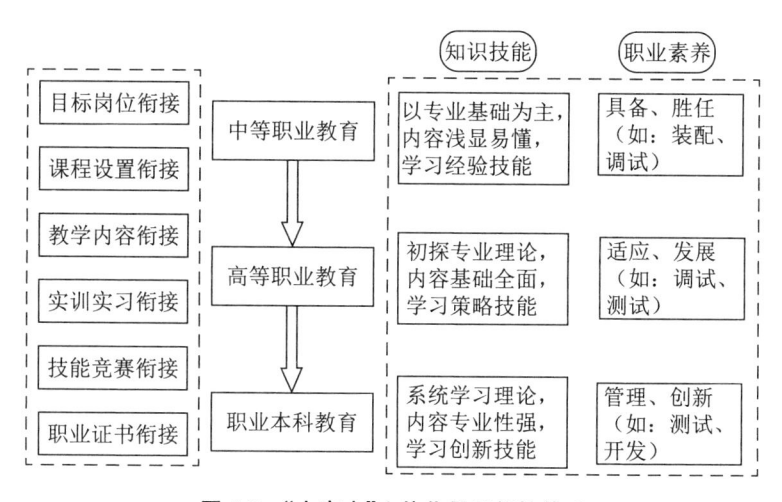

图5-3 "中高本"立体化贯通衔接体系

体系通过各层次之间的连通和承接,学生更加顺畅地实现知识积累和能力衔接,避免了同类专业的各层次教育中出现的课程重复、无衔接、不成体系等问题。接力培养下"岗课赛证"融通进一步深化,在一定程度上化解了新知识、新教学内容的不断增多与教学学时相对不足的矛盾,构建起"中高本"进阶式人才成长通道,以职业本科为引领,有效促进职业教育高质量发展。

浙江工贸职业技术学院聚焦包括职业本科在内的多元化学制培养,联合武汉软件工程职业技术学院等10所高校、奔腾激光(温州)有限公司等16家企业、华中科技大学等高校 178 位教师与企业专家,牵头共建国家职业教育光机电应用技术专业教学库,如图 5-4 所示。

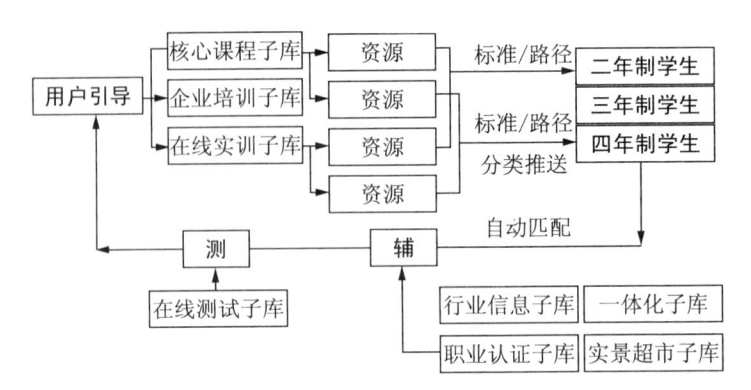

图 5-4 光电专业在线教学资源导学辅测功能构架示意图

资源库包括核心课程和中高职一体化等八大子库,包含课程 23 门、微课 1 184 门以及动画、视频等颗粒化资源 47 752 条。资源库基础资源共享,导学辅测为一体,同时设置匹配机制,对照二年制、三年制与四年制本科层次人才培养目标以及岗位技术技能要求,分别制定相应的教学标准以及学习路径。

依托国家激光制造与材料应用技术协同创新中心、奔腾激光产教融合示范基地等科研平台和校企合作中心,以企业真实生产项目为载体创建基本技能实践平台,以校企合作项目和专业竞赛项目为载体创建专业技能强化平台,以科研项目为载体创建创新实践平台,构建设备操作、设备安装与调试和激光加工工艺设计等三个实践教学模块,如图 5-5 所示。

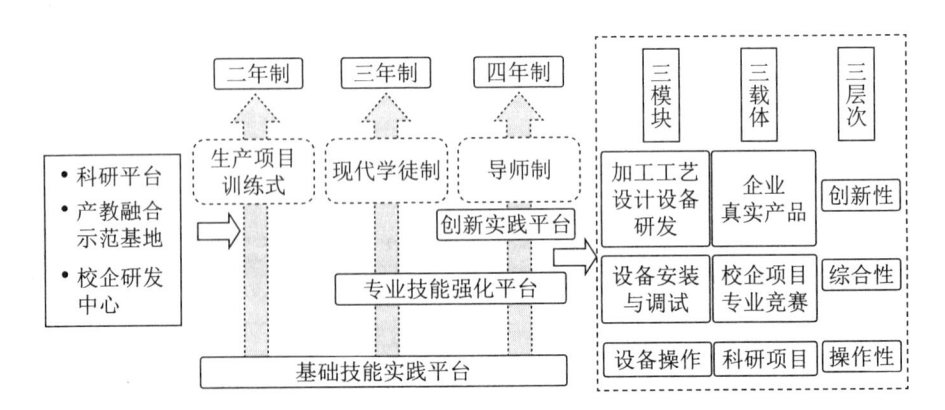

图 5-5 光电专业以项目为驱动的能力递进式实践平台

光电专业依托基础技能平台对二年制学生实施生产项目训练式人才培养，依托基础和强化平台对三年制学生实施现代学徒制人才培养，依托基础、强化及创新实践平台对四年制本科层次学生实施导师制人才培养。以课程衔接贯通为基础和重点，统筹协调培养目标、教学资源、考核评价、校企合作等领域有机衔接，进而实现中等、高等职业教育与职业本科教育协同进步，全面提升职业教育的竞争力和吸引力。

四、要素层面的三教改革模式

（一）理实兼顾，打造高层次"双师型"教师

在师资队伍方面，打造一支以"双师型"博士教师为引领，"双师型"硕士教师为主体，理论水平高、实践能力强的高层次师资队伍，为职业本科建设提供强大发展动力。

建立健全体制机制，制定科学灵活的教师聘用政策。以"既能够胜任教学，又善于解决复杂技术难题"为目标，对外广泛引进国内外优秀人才，在全球范围内选聘"双师型"教师，积极开发国际化师资合作培养和引进项目；对内推动一线教师自我革新，常态化开展专业技术和教育教学能力学习。

要求教师认真研究职业本科学情，因材施教实施教学，适应职业本科人才培养定位。与时俱进，有良好的创新意识和科学研究能力，能开展科学研究以服务于教学。以"双师型"教师为导向，鼓励一线职业本科教师继续攻读兼具实践能力和研究、创新能力的"双师型"博士学位。

引进行业企业技术专家、优秀工程师、能工巧匠进校园培训、指导。根据本科阶段职业教育特点，选聘行业企业技术专家等为一线教师开展培训、指导实践教学，重点将行业企业需要的最新技术、工艺及标准需求等融入实训，提升教师教学针对性，学界、业界优势互补，共同搭建合作平台。积极与行业头部生产企业联合建设产业学院和协同创新中心、实验室、实习实训基地，行业企业、学校在人才培养、技术研发、职业培训各领域全方位合作，完善行业企业人员互兼互聘制度，畅通"双师型"教师流动与使用渠道。

在职业本科教育高层次"双师型"教师队伍建设方面，南京工业职业技术大学做出了许多有益探索。学校围绕建设"双师型"教师队伍，聚焦"高层次"和"应用型"两个方向，打造师资"蓄水池"。一方面，采用灵活多样方式大力引进培育全国技能大师、全国技术能手、专业型博士等高层次人才；另一方面，面

向行业领军企业,大力引进高级工程师、技术骨干等应用型人才。①

(二)对接岗位,探索新形态应用型教材

教材既是重要的专业教育资源,也是专业建设、专业发展的重要支撑,职业本科教育应在充分总结和吸收高职院校教材特色基础上,不断深化教材改革,处理好学科属性和工作项目之间的关系,突出职业本科的类型教育特征,确保定位明确、规格适当、特色鲜明,打造对接岗位、内容丰富、灵活多样的高水平专业教材。

优化编写团队结构。充分发挥"双师型"博士教师的引领作用,把握本科层次标准,抓住学科重点,整体掌握所编课程教材与前后课程之间的内容连贯,考虑学生的认知水平和知识结构,符合认知规律与教学规律。开展多元合作,运用好区域产教融合平台和校企协同机制,吸纳行业专家和企业一线技术骨干参与教材建设,引入最新的、具有很强实用性的基础理论知识和从事专业工作的基本技能,使理论与实践相结合,确保学校教育与社会需求有机的统一。

优化思政融入模式。作为现阶段职业教育最高层次教材,既要体现先进的课程思政理念,又要凸显高质量的专业技术。为此,要将正确的思想政治导向放在首位,结合职业本科的层次特点和类型特点,准确把握专业知识与核心思想、重要论断等思政要点的关联之处,纵向系统研究思政理念、思政目标、思政元素等要素,横向全面联系培养方案涵盖的思政课程,课程思政与思政课程相得益彰,促使学生完整理解吸收,并将思想转化为行动。

优化知识呈现形式。《国家职业教育改革实施方案》提出:"建设一大批校企'双元'合作开发的国家规划教材,倡导使用新型活页式、工作手册式教材并配套开发信息化资源。"职业本科院校应充分借鉴现阶段高职院校开发活页式、工作手册式教材的方法,以实用为出发点,牢牢把握职业教育类型特征,对接目标产业和目标岗位,以一线真实场景为蓝本优化呈现形式。同时借助互联网+技术,开发数字化、网络化资源,建设与教材相配套的教学课件、虚拟仿真系统、试题库、二维码平台。

(三)紧扣目标,强化多元化复合型教法

知识目标、能力目标与素质目标构成的三维目标体系既是教学实施的核

---

① 江苏省教育厅.南京工业职业技术大学积极探索职业本科教育特色发展之路[EB/OL].2022[2022-07-29]. http://www.tech.net.cn/news/show-96115.html.

心,又是科学选择教学方法的前提。职业本科教育与高等职业教育、中等职业教育既有区别又有联系,部分在中等、高等职业教育中实践验证过的教学方法,面对职业本科学生又会出现新的问题。因此,应紧紧围绕教学目标,以马克思主义辩证法为指导,以全面的、发展的思路开展职业本科教法改革。

传统教学方法包括讲授法、讨论法、直观演示法、讲练结合法等,各种方法互相孤立,缺乏联系。当今时代信息技术快速发展,利用"互联网+"技术和各种课程管理平台,既可以对传统的教学方法进行改良创新,又能够实现教学方法的多样化实施,使学生技术技能水平和职业素养得到全面的培养。

在实践层面,职业本科教育要特别把握课前、课中和课后三个教学环节,在"课前"熟悉学生学情、在"课中"传授知识技能、在"课后"开展复习提升。针对每一个环节科学选择与教学内容匹配的教学方法和线上、线下教学环境,重视适合职业教育学生的启发式、探究式、讨论式、项目式等教学方法在教学中的应用。要充分认识到每一种教学方法都有其优势和不足,适用于解决当前问题的教学方法可能针对另一问题就不能奏效。

通过系统推进"八个有"(即网络课程安排有规划、线上教学设计有预案、课程思政融入有方法、平台资源丰富有选择、翻转模式探索有亮点、网络教研活动有氛围、全程质量监控有力度、技术服务平台有保障),实现线上教学与线下教学"同质等效",不断激发学生学习兴趣,提升学生的理论联系实际的能力、发现和解决问题的能力以及终身学习能力。

第四节 职业本科特色人才培养模式

职业本科教育主要面向高端产业,服务产业基础高级化、产业链现代化[①],其在知识水平上要达到本科水平,在应用创新能力上要高于高职专科水平。本节将从强化产教融合协同育人、彰显高层次人才培养定位、注重职业素养养成教育、实现岗课赛证有机融通等方面分析职业本科特色人才培养模式,为构建区别于普通本科教育的,培养"精技艺、善经营、会管理"现场工程师的职业本科人才培养模式提供新思路。

---

① 中国教育科学研究院职业与继续教育研究所所长、研究员 孙诚.本科层次职业教育专业设置需要把握好三个关键问题[EB/OL].2021[2022-8-22]. http://www.moe.gov.cn/jyb_xwfb/moe_2082/2021/2021_zl11/202102/t20210223_514456.html.

一、强化产教融合协同育人

（一）一条主线、产教融合，三位一体培养创新型大国工匠

1. 锚定职教主线，培养高层次应用人才

教育部在《本科层次职业教育专业设置管理办法（试行）》中指出，应"坚持高层次技术技能人才培养定位"，明确了职业本科教育从类型角度是培养"技术技能人才"。因此，本科层次职业教育在有机衔接中等、专科层次职业教育的同时将职业教育进一步纵向贯通，需要以现代化产业链中职业岗位为本，突出学生应用创新能力的培养，这是职业本科与其他普通院校的主要区别。

以国家"双高计划"建设院校之一——浙江工贸职业技术学院智能光电技术专业群为例，在机械工程（光机电应用技术）、自动化等本科专业教学过程中实施"三真三化"教学：真实激光加工机床、真实加工产品质量要求以及真实规范化工厂生产，同时做到教学职场化、操作实景化以及项目综合化。在教学中充分体现出适应现代化高端制造业中光电制造技术中职业技能技术的要求，突出理论知识与岗位实践的有机结合，于生产一线培养学生应用创新能力，达到职业本科层次"高等性"要求。

2. 融合校企主体，打造一体化职教体系

产教融合是行业企业和职业院校双向发力、双向整合的过程，企业和高校都是产教融合的主体，只有组成一个利益共同体，才能真正实现产教融合。校企合作、工学结合、顶岗实习是深化产教融合的实施路径，通过校企深度合作对接产业企业和职业教育，实现职教培养体系一体化，最终为产业发展作出贡献。

职业本科阶段人才培养模式需要适应更高层次、更高水平的创新型技术技能人才培养需求，迈向更深层次的产教融合。在办学主体层面，从校企合作转变为校企融合，从行业企业和职业院校"双元主体"走向校企"一体化"；在人才培养层面，从工学结合转变为工学融合，强调工作过程导向的学习，将学习和工作融合在一起；在实践学习层面，从顶岗实习转变为顶岗工作，更加强调顶岗实践、毕业设计和就业的统一。①

---

① 吴学敏.开展本科层次职业教育"变"与"不变"的辩证思考[J].中国职业技术教育，2020(25)：5—13.

职业本科教育产教融合一体化人才培养体系在实现企业和院校培养目标、培养内容、培养评价等层面的融合以外,需要通过人才培养机制和科研育人机制的创新,确保校企合作能够融入专业建设、人才培养和社会服务全过程,构建校企融合育人的生态体系。

职业本科教育产教一体化人才培养体系除了在培养目标、培养内容、培养评价等方面实现校企一体化外,还需要确保校企合作能够融入专业建设的全过程。例如,在实训方面,将部分实践课程接入企业平台,引入企业导师对学生开展技术技能考评,带给学生理论知识与实践技能的双重提高。在科研方面,进一步引导学生参与院校与企业指导老师科研项目,鼓励学生基于课本知识开展应用创新实践,为企业解决实际生产问题,凸显本科层次培养要求。

3. 变革教育方法,明确立体化培养目标

职业本科教育不同于普通应用型大学建设,以工程教育普通本科与职业本科为例,其本质区别在于人才培养的逻辑起点是知识体系还是岗位职业能力。职业本科是职业教育体系的组成部分,与普通高等教育分属不同教育类型;职业本科也遵循培养适应岗位需求的技术技能人才这一定位,遵循实操能力为主、理论知识够用原则。[1]

伴随着人工智能技术和现代通信技术的发展,越来越多的重复性体力劳动被智能化设备取代,职业本科教育需要进一步明确"知识、技能、素质"三位一体培养目标,推进教育内容的调整和教育方法的不断变革。中等职业教育、高职职业教育更加注重操作与模仿,要求熟练掌握技术规范与操作规程;而职业本科教育应当注重技术应用的复杂性和综合性,要求学生在已有基础上开展新工艺、新方法的技术创新,实现从被动"技术人"的培养转换成具有创新思维的主动技术人才的培养。[2]

(二)立德树人、启智润心,德技并修培育新时代劳动榜样

1. 坚持立德树人,培育全面发展时代新人

在当前制造业新一轮技术革命背景下,迫切需要大量高素质、高水平技术技能人才进入制造企业,不仅要具有高超而精湛的实际操作、运行维护等业务

---

[1] 余闯,施星君.工科类职教本科人才培养定位及体系——以X学院机械工程专业为例[J].高等工程教育研究,2021(6):103—109.

[2] 曾捷,韦卫,李祥.本科职业大学办什么:人才培养定位再思考——基于16所本科职业大学章程的文本分析[J].成人教育,2021,41(11):55—62.

知识,同时要具备良好的职业素养。因此,职业本科人才的培养过程中精益求精、严谨细致、创新奉献、爱岗敬业等新时代工匠精神显得尤为重要。

对于青年学生而言,其饱含着对未来的美好憧憬与期待,充满着无限的工作热情,德技并修将使之既掌握扎实的专业技能,又树立职业敬畏感、秉持职业操守、恪守职业道德,成为全面发展的时代新人。①

2. 探求启智润心,打造"双结构型"育人团队

职业本科教育具有职业教育的类型特征和本科教育的层次要求,相比普通本科教育更为注重学生职业精神的培养,也更加强调与行业企业的紧密联系。"双师型"教学团队由学校、企业双方组成,校内专任教师专业理论知识扎实,具有较强的课堂教学驾驭能力,能为学生打下扎实的专业基础;企业技术能手有着丰富的工程实践经验与社会阅历,能拓宽学生视野,引导学生主动适应社会,有助于培养学生的责任意识和职业意识。②

因而,要合理配置学校专任教师与企业技术能手,要将企业核心价值观、职业行为准则、行业道德规范等内容融入日常教学中,达到"培根铸魂、启智润心"育人效果。

(三)浙工贸"一核二体三平台"校企协同人才培养模式

浙江工贸职业技术学院根据机械工程(光机电应用技术)、自动化等职业本科专业学生特点,通过学校和企业双主体共同研究制定培养方案实现人才共育,共建通用能力、综合能力和专业能力三个能力培育平台,构建以职业本科为引领、"中高本"梯次人才培养为主线的"一核二体三平台"校企协同人才培养模式,主要做法包括五个方面。

校企共建课程资源。优化现有课程资源,联合企业新建一批虚拟仿真和企业智慧生产实训教学资源,引导学生提前熟悉工作环境、智能设备和先进生产技术。

全面改革教材教法。以企业岗位工作内容为导向,开发理实一体、岗课融通的教材编写;以工作手册式教材为依托开展基于工作过程的项目式教学,推进"做中学、学中做"的教法改革与创新。

---

① 蒋强.高职院校制造类专业德技并修育人体系与路径研究[J].现代职业教育,2022(18):40—42.
② 王赛娇.新工科愿景下高校课程思政协同改革探究[J].佳木斯职业学院学报,2022,38(4):34—37.

组建专兼结合教师团队。依托校企实训基地,培养"双师型"教师。学校鼓励青年教师下企业进行生产性实训或项目研发实习,时间为每年不少于1个月;建立"固定岗+流动岗"资源配置机制。推动校企人员互聘、职务互兼政策实施,实现企业高层次技能人才和专业教师良性双向流动。

共建"三真三实"实训基地。面向企业人才需求,打造"真实"实训环境、引入"真实"产业项目,开展"真实"生产教学管理与运作。图5-6、图5-7、图5-8是光电制造学院与瑞明集团合作建设的智能制造实训教学基地。

图 5-6 智能化机械加工集成生产示范线

图 5-7 智能化浇注成型系统

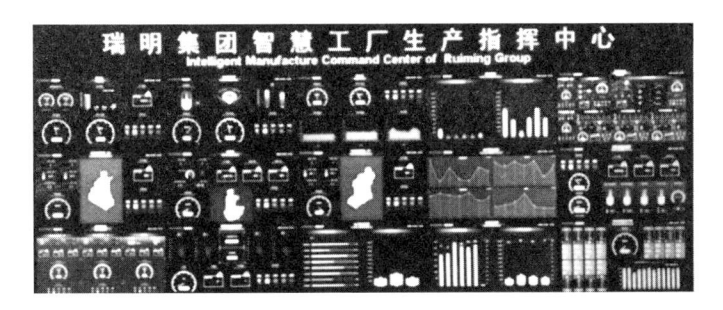

图 5-8 智慧工程指挥中心显示屏

联合开展重点项目科技攻关。根据企业对新工艺、新技术需求,校企协同开展项目攻关,形成以科研促进教学的正向反馈,同步完善人才培养方案,吸纳学生加入团队,预留为企业技术骨干,形成应用技术协同创新与教学新机制。

模式实施后,围绕智能制造融入实际案例,对"材料成型加工工艺与设备"等3门课程资源更新,以企业为主建设的3D打印线上教学资源已为8 000余名学生与社会人员提供在线学习服务;校企共建校内"铝合金生产实训基地"和"智能制造"校外实训基地;结合企业一线实际需求开展的科研项目2项,为企业输送专门人才8人,获科研经费资助150万元,研究成果极大缩短了企业产品研发周期,产品性能和成品率明显提高。"一核二体三平台"校企协同人才培养模式成效显著,为全国职业本科产教协同育人贡献了"浙工贸经验"。

二、彰显高层次人才培养定位

(一)贯通职教体系,培养高规格技术技能人才

我国职业教育从最初培养"技术型人才",再到"实用型人才""应用型人才""高技能人才",最后确定培养"技术技能型人才",职业教育的职业性、实践性、一线性自始至终均是职业教育人才培养的类型特征。[①]我国职业教育从中等职业教育、高等职业教育、职业本科教育纵向设置在注重知识与技能培养的同时,也对职业素质提出了更高的要求,如图5-9所示。

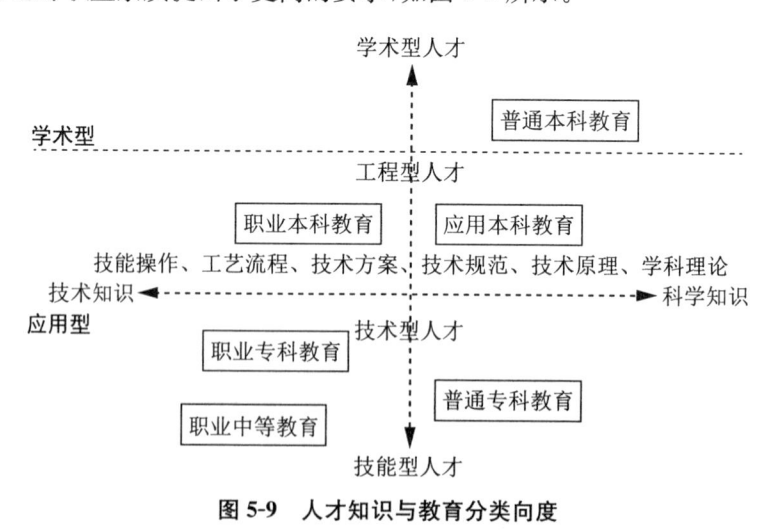

图5-9 人才知识与教育分类向度

---

① 王学东,马晓琨.职业本科高校人才培养定位与体系建设[J].教育与职业,2022(5):21—27. DOI: 10.13615/j.cnki.1004-3985.2022.05.016.

教育部在《本科层次职业教育专业设置管理办法(试行)》中指出,应"坚持高层次技术技能人才培养定位",明确了职业本科教育从类型角度是培养"技术技能人才",从层次角度是培养"高层次"人才。与中等职业教育、高等职业教育相比,职业本科人才培养的高层次不应仅局限于培养时限的加长,更应体现在培养质量的提升和能力水平的价值变化上。

职业本科是职业教育的本科层次,其意义涵盖职业教育的类型特征与本科教育的层次特征。职业本科毕业生既应当是具备优秀核心素养的"职业人",又是具有高超操作应用能力的"技术人",能够胜任更加复杂、综合的专业技术工作,其特质包括职业人高尚的人格,严明的纪律,职业的形象,精湛的技能,崇高的精神等。

(二)融通普教序列,培养多元化异质互补人才

职业本科与普通本科享受同等本科高校学历权益,培养院校都是教育部审批,纳入国家统一招生计划的高校,职业本科与普通本科在证书效用方面价值相同,在就业、考研、考公等方面具有同样的效力。[①]

但是,职业本科与普通本科存在明显的差异性。就培养目标而言,普通本科立足于"专业学科的发展",学科和专业的建设是普通本科教育研究领域中的关键问题。而职业本科是以能力为本,属于就业导向的教育,以其鲜明的职业教育属性,深刻诠释了职业本科的教育功能定位。

职业本科立足于培养学生在爱国、爱党、敬业、爱岗、创新等方面的综合素养,整合多重资源协同育人,通过理论和实践相结合的教学方式,指导学生掌握相关职业或岗位的新知识和新技能,成为具备实用性、专业性、技术性和职业性的高素质应用型、复合型、创新型人才。

就专业设置而言,职业本科属于培养某一个特定领域的人才,更侧重于技能。相对于普通本科,职业本科这一教育类型与社会市场经济的联系更为密切,其专业设置不但要考虑当前社会和市场的需求,更应该考虑一定时间内市场需求的动态变化,以职业岗位为依据,针对职业岗位来设置专业学科,并优先考虑市场需求大、就业相对稳定的岗位需求。

就学生就业而言,职业本科毕业生的就业走向基于市场与经济的实际需

---

① 国务院学位委员会办公室.关于做好本科层次职业学校学士学位授权与授予工作的意见[EB/OL]. 2021[2022-7-29]. http://www.gov.cn/zhengce/zhengceku/2021-12/11/content_5660024.htm.

求,以技术上的操作与创新为主,从而使各专业领域的技术能够得到更好的积累、创新与传承。普通本科毕业生的就业走向以科学发现、理论突破为主,发现学科发展规律,从理论方向来实现突破。

综上所述,职业本科与普通本科在培养目标、专业设置、学生就业等方面存在显著的差异互补的特点。普通本科人才培养偏重于认识世界,职业本科人才培养侧重改造世界。如同自然界要保持生态平衡,须保护生物的多样性。高等教育和人才培养要实现科学发展,则应努力寻求多样化人才培养之路。

三、注重职业素养养成教育

(一)职业素养教育的必要性

近年来,《引导部分地方普通本科高校向应用型转变的指导意见》(教发〔2015〕7号)、《国家职业教育改革实施方案》(国发〔2019〕4号)等文件指出技术技能型人才是职业本科人才培养的类型。《关于深化职业教育教学改革全面提高人才培养质量的若干意见》指出,要"把学生的职业道德、职业素养、技术技能水平、就业质量和创业能力作为衡量学校教学质量的重要指标"。《本科层次职业教育专业设置管理办法(试行)》(教职成厅〔2021〕1号),明确了职业本科教育的培养目标为"高层次技术技能人才"。职业本科的提出,对职业教育人才培养提出了新的要求,同时也将职业素养教育提到了更加重要的位置。

随着产业现代化和集群化发展,岗位对知识和能力要求更为细化和复杂化,人才边界更加模糊,综合素质能力要求更高。基于此背景,职业本科要求在人才培养过程中需充分落实职业性,以培养大国工匠、能工巧匠为根本使命,以技术技能人才需求为导向,同时切实把握高端性,应对数字化、智能化时代产业集群化,面向高端产业和产业高端,注重通识能力、创新能力培养。[1]而职业素养作为职业道德、意识、习惯、技能的内在表现,是高职人才培养目标的重要组成,是学生在职业岗位上可持续发展的有力保证。强化职业素养教育,是实现职业本科人才培养新要求的内在需求。

尽管职业本科对高层次技术技能人才培养提出了新要求,将职业素养教育的重要性进一步提升,但目前实践层面仍存在许多问题。

---

[1] 余闯,施星君.工科类职教本科人才培养定位及体系——以X学院机械工程专业为例[J].高等工程教育研究,2021(6):103—109.

首先，素质培养与技能传授相互游离情况较为突出。目前，部分高校存在重专业技能传授，轻职业道德教育、工匠精神培养和职业素养培养的问题，专业技能和职业素养培养之间存在隔断，缺乏有机融合。

其次，职业素养教育内容、教育方式缺乏科学性。目前高职院校对学生职业素养教育更多是基于政策文件的人才培养定位和方案开展探索实践，存在教育目标模糊、笼统不清晰，教育内容空泛、与学生专业联系不紧密的情况。[1] 大多通过设立素质教育类课程，企业工程师讲座等途径开展素质教育，形式单一。以"教"为主代替以"养"为主进行职业素养教育，混淆教与养的概念，违背了职业素养教育的规律。

第三，校企协同育人仍需进一步深化。企业注重效益，高校强调育人，在校企合作实施过程中二者的目标并不是同一的。如何实现效益与育人的协调统一，实现双方共赢在合作过程中没有很好解决，缺乏一套具有可持续性、健全的合作机制规范企业和学校的育人过程，职业素质教育内容相对空白。

（二）职业素养养成的多面性

1. 从人才培养目标看

职业本科人才培养精准面向高端产业和产业高端中的特定职业岗位群，培养具有较高职业素养和实践水平的高层次技术技能人才。与传统高职培养相较，强化了创新应用要求、综合素养养成教育、技术知识迁移能力等，突出了人才在岗位上有创新性产出，具备可持续发展的能力，即要有"后劲"。知识技能传授具有时效性，而素养的养成则具有永久性，容易形成"自主意识"，使学生的职业发展"后劲"充足。

2. 从实际育人效果看

职业素养是学生专业水平的内在体现，能帮助学生在工作中找准定位，树立职业道德，强化职业意识，养成自我规范的职业行为习惯，使学生在岗上具备长期自我提升，可持续发展的能力。

3. 从企业用人需求看

扎实的技能水平，良好的适应能力、沟通能力、组织能力、价值创造能力、创新能力等综合素质表现是企业和单位招人用人的重要考量标准。短学制培

---

[1] 汪吾金.高职院校学生职业素养养成教育模式创新与实践探索——以杭州职业技术学院为例[J].现代职业教育,2016(19):5—7.

养无法彻底弥补高职院校职业人才教育现状和用人单位对职业高适应型人才需求的落差。强化职业素养教育,针对性地提高学生自主学习、自我提升的能力和意识,对解决招人难和就业难的"双难"局面具有一定的积极意义。

（三）浙工贸"三维联动"职业素养养成模式

1. 系统化设计学生教育体系

浙江工贸职业技术学院深入调研机械工程（光机电应用技术）、自动化等职业本科专业学生重点就业岗位方向,针对学生职业素养养成教育进行科学的顶层设计,贯彻以"养"为体,以"德"为主的设计思路,形成了系统的本科层次职业素养教育体系,如图5-10所示。

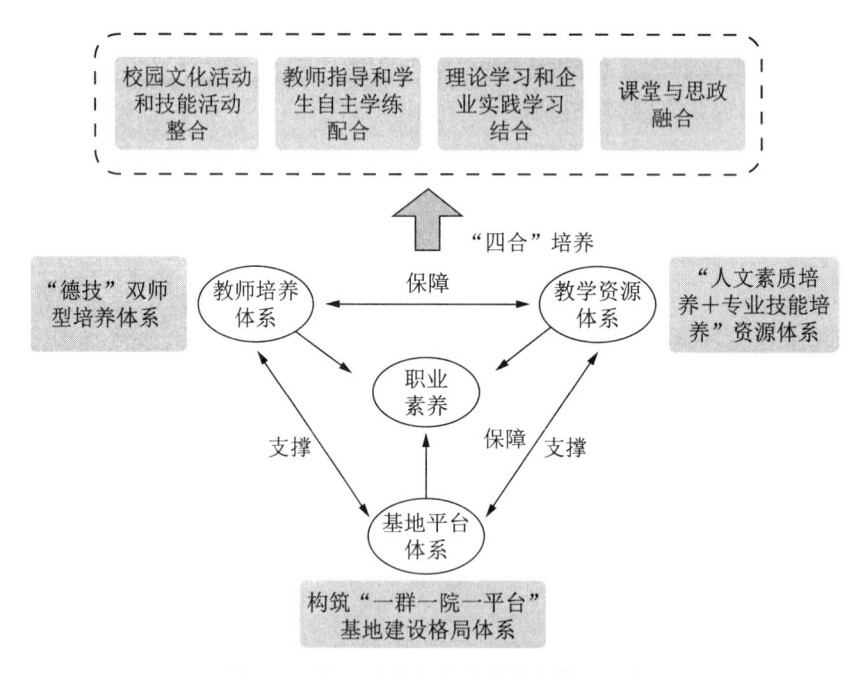

图5-10 职业本科素养养成教育体系设计

基于立体化培养平台,通过课堂与思政相融合、理论学习和实践学习结合、教师指导和学生自主学练配合、校园文化活动和技能活动整合,形成"四合"培养模式,促进了文体、道德、素质和技能的自然养成,全面强化了学生职业素养教育。

2. 专业化提升教师引导能力

浙江工贸职业技术学院从师德和技术双元角度重新定义新时代职业本科

教育高层次"双师"内涵。借鉴学者研究成果，筛选高水平"双师型"教师专业能力构成的关键因子，从职业品质、专业素养、教育素养、服务素养四个维度构建教师专业能力指标，构建德育为先、职业能力为核心的指标构架。

在指标架构的指导下，以"企业主体、学校主导""学生主体，教师主导"的原则引领，落实下企业、进课堂、访寝室，做到生活上与学生交朋友，技能上做学生导师，把握住学生学习、工作、生活三条主线，形成教师与学生之间良性互动、亦师亦友的和谐关系。

3. 常态化构建校企协同机制

浙江工贸职业技术学院把握职业本科专业特点，发挥校企共同体的体制优势，构建校企多维动态协同机制，通过校企双方共同制定人才培养方案，将企业对人才的定位标准作为高校教育培养的重点。据统计，95%实践教学环节行业企业参与，90%的本科毕业设计项目来源于企业生产实际。

基于以上的校企协同模式，学校将职业素养教育渗透到实习实践、比赛培训、毕业设计等各个环节，实现了真实环境下的常态化工学结合，使职业素养教育落到实处，达到鲜活而有效的职业素养养成。

四、实现"岗课赛证"有机融通

（一）"岗课赛证"融通育人现状

"岗课赛证"融通人才培养模式，是2021年4月13日全国职教大会提出的新概念。孙春兰副总理在大会上讲话指出，要"坚持立德树人，优化类型定位，加快构建现代职业教育体系，'岗课赛证'综合育人，提升教育质量，畅通职业发展通道，增强职业教育认可度和吸引力"。岗课赛证，岗是职业岗位，赛是职业竞赛，课是课程教学，证是职业资格或技能等级证书，"四位一体"的全新整合，是我国职业教育在总结岗课对接、工学结合等传统教学实践经验的基础上，经过不断探索形成的更符合我国产业实际，灵活有效的育人模式。

目前，在职业本科背景下，人才培养趋向高端化，强调技术技能并重，现阶段"岗课赛证"培养模式还无法完全适应职业本科人才培养需求，仍存在一定的不足。其一，"引岗入课"有待进一步深化，对接岗位缺少数字化、智能化技术，停留于低端制造业岗位；其二，"岗课赛证"融通路径有待进一步系统，人才培养形式单一，复合能力和创新能力匮乏；其三，未形成优势互补、良性互动的格局，环节间存在错位和短板；其四，"岗课赛证"融通能动性有待进一步加强，现大多依靠政策驱动,开展具有明显的"受动"特点。①

(二)"岗课赛证"融通模式分析

"岗课赛证"融通的基本逻辑是基于四要素间的内在联系,将职业岗位技能、职业技能竞赛项目和证书标准融入课程体系,以课程为载体,形成"岗是逻辑起点、课是载体基石、赛是重要补充、证为评价标准"的内在关系,构建成有机的知识技能网络,形成理实一体的培养体系。②

根据人才培养定位,职业本科的最终目的是培养面向高端产业和产业链高端的高层次技术技能人才。因此,"岗"是课程设置的依据,是"赛"和"证"的源头,起到起点导向作用;"赛"作为技术技能提升的有效途径,是实训体系的高端延伸和优化手段;"证"是一种检验机制和评价标准,要求职业本科课程设置能够精准落实对应职业岗位群的能力需求,融入相应的职业技能大赛项目和职业技能证书标准,提高人才培养过程中的针对性;"课"是融通过程中的基石载体,同时也是融通的重要媒介,"赛证"的成果是课程教育的结果体现。

在职业本科专业的"岗课赛证"融通模式方面,河北工业职业技术大学智能制造学院自动化技术与应用专业提供了行之有效的实践样板。在开展充分而翔实的专业调研、确定专业培养规格、构建专业课程体系的基础上,学校专业团队以"岗课赛证"为指导制定了人才培养方案并绘制了专业地图。培养方案主要依照三项原则:以岗定课,是明确职业岗位和职业能力要求,分析典型工作任务,以岗位工作内容为主线进行课程体系设计;赛教融合,是将大赛项目融入课程体系,将大赛内容融入课程教学内容,将大赛评价融入课程评价;课证融通,是重构课程体系,将学校专业课程与企业认证(证书)对接,实现专业课程与企业认证共生共长。

(三)"岗课赛证"融通路径探索

1. 岗位制导,课程实现——岗课融通

技术岗位直接反映时代产业技术技能人才的动态需求,决定所需人才的技术、专业、素质要求,是实施整体融通的逻辑起点,具有鲜明的制导功能。

根据岗位的导向作用,主动对接高端技术产业链,校企共同梳理岗位工作

---

① 王丽新,李玉龙.高职院校"岗课赛证"综合育人的内涵与路径探索[J].中国职业技术教育,2021(26):5—11.

② 马玉霞,王大帅,冯湘.基于"岗课赛证"融通的高职课程体系建设探究[J].教育与职业,2021(23):107—111. DOI:10.13615/j.cnki.1004-3985.2021.23.017.

任务和职业能力,建立起岗位需求和岗位能力之间的关系,岗位能力和教学内容之间的关系,由岗位能力反推教学内容,并将其转化为可教、可学、可练的具体模块教学任务,形成项目库资源,将岗位能力需求以课程为载体得以实现。

2. 协同并重,能力提升——赛教融通

职业技能大赛有利于职业本科教育观念的更新。确立"能力本位、成果导向"思想,促进人才培养模式转变,其价值体现在课程内容上的拓展创新和课程评价上的引领带动,形成勇于竞争的良好技能学习氛围。

职业技能大赛的标准来源于实际岗位要求,竞赛形式又高于岗位内容。选择关键切入点,将大赛评价标准与教学考核标准相结合,大赛比拼内容与实践教学环节相结合,大赛训练方法与实践教学方法相结合,有效促进学生能力提升。①

此外,将大赛项目化内容进行数字化改造形成任务模块,嵌入项目驱动式教学方法中,与原有资源形成互补,实现教砥砺支撑赛,赛拉抬提升教,协同并重。其次,培养学生竞争意识,落实赛课互认,根据竞赛规模和内容,学生可以参赛成绩顶替对应课程学分,免试相关课程,实现以赛代考。

3. 终端检验,标准评价——课证融通

岗课赛证融通是以取证作为终端检验,以此评价先前的知识和技能学习水平,最终形成完整的人才培养链。考虑到职业技能证书种类较多,在进行选择时要重点考虑证书的考核标准与课程的知识能力传授是否契合,明确课程中的章、节、知识点与证书中的工作任务、领域、技能点的对应关系。

重视课证融通的过程赋能,在课程教学中有选择性地融入行业标准、岗位要求和考证内容,研究职业技能等级证书与专业(实践)课程内容的融合路径。②紧扣"知行合一、工学结合"的教学理念,基于企业实际工作过程、对接职业等级标准,将证书考核模块内容分解、重组,有机融入课程教学当中。结合考核模块特点挖掘思政元素,确定课程思政教育目标,寻找思政教育与证书课程的融合点,形成具有对接岗位、能力培养、思政辅助的"三型共进"的课证融通教学模式。

---

① 马玉霞,王大帅,冯湘.基于"岗课赛证"融通的高职课程体系建设探究[J].教育与职业,2021(23):107—111. DOI:10.13615/j.cnki.1004-3985.2021.23.017.

② 程智宾,李宏达,张健.岗课赛证融通培养模式的价值追问、学理依凭和实践创新[J].职教论坛,2021,37(11):68—74.

第六章　职业本科课程体系建构与实施

职业本科课程体系设计,应参照主要职业岗位群工作内容和工作要求,核心课程要通过典型工作任务分析确定,在专业所面向岗位群或主要技术领域中,选择具有典型性和教育价值的、对于完成产品或服务项目起到重要作用的工作内容,并根据教育的前瞻性要求,将新技术、新工艺、新管理方式、新服务方式等,体现在相关课程的教学内容中。①

第一节　职业本科课程体系设计原则

职业本科课程体系设计要有鲜明职业观、知识价值观、系统分析观,设计流程上要对标先进产业链,分析服务该产业链的高端岗位群,将高端岗位群与专业或专业群匹配,岗位要求与课程教学目标匹配,企业工作流程和工作标准与课程内容匹配,实现教学过程与生产过程的无缝对接。②

职业本科课程体系既要反映学科发展规律、特点与发展趋势,还要符合职业教育与教学规律的客观要求。课程体系设计上应遵循以下四个设计原则。③

一、科学性与实用性相结合

职业本科课程体系设置需要系统性梳理,符合学科逻辑,符合专业技术主线。要实现理论与实践、技术与管理、国内与国际、当前需求与未来发展的有机结合,增强课程体系的科学性。这种科学性表现在不同知识或理论的构成

---

① 刘兰明.职业特色是职业本科的灵魂[N].光明网,2022-1-24.
② 刘成有,冯莉颖,赵峰.职业本科课程体系建设的探索[J].海南师范大学学报(自然科学版),2021(6).
③ 胡兴昌,罗小丰.科学教育专业教学计划与课程体系的科学性研究[J].高等理科教育,2008(4).

方式,学科知识的内在逻辑结构,充分体现出学科的系统性。①

职业本科课程体系的构建又要立足实用性,借助建构主义理论,突出职业技术教育重视产教融合的特点,参照工作职责和岗位技能,以职业岗位(群)技能形成规律为主线编制教学进程,坚持能力本位,构建以岗位工作过程为导向的课程体系。

二、职业性与高端性相结合

相比普通本科,职业本科更突出职业性、技术性。职业本科教育要始终将人才培养的逻辑起点置于真实的职业情境中,课程对接生产岗位需求。要注重系统化技术理论知识的开发及技术学科课程的开设,体现出职业性特点。

职业本科课程体系还要体现出高端性,即面向高端产业以及产业高端;职业本科教育应以技术复杂度和产业契合度为主要考量依据,对接新技术、新工艺、新规范,课程内容不断更新,具有高阶性和挑战度。要设置若干技术选修课程模块,联合行业企业共同开发课程标准、职业技能等级标准等。②

三、厚基础与宽口径相结合

"厚基础、宽口径"一直是我国众多普通本科院校坚持的人才培养理念与原则。职业本科培养层次也是本科,要培养基础知识扎实、专业面向宽厚的职业人才。特别是随着社会经济和科技产业的快速发展,大学生综合能力培养的重要性胜过现成知识的获取。

因此职业本科课程体系设计同样要强化通识教育和科技素养教育,强化公共基础课和专业基础课模块,特别是基础知识、基本理论、基本技能、基本方法的学习。职业本科的"厚基础",不是简单地增加几门应用型本科的课程,应以行业需求为本位,注重知识的复合性、现实性和应用性,培养学生综合运用所学知识和方法解决实际问题的能力,以及培养学生有较强的技术创新能力。

宽口径的知识结构是职业本科人才培养质量的现实需要。职业本科要适当拓宽专业口径,在专业(群)内设置多个方向的课程模块,提升学生的岗位迁

---

① 谢维和.论大学课程的科学性[J].中国大学教学,2018(2).
② 刘彩琴.职业本科:高质量发展的强力引擎[N].中国教育报,2021-11-2.

移能力,增强学生的就业适应性。专业口径设置要对接地方经济建设和社会发展,支持区域产业高质量发展。①

四、通用性与个性化相结合

我国高等教育以全面提高人才培养质量、促进学生个性发展为价值导向。职业本科人才的通用性,主要是指多个岗位的职业通用技能,特别是相关岗位群的通用知识与技能。职业本科专业的课程体系有相对统一的规格要求,包括基础知识、基本技能、基本学力的要求。在建构课程体系时要充分考虑本专业所涉及的知识、技能、能力三个层次的权重与层次的作用关系。②

另外就是坚持共性教育与个性培养相结合的原则,因材施教和多种规格、多种类型的人才培养。职业本科课程体系中除了通识教育课程、专业主干课程,还应设置一批个性化发展课程,通专结合、分类培养、分模块自选,比如可将学生的个性化发展分为专业学术类、专业应用类、复合交叉类、创新创业类等类型。

第二节 职业本科课程体系设计

课程体系是职业本科人才培养思想与理念的具体体现,它直接反映了专业人才的培养内容与培养目标,是提升人才素质、提高教育质量的核心环节。

职业本科课程体系设计,要对标先进产业链,分析产业链的高端岗位群,并与专业群相匹配,归纳出特定专业需要面对的岗位及岗位要求(工作标准),以确立核心课程,形成体系。然后构建与之相适应的职业能力,设计工作任务,具体可采用"平台+模块"的课程体系结构;平台主要为基础课程的集合,即公共基础课、学科基础课和专业基础课,满足学生全面发展的共性要求,为学生发展提供坚实基础。模块主要为专业方向课程包,即专业核心课、专业选修课和专业实践课,侧重于培养学生实践应用能力,体现职业本科特色化培养

---

① 董毅.新建地方本科院校应用型人才培养方案的设计——基于对"厚基础、宽口径"的反思[J].高教探索,2010(5).
② 胡兴昌,罗小丰.科学教育专业教学计划与课程体系的科学性研究[J].高等理科教育,2008(4).

的特性。①

职业本科课程体系设计,可以采用基于工作过程系统化的思路,以及岗课赛证融通思路,分别体现纵向思维和横向思维。

一、课程体系架构思路:工作过程系统化

(一)方法概述

工作过程系统化课程体系的构建是相关专业在遵循工作过程完整性、学习渐进性、职业持续发展性的前提下,重构与岗位需求相融合的新课程体系。②

工作过程系统化课程则不以传授学科知识为目的,而是以工作过程为导向,重视应用性知识的生成与建构。这需要分析社会人才需求调研结果和职业从业资格要求,归纳课程(群)对应的工作岗位(群)的典型工作任务,并分析、论证、归纳出可行动领域,并由课程专家重构行动领域,根据学习领域课程的难易程度,构建专业(群)学习领域的课程框架系统。③

(二)课程体系架构步骤

主要有六个步骤:第一步,针对专业领域开展行业企业调研,得出企业对人才培养的岗位(群)需要,根据人才岗位(群)需求,准确进行专业定位,明确本专业(群)的人才培养目标。第二步,深入分析职业领域内人才岗位需要的工作逻辑或工作特征,进行工作任务分析,提炼出若干典型工作任务的工作逻辑、突出特征、基本框架、工作对象、工作方法和工作要求等。第三步,根据典型工作任务分析,综合考虑对应职业领域的工作逻辑、工作特征和目标岗位,提炼出专业学习领域的认知规律、教学规律和可行性。第四步,根据专业学习领域的确立原则,确定学习领域内课程的设置并排序。第五步,针对各课程内容设计相应的学习情境,充分考虑学生的实际情况、教学设施条件等,把理论知识、实践技能与实际工作环境相结合,将学习领域项目化、案例化、逻辑化。第六步,开始实施,按照职业特性的六要素,即资讯、计划、决策、实施、检查、评

---

① 刘成有,冯莉颖,赵峰.职业本科课程体系建设的探索[J].海南师范大学学报(自然科学版),2021(6).

② 姜大源.工作过程系统化:中国特色的现代职业教育课程开发[J].顺德职业技术学院学报,2014(7).

③ 朱新波.工作过程系统化在《软件工程》应用型课程改革的探索与实践——以广西师范大学漓江学院为例[J].电脑知识与技术,2019(4).

价进行教学实施。①

（三）基于工作过程系统化的课程体系设计案例

1. 专业基本情况

H学校紧跟工业4.0时代步伐成立了智能制造学院，拥有高水平的电气自动化技术专业群。群内有4个专业，分别是电气自动化技术、工业机器人技术、机电一体化技术、机械制造与自动化。学校依托专业群建设了自动化技术与应用专业，为职业本科专业，主要培养从事自动化设备和生产控制系统设计与开发、运行与调试及工程项目的设计与信息化管理的工程技术人员。

2. 岗位能力分析

自动化技术与应用专业开展了翔实的需求调研，向代表性企业、相关院校、毕业生、相关研究机构等调研对象，调研了专业岗位人才需求量、专业人才的基本要求、岗位职业能力要求、企业对毕业生的评价等内容。确定专业主要面向自动化设备和生产控制系统的设计与开发、自动化设备和生产控制系统的运行与调试、自动化工程项目的设计与信息化管理等核心岗位（群）。

各核心岗位（群）的职业能力包括：具备可编程控制器的程序设计方法、自动化设备控制系统的开发能力；具备自动化过程控制系统的设计、集成及调试能力；具备工业过程控制系统的设计、智能仪表设备的设计和开发能力等。

3. 专业培养目标

根据人才岗位需求，进行专业精准定位，明确本专业的人才培养目标，就是培养德智体美劳全面发展，掌握扎实的科学文化基础和自动化控制系统的控制理论、工程设计方法、数字化生产管理等知识及相关法律法规，具备自动化设备与系统的开发、设计、调试，以及生产过程数字化管理与控制的能力，具有工匠精神和信息素养，能够从事自动化设备和自动控制系统的设计与开发、自动生产线的运行与调试、自动化工程项目的设计与信息化管理工作的高层次技术技能人才（见图6-1所示）。②

---

① 赵建平,王力,马竹樵,费叶琦.工作过程系统化的机械工程专业课程体系研究[J].教育教学论坛,2021(11).

② 李建朝.职业教育本科专业建设——以自动化技术与应用专业为例[D].河北工业职业技术大学,2022(7).

```
                    ┌─────────────────────────────┐
                    │ "自动化技术与应用"职业本科专业 │
                    └─────────────────────────────┘
```

核心岗位	自动化设备和生产控制系统的设计与开发	自动化设备和生产控制系统的运行与调试	自动化工程项目的设计与信息化管理
职业能力	具备可编程控制器的程序设计方法，自动化设备控制系统的开发能力 / 具备自动化控制系统的设计、集成及调试能力 / 具备工业过程控制系统的设计、智能仪表设备的设计和开发能力	具备交直流调速系统控制与调试能力 / 具备工业过程控制系统的运行及调试能力 / 具备电气控制系统的分析、识图和制图能力	具备自动化工程技术领域的相关规范和标准，具备一定的自动化工程项目的施工和管理能力 / 具备工业网络通信协议及工业组态技术的生产过程数字化、智能化的管控能力

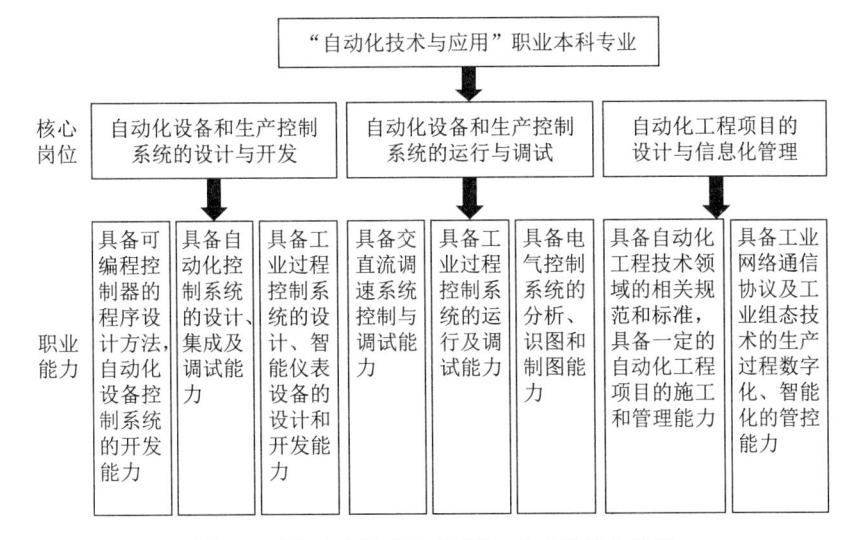

图 6-1 "自动化技术与应用"专业岗位能力分析

4. 行动领域分析

对自动化设备和生产控制系统设计与开发、运行与调试等典型工作任务进行归类形成行动领域，行动领域分析的目标是得到从工作过程转化过来的一组有较高关联度的工作任务，识别出岗位工作人员完成工作任务而应具备的职业能力，然后输出研究结果（见表6-1）。[1]

表 6-1 "自动化技术与应用"专业典型工作任务与行动领域对照表

典型工作任务	行动领域
1. 电子识图与绘图	电子产品制作与检修
2. 电子产品的制作、装配与调试	
3. 电子产品检修	
1. 动力线路设计与敷设	电气线路规划与实施
2. 室内线路设计与敷设	
3. 供配电装置的安装与维修	
1. 电气识图与制图	电动机基本控制与检修
2. 电气元件的选型与质检	
3. 电动机常见故障的检修和处理	
4. 电机控制电路的装配、调试与检修	

---

[1] 陆群，钱志辉. 基于工作过程系统化的"财务信息实务化"课程的开发实施[N]. 空中英语教室（社会科学版），2010(11).

续 表

典型工作任务	行动领域
1. 机床电气控制系统安装、调试与维护	电气控制线路安装与调试
2. 电气控制系统设计、装配与调试	
1. 单片机控制系统软、硬件系统设计与制作	单片机控制系统制作、调试与维护
2. 单片机控制系统的仿真	
3. 单片机控制系统的运行与维护	
1. PLC 控制线路设计与装配	PLC 控制系统故障检修
2. PLC 程序设计与调试	
3. PLC 控制系统的运行与维护	
1. 电气设备安装与调试	电气设备装配与调试
2. 电气系统运行与维护	
1. 自动化设备的装配与调试	自动化设备调试与维护
2. 自动化设备控制系统装配与调试	
1. 过程控制系统集成	过程控制系统规划与实施
2. 检测仪表选型与参数整定	
3. 过程控制系统综合调试	
1. 自动化工程项目的施工	自动化工程项目的设计与信息化管理
2. 自动化工程项目的信息管理	

5. 学习领域构建

不同的岗位有不同的岗位业务逻辑，以过程和目标的特征作为筛选逻辑就形成了学习领域的内容、过程和方法。学习领域是经过教学处理的行动领域，它以职业能力为目标，以工作任务为载体，以技能训练为明线，以知识掌握为暗线，编制出功能类似于课程教学大纲的课程方案。该方案包含工作能力表述的学习目标、工作任务陈述的学习内容和设定的学习时间（见表 6-2）。[1]

6. 专业课程体系

专家团队遵循高层次技术技能人才成长规律和学生身心发展规律，归纳出可编程控制器程序设计、自动化控制系统设计与调试、智能仪表设计和开发、自动化设备装配与调试、自动化工程项目装配调试等多个典型工作任务，

---

[1] 应力恒.工作过程系统化课程的开发与实施[J].职业技术教育,2008(3).

表 6-2　学习领域分析表

学习领域	学习能力目标			参考学时
（节选）	方法能力	专业能力	社会能力	
电气设备装配与调试	掌握自动生产线的使用方法	通过阅读机电设备的电气原理图、布置图和配线图，理解电气设备安装要求，按工序和操作规范完成电气部分装配，并检查电气线路的正确性，完成程序输入及检查	团结协作能力，沟通交往能力；较强的适应能力，弘扬工匠精神	6

然后重构行动领域，确定先进产业链和职业岗位群所需职业能力，包括自动化设备调试与维护、自动化控制系统规划与管理等，并转换成对应的多个学习领域课程，由易到难、层层递进进行教学加工与排序，最后构建出"两类七模块"的课程体系（见图 6-2）。

自动化技术与应用专业课程体系

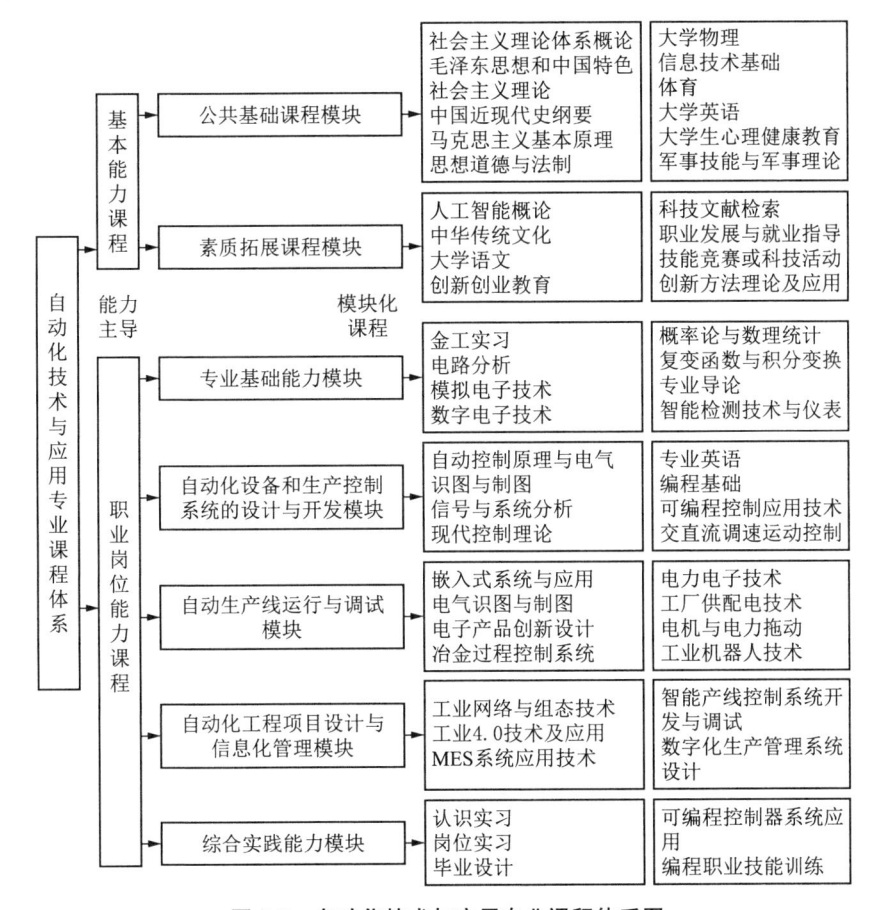

能力主导　模块化课程

基本能力课程：
- 公共基础课程模块
  - 社会主义理论体系概论
  - 毛泽东思想和中国特色社会主义理论
  - 中国近现代史纲要
  - 马克思主义基本原理
  - 思想道德与法制
  - 大学物理
  - 信息技术基础
  - 体育
  - 大学英语
  - 大学生心理健康教育
  - 军事技能与军事理论
- 素质拓展课程模块
  - 人工智能概论
  - 中华传统文化
  - 大学语文
  - 创新创业教育
  - 科技文献检索
  - 职业发展与就业指导
  - 技能竞赛或科技活动
  - 创新方法理论及应用

职业岗位能力课程：
- 专业基础能力模块
  - 金工实习
  - 电路分析
  - 模拟电子技术
  - 数字电子技术
  - 概率论与数理统计
  - 复变函数与积分变换
  - 专业导论
  - 智能检测技术与仪表
- 自动化设备和生产控制系统的设计与开发模块
  - 自动控制原理与电气
  - 识图与制图
  - 信号与系统分析
  - 现代控制理论
  - 专业英语
  - 编程基础
  - 可编程控制应用技术
  - 交直流调速运动控制
- 自动生产线运行与调试模块
  - 嵌入式系统与应用
  - 电气识图与制图
  - 电子产品创新设计
  - 冶金过程控制系统
  - 电力电子技术
  - 工厂供配电技术
  - 电机与电力拖动
  - 工业机器人技术
- 自动化工程项目设计与信息化管理模块
  - 工业网络与组态技术
  - 工业4.0技术及应用
  - MES系统应用技术
  - 智能产线控制系统开发与调试
  - 数字化生产管理系统设计
- 综合实践能力模块
  - 认识实习
  - 岗位实习
  - 毕业设计
  - 可编程控制器系统应用
  - 编程职业技能训练

图 6-2　自动化技术与应用专业课程体系图

7. 学习情景设计

对每门专业课程进行深化设计,设计若干个学习情境,按照由简单到复杂、由仿真到真实,分析各学习任务的实现条件,参照工作的对象、内容、手段、组织、产品、环境等要素,搭建具体化的学习情境,设置教学内容,整合教学实施的资源要素。

(四)实施意义

职业本科院校基于工作过程系统化的课程体系设计,有助于搭建起的动态更新的学习生态系统,让学生在类似于真实工作的学习情境中实现理论知识的迁移、内化,打破原有的学科知识结构系统,根据工作过程重新定义教学设计,并对教学内容和过程进行重构,将工作环境和教学环境相融合,实现以任务为导向、学生为主、理实一体化的课程教学实施。①

这种基于工作过程系统化的课程体系兼具模块课程的灵活性和项目课程一体化的优势和特点,支持就业导向和学生的可持续的发展问题。②

二、课程体系架构依据:"岗课赛证"融通

要获得职业教育学士学位,学生需要较好地掌握本门学科的基础理论、专门知识和基本技能,以及更高、更熟练的职业技术技能。为达到这一目标,职业本科课程体系构建需要融通职业教育中的"岗课赛证"教学要素,实施综合育人,培养高层次高素质技术技能人才、能工巧匠,为经济社会发展提供人才服务。③

(一)方法概述

"岗课赛证"融通,是指职业院校深化产教融合,对接职业岗位,提高人才培养质量而实施的教改探索;是按照能力本位的要求,打通产业、教育、竞赛、证书四大领域,通过标准、内容、过程、评价等育人要素,以及人、财、物、环境、文化等资源要素的融合,培养高层次技术技能人才。

---

① 李建朝.职业教育本科专业建设——以自动化技术与应用专业为例[D].河北工业职业技术大学,2022(7).
② 姜大源.学科体系的解构与行动体系的重构——职业教育课程内容序化的教育学解读[J].中国职业技术教育,2006(3).
③ 邱敏蓉,陈政华.学士学位要与职教"岗课赛证"融通发展[N].光明日报,2022-1-25.

"岗课赛证"融通的是职业能力，专业（群）内核心岗位的方法能力与社会能力；融通的还有职业教育标准，包括岗位能力标准、职业技能大赛标准、职业资格证书标准等。其中"岗课对接"是以实践为导向重塑职业本科的课程教学体系，校企共建适应产业需求发展的课程体系、教学内容、实践项目等。"课赛融合"将技能大赛内容导入对应的课程，强化课程的实践性与大赛的教改化，实现"面向能力的实践教育"。"课证互融"使教学内容和X技能培训相互融合，借助职业技能等级证书考核，推动教学更加注重实践和实用，培养具有多种技能的复合型、创新型人才。[①]

（二）课程体系架构步骤

基于"岗课赛证"融通模式的专业课程体系架构，分为三个步骤：首先是调研职业本科专业所对应的主要就业岗位（群）。其次是召开专家研讨会讨论各就业岗位的工作内容，对岗位工作内容进行细化、分解，梳理出典型工作任务应具备的核心能力。根据梳理出的能力总结主要工作行动领域，并将工作行动领域转换成学习领域。最后，根据专家研讨的结果，专业课程开发小组综合分析考虑岗位能力、技能大赛能力、本专业"1+X"职业技能等级证书标准的要求等，以共性能力，推导和确定专业课程（群）。各主要课程确定以后，确定各门课程的学时数量和逻辑顺序。课程的排序应按照学生的认知规律、职业成长规律与职业技能递进关系进行。[②]

（三）基于"岗课赛证"融通的课程体系设计案例

1. 专业基本情况

G学校是"中国特色高水平高职学校和专业建设计划"建设单位。电子商务专业是该校数字商贸专业的龙头专业，是中央财政支持高等职业学校提升专业服务产业发展能力建设专业、省级特色专业，拥有职业教育国家级教师教学创新团队、国家级高技能人才培训基地等高级别成果与平台。

2. 岗位能力分析

专业面向校企合作企业、本地代表性企业、专业毕业生、同类院校、第三方研究机构等开展了细致的调研。主要调研产业发展趋势、区域人才需求情况、

---

① 张慧青,王海英,刘晓.高职院校"岗课赛证"融合育人模式的现实问题与实践路径[J].教育与职业,2021(11).
② 应力恒.工作过程系统化课程的开发与实施[J].职业技术教育,2008(3).

企业岗位调研、岗位能力分析、企业对毕业生的评价等内容。调研发现,电子商务职业本科专业主要面向网店运营与推广、网络营销与策划、新媒体营销等核心岗位;各核心岗位需要具备的职业能力包括具备电商网店管理能力、网络营销策划与推广能力、新媒体营销与管理能力等,以及具备新媒体内容编辑能力、促销活动策划与执行、电子商务数据分析能力等。

3. 岗课对接

职业本科电子商务专业课程体系开发从企业岗位的工作要求出发,课程内容以企业真实的工作项目为载体,将"岗"的从业标准和规范系统地转化为学习者职业核心素养。①

根据调研,近年来学校电子商务专业毕业生从事的核心岗位主要有网店运营与推广、网络营销与策划、新媒体营销。其中网店运营与推广岗位上,学生主要承担网店运营管理、供应链管理、网店推广等工作任务,将这些工作行动领域转换成学习领域,则学生应具备网络旗舰店运作管理、客户与服务管理、产品管理等能力,需要系统学习"电商运营""供应链管理""电子商务沙盘仿真实践"等课程,由此将"岗"的从业标准和规范系统地转化为学习者职业核心素养。校企双方紧密构建产教融合协同机制,保持"课"与"岗"动态融通、持续改进。

4. 课赛融合

"课赛融合"以职业本科层次的技能大赛为纽带,将重点赛事与部分相关专业课程融合,引入职业技能大赛内容、大赛评价标准,助力学生专业启蒙,支持学生特长发展,以赛促学、项目驱动,真正地培养高技能人才。当前专业(群)重点推进教育部大赛名单中影响力大的赛事,一项大赛紧密对接一门或多门课程,将大赛的部分技能训练模块引入课堂教学,系统锻炼和提升学生的综合素质。比如专业(群)开设的"电子商务沙盘仿真实践",全面对接电子商务技能大赛,按大赛要求优化课程内容与教学情景,借鉴了大赛评价标准。此外"电商运营"课程中也融入了部分大赛实践模块,"新媒体运营"与"短视频创作"课程则深度融合了新媒体运营大赛(见图6-3)。

---

① 王丽新,李玉龙,刘曲.高职院校"岗课赛证"综合育人的内涵与路径探索[J].中国职业技术教育,2021(7).

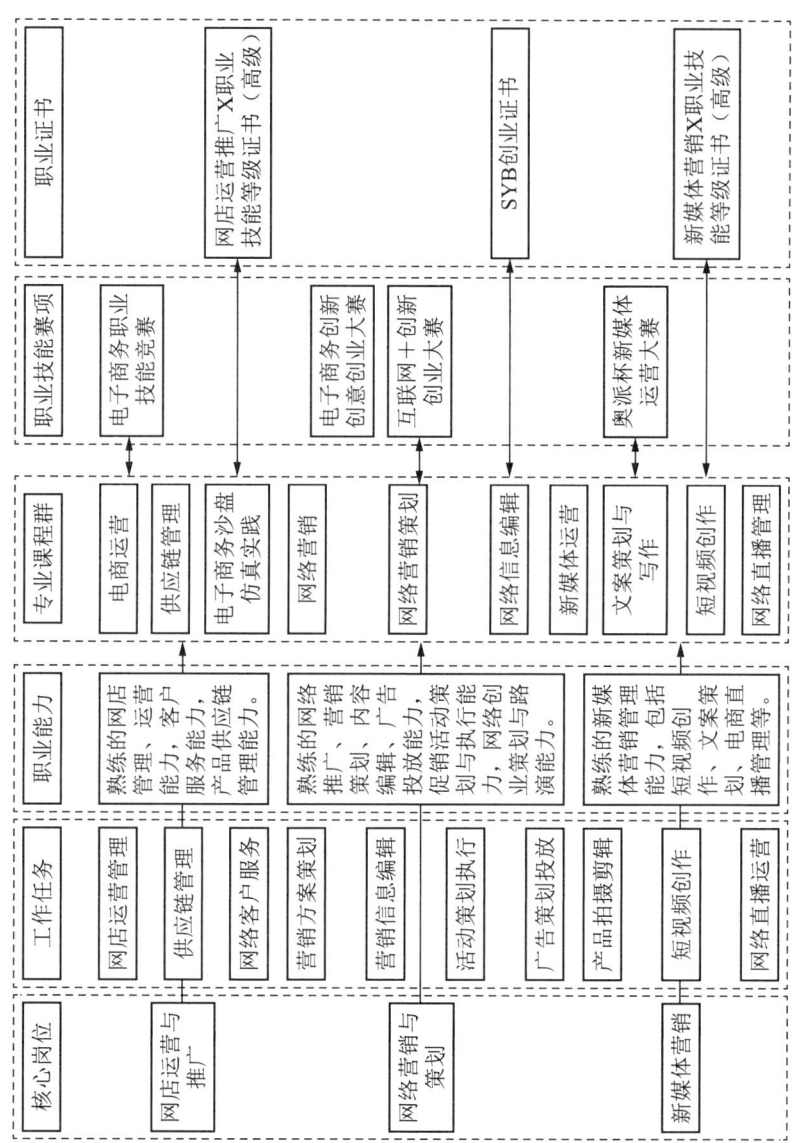

核心岗位	工作任务	职业能力	专业课程群	职业技能赛项	职业证书
网店运营与推广	网店运营管理	熟练的网店管理、运营、客户服务能力，产品供应链管理能力。	电商运营	电子商务职业技能竞赛	网店运营推广X职业技能等级证书（高级）
	供应链管理		供应链管理		
	网络客户服务		电子商务沙盘仿真实践		
网络营销与策划	营销方案策划	熟练的网络营销推广、内容策划、编辑、广告投放能力，促销活动策划与执行能力，网络创业策划与路演能力。	网络营销	电子商务创新创意创业大赛	SYB创业证书
	营销信息编辑		网络营销策划	互联网+创新创业大赛	
	活动策划执行		网络信息编辑		
	广告策划投放				
新媒体营销	产品拍摄剪辑	熟练的新媒体营销管理能力，包括短视频创作、文案策划、电商直播管理等。	新媒体运营	奥派杯新媒体运营大赛	新媒体营销X职业技能等级证书（高级）
	短视频创作		文案策划与写作		
	网络直播运营		短视频创作		
			网络直播管理		

图 6-3 电子商务专业"岗课赛证"融通模式图

5. 课证融通

课证融通,是在职业本科人才培养方案及部分核心课程中融入主流的职业技能等级标准,比如网店运营推广、电子商务数据分析、直播电商等X证书标准。专业课程与职业技能等级证书可以是一对一融合,也可以一项证书对应多门课程的内容。要通过对课程内容进行模块化、能力递进式重构,衔接好岗位能力要求与对应证书能力要求;要支持学生依托课程教学参加X证书考核并取得证书,提升课程的实践性和职业的适应性。

6. 专业课程体系

电子商务专业"岗课赛证"融通的课程体系是基于真实的工作过程对课程进行重构;课程对接两端,一端是本专业(群)的基础理论、专门知识、教学实训,一端是技能大赛、工作岗位和职业技能证书。[1]系统整合了国家教学标准、

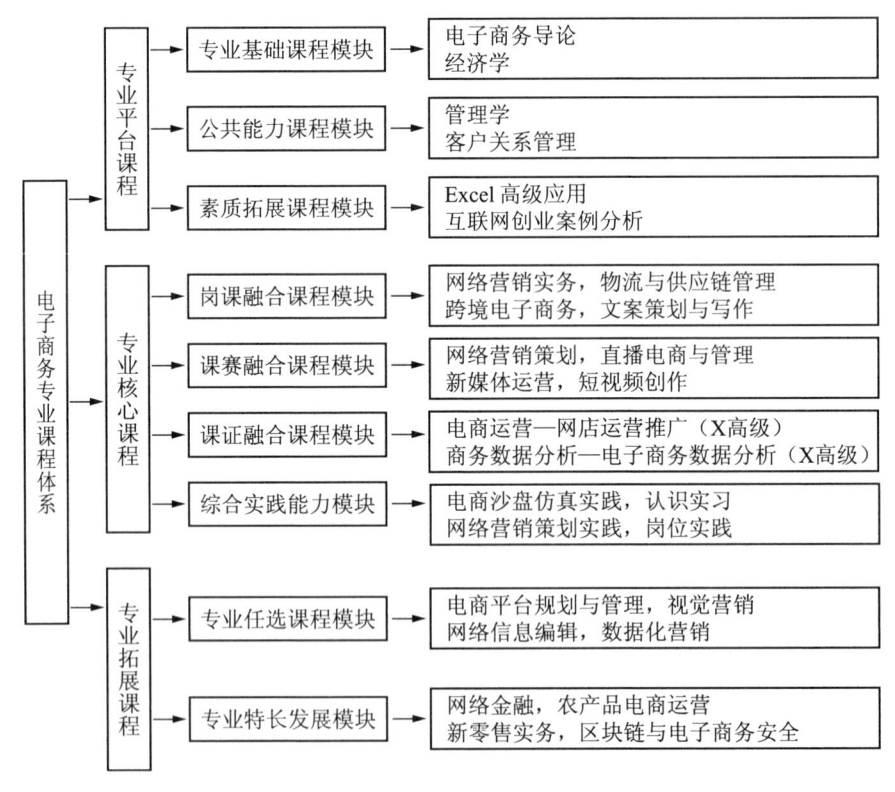

电子商务专业课程体系			
专业平台课程	专业基础课程模块	→	电子商务导论 经济学
	公共能力课程模块	→	管理学 客户关系管理
	素质拓展课程模块	→	Excel高级应用 互联网创业案例分析
专业核心课程	岗课融合课程模块	→	网络营销实务,物流与供应链管理 跨境电子商务,文案策划与写作
	课赛融合课程模块	→	网络营销策划,直播电商与管理 新媒体运营,短视频创作
	课证融合课程模块	→	电商运营—网店运营推广(X高级) 商务数据分析—电子商务数据分析(X高级)
	综合实践能力模块	→	电商沙盘仿真实践,认识实习 网络营销策划实践,岗位实践
专业拓展课程	专业任选课程模块	→	电商平台规划与管理,视觉营销 网络信息编辑,数据化营销
	专业特长发展模块	→	网络金融,农产品电商运营 新零售实务,区块链与电子商务安全

图 6-4 电子商务专业课程体系(不含通识课程及毕业设计等)

---

[1] 邱敏蓉,陈政华.学士学位要与职教"岗课赛证"融通发展[N].光明日报,2022-1-25.

课程标准体系,充分吸收了专业(群)课程资源,构建起了与电商行业、企业人才需求相匹配的"平台课程重基础、核心课程重实践、拓展课程重特色"课程体系;是以平台课程夯实专业基础知识体系、以核心课程强化实践能力养成,培养服务新型商贸活动的特色人才(见图6-4)。

(四)实施意义

按国家职业教育改革实施方案"专业设置与产业需求对接、课程内容与职业标准对接、教学过程与生产过程对接"的要求,职业本科院校应结合本校的专业特色开展学历证书、学位证书和职业技能等级证书互通衔接试点。职业本科电子商务专业"岗课赛证"融通模式,主动构建"岗课对接"课程体系、"赛证促学"实践教学形态、"以评促教"评价机制,有利于开展综合育人,实现教、学、训、赛一体化。

第三节 职业本科课程设计与开发

一、课程开发规范

作为专业教育的重要内容,职业本科是聚焦能力培养的本科层次高等教育。能力培养教育是围绕具体的职业能力这一任务,确定学生培养目标,科学设计教学内容、教学方法和教学过程,评价教学效果的一种教学类型。因此,专业性、职业性应贯穿于职业本科教育的全过程。课程设置作为其中的基础环节,尤其要体现专业性、职业性要求。职业本科的课程开发,要以人才培养目标为导向,以"职业能力"为核心,对课程内容、课程标准、课程考核等进行论证与构建,同时需要对接"三个标准":专业认证标准、职业本科教学评估标准和职业技能等级标准。[①]另外,从专本衔接上看,职业本科教育较之于高职专科教育,属于高层次、后阶段教育,故在课程开发时可将专科职业教育课程内容纳入考量,促进专本教育内容有效贯通、高效衔接,但也要注意区别专本教育不同层次在理论知识与实践要求方面的差异,从而更好地优化职业本科教育的理论、实践以及学生素质培养三者之间关系,促进本科层次与专科层次的课

---

① 罗宁.职业本科试点高校办学模式研究——以广西城市职业大学为个案[D].广西:广西大学,2021.

程内容既能贯通衔接,又层次区别、梯度推进。

二、课程标准研制

(一)课程标准研制原则

职业本科专业课程标准的研制要充分分析专业特点和社会、行业企业人才需求,并遵循以下原则。①

1. 标准性原则

以专业标准为基础,以课程体系宏观设计为主线,对职业本科专业课程标准的统一分析与设计,并撰写相应的标准体例,作为职业本科课程标准的撰写规范。

2. 关联性原则

在专业教学标准的指导下,仔细分析专业课程之间的关联性,明确专业课程先后开设顺序。在设计与撰写职业本科课程标准时,基于以上关联性对课程教学内容进行选取和难度的适当界定,实现对学生职业能力进行连续性的提升,达到学生掌握职业能力的教学目标。

3. 全面性原则

职业本科的课程标准内容要比课程教学大纲要更加具体和明确,主要包括课程定位、课程目标、课程设计思路、教学内容与要求、课程考核与评价、教材要求、课程组织与实施等方面的内容,同时对各项内容和标准的要求要有具体而准确的表述。

4. 职业化原则

职业本科课程标准应当紧密联系行业、企业实际,并以专业职业岗位为基础,进行课程标准的编排和课程内容的选择,让学生在专业课程的学习过程中就能基于职业岗位进行知识深化及能力和职业素养的提升。

(二)课程标准研制内容要求

课程标准研制内容应包括课程定位、课程目标、课程设计思路、课程内容与教材选择、课程考核、教学组织与实施设计等条款。②每个条款的具体研制要求如下。

---

① 杨秀英,张小莹,谢林.职业本科课程建设的研究与探索——以海南科技职业大学为例[J].中国高校科技,2020(1):93—95.
② 梁秋萍,余冯蓬.职业本科旅游管理专业课程标准的研发[J].素质教育,2021(3):160—161.

1. 课程定位

课程定位应结合社会需求调研，叙述本课程改革的背景、课程的性质和基本理念。职业本科课程定位应当具体而明确，应明确该课程在课程体系中的定位，明确先修课程和后修课程，并明确本课程特点和相应教学特点。

2. 课程目标

课程标准应介绍课程目标，描述各部分间的相互关系。职业本科课程的教学目标应包括但不限于：知识目标、能力（技能）目标、职业价值观等相关的知识能力与素质目标。涉及职业资格或技能等证书的课程，还要结合考证要求进行教学目标的设定。

3. 课程设计思路

职业本科课程设计思路要以行业企业职业岗位能力要求为依据，首先对行业和企业的人才需求进行分析，以职业岗位为导向，根据职业岗位能力要求选取课程教学内容。积极开展课程思政改革，将思政元素融入专业课程的教学设计；积极引导学生树立爱岗敬业、精益求精等工匠精神和求真务实、科学严谨的道德观。要围绕职业岗位的典型工作任务来设计教学过程和组织教学，以实际工作要求指导教学评价指标的设计。

4. 课程内容与教材

课程内容是职业本科课程标准的核心。职业本科课程内容要以职业岗位的能力要求为导向，理论与实践并重，着重培养学生的职业能力，拓宽学生的职业发展维度。同时，课程内容可以根据企业岗位的典型工作任务融入职业资格证书的考核内容和标准，进行教学情境的设计，突出对职业本科职业能力的培养。在课程教材的选择上，以校企合作开发的职业化教材为最佳选择，同时重视工作手册式教材的开发与选用。

5. 课程考核

职业本科应以学生职业能力提升与素质培养为目标，对应的课程考核要体现职业化要求，体现理论与实践并重的特点。课程考核指标应体现职业能力与职业素质要求，并对标典型工作岗位和工作任务。课程考核应注重教学过程性考核，在课程考核方式上可灵活结合案例分析、模型设计和实践模拟等形式。

6. 教学组织与实施设计

课程标准要进行教学组织与实施的完整设计，这是其与课程教学大纲的最大区别。要以教学组织与实施的设计为抓手进行教学过程的标准化规范化,把职业本科课程建设和改革落到实处。职业本科专业核心课程往往基于职业岗位与典型工作任务进行设计,具有重操作性、实践教学比重大等特点,非常适合开展情景式教学,建议从情境导入、情境分析、知识讲授、技能训练、小组讨论、模拟展示、小组互评、教师点评、归纳总结等九大环节展开。

三、项目化课程开发

(一)项目化课程开发的内涵

职业本科课程开发可采用与高职专科类似的项目化课程开发范式,教师通过设计开发合适的教学项目和多种辅助手段帮助学生独立获得必需的知识,并构建自己的知识体系。①项目课程是行动导向课程的一种主要形式,它是指学生在教师指导下,通过实施项目来自主学习的一种课程形式。所谓课程开发,是指在一定教育宗旨及课程观指导下,系统完整地分析、设计、编制、实施、评价一个或一类课程的工作过程。②随着行业新工艺、新技术、新标准的不断发展,职业本科项目化课程也要不断发展,唯有不断革新的职业本科项目化课程才具有生命力。

(二)项目化课程开发的原则

职业本科要本着既高于高职,又与普通本科有不同,有所创新的原则来进行项目化课程开发。虽然"项目化"是职业本科课程改革的重要趋势之一,但并不是所有专业课程都适宜项目化开发。"项目化"是手段,而不是目标,是专业课程体系一体化设计的产物,既可以是原有课程的升华和项目化提炼,也可以将某几门课程按需重组形成新的项目化课程,但根本还是要始终坚持目标导向、服务人才培养方案。若职业岗位培养任务繁杂、培养目标不明确,盲目项目化开发反而会让学生抓不住重点、掌握不了岗位核心能力,导致南辕北辙的效果。

当前,我国经济正处于转型升级的重要阶段,产业结构正在进行深刻调整,新技术、新业态、新模式持续涌现。为了适应这一发展趋势,职业本科项目化课程开发,要注重培养学生掌握丰富的理论知识,具备运用理论知识解决问

---

① 石伟平,徐国庆.论高等职业教育课程的国际比较[J].职教论坛,2001(10):10—13.
② 李俭.高等职业教育项目课程开发的研究[D].苏州大学,2011.

题的能力、可持续发展能力和创新能力。

（三）项目化课程开发主体

在课程开发过程中引入各方面参与力量,形成课程开发主体多元化机制②,有利于最大程度实现设计目标。多元化参与力量应主要包括以下主体：

课程专家：该类人员是掌握课程理论和技能的专业人员,能够在项目化课程编制、实施和评价等多方面给予专业性建议与富有价值的技术指导,有利于课程顺利开发,有助力提高职业本科教育质量。

教师：教师是教学的主体力量,是项目化课程开发的主要承担者,是链接课程开发、实施、评价各环节的关键核心。在项目化课程开发与建设的全过程,都必须充分发挥、尊重教师的主体作用。

企业：企业是项目化课程设计开发的重要力量,无论是项目选取,还是课程内容选择,或是岗位技能、职业能力的培养目标设定,企业最为熟悉,不可或缺。

（四）项目化课程开发流程

1. 确定职业领域

这是项目化课程开发的首要环节。这一环节的任务主要是仔细分析指定专业所对应的职业领域,厘清该职业领域所包含的工作岗位及各相关工作岗位所需的人才标准信息,并基于这些信息逐步分析清楚对应职业领域需要的人才状况和结构类型。①

2. 明确工作岗位

确定了专业所对应的职业领域后,接下来要界定不同职业领域工作岗位以及不同工作岗位之间的边界,从而形成边界明确、逻辑清晰、结构分明的岗位群落。这一环节的主体力量应为企业专家、行业精英及院校的专业教师。

3. 明晰具体任务

确定了专业所对应的职业领域、形成了清晰明确的岗位群落后,项目化课程开发的主要任务就是深入分析各个岗位群落所包含的具体工作内容,并进行归纳、整理和分类,形成每一个工作岗位所对应的工作任务清单。这一环节的主体力量是行业、企业的技术专家和课程专家,其中,以企业行业

---

① 梁成艾.职业教育"项目主题式"课程与教学模式研究[D].西南大学,2012.

技术专家为主,课程专家主要根据前者指导意见,制定尽可能详细的工作任务清单。

4. 归结主题任务

该环节的核心任务就是针对上一环节形成的工作任务清单,分析每一项具体工作任务所应具备的理论知识、操作技能和职业素养等的共同属性,将不同工作任务的共同属性进行概括化和结构化,形成教学主题。这环节中,"主题概括"至关重要,需要充分发挥课程专家与专业教师的作用,充分、适当、有效提炼共同属性、概括教学主题,形成结构清晰、逻辑紧密的教学主题分析表。

5. 确立项目载体

教学主题分析表是职业本科教育项目化课程内容开发的重要立足点和前提条件,这是由于分析表不仅明确了阶段性教学目标,还反映了整体课程的实施目标。为此,项目化课程的开发需要为教学主题分析表创设教学实施情境,即创设一个有利于完成相关主题任务的项目,将教学主题转化成教学任务,实现课程开发由学习领域向学习情境的过渡。在这一环节中,参与主体一般由专业教师、课程专家和行业专家组成,以专业教师为主。

(五) 典型案例

2016年,经浙江省教育厅审批,浙江工贸职业技术学院、温州大学合作开展了机械工程(光机电应用技术方向)职业本科专业教育试点。近六年来,该专业在职业本科项目化课程设计与开发方面不断探索与实践,走出了一条具有"浙工贸范式"的特色之路。

1. 课程体系

浙江工贸职业技术学院机械工程职业本科专业,以"职"为本,结合区域产业特点,从专业的岗位需求出发,对专业的培养目标进行了精准定位,在此基础上明确了培养规格,建立了具有职业特色的模块化课程体系。如图6-5和图6-6所示,该专业的课程体系映射图和逻辑关系图的构建,充分展现了职业本科课程的开发原则。根据专业人才培养定位,该专业课程体系针对激光产业集群升级需求和发展预期,吸收本科院校所长,彰显职业本科特色,基于职业岗位,构建了以机械类课程为基础,以光、电、控制和计算机为主线的宽带学习入口和以激光技术开发应用与激光设备设计制造为培养目标的窄带技术技能出口模块化结构。

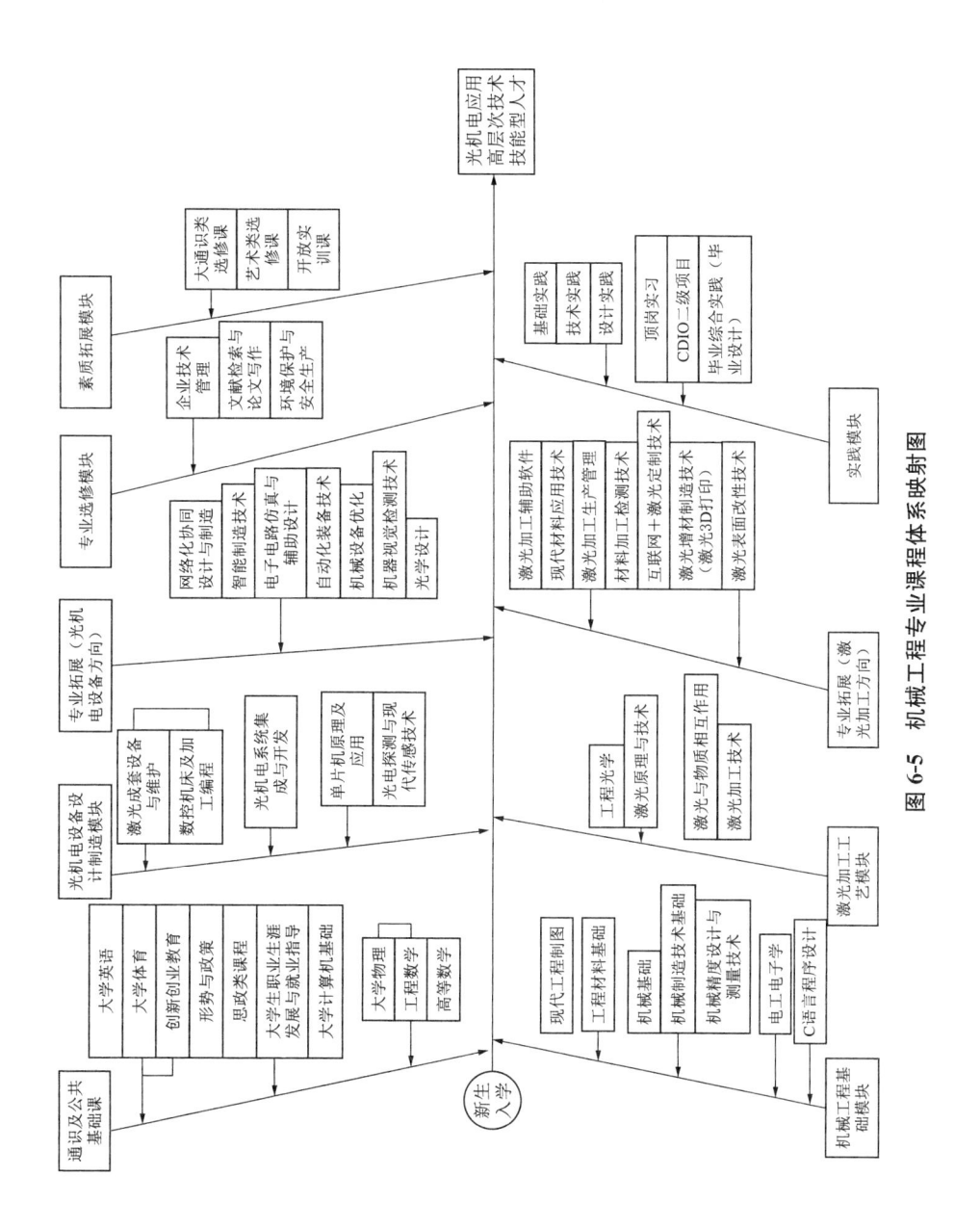

图 6-5 机械工程专业课程体系映射图

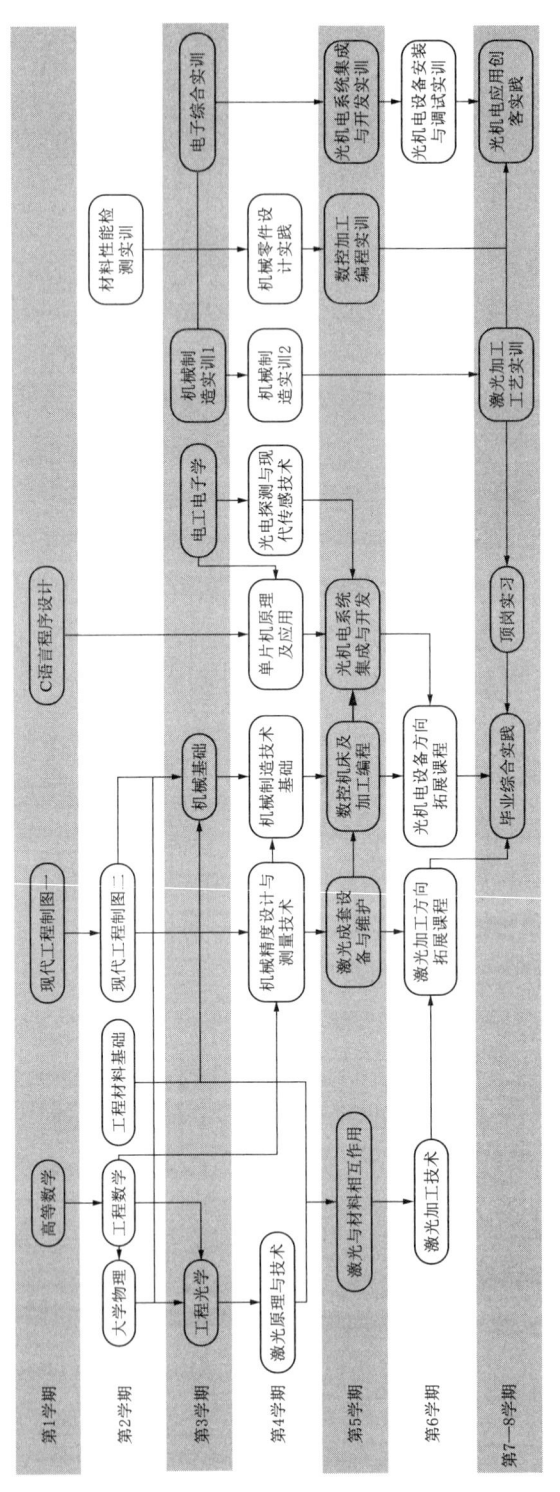

图 6-6 机械工程专业课程逻辑关系图

2. 项目化课程开发

基于模块化课程体系,该专业对部分核心专业课程开展了项目化教学改革,取得了较好的教学效果。该专业项目化课程由校企合作开发,以学生为中心,以企业的真实生产项目为依托,将产业发展趋势与学科专业相融合,将理论与实践相融合,将学科专业与企业岗位相融合,将实验实训与行业企业研发融合,实施理实一体教学,注重培养学生的专业技术技能,让学生直接参与到项目过程中,实现了学生职业技能和综合素养的同时提升,满足了激光加工产业集群对应用型、创新型技术技能人才的需求。下面以该专业核心课程"激光表面改性技术"为例,介绍该专业项目化课程的开发与实施。

(1) 课程定位

本课程主要针对机械工程专业(光机电应用技术)激光加工工艺技术开发应用岗位开设,主要学习任务是:充分利用本专业线上的"激光表面改性技术""激光表面改性工艺实践"相关拓展资料及模拟仿真,结合线下的课内理论知识讲解及课程实践,培养学生对激光表面改性工艺控制与设计、产品性能检测与分析的能力与素质。要求学生掌握金属材料的各类激光表面改性技术的概念、分类、基本原理等基础理论与基础知识,熟悉常用金属材料的各类激光表面改性技术、复杂工艺解决及改性表面性能检测,具备根据产品的表面使用性能要求,合理适当的激光表面改性技术,开发合理的表面处理工艺,并具有进行性能检测的能力。

(2) 课程项目化设计思路

本课程以"机械工程专业(光机电应用技术)专业人才培养方案"为依据,遵循校企共建课程设计理念,依据智能制造中激光技术开发应用等工作岗位能力要求,围绕岗位典型工作任务来选择教学项目;以工作任务来引领整个课程教学,通过教学情境设计来实施教学,设计课程评价标准来开展过程控制,将理论知识、专业技能、综合素质有机地融入到教学过程中;实施"理论与实践"一体化的教学模式,注重培养学生实践能力和创新精神。

(3) 课程具体项目设计

首先确定课程的典型工作任务。根据企业相关岗位,结合专业教学实际情况,确定产品表面处理工艺控制、产品表面处理工艺设计、产品质量表面质量检测、产品表面质量分析课程四大工作任务。其次根据制造企业激光改性原理确定激光表面增材改性、激光表面原位改性、激光表面减材改性三大项目载体,由三大项目载体设计三种教学情境。每个教学情境根据工作岗位任务和教学实际进行教学内容重构,设定相应的知识目标和能力目标,实施"理论与实践"一体化、"学中做、做中学,边学边做"的教学模式,使学生在不同的教学情境中运用理论知识反复实践,全面掌握项目模块知识与能力内容(见图 6-7)。

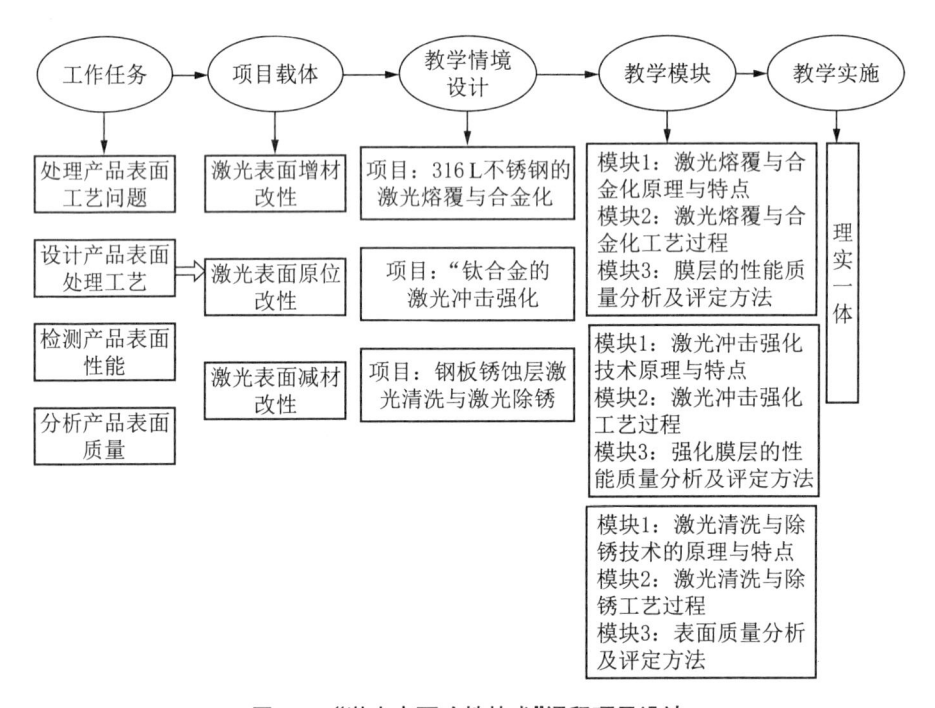

工作任务	项目载体	教学情境设计	教学模块	教学实施
处理产品表面工艺问题	激光表面增材改性	项目:316L不锈钢的激光熔覆与合金化	模块1:激光熔覆与合金化原理与特点 模块2:激光熔覆与合金化工艺过程 模块3:膜层的性能质量分析及评定方法	理实一体
设计产品表面处理工艺	激光表面原位改性	项目:"钛合金的激光冲击强化"	模块1:激光冲击强化技术原理与特点 模块2:激光冲击强化工艺过程 模块3:强化膜层的性能质量分析及评定方法	
检测产品表面性能 分析产品表面质量	激光表面减材改性	项目:钢板锈蚀层激光清洗与激光除锈	模块1:激光清洗与除锈技术的原理与特点 模块2:激光清洗与除锈工艺过程 模块3:表面质量分析及评定方法	

图 6-7 "激光表面改性技术"课程项目设计

该项目化课程设计,将"合作小组""应用能力"等职业元素充分融入其中,实施"理论与实践"一体化的教学模式,采用"学中做、做中学,边学边做"的模式,充分体现了职业本科课程设计与开发的要求。在课程培养目标上,有别于普通本科,在知识目标不降低的同时,特别强调所应达到的技能目标,并对职业素养的养成也提出了明确要求;课程考核过程化,课程评价注重面向项目的训练过程的考核,在课程评价体系加大平时学习权重,除考勤、作业外,设置随堂测试,将项目化成果列入考核,增强学生的专业学习兴趣,并在项目化教学实施中培养学生的团队协作精神和创新能力。

第四节　职业本科教学改革与创新

一、聚焦课堂教学改革

现有职业本科院校大多由高职院校升格而来,传统课堂教学模式已经无法满足高层次技术技能人才培养的需要,因此,迫切需要顺应职业教育的转型升级和发展趋势,构建适应职业本科的教学模式,切实提高职业本科院校的人才培养质量和地方适用性。[①]

（一）优化教学内容,丰富教学形式,打造职业本科"金课"

对照教育部本科课程建设实施意见,职业本科需转变传统"够用、管用、会用"的教学原则,打造具备高阶性、创新性和挑战度的"金课";需以"基础适度实用,理论服务技能"为指导思想,突出课程教学内容的职业性,以职业能力作为配置教学内容的基础,使学生掌握满足工作岗位的知识和技能;需打破课程教学内容过度依赖教材方式,校企深度合作,将企业岗位实际问题或者技术难题转化为课程教学内容,创设具有一定创新性、挑战性、启发性的课程情境任务,增强课程教学内容的灵活性,形成弹性化、模块化教学内容体系。在教学过程中,还要积极实践讨论式、启发式、理实一体等教学方法,培养学生的创造性思维和分析、解决问题的能力,提高学生的职业技能水平,全面提高职业本科的教学质量。

（二）注重过程化考核,建立多样化考核形式

传统教学以考试成绩为主要方式的终结性考核忽视了学生的学习过程,职业本科的教学导向是增强实践性的学习,因此不能把采取平时成绩与考试卷面成绩相结合的考核方式刻板地应用于职业本科课程教学考核,应把学生学习过程的过程性考核作为课堂教学质量保障体系的重要组成部分,积极推进职业本科课程教学考核方式的改革。在采用原有的传统考核模式基础上,要侧重过程性考核,同时可以增设其他的考核方式作为辅助来丰富考核形式,如案例剖析、小组探究、调研分析等,来达到更好的教学目的与效果,打造多样

---

① 王桂花,李国彦,张瑜.基于命运共同体的职业本科教育教学范式构建与实施[J].2021,职教论坛,2021(4):56—61.

化高效课堂。

二、强调信息化手段

"互联网+"背景下,信息化已经融入经济社会各个层面,并呈现出多元化方向发展的特点。对于职业本科教育领域而言,推进信息化教学模式在教学中的应用,有助于做到与时俱进培养学生的创新创业思想,丰富教学模式,加快推动教育现代化改革。

(一) 运用信息化技术,构建教学资源库

职业本科院校不仅要开展传统教材等线下教学资源建设,还要吸纳线上优质课程资源,将国际前沿最新专业进展与成果,行业、产业技术与相关实践经验融入专业课程,探索建设一批基于现代信息技术的新形态教材,给学生提供更加丰富多样的学习资源。同时,紧跟产业发展需求,加强校企合作,融合信息化技术共同开发在线开放课程,编写新形态教材,构建专业教学资源库,并完善教学资源共享机制,加快共享型教学平台建设,扩大优质课程共享面。

(二) 运用信息化技术,打造多样化课堂教学

学生作为学习的主体,每位学生的学习能力和学习习惯往往不同。借助信息化技术,学生可以完成课前自学、课下巩固,学习时间由自己来支配,改变传统的被动接受知识模式。老师由主导转变为辅助引导,从而实现学生的自主学习。同时教师可以充分利用信息技术手段开展混合式、项目式、案例式等教学方法带动课堂革命,还可以将音频、视频和动画等结合为不同教学要素,通过资源共享、学习自主、活动合作及情景化学习等,来实现教学方法创新。

(三) 运用信息化技术,构建校企精准对接的教学课堂

以市场为导向,以就业为目的是职业院校办学的特征之一。借助VR、AR等现代化信息化技术,将行业、企业一线的真实场景搬入职业本科课堂教学,是构建职业情境教学模式的有效手段。借助信息化职业情境教学平台,教师可以引导学生完成课前自主探究、小组合作等课前预习、课堂学做以及课后拓展,从而充分调动学生学习主动性,激发学生的学习兴趣。同时教学过程可以直观对接企业工作过程,线上完成部分知识点学习、项目虚拟体验、课程多元评价等,线下完成项目任务分析、方案设计与分享、动手操作等教学环节,从而突破教学重点,化解教学难点,提升学生自主学习能力和自我管理能力。

三、落实课程思政

习近平总书记在全国高校思想政治教育工作会议、全国教育工作大会、学校思想政治理论课教师座谈会等的系列重要讲话精神,为落实课程思政要求、深化课程思政教学改革指明了方向。要站在"百年未有之大变局"和"中华民族伟大复兴"两个大局,以及经济社会发展全局的高度来认识加强课程思政建设的重要意义。要围绕如何进一步认清课程思政在实现"立德树人"根本任务和学校教育事业发展中的意义与地位,进一步深化认识、统一思想、凝聚合力,推进课程思政高质量建设。[①]

(一)提高教师课程思政的教育教学能力

围绕深入学习贯彻习近平新时代中国特色社会主义思想的重要目标,切实提高职业本科教师的思想政治建设、理论水平和实践能力;加大相关"双高"人才引进力度,加强专业教师的"双师"素质培养。通过听课观摩、教学研讨、培训交流、集体备课等方式,切实提高专业教师的课程思政教育教学水平,打造课程思政教学的"名师""金课"。加大政策、资金支持力度,健全激励机制,充分调动教师积极性,积极探索职业本科高校课程思政教学改革。创新新老教师传帮带制度,建立和完善培训体系,促进教师不断学习新的育人理论,将思政育人目标体现在教学大纲,将思政融入教学内容,将思政渗入教学设计,积极引导学生树立爱岗敬业、精益求精、专注认真、勇于创新等工匠精神和求真务实、科学严谨的道德观。

(二)创新课程思政的教学方法和手段

教师要根据职业本科学生的心智特点,采用灵活多样的教学方法和教学手段,通过案例分析、小组讨论、问题启发、任务驱动等方式将思政教学内容和目标植入教学全过程。同时,要树立学生在思政教育中的主体地位思想,着力发展学生自主、探究式的学习,促进学生从被动听讲向主动参与、积极践行转变。要通过校内校外、课内课外、线上线下等多种途径和多样平台,扎实开展多种形式、内容丰富的实践教学活动,开发学生的思维,拓宽学生的视野,提高其分析和解决问题的能力,并进一步完善课程思政教学的组织、评价、激励机

---

① 欧光南,孙海涛,梁海琴,贾永娟.职业本科试点高校思政课教学建设现状与改革思考——以N大学为例[J].高教学刊.2021,7(28):153—156.

制，丰富学生教学情况反馈渠道，完善学生评教办法，激发学生的学习积极性、发挥学生的学习主体作用。

四、深化教学评价改革

职业本科的可持续发展，必然要求职业本科院校紧随经济社会发展要求，改变自我的发展理念和方法，更加重视教学内容的充实与丰富，并加大对教学质量评估工作的研究。[①]

（一）有针对性，有侧重点

在构建评价指标体系时，必须全面阐述各项指标要素含义，全面考量后再确定评价标准，要充分剖析职业本科与高职专科、职业本科与普通本科的相似之处以及不同之处，充分体现出职业本科的鲜明特色、特征，这样才能保证教学质量评价指标体系具有很强的针对性，并且有自身的侧重。

（二）注重科学，有创新性

评价指标体系的建立必须充分体现其科学性和创新性，按照现代职业教育的发展规律和办学特点，突出职业院校的办学特色，高度重视学生实践能力和职业技能的提升，并在此基础上进行职业本科的突破、发展，切实做到实事求是、求真务实、有所创新。

（三）便于实施，简洁高效

职业本科的发展中所包含的因素很多，变化空间也很大，评价指标体系的建立无法达到尽善尽美，因此要求职业院校尽力做好分析工作，把握主要矛盾，不断完善指标，同时确保指标的简明和有效。课堂教学质量评估标准的制定者应当坚持实事求是，从学校课堂教学的实际状况出发，结合不同学科特点制定评价标准，做到指标简单、易懂、易操作，评价标准清楚、明了、不混淆。

（四）灵活性强，满足社会

职业教育的多元属性也就决定了职业本科的综合评估需要各个社会群体、政府部门联合参与，既要有教育部门的牵头，也要有社会经济界的配合。只有强化教育和行业的联系，加强学校和企业的合作，才能打破传统教育的桎梏，使职业教育领域越来越开放，引起整个社会的重视，最后真正满足社会需求。

---

① 王燕.本科层次职业教育质量评估指标体系研究[J].现代职业教育.2021(40):36—37.

第五节　职业本科实践教学

一、实践教学体系建构

职业本科教育是指以职业目标为导向，以职业能力培养为核心，以职业素质教育为依托，理论教学恰当、实践教学充分的本科层次的职业性教育。它与高职专科教育在办学层次、定位等方面存在显著差异。因此，职业本科的实践教学体系不能完全奉行"拿来主义"，将高职实践教学体系进行简单移植，需要根据职业本科实践教学自身特质来进行建构。

（一）实践教学体系的基本概念

实践教学体系有广义和狭义之分。广义的实践教学体系是由目标体系、课程体系、管理体系、保障体系等要素组成的有机整体。而狭义的实践教学体系即具体的实践教学内容体系，是围绕专业设置的人才培养方案。通过课程设置和实践教学环节的合理配置建立起来的与理论教学体系相辅相成的教学内容体系。本研究中的实践教学体系主要采用广义的概念。

（二）实践教学体系建构的理论基础

1. 实用主义教育理论

实用主义兴起于19世纪末的美国，杜威是实用主义教育的代表学者，他的教育思想对职业本科的实践教学具有一定的指导意义。他认为教学要"从做中学"，让学生在实践中学到知识。同时他提出"学校即社会"，"学校主要是一种社会组织"，而不是脱离生活实际的象牙塔，学校教育要密切联系社会，才能从根本上提高教学质量。职业本科实践教学体系的建构可对杜威思想进行借鉴，密切学校与社会之间联系，强化学生实践能力的训练。[①]

2. 能力本位教育思想

能力本位教育思想流行于美国和加拿大，产生于"二战"后。它以职业岗位为基础，来确定能力目标，并以此能力目标来设置课程、组织教学内容和评价教学。能力本位教育思想中所指的能力，主要包括专业能力、方法能力、社会能力，不单一指操作技能。能力本位教育思想对职业本科实践教学体系的

---

① 刘孟文.新建本科转型院校实践教学体系构建研究[D].河南师范大学，2017.

建构具有一定的指导意义,要求我们在构建过程中需要首先进行职业分析,按照职业岗位能力来设计实践教学内容,采取多样化的实践教学方法和手段。

（三）实践教学目标体系的建构

职业本科实践教学体系的建立,需要保证实践教学目标体系重点关注学生能力水平。学生的能力水平除基本职业能力外,主要还包括创新能力、分析解决问题能力和可持续发展能力等其他关键能力。单一的基本职业能力的培养与提升,已经无法适应社会发展和企业转型升级的要求。因此,职业本科实践教学体系教学目标建构,不仅要求学生掌握理论知识和技能,还要注重学生关键能力的培养。要善于把握社会信息,善于察觉社会需求的动态变化,强化学生的职业素养、创新能力提升。

（四）实践教学内容体系的建构

在实践教学内容体系建构过程中,要重视职业能力的开发与培养。基于职业本科人才培养要求以及实践教学目标,遵循由简单到复杂、由基础到综合的教育规律,职业本科实践教学内容可以划分为三个层次:①基本技能培养,要求学生掌握基本实训实验的技能、实训实验规范,学会常用实训设备的使用,并熟练掌握实训实验报告的撰写,还要掌握计算机、外语等工具性知识,同时养成实事求是、科学严谨的工作作风;②专业技能培养,培养学生从事专业岗位所需的实际操作技能,并要求学生能够运用专业思维分析问题和解决问题;③综合应用能力培养,培养学生胜任专业职业岗位工作所需的创新实践能力,能将专业知识、专业技能综合运用到工作实践中。

（五）实践教学管理体系的建构

实践教学管理体系主要包括管理制度和组织结构。首先,做好实践教学课时分配、学分划分、课程开设、机构设置、教学监控、教学考核等,制定实践教学体系的总体性制度。其次,制定实践教学相应的管理细则和管理标准,约束控制管理中出现的不规范行为。最后,制定实践教学运行文件,主要包括实践教学大纲、教学计划、教学课表、教学指导书等。

（六）实践教学评价体系的建构

实践教学评价体系的建构首先要确保评价主体多元化。评价主体主要包括教师、社会、学生和企业。同时,要注意整体评价和过程评价的相互结合,把传统的只关注评价结果的单一方式转变为注重评价过程的评价方式。另外,要确保评价内容的多样化。评价标准不仅是关注学生的学习能力,还要关注到学生在实践过程中的团队协作能力、分析解决问题能力和创新能力等。最后，评价方式要多样化，评价模式可采取操作测试、项目答辩、方案设计等。

二、校内实训教学开发

（一）校内实训基地建设

职业本科校内实训基地的建设目的是为了满足社会和经济发展过程中对高层次技术技能人才的需求。为了适应社会发展与经济的需要，职业本科校内实训基地的建设应当符合教育性、生产性、以学生为主体和共享性等原则。职业本科校内生产性实训基地在建设过程中首先要坚持实训基地的教育本位，坚持教育性原则。同时，在职业本科实训教学中，可建立与企业一致的生产模式与生产规范，让学生完成相应的典型工作任务，开展理实一体化的项目教学，实现实践教学目标。职业本科校内实训基地的建设还要以培养学生的岗位能力和职业技能、素养为目标，通过实训训练让学生熟练掌握职业技能。另外，可以将实训基地有关的科研、实验教学优化组合，使资源合理配置，建成集教学、实训、科研为一身的校内实训基地。为了实行资源共享，实训基地设备的配置要结合专业种类、学生实训、教师科学研究以及实际产品的生产需求。

（二）校内实训教学团队建设

职业本科校内实训教学团队的建设要充分调动"双师型"教师的积极性与创造性，积极参与实训教学团队建设，可通过"内部培养，企业引进"等方式培育一支专兼职结合的校内实训教学团队。选拔具有较强的专业能力、丰富的企业经验、较强教科研能力者作为团队带头人，培养实践能力较强的骨干教师成为校内实训基地的专任教师。可以采取下企业锻炼方式，让专任教师到工厂生产一线上实践锻炼，让高级职称教师也深入企业生产一线，深入了解企业项目，解决企业项目难题，提升教师实践教学能力。学校还可以聘请企业工程技术人员、能工巧匠到学校作为兼职教师承担职业本科实训教学工作，从而建设一支专兼结合的高水平校内实训教学团队。

三、校外实习组织管理

（一）校内实习的内涵

所谓实习，是指学生经过一定的专业课程学习阶段后，在教师的组织和指导下,将所学的专业技术知识运用到实际工作中,通过实际工作验证所学知识理论,掌握和提高有关实际工作技能的教学过程。《本科层次职业教育专业设置管理办法(试行)》(教职成厅〔2021〕1号)要求本科层次职业教育专业学生能解决工程实际中的复杂问题和进行复杂操作,相比于普通教育,除具备扎实的理论知识外,还要掌握解决复杂设备操作技能;相比于高职专科教育,更加注重高层次知识与复杂问题技能培养。校外实习是提高学生实践能力、培养学生创新精神的重要教学环节,是校企共育的重要途径。因此,职业本科的校外实习必须遵循职业本科特定人才培养逻辑。

(二)校外实习管理

1. 校外实习基地建设

校外实习基地是高校开展实践教学的重要场所,是提高学生实践能力与岗位能力、促进学生全面发展、提高学生就业竞争力的重要环节,是高校完成人才培养目标的有力保障。职业本科校外基地的建设,应在充分考察企业经济效益、实习条件、组织管理能力的基础上,依据职业本科层次人才实践过程中对技术技能培养的诉求,与相关领域产教融合型优质企业建立稳定合作关系并将其转化为校外实习基地。切不可将校外实践基地建立的数量作为绩效目标评估考核的关键指标,而忽略了对校外实践基地的选择和监督,造成校外实习实践形式化,达不到实习的预期效果。

2. 校外实习方案制定

校外实习方案应校企共同制定,需遵循技术技能人才成长规律,突出知识与技能的高层次,使学生毕业后能够从事科技成果、实验成果转化,高端产品加工制造,在企业中能解决较复杂问题和进行较复杂操作。

3. 校外实习岗位安排

和高职相比,职业本科更强调理论的掌握和创新能力的培养。和普通本科相比,职业本科教育增加了对实践性和技能性的要求。因此,职业本科学生在实践过程需尽量选择具有技术性特征的操作岗位,使之能够掌握坚实的操作性技术的同时也能对一些技术难题给出详细的解释和阐述。切不可选择基础性、工作内容单一、缺少技术含量的岗位,使学生成为廉价的操作工人而失去技术技能的培养机遇。

4. 校外实习导师管理

实习导师在校外实习学生的培训和管理中发挥着重要的作用。鉴于职业本科学生实践岗位、实践内容与高职专科、应用型本科的不同,校外实习导师通常需要具备较强的专业素养、管理能力、亲和力和领导力。与高职专科所需的校外实习导师相比,职业本科所需的校外实习导师必须具备更高水平与更高层次知识与技能;与应用型本科的校外实习导师相比,职业本科所需的校外实习导师必须具备更熟练的解决复杂性、综合性实际问题的能力。

5. 校外实习评价

校外实习的评价模式不同于学生在校内理论学习和校内实践的评价模式。职业本科学生实习评价需校企共同参与,既要兼顾学生高层次知识与技能的掌握,又要结合学生工作任务的完成情况、工作态度、工作难度等几个方面进行综合评价。

四、毕业设计改革创新

毕业设计作为职业本科的一项重要实践性课程,在完善知识结构、训练学生动手实践能力、培养学生综合应用所学专业知识与技能去分析处理复杂技术问题等方面,起着非常重要作用,是理论知识与实际应用相结合、实践教学与岗位实际相结合的重要手段。有别于普通本科教育毕业设计的重理论和高职专科教育的重实践,职业本科的毕业设计应根据地方区域经济发展对高层次技术技能人才的要求,从不同维度来考查学生能力达成度。基于职业本科人才培养方案,开展多元化毕业设计选题、多样化毕业设计完成形式、多维度毕业设计监控及评价机制改革,探索构建毕业设计的新模式。

(一)毕业设计方案设计

根据企业需求,结合行业职业标准以及职业本科人才培养目标定位,研究行业企业专家参与毕业方案设计的途径,鼓励职业本科学生将服务地方区域经济摆在首要位置,利用自身优势帮助企业解决生产技术难题,提升学生毕业设计自主能动性和课题实用性。

(二)指导教师队伍建设

加强毕业设计指导老师队伍建设,逐步完善毕业设计指导教师团队的构成体系。可以将教师科研项目转化为毕业设计课题内容,以课题组的形式组织学生共同参与科研项目的研究攻关。结合职业本科特点,与企业中的技术骨干、能工巧匠等共同指导学生毕业设计,从而提高毕业设计与生产实际的契合度。

(三)多元性课题选择机制

引入校企合作项目、生产一线的实际问题以保证课题来源的多元性。在毕业设计内容选取过程中,突出理论体系的构建、研究方法和范式的制定、课题实践性的分析三个方面,弱化理论推导和公式演算,保障学生在毕业设计中的高层次知识与复杂问题技能的获得。

(四)多样化完成形式

打破传统毕业设计模式,开展毕业设计完成形式多样化改革,以行业企业的实际需求出发,以培养学生分析解决问题能力为导向,开展校企合作、跨区域合作、跨学科合作,实现技术交底书、实物作品、研究论文、项目策划书、行业调研报告、职业生涯发展规划等多形式多样化的毕业设计形式。

(五)多维度监控及评价机制

重视毕业设计的过程管理改革。制定职业本科毕业设计过程管理考核办法,建立包括任务书下达、开题、中期检查、论文初查、答辩及成绩评定等环节的考核指标体系,采取多样化的过程监控形式。发挥校级督导在职业本科毕业论文质量监控常态化作用,形成督导—纠偏—反馈—调整—运行的质量监控动态化机制。同时引入行业、企业技术专家对毕业设计进行考核,以解决工程实际中的复杂问题和进行复杂操作为主要评价依据,注重毕业设计创新性、过程性和实效性评价。认真贯彻落实《国务院学位委员会关于在学位授予工作中加强学术道德和学术规范建设的意见》(学位〔2010〕9号)、教育部《学位论文作假行为处理办法》(教育部令第34号)、《教育部关于印发〈本科毕业论文(设计)抽检办法(试行)〉的通知》(教督〔2020〕5号)等文件精神,毕业论文重复率尽量≤20%。若毕业论文存在抄袭、剽窃、伪造、篡改、买卖、代写等学术不端行为,可撤销已授予学位,并注销学位证书。

第七章　职业本科人才培养资源与条件

职业本科师资队伍建设是教育教学组织的重要任务,教师团队是教学实施的主要执行者,而实训基地、教学资源及教材则是教学实施的主要载体。强化师资基地与资源建设是高质量发展职业本科教育的重要保障。

第一节　职业本科高素质"双师"队伍建设

师资队伍建设是突出大学办学水平、影响办学质量的重要保障之一,是实施高素质人才培养的核心资源,是提升学校美誉度和竞争力的重要因素。2016年5月,时任教育部高等教育司司长张大良在"一流大学本科教学建设高峰论坛"上指出:"评估一所大学能否提供一流的本科教育,有五个最基本、最核心的观察点,首要的是师资力量,即学校是否拥有一流的师资力量。"[①]哈佛大学校董、著名经济学家索洛夫斯基认为,"从教育规律来说,哈佛大学成功的一个至关重要的因素就是聘请高素质的教师,有好的教师才有好的大学"[②]。俄罗斯教育学的创始人康德乌申斯基指出:"教师对学生的影响是任何学校任何规章和大纲、任何组织都不可能代替的一种教育力量。"[③]师资队伍的重要性已经成为共识,本科层次职业院校建设中拥有一流的师资队伍是培养高素质技术技能人才的保障,是支撑教育教学工作的基础。

[①] 姚弋霞,张文舜,何久钿."双一流"战略视域下一流本科师资队伍建设的问题与思考[J].江西师范大学学报(哲学社会科学版),2018(2):128—129.
[②] 刘道玉.论大学教师队伍的建设[J].武汉科技大学学报(社会科学版),2014(2):118—119.
[③] 巴拉诺夫,沃莉科娃,斯拉斯捷宁,等.教育学[M].李子卓,赵玮,韩玉梅,等译.北京:人民教育出版社,1983:2—3.

一、职业本科"双师"队伍建设体系的逻辑

职业本科教育有三个层次的关系:教育属性、专业属性、本科属性。其师资队伍是基于纵向贯通、横向融通的现代职业教育体系逻辑发展而构建的。

(一)师资队伍建设根本方向

立德树人是教师安身立命的根本,教师的专业发展目标和专业水准要紧密契合学生发展需求和人才培养规格。因此,立足职业本科层次人才培养的目标和定位,胜任职业本科教育,仍然是教师的根本责任。习近平总书记在全国教育大会上强调,教育的根本问题是培养什么人、怎样培养人、为谁培养人。任何类型和层次的教育都必须抓住这个根本问题,坚持社会主义办学方向,全面贯彻党的教育方针,坚持立德树人根本任务,培养德智体美劳全面发展的社会主义建设者和接班人。师德、政治品德和学术素质一直是教师队伍建设的核心问题。

职业本科教育培养的是生产、建设、管理和服务第一线、能够用创新的方法解决复杂问题的高层次、创新型技术技能型人才。这类人才具有创新性、产业性、善于处理复杂性难题和可持续发展能力等特点,不同于专科层次培养中高级技术技能型人才。[1]这种目标导向上的差异最终是通过提高教师的专业水平和能力来实现的。在教学能力上,职业本科教育更加注重创新能力的培养,加强专业理论知识与专业技术的系统整合。由此不难看出,职业本科教育培养的人才首先要达到专科培养人才的基本标准,并在此基础上达到本科人才的标准,本质上是为了使学生具备更全面的能力和素养,这对教师的综合素养提出了更高的要求。

(二)"双师型"教师发展基本思路

第一,遵循职业教育的基本方针。2019年1月,国务院颁布《国家职业教育改革实施方案》,提出要"完善高层次应用型人才培养体系,开展本科层次职业教育试点"奠定了政策基础。同年10月,教育部等四部门印发了《关于深化新时代职业教育"双师型"教师队伍建设改革的实施方案》,其中明确了职业教育"双师型"教师队伍建设的12条措施。对于试点院校的要求和方向,教育部

---

[1] 姚弋霞,张文舜,何久钿."双一流"战略视域下一流本科师资队伍建设的问题与思考[J].江西师范大学学报(哲学社会科学版),2018(2):128—129.

在20多所职业本科学校的批准函中明确指出:"进一步健全和完善师资队伍、实训课程、专业教学、技能培训。"

第二,紧扣学校实践的路径和基础。目前,中国已有32所学校升格为职业技术大学,试点职业本科教育。试点院校以现有高等职业技术学院为主。师资队伍建设,就是要在原有高等职业技术学院的基础上提出新的要求,不断完善教师发展机制,提高教师综合素质。职业本科教师队伍建设要立足现有教师队伍建设发展机制,构建"双师型"教师准入制度,建设校企实训基地,重点抓好教师培训的"1+X"证书制度,并突出"双师型"的教师评价体系,要在现有高职教师队伍的基础上不断完善。

(三)教师队伍建设导向

围绕"双师型"能力培养"双师型"教师,既是职业教育类型教师队伍的特点,也是教师教育实现职业教育内涵式发展、提高人才培养质量的关键因素。与专科层次相比,本科层次职业教育"双师型"教师的定位内涵更为深刻,外延更为丰富,核心体现在能力素养水平和专业水准的差异上。一方面,理论上要实现职业教育专科、本科、研究生教育的纵向一体化,要求本科层次的职业教育"双师型"教师要比专科层次的"双师型"教师具有更高的能力;另一方面,理论上要实现教育类型的横向整合。本科层次的职业教育教师也需要具备专业理论知识、技术开发、产品研制等方面的能力,这与专科层次职业教育"双师型"教师的能力素养不同,重内容、重指标。

(四)"双师"队伍建设国际经验

美国、日本、德国和澳大利亚等职业教育较为发达的国家,对"双师型"教师的要求是学历高、企业资历深、专业知识扎实和实践技能强(见表7-1)。

国内对"双师型"教师的界定比较有代表性的是"双证书"标准,即同时具有教师资格证和职业技能证;双素质标准,即符合教师基本素质和技师基本素质;双职称标准,即具备教师系列职称和工程师(技师)系列职称;双层次标准,即第一层次是"教师+技师",第二层次是"人师+事师"[①],以上标准各具有不同的学历特点和资历要求(见表7-2)。

---

① 周晶.中国职业教育发展的根本方向——40年职业教育产教融合发展的历程、规律与创新[J].职业技术教育,2018(18):6—16.

表 7-1　德国、日本、美国和澳大利亚"双师型"教师要求与界定

指标＼国别	德国	日本	美国	澳大利亚
学历资格	博士学位	硕士学位	硕士学位	硕士学位
工作经历	5年及以上	6年及以上	3年及以上	3年及以上
工作要求	2/3时间指导学生在企业进行实践教学	在企业从事与教学内容相关的研究或业务	学校授课与在企业工作同步进行	定期参加行业学术会议及返回企业工作
法律保障	《职业训练法》《联邦职业教育保障法》	《雇佣—能力开发机构》《人才保障法》	《职业教育新任教师的专业发展计划》	《职业教育质量框架——教师资格》
激励措施	与教育官员享有同等的社会地位，终身不被解雇并享有免交劳动保险费的权利	工资比同等级别的老师高10%，比公职人员高16%	高于公务员收入，原则上工资一年晋升一次	属于公务员，享有同等的权利和社会地位

表 7-2　国内"双师型"教师的界定标准

标准	"双证书"标准	双素质标准	双职称标准	双层次标准
条件	教师资格证、职业技能证	教师基本素质、技师基本素质	教师系列职称、工程师系列职称	第一层次是"教师＋技师"，第二层次是"人师＋事师"
特点	硬性指标	综合素质	双系列职称考核	硬性指标；综合素质
学历资历	本科及以上，中级职称，在企工作2年以上，高级工及以上资格证书	本科及以上，具有相应专业的技术技能，并有实践经历及管理经验	本科及以上，中级职称，企业一线工作两年及以上，中级工程师以上职业资格	本科及以上，中级及以上职称，五年内累计至少两年企业工作经历，近五年主持或参与两项应用技术研究成果
试点学校	大多数职业院校	福建工程学院	浙江工商职院	天津职业大学

（五）"双师"队伍建设基本原则

职业本科教育承担着培养高层次职业技术技能人才的责任，教师既要为企业实现技术难点提供智力支持，又要具备指导学生专业实践的能力。教师要能够从宏观视角和维度了解与掌握行业及行业的前沿动态、发展趋势，以更

深入的理论武装知识体系,从而推动专业前沿技术和实践推动技术更新。①职业本科的产教融合,"在目标定位上,要把职业教育及其产教融合,融入实施创新驱动发展战略,构建国家技能形成体系和工匠精神培育体系,以促进人的全面发展为核心"②。

二、职业本科教育师资队伍建设的路径

（一）立德树人

以"本科"标准加强教师专业标准的研究制定,以"四有"标准构筑师德建设基础。师德建设是任何类型和层次教育的基础工程。职业本科教育首先需要强化社会主义办学方向。"要把培养社会主义建设者和接班人作为根本任务,教育引导学生在增强'四个自信'中坚定社会主义理想信念,并传承中华民族的爱国主义精神与职业教育强国富民的历史使命。"③因此教师要具有强烈的政治意识与爱国主义意识,必须以"四有好老师"的标准来约束和规范自身。一方面,以制度建设为保障,完善师德师风建设机制,把"立德树人"放在师德建设的首位,建立师德负面清单,依托信息技术建设"师德诚信银行",加强师德过程管理,严格实行"师德一票否决制";另一方面,加强思想教育,开展一系列师德培训,组织教师向楷模学习,强化《新时代教师职业行为十条准则》等内容的研读。

（二）机制建设

完善以鼓励教师成长为导向的专业发展机制体系,是一个根本性、全局性的问题。只有教师的管理和发展机制"活"起来了,才能从根本上激发教师主动提升专业素质的动力。职业本科教育要以能力提升为核心,以激发动力为导向,在准入、培养、考核等方面打破现有职业院校师资队伍建设的瓶颈。第一,完善教师准入制度,严格教师准入。本科层次的职业教育要从面向生产、建设、管理和服务一线,能够运用创新方法解决复杂问题的高层次、创新型技术技能型人才的标准出发,准确衡量"双师型"教师的资质。国家层面要加快

---

① 钟斌,张佩仪,许琼燕."双高计划"下高职教师培训的逻辑起点与进路[J].广东轻工职业技术学院学报,2020(9):86—90.
② 吴学敏.开展本科层次职业教育"变"与"不变"的辩证思考[J].中国职业技术教育,2020(25):5—13.
③ 张莉.本科层次职业教育试点院校师资队伍建设的困境及优化路径[J].中国职业技术教育,2020(32):43—48.

对职业本科教育"双师型"教师专业标准的研制,明确"双师型"教师能力素养的基本要求。各地区可结合本省省情和其他省份的经验,在国家指导性文件下制定认定标准。职业本科院校要在上级政策的指引下,邀请行业企业专家、职业本科教育教师、高职教育研究机构等共同参与标准的制定。第二,加强校企合作,构建多元化的教师培养体系。《深化新时代职业教育"双师型"教师队伍建设改革实施方案》提出:"健全普通高等学校、地方政府、职业院校、行业企业教师联合培养机制,'双师型'教师培养要并充分发挥行业企业的重要作用。"在政府层面,要完善激励措施,不断改进校企合作制度,引导职业本科院校与当地产业园、科技园入驻的企业广泛开展合作。行业企业要从长远利益考虑,建设企业教师培训基地、企业工作站等。校方要完善教师企业实践的管理制度,给予资金支持和激励措施,支持教师积极参与校企合作,提升专业实践能力。① 第三,完善评价体系,构建分类分层多元评价体系。教师评价与考核是对教师专业发展效果和工作状态的价值判断,它贯穿于教师职业生涯的全过程,是检验教师专业素养与教学成效的重要参考。要对照教师胜任本科层次职业教育的指标,构建分类、分级、分层的多元评价体系,如可以为科研导向的教师、教学导向的教师和实践教师制定评估标准。②

（三）能力培养

构建以"双师"能力提升为核心的分层分类培养体系。一是完善教师培训管理,发挥教师发展中心的作用,根据教师类别构建分类分层的培训体系。可建设二级学院教发分中心,组织成立教研室、龙头企业教师发展中心等,逐级建立和完善教师培训,激发二级学院、专业教研室、知名企业等主体参与教师培训的能动性,形成教师分层分类培训"自下而上"组织框架。从师德教育、分类培养、分类遴选、分类规划、分类考察等维度,构建培养机制,满足不同专业、不同层次、不同需求的教师发展培养需求。二是校企合作,共同设计教师科研能力培养项目。校企共建教师发展中心、教师工作室、企业行业技术技能大师师资库等,与行业内大型龙头企业合作,开展项目挖掘、技术研发、产品研制。依托项目或工作室的运营,将专业教师和企业工程师、技能大师等组成团队,完成项目或实体业务。同时,校企联合开发课程教学内容和教学资源,并承

---

① 崔宇馨,石伟平.双高院校"双师型"教师队伍建设:逻辑、困境与路径[J].职教论坛,2020(10):90—95.
② 陈丽鉴.新时代高职院校双师型教师建设策略研究[J].现代职业教育,2020(12):98—101.

担课程的教学任务,形成校企结构化"双师型"教学团队,实现可持续发展。三是多方联动共同实施分级分类培训。发挥三级管理效能,充分赋予专业教研室权利,发挥教研室这一基础教学单位在教师培养和管理中的基础性作用。以教研室为单位,全面把握教师培训需求,激发教师成长动力,引导教师积极参与培训。①

（四）产教融合

校企双方以多种形式和策略共同搭建师资培育平台,双元共建"双师型"教师培训基地。职业本科院校根据专业群建设和专业发展需求,在走访、调研和洽谈基础上与具备条件的企业、科研院所共建"双师型"教师培训基地。基地建设同时须制定相关政策制度,明确专业群与企业合作的权责分配,处理好双方利益关系。②例如,明确校企合作开展本专业教师和教学团队培养培训的实施计划,制定培训师资和教师参训相应的管理制度,培养培训过程考核和监控办法,明晰培养培训成果形式或培养培训合格标准。③

三、结构化双师教学团队构建

不断推进教学改革、大幅提高教学质量、强化培养高素质技能型人才逐步形成的具体教育教学群体,是双师队伍建设的目标。因此,"双师型"教学团队应界定为:以高职教育具体教学目标为基础,由高职教育专职教师和行业企业兼职教师组成,具有特定素质能力结构、明确教学分工任务的专业教学合作群体。④

（一）健全教师队伍建设保障机制

机制建设是团队形成与运行的首要保障。机制建设首先要围绕教师核心利益进行系列制度建设和保障措施出台。《专业技术职务申报条件的有关规定》《专业技术职务评聘方案》《师德师风建设的实施意见》《师德考核评分细则》是对师资队伍建设提出的基本规范性要求;结合师资培养出台的《"教授培养工程"实施办法》《"博士培养工程"实施办法》《教师集中培训方案》《专任教师下企业实践锻炼管理办法》是师资团队自我提升的保障。为了打造优秀"结构化"双师团队还需要各管理层面出台完善《关于进一步加强"双师型"教师队

---

①③ 钟斌,张佩仪,许琼燕."双高计划"下高职教师培训的逻辑起点与进路[J].广东轻工职业技术学院学报,2020(9):86—90.

②④ 王晓萍,刘志峰.高职院校双师教学团队建设[J]职业与教育,2015(5):79—81.

伍建设的实施意见》《外聘教师管理办法》《"双师"教师认定标准》《优秀双师教学团队遴选办法》等文件和制度。以上制度的建立和修订将进一步激励教师团队自我提升,为强化人才培养机制提供政策依据和保障。

(二)培育"专兼结合结构化"双师教学团队

明确校外兼职"双师型"教师认定条件。要对外聘兼职教师职业道德、学历、职称、爱岗敬业精神、掌握所授专业的基础理论、专业知识,了解相关专业的理论与技术前沿等方面提出明确要求,激励校外兼职"双师型"教师严守职责,通过激励机制鼓励兼职教师任教期间提升教学业绩,指导学生多出教学成果。

制定"专兼互动、合作共赢"的团队目标。制订校企、专兼师资互培计划,通过结对形式进行实践,专任教师指导企业、兼职教师提升教学能力,企业教师、兼职教师指导专业教师提升动手能力和专业技能。通过合作企业与学校双向激励形式,使校内外师资均能实现物质与精神层面的双向共赢。

(三)"结构化"双师团队的分工协作模式

任务驱动,分工合作实施教学。团队要以教学任务为带动,在教研基础上对教学内容、方法、方式、手段等方面结合企业对用人需求进行分析,共同备课研讨。要根据工作任务流程和项目组织逻辑,重构教学内容,根据团队的教学和技能达到优势协作,在校企两个场景下有计划开展教学。

科研带动,共同服务产业发展。校企共同开发教学资源并将企业优秀案例纳入共同编撰的校企合作工作手册式教材,供校内授课和企业员工培训使用,在提升学校教学效能的同时,提升企业员工的技术水平。团队在双带头人(校内名师教学专家型带头人、行业技术技能型带头人)引领下探索将新技术与教学融合,进行教研项目研究与教学改革,探索解决技术难题,进行企业新产品与新技术研发。

四、"双师型"师资团队专业素养标准建设

双师型教师的专业素养标准随着教师职业生涯的发展有所不同。基于教师职业生涯发展的四个阶段,即新教师(讲师以下职称)、建业阶段(讲师)、成长阶段(副教授)和成熟阶段(教授),下面探讨不同发展阶段的教师应具备的"双师型"教师专业素养标准。

有学者认为,教师全部职业生涯是一个大周期,一般呈现着"上升、高平

态、缓降态"的发展趋势。①从发展速度看,大概 30 岁左右是第一个峰点,这与人的生理、智力高峰期直接相关;从发展水平看,大概 40 岁左右将达到第二个峰点,这时期知识与能力、理论与经验都达到了最佳结合;从实现水平看,据桑代克及多兰等人对数百个名人的研究,其"发展杰作时的平均年龄为 50 岁"②,即大概 50 岁左右将达到第三个峰点。

每个发展阶段的特性决定了教师所能承担的任务是有区别的,以下做简要说明(具体标准详见表 7-3)。

（一）新教师（讲师以下职称）

新教师主要是指刚完成学业、实习、在职培训等工作的新教师。这一时期教师的主要发展任务是针对专业需求,形成合理有效的知识结构;对职业、岗位的认知达到一定程度。在双师职业化方面,更侧重于专业知识的更新与拓展,行业标准与职业发展的学习与理解,实践能力更侧重于理解力、熟悉力和操作技能的培养。

（二）建业阶段（讲师）

建业阶段主要指进校三年左右的教师,具备中级专业技术职务任职资格。该阶段教师的主要任务是完成由学生向教师身份的转变,苦练教学基本功,提高教育效能感;丰富实践和阅历,积累经验和资料;在专业领域的深度、广度或前沿有所涉猎。此期的佼佼者,可能脱颖而出,成为教育教学新秀。在双师专业素养方面,已基本掌握本专业领域发展趋势,能参与行业标准的制定,熟悉企业用人机制和岗位职责;专业实践能力稳步提升,有一定的企业实践经历,掌握企业行业运行流程,基本具备企业社会活动和交往能力,能独立解决企业实践问题。

（三）成长阶段（副教授）

成长阶段主要是指在学校任职 10 年左右,一般具有副高专业技术资格的教师。这一阶段教师的主要任务是专业理论与实践的进一步融合,突破个人学术发展的平台期,形成自己的教学风格,充分发挥自己的优势,并运用自身潜能,反思自己的不足,寻求新的进步。在双师职业化方面,熟悉本专业及国内外行业发展趋势,了解本专业人才需求趋势,人才成长规律,并能组织开展

---

① 贾荣固.略论教师职业生涯发展[J].大连教育学院学报,2002(18).
② 古德伊洛弗.发展心理学[M].贵阳:贵州人民出版社,1981:153.

表 7-3　双师型教师专业素养标准内容

一级指标	二级指标	三级指标	三级指标描述	新教师（讲师以下职称）	建业阶段（讲师）	成长阶段（副教授）	成熟阶段（教授）
专业素养	专业知识水平	专业领域知识	关注专业发展前沿动态、掌握本专业的理论知识以及相关的实践指导知识	1. 具有本专业理论知识，了解本专业技能知识； 2. 了解国内外专业发展情况； 3. 实践观摩本专业的技术革新、产品研发	1. 掌握本专业实践技能知识，积极参与企业实践； 2. 关注专业发展前沿动态，掌握国内外本专业发展趋势； 3. 参与本专业的技术革新、产品研发	1. 熟悉本专业实践技能知识，指导企业实践活动； 2. 熟悉国内外本专业发展趋势； 3. 组织开展本专业的技术革新、产品研发	1. 总结、凝练本专业实践技能知识，全面指导企业实践活动，具有一定行业影响力； 2. 洞悉国内外本专业发展趋势； 3. 创新、引领本专业的技术革新、产品研发等
		行业发展知识	熟悉本行业领域的最新技术、技能、理念，了解本行业发展规划	1. 了解所在区域经济发展现状及所在行业现状趋势； 2. 了解本行业领域的最新技术、技能、理念； 3. 了解行业发展规划	1. 掌握所在区域经济发展情况及所在行业现状趋势，参与调研所在地方经济发展情况，制定研究报告； 2. 掌握本行业领域的最新技术、技能、理念，参与研制行业发展研究报告； 3. 参与制定行业发展规划	1. 熟悉所在区域经济发展情况及所在行业现状趋势，组织调研所在地方经济发展情况； 2. 熟悉本专业领域的最新技术、技能、理念，组织调研行业现状； 3. 组织制定行业发展规划	1. 洞悉所在区域经济发展情况及所在行业现状趋势，发表地方经济发展趋势研究报告； 2. 引领本专业领域的技术、技能、理念，发表行业发展趋势研究报告； 3. 全面牵头制定行业发展规划

续表

一级指标	二级指标	三级指标	三级指标描述	新教师（讲师以下职称）	建业阶段（讲师）	成长阶段（副教授）	成熟阶段（教授）
专业素养	专业知识水平	职业发展知识	关注社会人才需求趋势，熟悉本专业的职业资格群及职业资格与标准	1. 了解本专业人才需求趋势、人才成长规律； 2. 了解本专业的职业资格与行业标准； 3. 了解企业用人标准及岗位职责	1. 掌握本专业人才需求趋势、人才成长规律； 2. 熟悉本专业的职业资格与行业标准； 3. 熟悉企业用人标准及岗位职责	1. 熟悉本专业人才需求趋势、人才成长规律； 2. 参与本专业的职业资格和行业标准的制定； 3. 参与制定企业用人标准及岗位职责	1. 精通本专业人才需求趋势、人才成长规律； 2. 组织研制本专业资格和行业标准； 3. 组织制定企业用人标准及岗位职责
	专业实践能力	专业实训	能对本专业的单项实训、专项实训和综合实训进行科学开发与有效组织	1. 组织开展本专业专项实训； 2. 具有技师技能等级证书或具备相应的能力； 3. 了解本专业实训生产流程和运营管理	1. 组织开展本专业专项和综合实训； 2. 具有高级技师技能等级证书或具备相应的能力； 3. 熟悉本专业生产流程和运营管理	1. 组织开展本专业各类实训，并进行实训项目开发和建设； 2. 具有技能等级考核评价能力； 3. 具有实训生产流程和运营管理的能力	1. 全面组织本专业各类实训，并整合、提炼实训项目成果； 2. 具有技能等级考核评价能力； 3. 具有生产流程和运营管理的创新能力
		企业实践	能胜任企业岗位工作，具有技能，能熟练实践教学的要求	1. 至少有一年企业实践的经历； 2. 能熟练掌握企业岗位工作，了解工作流程； 3. 参与解决企业实践问题	1. 累计至少有两年企业实践的经历或企业挂职锻炼或同等工作经历； 2. 能胜任企业工作，掌握企业行流程； 3. 独立解决企业实践问题	1. 累计至少三年企业实践的经历或企业挂职锻炼或同等工作经历； 2. 具有企业运营管理的能力； 3. 全面解决企业实践问题	1. 累计至少五年企业实践的经历或企业挂职锻炼或同等工作经历； 2. 具有创新、设计企业管理模式的能力； 3. 系统解决企业实践问题

续 表

一级指标	二级指标	三级指标	三级指标描述	新教师（讲师以下职称）	建业阶段（讲师）	成长阶段（副教授）	成熟阶段（教授）
专业素养	专业实践能力	职业能力	具有高校资格证书和相关行业的从业资格证书	1. 具有高校资格证书 2. 具有技师或同等级相关行业的从业资格证书	1. 具有高校资格证书 2. 具有高级技师或同等级相关行业的从业资格证书	1. 具有高校资格证书 2. 技能等级考评专家	1. 具有高校资格证书 2. 技能等级考评专家
		校企合作能力	在行业企业有一定的影响力，有能力推动专业校企合作	1. 初步具备参与企业社会活动能力； 2. 协助企业导师处理公共关系的能力； 3. 参与专业校企合作	1. 基本具备企业社会活动和交往能力； 2. 具备独立处理公共关系的能力； 3. 独立实施专业产教融合、校企合作	1. 具备企业社会活动和交往能力； 2. 具备全面处理公共关系的能力； 3. 牵头设计、组织实施专业产教融合	1. 完全具备企业社会活动和交往能力，在行业有一定知名度； 2. 具备系统处理公共关系的能力； 3. 整合、凝练、打造专业产教融合品牌

本专业的技术创新和产品研发工作。具有多年的业务实践经验或相关工作经验，具有生产过程和运营管理实践能力，能带头设计、组织实施产教专业一体化。

（四）成熟阶段（教授）

这一时期的教师一般都是在学校任职10年以上的教师。他们一般具有专业技术职称专业能力和技能处于稳定发展阶段。教师这一阶段的主要任务是多做研究和总结，升华自身经验，发展理性思维能力；运用自己娴熟的教学技巧和成功经验，更好地做好本职工作。在双师职业化方面，能够总结、凝练所掌握的专业实践技能和知识，全面指导企业实践活动，在行业内有一定的影响力，具备牵头制定行业发展规划的能力，具备创新设计企业管理模式的能力，能够系统地解决企业的实际问题，充分具备企业的社会活动和沟通能力，能够整合、凝聚、打造专业化的产教融合品牌。

第二节　职业本科高水平实训基地建设

实训是职业技能实际训练的简称，它是指在学校的控制下，按照人才培养的规律和目标，对学生进行职业技术应用能力训练的教学过程，也是高职教育教学过程的重要环节。实践训练不同于一般本科教学意义上的实验和实习，它包括但不限于一般实验和实习，且突出了职业能力的培养。高职教育的实训主要依靠特定的环境，包括师资、场地、设备和技术保障，实训基地是实施实训教学过程的实训场所，它可以使学生接触到实训所需的各种软硬件要素，即技术、人员和设备保障，作为实训教学和专业素质培养的主要场所，职业技能培训与鉴定、高新技术推广应用、实训基地建设已成为高等职业教育人才培养过程中不可或缺的一环。①

一、实训基地建设内涵

（一）实训基地建设政策背景

2010年以来，政府各部门相继出台了一系列鼓励政策，推进培训基地建设。《国家中长期教育改革和发展规划纲要（2010—2020）》提出，大力发展职

---

① 苏倩倩.高职院校实训室建设绩效评价体系初步研究[J].中小企业管理与科技,2016(11).

业教育,加强"双师型"教师和实训基地建设,增强职业教育基础能力。2017年出台的《教育现代化推进工程实施方案》也明确指出,要"以实践实验实训设施建设为重点,支持职业院校和本科院校深化产教融合",并推进专业实训基地和生产性实训基地在内的公共实训中心建设。①《公共实训基地建设中央预算内投资专项管理办法》提出,构建适应产业发展需要的公共职业技能培训体系,包括促进区域经济发展、服务中高端产业发展需要的地市级综合性公共实训基地,和服务于当地主导产业的县级地方产业特色公共培训基地。②由此可见,我国职业院校实训基地建设正经历着从基础设施建设向多元化主体构建,凸显共建共享共赢的建设格局。③

(二)实训基地建设历程

1. 校内基础性实训基地建设

1999年高校开始实施扩招政策,为高职院校发展提供了机遇,同时给高职院校实训基地建设带来巨大挑战。该阶段校内实训基地以专业实训平台建设为主,建设理念为模拟企业生产性操作环境,对学生进行专业技能培训。实训基地注重硬件设备配套等基础性和框架化建设,以实施实训教学为主要功能,基地功能较为单一。

2. 校内生产性实训基地建设

2007年发布的《国家示范性高职院校建设推荐预审标准(试行)》指出,校内生产性培养是指"学校提供场地和管理,企业提供设备、技术和师资支持,校企合作开展实训教学的设计与系统组织实践教学模式"④。该阶段,实训基地的建设主导者意识到校企合作共建的重要性,基地建设要实现教学与生产相结合,要开发基地的对外开放服务性和专业性,不断提高学生的创新能力,实现校企双赢,充分发挥职业院校的社会服务功能。⑤

3. 各方协同的创新实训基地建设

教育部2011年实施"高等学校创新能力提升计划",全国高职院校掀起"协同创新"热潮,各高职院校积极探索校、企、行、政、研等多方协同,建设创新

---

① 纪德奎,胡文婧."互联网+"背景下高职实训管理平台建设研究[J].职教论坛,2017(18):79—82.
②③ 吴兆明.高职院校实训基地"五个融合"内涵建设的探索[J].职业技术教育,2019,40(2):15—19.
④ 路荣平.高职院校生产性实训基地:内涵、特征与建设策略[J].中国职业技术教育,2011(35):73—75.
⑤ 卢莉.高职商贸类专业实践教学平台的建设研究[J].中国职业技术教育,2013(1).

育人机制。实训基地建设是协同创新的产物之一,为促进区域经济发展、培养产业转型和技术创新所需的复合型人才提供了有力保障。

4. "互联网+"背景下的公共实训基地建设

随着产业4.0时代的到来,基于"互联网+"的信息通信技术、大数据、云计算的不断发展,新业态和新技术随之发生变化。高职院校实训基地建设面临着产业变革引发的新挑战。社会需要在工程研发和管理方面培养知识跨界、技术创新的高层次人才。基地建设要求能体现促进互联网与各行业的融合创新,构建信息化、共享的公共培训体系。

5. 职业本科背景下的虚拟仿真实训基地建设

高职本科是《新职业教育法》的亮点之一。为了更好地服务经济和产业发展,专业设置要瞄准"两个高端",即高端产业和产业高端。所谓高端产业,一般是新兴产业或新概念产业,具体表现在三个方面:技术含量高、价值链高端、产业链中的核心地位;所谓产业高端,一般是指依靠传统产业中的技术进步和创新,在技术含量、产品附加值等方面占据领先优势的领域。建设职业教育虚拟仿真实训基地,是培养这两个高端专业人才的最佳载体。与高等职业教育相比,职业本科教育应培养学生具备更深厚的理论基础、更完整的知识体系、更复杂的职业能力、更扎实的技术技能积累,从而掌握高端技术技能[1],能够满足产业转型升级的需要,满足服务业高端产业和高端岗位对更高层次技术技能人才的需求。

职业教育虚拟仿真实训基地是职业教育与虚拟仿真技术深度融合的产物。借助"AR/VR"、智能大数据、物联网等前沿信息技术,构建高度模拟的训练环境和实验条件。学生在虚拟仿真环境下进行实训和实验,并能多角度、多次重复进行操作,解决了传统实训和实验教学中"高投入、高耗材、高危险性、难实施、难观察、难再现"的问题,并为学员提供全方位、立体化的训练环境,使学员能够通过一次次虚拟仿真训练,牢牢把握专业知识。[2]

(三) 职教本科实训基地建设目标

职教本科实训基地在原高职实训基地建设基础上,内涵建设要实现"五个

---

[1] 王博.职业本科教育相关争议与基本问题探析——基于文献综述的视角[J].江苏高职教育,2022(2).

[2] 吴学敏.聚焦"两个高端",打造高水平职业本科教育专业[J].江苏高职教育,2021,21(4):1—3.

一体化"建设目标,即实训内容与行业发展的一体化、教学体系与岗位需求的一体化、人才培养与社会服务的一体化、功能建设与管理机制的一体化,集成系统架构和资源共享的一体化。

1. 实训内容与行业发展相融合

在信息技术日新月异发展的背景下,教学手段和方法不断更新迭代。目前,职业院校实训基地教学多采用"项目引领、任务驱动"的项目化教学模式,采用模拟真实工作场景的情景教学法。新方法和新模式促使学生在"理实一体,边做边学"中实现知识学习与技能训练的有机融合,完成训练任务,掌握综合操作技能。在"互联网+"时代,信息技术推动传统产业转型升级,实训基地必须立足互联网平台,对接产业升级需求,合理设置实训教学项目和内容,及时更新软硬件设施环境,这样才能培养出适合产业结构发展的高层次复合型人才。[1]

2. 教学体系与岗位需求相融合

高职院校实训基地建设既要适应产业发展变迁,又要适应社会对高技术人才培养的要求。根据职业能力培养规律,对接产业岗位需求,建立以职业素质和创新创业能力培养为主、以基础技能—核心技能—综合技能—拓展技能为基础的"四级递进式"实践教学体系。体系的每一个层级都对应着不同的岗位要求、任务和职业资格标准。实训基地在实践教学体系运行过程中,应根据企业生产的真实业务操作流程、不同的岗位要求、行业产业标准,开发有针对性的、科学的、合理的项目化实践课程,配套实训课程标准,制定考核评价体系,实现学生能力与岗位技能要求"高契合"。

3. 人才培养与社会服务相融合

高职院校近年来以订单式培养的形式推进工学结合,采用多种创新人才培养模式,目的在于培养与岗位高度契合的专业技能人才。随着互联网+、大数据、云计算、智慧物联等新兴技术的发展,传统产业与信息化技术不断融合,经济形态和产业结构不断变革。面对信息技术不断升级迭代带来的挑战,实训基地建设要进一步创新"互联网+专业"人才培养模式,着重培养具有跨界、技术融合创新的复合型人才,以适应行业发展需求。[2]

---

[1][2] 吴兆明.高职院校实训基地"五个融合"内涵建设的探索[J].职业技术教育,2019,40(2):15—19.

实训基地是职业院校教学的主要阵地和服务社会的重要载体。实训基地建设已从基础的校企合作模式发展到地域、行业、企业共建共享的建设模式。基地通过向所在地域、中高职学校、企业和社会团体提供各类培训服务,将优质教育资源与行业企业需求相结合,不断提高人才培养的深度和广度,主动适应区域经济社会发展的要求,提高基地的社会培训服务质量。

4. 功能建设与管理机制相融合

实训基地不仅要实现生产性实训功能,还要面向社会开展技能培训、技能鉴定(竞赛),以及对应产业开展新技术、新工艺、新产品的研发,真正做到教学、培训、研发、竞赛"四位一体"。实训基地全方位功能的实现,要依靠政府、企业、学校三方的共建和共管。从国内培训基地建设的成功模式来看,共建各方均须承担不同的角色,例如,政府部门负责整合资源,投入资金,促进校企合作和有序发展;校方做好日常管理,提供基本的生产培养条件,使人才培养规格与市场需求相匹配;企业做好设备维护和技术支持,保障培训和社会服务正常开展;科研机构着重做好新技术的研发和成果推广转化,以适应行业发展的需要。各方不同的职责对应着实训基地的不同功能的发挥。①

5. 系统架构与资源共享相融合

在"互联网+"背景下,政府职能部门、高职院校、行业企业、社会培训机构等各方协同创新、合理规划设计的高职院校实训基地,包括基地管理和专业群顶层设计在内的集成系统架构,能实现各类资源共享、开展技能培训和技能鉴定等功能。多元化主体共建、共享、共赢机制的建立,是保证政府职能部门资金投入、行业企业参与积极性、技术和装备支持到位的关键。通过有效的资源共享和优势互补,将系统架构的整体框架与共享共赢机制相融合,实现共同发展,从而有效提升高职院校的综合实力,满足实训基地社会服务的要求。

6. 基地发展规划与高端科研相融合

职业教育本科基地的建设规划要立足长远。校企联盟由行业、企业、高校组成,成立科研创新联盟,校企共建创新研发中心、科技创新实验室、技术推广中心。依托实训基地和科研团队的先进设备设施,校企联合开展项目申报、技

---

① 张秀芳,程悦.高职院校工学结合人才培养模式创新研究[J].科技经济市场,2018(2):169—170.

术攻关、产品创新、成果转化,切实提高服务和技术创新能力,促进教育链与创新链的有效衔接。

二、职业本科实训基地建设路径

(一)明确定位彰显特色,走校企共建之路

高职本科高层次实训基地建设的定位要准确。首先,要服务于本地区建设现代化经济体系和更高质量、更充分就业的需要,在本地区发挥龙头作用。要紧密结合区域支柱产业、新兴产业和特色产业发展与技术技能人才需求,以先进制造业等技术技能人才短缺为重点,规划培训基地布局和建设。其次,充分展示基地特点。根据区域经济发展水平和产业结构特点,发挥高校资源建设特色鲜明的优势,促进地方经济社会发展。高水平实践训练基地建设布局要合理,发展要错位,规模要适度,装备要先进。要有新的发展理念、专业化水平、拥有不可替代的服务领域。

高层次实训基地的功能是复合型的,需要集实践教学、社会培训、企业真实生产和社会技术服务于一体,真正实现产教融合。可借鉴德国、瑞士、日本等国家的经验,探索学校、工厂校企一体化合作建设和运作的模式,吸纳国内外优质企业共同建立实训基地,引进先进技术、拓宽培训设备和来源渠道,从而培养出社会需要的高新技术、技能型人才。[①]

(二)构建实训"三化"教学模式改革,引领基地建设创新

1. 应对实训教材"活页化",建设灵便组合的项目式实训室

遵循循序渐进的原则,从一般知识能力到高阶能力,再到综合拓展能力的思路,开发实训项目教学使用的活页教材。系统设计"基础项目→专项项目→应用项目→拓展项目"四个层次的项目活页架构。可根据授课进度和课时拆分组合,将专业培养目标细分到岗位工作过程的各个阶段;可结合在校学生及培训学员的不同需求,跨界整合不同层次的项目模块和专业组技能,形成四个层次的项目化、模块化实训室。

2. 对接实训教师"双师化",实训基地厂校双边建设

根据学校培训教学和企业生产经营的需要,按照《专业培训教师资格标准和专业技术职务(职称)评聘办法》,将深度合作企业技术骨干人员或专业技术

---

① 贾文胜.关于建设高水平实训基地的思考[J].中国职业技术教育,2019(7):103—107.

人员、技术能手聘任到校任教。学校委派专业教师定期到企业开展各类实习和科研合作等方面的锻炼,提升实训师资水平,使之不断进步,具备担任本科实训课程及培训教师要求。①"一课双师"制度首先在高职本科专业的核心课程培养中推行,之后可以逐步推广到企业及社会培训课程中。

3. 体现实训教学"真实化",合理设置基地布局

在教师校企互训、互聘互用的基础上,依照企业真实的生产流程,采用任务驱动教学法,对学生和学员实施分组教学。采用真实案例模拟教学等教学手段,将工匠精神和创新创业意识融入生产性实训教学的全过程。高职本科学生的培训教学是在企业员工的工作模式下进行的,学员培训使用的设备、项目内容的设置、场景布置与企业真实的生产经营现场要基本一致。要根据企业生产经营的特点,将不同的工作岗位、工种进行有机组合,按照企业员工的标准对学生完成的作品进行考核。

搭建企业真实的生产运营场景,构建圆桌模式、虚拟仿真开发模式、制作模式、工作室(大师工作室)模式、设备(数据)中心模式、网络工作室模式和产品展厅模式等。逼真的场景训练教室,以校企工业学院为基础,按照企业管理模式开展教学。教学过程管理与考核标准结合企业规章制度、岗位标准制定,并将企业文化、工匠精神和职业道德融入学生培养的全过程,为学生高质量就业打下坚实基础。②

(三)本科层次职业教育实训基地建设改革案例

1. 创新政行企校合作体制机制模式

自参加本科层次职业教育试点以来,湖南软件职业技术大学积极推进"大培训"教学模式改革,实施校、地、企三方深度合作,推动产教融合转型发展,建立了"学校&地方、学校&企业"共生共荣、共建共享、互利共赢的新型关系。突出政府引导、学校主导、企业主体,采用"框架协议—执行合同—项目管理制度"三级模式,促成与腾讯科技、科大讯飞、湖南艺术工厂传媒有限公司、湖南潇湘影业集团等30家企业合作。政企校共建湘潭V视频及网络直播产教融合基地、湘潭数字经济孵化基地、湘潭软件与大数据技术应用创新中心。合作

---

① 罗校清.校企共建高职生产性实训基地的实践与思考[J].岳阳职业技术学院学报,2019(12).
② 罗校清,李锡辉.本科层次职业教育"大实训"教学模式改革研究与实践[J].天津职业大学学报,2021(12):38—40.

模式由原来粗糙的"机构型"转变为细化的"契约型",以契约的形式保证了各方的利益,使合作单位的资源得到最大限度的整合。

2. 推动校企产业学院共建基地共享资源

湖南软件职业技术大学深入推进产教融合、校企合作,加强校企资源整合共享,提高高职本科高层次技术技能人才培养质量。"大培训"教学模式改革以"四个联动、五个环节、六个环节"为基础,开展深度校企合作建设产业学院,使每个高职本科专业都有相应的产业学院。如对接软件工程技术专业,达内时代科技集团与软件、信息工程学院共建"达内大数据产业学院";科大讯飞股份有限公司和软件与信息工程学院合作成立"讯飞人工智能产业学院";武汉厚朴教育科技有限公司与经济管理学院合作成立的"现代商业产业学院",对应的是电子商务专业;对应大数据工程技术专业,潇湘电影集团与现代设计学院共建"小英数字创意产业学院",数字动画与环境艺术设计专业也深度参与;北京古宇科技有限公司与建筑工程学院共建"古宇数字建筑行业学院",对应建筑工程管理专业。通过校企工业学院的建设,不仅进一步促进了校企合作的深度,更深化了校企一体化办学模式。①

3. 通过实训平台打造,提升双创育人能效

南京工业职业技术大学以双创教育基地建设为基础,推动打造了8个实训平台,充分体现了双创与专业相结合的特点。

(1) 智能制造产教融合创新平台

智能制造产教融合创新平台主要面向机械工程类专业学生,依托国家"产教融合"项目以及省级协同制造产教融合项目,与相关企业共建智能制造创新训练中心,重点培育学生在机械产品设计、精密加工等领域的创新能力。

(2) 智能控制工程研创平台

针对电气工程专业学生,搭建融合智能电气控制、能源互联网、智能建筑、物联网等多个技术领域的创新培养平台,与西门子、三菱、罗克韦尔、施耐德、通用电气、ABB等合作,与国内外著名企业合作,为学生、教师和社会提供全面的创新创业场所、设备和技术支持。对接企业相关工作岗位,提升学生的科技

---

① 罗校清,李锡辉.本科层次职业教育"大实训"教学模式改革研究与实践[J].天津职业大学学报,2021(12):38—40.

创新能力。

(3) 企业信息化创新服务平台

针对电子信息专业，与华为、苹果、联想、中兴等世界知名企业合作，共同搭建企业信息技术创新服务平台，将创新创业教育融入专业教学全过程，加强专业技术创新能力培养，服务中小企业信息化建设需求。

(4) 电子商务创新创业服务平台

针对经济管理与商务专业的学生，建立电子商务创新培训中心，与南京市栖霞区、镇江市石冶镇、徐州市沙集镇、南京市龙潭跨境电商产业园、上海市互联网商会等开展合作。政府、银行、企业合作共建电子商务创业培训基地，通过承接企业项目，打造真正的创业项目，促进师生实践能力和双创能力的提升。

(5) 绿色智慧交通虚拟仿真平台

面向航空工程和交通工程领域，将创新创业教育融入汽车技术专业群、城市轨道交通机电技术专业和航空工程专业的建设与发展，重点开发智能综合交通信息共享系统，围绕新能源环保交通发展，打造交通运输虚拟仿真平台。

(6) "艺术工场"文化创意产业平台

围绕文化产业创新、国家文化软实力提升和中华文化走出去战略，结合教学、实践和科研，积极探索创新，为社会和产业培养与输送文化创意产业精英，培育和孵化文化创意成果，继承和发扬文化创意精神。

(7) "创客梦工场"师生双创实践平台

学校依托大学生创业园、省大学科技园、校内外创新创业实践基地，搭建起学校、政府、社会、行业、企业合作的"创客梦工场"实践平台，为教师与学生提供全方位、一站式的服务和保障。

(8) 政校企行协同技术研发转化平台

构建"一个体系、五个平台"，全力推进技术转移转化。以地方经济发展需求为导向，以全国机电职业教育联盟、江苏省轻工业协会、大学科技园、工程技术研发中心、校内外行业创新平台为载体，依托重点建设专业和协同创新中心，瞄准科技前沿，以新技术、新产品、新工艺的创新转化为重点，整合各方资源，打通各类创新创业资源和基础设施。

三、职业本科实训基地功能解析

（一）基于岗位技能标准建设

根据专业本科生"大培训"的教学要求,实训室建设主要分为通用专业课程实训室和核心专业课程实训室。通用专业课程实训室主要采用组、项目、圆桌场景布置模式建设,便于通用专业培训班开展小组教学、项目教学和场景教学。核心专业课程实训室结合深度合作企业岗位生产经营的真实场景,建设集实训教学、职业技能鉴定、企业生产经营和社会服务于一体的生产性实训室,方便学生综合职业技能的提升。校企结合,综合考虑岗位最新技术标准、技能需求、就业人数等因素,保证实训基地的建设满足人才供给侧精准对接行业需求侧。提高职业教育人才培养的适应性,要以企业岗位技能标准为依据,把培养出来的高技能人才与经济社会发展和产业转型升级对接起来。①

（二）立足专业群课程体系建设

紧扣专业本科岗位技能标准设置课程内容和设计实践教学。职业本科学校各专业要通过研究明确与专业相对应的专业岗位或工作组,将岗位作为工作分析的逻辑主线,通过对完成工作任务的过程进行系统分析形成工作相关课程。课程体系的设计应以"毕业后能工作,工作后能操作"为原则。基于岗位技能要求,按照基本技能、核心技能、综合技能的递进规律设计实践教学过程。同时,根据岗位实习的要求,根据阶段实习的要求,编制岗位实习指导手册和教学评价标准。②

（三）针对行业需求发挥基地科研效能

产学研一体化的专业实训室,集合教学、科研、生产、管理等功能于一体。首先,满足专业教学计划设定的专业实训项目的教学要求,是实训室最基本的功能。因此,必须在实现教学功能的前提下,根据课表规划和科研进度安排合理配置时间、空间、设施等实验室要素。③其次,专业培训/实验室在技术装备

---

① 罗校清,李锡辉.本科层次职业教育"大实训"教学模式改革研究与实践[J].天津职业大学学报,2021(12):38—40.
② 曾天山."岗课赛证融通"培养高技能人才的实践探索[J].中国职业技术教育,2021(8):5—10.
③ 刘润忠.产学研一体化:高校专业实验室建设的重要选择[J].连云港职业技术学院学报,2005(1).

和设置上应具备一些专业科技项目的研发功能,特别是一些科技含量较高的产品和技术服务项目的研发。对于有条件的实验室,还应具备科研成果转化的孵化器功能。再次,专业实验室必须具有研究和开发产品的业务功能。其产品可以是实验室开发并已商品化的科技成果,以及其他技术含量较高的产品和技术服务。生产经营规模取决于实践培训/实验室条件和经济效益。[①]

(四)对接证书和竞赛标准开发实训基地功能

1+X证书制度以岗位职业技能为需求导向,以掌握岗位核心职业技能为问题导向,以培养高技术人才为目标导向,将职业教育与职业培训有机结合。加强认证课程整合,可以倒逼职业院校课程以真实(企业)任务为载体,整合企业认证内容,以实际案例为对象,培养学生分析问题、解决问题的能力。实施课程证书整合教学的主要阵地是校内外的实训基地。基地的建设应根据行业企业的认证标准和职业院校的教学实践进行联合建设。基地承载着教学、员工培训、考证培训、技能鉴定等活动,使毕业生在获得学历证书的同时,还获得相应的职业资格证书,实现学历教育与职业培训的一体化。

职业技能竞赛是检验职业院校教育教学质量的"试金石",是职业教学改革的"指挥棒"。研究表明,从"行业—竞争—教育"三个体系的共同结构来看,需求整合、标准整合、过程集成和评价集成是职业教育"产、赛、教"机制的整合,因此,只有展示高端技能引领教学改革,加强竞赛课程的整合,才能充分发挥"以赛促教"的作用,"以竞争促学习"和"以竞争促改革";才能将竞赛器材转化为教学器材,竞赛任务转化为教学项目,竞赛标准转化为教学标准,竞赛评价转化为教学评价。

四、职业本科实训基地管理对策

职业本科实训教学基地管理,要对接《本科层次职业学校设置标准(试行)》和《本科层次职业教育专业设置管理办法(试行)》,根据职业本科培养模式要求,坚持办学特色,坚持高标准、高起点、高质量,对接高端产业,进行管理标准开发。以"职业教育本科培养"新教学模式改革为契机,进一步开展职业教育本科层次定位,提高基地建设能效。

[①] 冯长建.我校机械专业产学研一体化实验室的建设[J].中国科技信息,2006(12).

（一）政府统筹，顶层设计

《国家职业教育改革实施方案》明确提出，职业教育要逐步实现由政府统筹管理向政府统筹管理、社会多元化转变。实训基地建设的主体由原来的职业院校单一主体转变为政府、职业院校和产业企业共同参与的多元主体。多元主体要结合自身优势，在政府统筹下做好培训基地建设的架构与规划，明确重点建设什么样的培训基地。政府指导实训基地建设与产业布局协同一致，紧密结合当地支柱产业、新兴产业和特色产业布局情况，结合技术技能人才需求进行规划设计。实训室的规模及数量要合适，实训设备的选配要本着适度先进、实用为主、经济适用的原则。在顶层设计的基础上，高职本科、地方政府可以通过资源整合，组织分散的企业和学校资源，建设一批面向产业、高科技、相对独立、规范管理的完善的服务实训基地。①

（二）集聚资源，分工合作

基于资源的集聚机制，培训基地作为社会子系统（集群），需要利用其特有的环境和组织特征，从外部环境中获取足够资源，并在系统中进行配置，以满足系统自身生存和发展的需要。因此，培训基地的良性发展需要构建资源获取体系，包括获取外部政策资源和实现内部共享资源。在运行方式上，国家发改委专门印发了《关于加强培训基地建设投融资支持的实施方案》（发改社〔2018〕1464号），要求重点抓好产教融合培训基地和公共实训基地建设，重点运用"补贷债"组合模式，坚持政策统筹、资源共建、开放共享；综合运用中央预算内投资、地方财政投入、开发性金融、债券融资和吸引社会资本等手段，拓宽投融资渠道。同时，基于分工与合作机制、集群组织需要，构建基于特定职能专业化的合作关系。②

（三）科学管理，资源共享

要实现高水平培训基地的良性有序运行，一方面，要实行科学管理。要强化对实训基地运行的常态化监测与绩效考核，形成项目实施、资金管理和绩效目标实现程度评判的绩效评价体系，提高建设资金的使用效益。建立常态化目标考核机制，要以项目为抓手，以资金为牵引，以目标为导向，探索职业本科实训基地建设的常态化推进机制，提升实训基地建设投入水平与项目绩效。

---

① 贾文胜.关于建设高水平实训基地的思考[J].中国职业技术教育,2019(7):103—107.
② [美]詹姆斯·S.科尔曼.社会理论的基础(上)[M].北京:社会科学出版社,2008.

另一方面，要实现资源共享。基于设施、资源和技术共享理论，参与的共建方应积极发挥资源和设施的效能，扩大共享，造福产业和兄弟机构。针对实训基地的多元主体，要构建特定的目标链，发挥各自优势，理顺分工，构建政府、学校、企业利益共同体，形成稳定互利的合作机制，并促进不同利益相关者之间的紧密联系。

第三节　职业本科教学资源开发与应用

一、教学资源建设原则与规范

教育资源建设是教育信息化的基础，是一项需要长期建设和维护的系统工程。由于教育资源的复杂性和多样性，人们对它的理解不同，会出现大量不同层次、不同属性的教育资源，不易管理和应用。为了更有效地建设各级各类教育资源库，促进各资源库系统之间的数据共享，提高教育资源检索的效率和准确性，保证资源建设质量，职业本科教育教学资源建设在相应的规范下实施是十分必要的。

（一）教学资源类型

标准规范类：职业标准、技术标准、课程标准、岗位规范、教学文件等。

教学资料类：生产过程资料、实训操作资料、企业案例、企业网站链等。

设备场景类：教学场地、工作过程、操作流程、设备结构等。

虚仿项目类：虚拟场景、虚拟设备以及虚拟实验实训实习软件等。

数字资源类：数字化教材、教学课件、题库、视频资料等。

教学平台类：与专业、课程、知识点相关的导学、教学、助学系统。[1]

（二）数字资源分类方法

分类包含资源库、课程、适用对象、资源类型、技术格式、语种六个分类元素。这六个分类元素是对资源进行组织的基本依据。

数字资源构建者要以资源库作为总分类依据，确定各学科应涵盖的具体内容，然后根据适用对象和资源类型进行详细划分。确定资源库资源分类方法，须遵循以下原则：

---

[1] 余静，周源.信息化教学资源建设评价标准及应用实施[J].现代教育技术，2016(26):74.

1. 采用多维的分类方法

教育资源的属性是多维的，一维的分类方法不足以涵盖其在教育内容、适用对象、技术格式方面的各种特性，无法满足用户从不同属性层面进行查询和检索的需求。因此在确定资源分类方法时，应在分类体系中采用多维的分类方法。①

2. 单一分类方案中各类之间不相容

分类体系中采用的每一种分类方案必须满足在本分类元素层面资源库的所有资源只有唯一的归属类。如果某资源条目在某分类方案中出现一个以上的归属类，则该分类方案不满足本原则。

3. 单一分类方法穷尽资源整体

分类体系中采用的每一种分类方案必须满足从本分类元素层面穷尽资源库的所有资源。如果某资源条目在某分类方案中找不到其具体归属类，则该分类方法不满足本原则。

4. 分类不越级

有些分类方案有一个以上的级别（如学科分类）。针对这样的多级分类方案，资源的最终归属类必须是同一级别。如果两个不同资源在同一个多级分类方案中最终归属类属于不同级别，则该分类方法不满足本原则。

5. 同一分类元素下分类方案唯一

分类体系中针对资源的某一个特定属性层面应只设置唯一的分类方案。

（三）资源形式与格式

教学资源的基本形式与格式如表 7-4 所示。

表 7-4　教学资源的基本形式与格式

技术形式	文　件　格　式
文　本	text/txt/html/sgml/xml/rtf 等
图　片	image/gif/jpeg/tiff/png/psd/wmf/mov/quicktime 等
视　频	video/quicktime/AVI/MPEG/RAM/Asf 等
音　频	audio/RAM/WAV/MP3/MIDI 等
动　画	GIFF/LASH/MPEG/PIC/MOV/GSP/GSS

---

① 顾健.海上信息栅格化构造体系研究[J].船舰电子工程.2008(4).

续　表

技术形式	文　件　格　式
应　用	application/exe/pdf/postscript/zip/rar/msword 等
	application/msworks
	pplication/mathematica
	application/authorware
	application/几何画板

二、职业本科教学资源建设方略

（一）建立分层建设机制

资源包括素材、积件、模块、课程和资源库等不同层次。

素材——最基础的、颗粒化的资源，如动画、图片等。

积件——以知识点、技能点为单位，多个关联的素材结构化组合形成资源。

模块——以学习单元、工作任务等项目为单位，结构化组合形成资源。

课程——包含完整的教学内容和教学活动，包括教学设计、教学实施、教学过程记录、教学评价等环节，支持线上教学或线上线下混合教学。

资源库——教学资源库建设平台是以资源共建共享为目标，以创造优质资源和网络教学为核心，面向海量资源处理，集资源分布式存储、资源管理、资源评估、知识管理于一体的综合资源管理平台。

（二）动态化更新资源

1. 资源监测

不定期采集资源的运行日志及素材使用情况等数据，对资源的使用效果、资源更新、用户行为等进行分析并适时发布资源库建设与应用分析报告，为资源管理、推广、决策和规划提供依据。

2. 资源管理

教务处和运行平台联合建立资源审核编校机制，确保资源建设质量，并对库内资源的合法性、科学性、教育性、技术性、艺术性及知识产权负责。

3. 资源单元

合理划分课程资源的粒度。资源单位不应是"一门课程"，而应是"知识单位"。从形式上的解释,可以是"最小的工作室单元"。

4. 资源粒度

资源被划分为尽可能小的单位。每个单元都由一个或几个相关的知识点组成,但每个资源单元都应具有独立的教学意义,这样在新课程建设和课程更新时,就可以充分利用现有的知识单元,并且只需要构建现在没有的新内容。①

5. 资源描述标准化

为了能够整合来自不同地方的课程资源,首先需要能够快速检索和识别所需资源。但是,如果没有针对资源片段的附加内容描述,则很难从其外观来判断其内容是什么,适用于什么级别以及适用于哪个课程。因此,对资源内容的标准化描述至关重要。

6. 支持标准的课程平台

即使资源的粒度合理,有了标准化的资源描述,也不容易检索出现的资源并将其快速组装成新的资源,并根据教学设计来组织和呈现学习内容。显然,这些不能手动完成。因此,支持标准的课程平台是必要的。一个标准化的课程平台应该能够管理一个标准化的课程资源库,提供基于标准元数据的资源检索,并能够根据检索到的资源作为组件快速构建课件。它应该能够支持教学设计,并根据教学设计的要求使资源合理配置和呈现给学习者,并可以在需要时添加和替换学习内容。

(三)数字资源分类建设评价分析

一般在对教学资源的信息化建设进行评价时,可以从物质资源、课件资源、教案资源和题库资源的信息化方面分析评价标准。

首先,动画、视频、音频、图形和文本材料。这些基本的单元,主要是传播教学信息。各类材料可能有机整合在不同的课件中,可匹配各类教学方法、学习方法开展教学。②

其次,课件资源。课件制作的前提是要执行教学目标和厘清知识技能重难点,能有效反映教学内容和教学策略,能够辅助教师的教学和学生的学习。课件资源包括自制课件、网络课件、CAI 课件和辅助学习互动课件。其中,基于网页浏览的网络课件,是结合教学的重难点进行设计的。基于计算机运行

---

① 郑莉.课程资源建设标准化[J].计算机教育,2007(7).
② 余静,周源.信息化教学资源建设评价标准及应用实施[J].现代教育技术,2016(26):74.

的CAI课件教学展示性强,而基于流媒体技术制作的辅助教学和辅助学习的课件互动性强,可用于点播或直播。当然,教师自主制作的课件更能保证课件的适用性和可用性,课件资源可由专业技术人员辅助开发。

再次,教学设计资源。教学设计是教学活动有序开展和实施的重要指导性教学资料。教学设计包括教学目标与学情、教学环节、教学方法与评价、教学重难点、教学反思与改进等。教学设计的信息化可以增强教学的针对性,保证现有教学资源的有效使用。

最后,题库资源。题库以课程的教学评价标准为基础,利用在线平台或系统整合某一专业的各类题目。题库构建包括三个阶段:一是课程知识与核心技能的梳理。课程团队在建立试题库时,需要对知识和技能进行全面梳理,对照课程的教学目标和岗位要求,确定题目难易度、题型和内容等,对知识体系进行量化。二是设计试题。试题来源包括更新试题和多年积累的标准试卷。更新试题应经过团队研讨后确认,要研判难易度和创新型。但是,标准试题也要定期审核。三是修改和调试。根据课程目标和内容的调整,课程负责人需要及时对不符合教学要求的题目进行删除和纠正,保证题库的先进性和科学性。[①]

三、教学资源应用与推广保障

资源建设的目的是广泛利用,提高资源在应用推广中的效益,并通过用户的互动反馈不断改进和提高资源质量。资源利用和推广的前提是制定项目实施管理办法,实行"分级管理、责任到人、专家把关",确保资源项目的顺利实施。下面以"国家半导体照明技术专业教学资源库的建设与推广"为例,进行说明。

(一)建立资源建设与推广保障机制

1. 建立项目目标责任制度

实施目标管理责任制,成立项目工作小组,明确负责人职责,制定工作进度和目标,分工明确责任到人。项目建设内容和建设要求以获批的建设方案和任务书为准,任何子项目负责人不得随意更改变动。施行项目目标责任制,制定《教学资源建设项目管理责任书》,细化各项目和子项目建设的责任和目

[①] 黄荣怀,胡永斌,刘晓琳.数字教育资源的开放成熟度模型研究——信息化促进优质教育资源共享研究(二)[J].电化教育研究,2015,36(3):58—63.

标。重视项目建设的过程管控,制定《教学资源建设项目绩效考核实施细则》。《教学资源建设项目信息公开实施细则》从制度上规定项目信息必须按规定公开,做到信息透明,学校教师、学生和社会可以监督项目进展和实施情况。

2. 建立项目绩效考核标准

以考核标准验证项目绩效,根据建设进度要求,到期时验收项目。根据项目既定目标,考核验收结果,按计划保质保量完成的负责人要施行表彰奖励。通过资源库建设管理平台,向指导和参与建设和使用的师生、社会各界公开进度和效果并公布经费使用状况,接受纪检监察部门的监督和审核。

3. 建立项目经费保障制度

成立项目经费保障管理小组,用以规范建设资金使用和管理,加强对各项资金使用的监管,确保严肃、合理和有效使用项目专项资金,实现建设资金使用效益的最大化。按照《中华人民共和国政府采购法》和学校招标投标相关规定,进行政府采购。对投入建设项目的大额资金要在有关部门的监管下严格执行预算,经常性对专业资源库建设项目预算执行情况进行跟踪和分析,督促各项目组采取积极有效措施,按计划执行预算进度,保障资金使用安全、规范、高效。

(二)制定教学资源推广应用措施

对于专业课程资源和教学资源库建设从来都不是最终目标。应用推广的效果,是教育行政部门的初衷,也是广大师生的殷切希望。如中山火炬职业技术学院、宁波职业技术学院牵头的半导体照明技术与应用专业教学资源库课程,主要有两类群体使用:一类是各院校相关专业的师生;另一类是自学者,主要是社交学习者或企业用户。在课程的推广应用过程中,他们的做法如下。

1. 树立典型学习案例

以国家半导体照明技术专业教学资源库课程"LED封装模拟制造综合实训"为例,课程设计最主要的学习者是高职院校相关专业学生,他们可能有些缺少LED封装实训和实践条件。如固态晶体章节的典型学习流程是:第一步观看动画,了解单元的基础概念、知识和学习过程,也可以先进行基本认知学习;第二步学习视频资源,了解各个现场场景及操作流程;第三步在线阅读作业指导书,了解各个流程的操作细节,还可以用图片资源增强直观性;第四步,可以在课程题库中提取组合的测试来检验在线学习情况。中山火炬职业技术学院、宁波职业技术学院两个单位都有良好的校企合作条件,除了在线进行网络学习外,学生还可以到合作企业的LED生产现场观摩与实际操练,在企业学习期间还可以手机登录平台查看资源。社会学习者或企业用户的学习方法可以是以上两者的结合。

2. 制定使用率考核指标

资源库课程推广的主体是项目主持学校、项目组成员学校和相同、相似或相关专业的师生及有培训需求的企业、行业单位。先确立各主体的使用指标,项目主持学校的适用专业要求全部使用,项目成员学校相关专业使用率不低于50%,其他推广院校每年达到10%以上的增幅。对于资源库对应课程教学,要求给学生布置课前预习任务,提前登录平台进行预习。在课堂教学过程中,教师引导学生进行课程资源中课件、动画等的学习和研讨,并完成资源库中相应作业题目,课后进行教学答疑和讨论。针对实践课程,充分应用资源库中实训操作资源的学习,辅助线下实际操练。可以让学生先观摩操作,然后进行简单步骤的认知操作,对于实际操练中的问题可反复回看视频,在不断深化感官认识的基础上,配合教师的指导,完成实训学习,并在平台提交作业。以上各个流程均制定为资源使用标准,要求资源库实施教学教师参照执行,并通过过程学习评价指标对学生提出要求,促进资源的学习效度。

3. 出台课时、学时认定制度

教师引导学生在不同阶段对接资源库平台的资源,进行视频学习、作业提交、阶段测验、课堂练习等,有效实施线下教学与网络学习相结合的混合式教学模式,对实施混合式教学的教师给予相应系数课时浮动或奖励。学生可自主选择平台的微知识库及各门课程的在线学习资源。当学习进度达到90%以上并完成章节测试达标后,可获得相应课程学分。该学分可以作为线下学习课程的替换,用以满足因个人身体原因、疫情防控、结业继续学习但不能返校线下授课学生的学分修习。学生学习期间,课程负责人可通过平台数据的监测和汇总了解课程学习进展情况,可安排专人对网络课程实施情况进行检查和落实,负责对学生网络课程的学习进行辅导,确保学生能够正常、顺利地进行课外线上部分学习。要跟踪选课学生的信息,如登录、定期检查和记录平台使用情况(包括进度、测试等),满足要求就授予学分。[1]

---

[1] 陈慧挺,陈文涛,张慧波.国家半导体照明技术专业教学资源库的建设与推广[J].职业技术,2019(5):38—39.

四、职业本科立体化教材建设

2002年,在全国高校教学研究会、全国高校教学研究中心和高等教育出版社发起的教学管理者和教师立体化教材建设研讨会上,立体化教材的概念被正式提出。①目前,学术界对立体化教材的定义已基本达成一致,认为立体化教材是在传统纸质教材的基础上,借助现代信息技术,科学整合多媒体、多形式、多层次的组合教学资源。立体化教材的内容包括纸质图书、数字资源建设、资源平台等。信息化时代高职教育立体化教材的开发要以项目课程理念为指导。所谓项目课程理念,是指围绕专业标准和岗位要求设定课程内容,通过项目化和任务驱动的方法,设计制定各项任务所具备的知识和技能,重视学生岗位能力的获取。②

(一)教材建设的融媒体特性

高等职业教育立体化教材具有以下特征。第一,实践特性。实践性是高等职业教育教材的本性。立体化教材不仅是教师传授知识和学生获取技能的载体,也是岗位技能与职业教育融合的载体。与普通高等教育注重传授经典知识相比,凸显实践性在职业教育立体化教材内容中占比更高。同时,借助人工智能、大数据、虚拟仿真等技术,让学生在实践中更充分、更直观地获取知识和技能。第二,互动特征。立体化教材的媒体资源决定了其互动性,强化学习者与企业工作真实的联系是职业教育教学过程所注重的。现实工作流程中,技术是动态发展的,所以工作手册式、活页式教材及教学资源要紧跟新技术、新规范、新材料的发展,具有同步生成性。③第三,针对性强。高等职业教育教材的服务面不仅包括在校学生,还包括广大新型农民和退伍军人等社会需求人士,要实现针对不同群体的需求分层分类开发教材,满足不同主体的培训需求。第四,衔接特性。高等职业院校与中等职业学校要联合开发中高职衔接的专业教材,合理规划中等职业教育、专科职业教育、本科职业教育等不同学段的教材内容,并在此基础上实现内容的有机衔接和呈现形式的多样化,满足技术技能人才梯队培养的需求。

---

① 姜文静,唐丽媛,蔡夏婷.职业教育立体化教材研究的变迁与展望[J].职业教育,2021(1).
② 徐国庆.职业教育项目课程原理与开发[M].华东师范大学出版社,2016:61—163.
③ 李玉青.立体教材建设的研究与实践[J].科技资讯,2017(35):1.

（二）产教融合共同开发立体化教材

产教融合式教材开发是校企合作出成果的有效表征。作为双元深度产教融合的成果，校企双方共同开发立体化教材更符合职业教育育人特征。2019年国务院印发的《国家职业教育改革实施方案》提出："建设一大批校企'双元'合作开发的国家规划教材。"同年，教育部印发《建设产教融合型企业实施办法（试行）》明确提出，"充分发挥企业在技术技能人才培养和人力资源开发中的重要主体作用"。以上的文件制度进一步明确了产教融合型企业要深度参与职业教育育人的全过程，参与立体化教材的建设。"校企双元"应是高等职业教育立体化教材的开发主体，这样才能整合企业和学校双方优势，将行业企业的新规范、新标准、新技术、新材料融入教材。

（三）基于专业与课程教学标准开发教材

在明确高等职业教育立体教材发展主体的基础上，要立足产业转型升级对人才和职业转变的要求，不断优化完善专业教学标准和课程标准。在开发立体化教材的过程中，首先要对接对应的专业培养方案、专业教学标准和课程教学标准。2012年，我国颁布了410个高职高专专业教学标准。随着产业转型升级，专业教学标准亟待修订和完善。[①]对于目前尚未有国家专业教学标准指导的专业，可参照对应教学标准，作为专业教学实施和教材编写的依据，并抓紧制定专业核心课程标准。此外，根据职业本科教育的高层次性质，要求职业本科学校率先建立行业企业和学校共同参与的产教融合课程标准制定机制，并对接国家职业资格标准和职业技能等级证书考核要求。

（四）活页式工作手册式教材编写层次

高职教育专业核心课程，均对接企业生产和岗位工作过程，属于职业技能型课程。专业核心技能型课程的教材编写流程与内容组织方式区别于传统"学科"式教学体系。活页式、工作手册式教材可作为技能操练指导性教材。活页式、工作手册式教材体现了学做一体化的特点，教材内容是从企业提炼的典型工作任务，学习过程以工作任务完成的过程为导向，学习方式以学生自学为主、教师教学引导为辅。活页式、工作手册式教材可以通过以下五个层面开展编写工作。第一是校企共同参与，实现"企业岗位技能需求"与"学校课程教

---

① 康坤.教育信息化2.0时代职业教育信息化教材建设探索[J].中国职业技术教育，2020(29)：93—96.

学设计"有效对接与融合。第二是资源配套,活页式、工作手册式教材在教学中可配套开发微课、视频、动画等数字化资源及题库。数字化资源可有效辅助学生理解和突破教学重难点并且掌握相应的理论知识。第三是课程思政有机融入,以"三全育人"理念挖掘各类课程思政元素,并有机融渗到教学内容中,达到课程教学与思政育人同向同行,体现"立德树人"的教学目标。第四是基于工作过程,以国家职业标准、专业标准、课程标准为依据,以综合职业能力培养为目标,以典型工作任务为载体,以学生为中心,以能力培养为本位,将理论学习与实践学习相结合。第五是活页式装订,活页式装订与其他装订方式不一样,教材内页并非固定性装订,而是可以通过活页夹灵活组合,随时可替换或增减教材页数,适用于要修订更新内容的指导手册或增删页数的活页式教材。

第八章　职业本科人才培养评价与质量保证

随着一系列制度、法律的出台和实践探索,职业本科教育从理想照进现实。职业本科办学水平引起社会关注,对其评价要能够凸显职业教育的类型特征,促进职业教育的高质量、适应性发展,增进社会认同。

第一节　职业本科学校办学水平评价

一、职业本科学校办学水平评价的目的

举办职业本科教育是满足人民群众对高质量教育的需求的人心所向,发展空间很大,前景广阔。2021年10月,中共中央办公厅、国务院办公厅印发的《关于推动现代职业教育高质量发展的意见》提出"到2025年,职业本科教育招生规模不低于高等职业教育招生规模的10%"。2022年5月1日施行的《中华人民共和国职业教育法》指出,"高等职业学校教育由专科、本科及以上教育层次的高等职业学校和普通高等学校实施",进一步在法律上明确了职业本科的地位。举办职业本科教育引起了强烈的社会反响,呈现良好的发展态势。

目前已经形成了高职升本、独立学院转设、高职与独立学院合并转设等本科层次职业教育试点模式,但是本科层次职业教育试点时间较短,如何实现高质量办学水平,在类型基础上"与普通本科教育具有同等水平",取得社会和家长的同等认可仍为重要的理论研究和实践探索问题。《本科层次职业学校设置标准(试行)》(教发〔2021〕1号)规定了职业本科学校办学的"必备项目",但如何科学把握职业本科的发展规律和内涵要求,引导职业本科学校更高水平发展、更高质量建设,科学评价职业本科学校办学水平,需要构建基于"职业

性、高等性、本科层次"的职业本科学校办学水平评价指标体系以监测职业本科学校发展水平。

二、职业本科学校办学水平评价的价值取向

（一）促进类型发展

职业教育与普通教育属于两种不同的类型，职业本科教育首先要坚持职业教育的办学定位、办学属性和办学特色，凸显职业本科教育的职业教育属性，培养国家和区域经济社会发展需要的高层次技术技能人才。职业教育与普通教育、应用型本科教育具有不同的逻辑起点和历史方位。普通本科教育以知识为逻辑起点，面对的是不可预期的工作，而职业教育以就业为逻辑起点，面对的是相对固定的工作场景和对象，要坚持面向市场、产教融合、服务发展和促进就业的办学导向。职业本科办学水平评价不能照搬普通本科的评价标准，而是，要遵循职业教育的办学规律，突出技术技能人才培养定位，以服务发展和产业需求为导向重视专业和专业群的建设，更加注重开放性和实践性，与行业企业紧密对接，培养紧密契合岗位需求的复合型技术技能型人才，服务技术型社会建设。

（二）促进高质量发展

从层次上看，职业本科教育属于本科层次的教育，其是处于职业教育从初等到高等乃至更高层次贯通的高层次教育，处于与普通教育融通的本科层次教育。在人才培养规格、技术技能水平、服务产业发展水平、学生综合素养、科研和社会服务的产出水平等方面都要高于专科层次的职业教育。国务院学位办印发的《关于做好本科层次职业学校学士学位授权与授予工作意见》将职业本科纳入现有学士学位工作体系，坚持职业本科与普通本科两种类型、不同特色、同等质量，确保本科层次职业教育授予学士学位质量，促进本科层次职业教育高质量稳步发展。重点要关注职业本科的内涵发展，培养与社会经济发展、岗位需求无缝对接的、具有可持续发展能力的高层次技术技能人才。在职业教育层次向上延伸的发展过程中，无论是职业本科专业设置的结构与质量，保持其前瞻性和适度超前性，还是预防本科职业教育学术化的倾向[①]，都需要建立

---

① 匡瑛，邓卓，朱正茹."升格冲动"抑或"应时之需"：职业本科发展之辩[J].中国职业技术教育，2022(3):5—11.

科学的评估体系，引导职业本科教育高质量发展。一方面，以统一标准引导高职升格、独立学院转设、独立学院与高职院校合并转设，与其他不同类型办学在保持自己特色的基础上高质量发展；另一方面，要保持职业性与高等性双重属性，始终坚持正确的办学方向。

（三）促进适应性发展

职业教育发展的外部驱动力来源于社会发展、技术变革和劳动力市场需求结构的变化。大力发展职业教育是我们经济社会高质量发展背景战略性部署。职业教育要增加适应性，服务国家战略和技术变化。以物联网、大数据、机器人和人工智能等技术驱动的第四次工业革命席卷全球，推动技术迭代、生产新变革、生活新方式、企业新模式、商业新业态。数字化、智能化发展导致的智能化生产并由此引致的简单劳动替换、催生的新的工作模式等深刻改变劳动力市场的需求结构，对高素质、高技能、综合性人才的需求更加广泛。本科职业教育办学水平评价要适应、服务、支撑新一轮产业变革和科技变革趋势，主动服务产业高级化、产业链现代化。

（四）促进社会认同

长期以来，职业教育以专科为终级层次，窄化和矮化了职业教育，使职业教育低人一等。职业本科教育的设立以及与普通本科同等地位的学位制度的设立，打破了职业教育的学历"天花板"，实质性地推进了职业教育的类型化发展。"人人需要职业、人人需要技术，而人人歧视职业教育"的怪象短期内仍然存在，职业教育的社会认同感仍然面临现实挑战。职教本科的发展关键要取得社会、家长、企业、学生的认同，而不是高考分数"淘汰"后的选择。职业本科教育的评价要围绕社会认同这一重要指标，引导学校通过提高学校办学水平、专业设置水平、人才培养水平，提高学生的综合素质和技术水平，以自身办学水平提升和高质量发展取得社会认可，达到与普通教育同等的地位。

（五）促进特色化发展

产教融合是职业教育人才培养的根本路径。职业本科的专业设置要服务区域经济发展，科研与技术研发要走"立地式"模式。职业本科的发展要探索与创新高、精、准的办学模式和服务模式，便于学校集聚自身的专业优势、人才优势、文化优势与资源优势，形成鲜明的专业特色和办学特色。要引导职业本科通过专业群的建设，推动专业群集聚发展，围绕核心专业，形成链式专业发展格局，逐步淘汰孤岛专业、比较优势不强的专业。

三、职业本科学校办学水平评价的设计逻辑

（一）内容维度：五大使命、三大职责

职业本科办学评价要全面反映学校的办学水平，要紧紧围绕职业本科学校的办学目标方向、办学使命和办学职责。评价指标要能够涵盖以下内容，实现评价在三个方面的导引作用：从办学方向上，要坚持党的领导，坚持社会主义办学方向，贯彻国家的教育方针，坚持立德树人、德技并修，促进学校培养具有"职业道德、科学文化与专业知识、技术技能等职业综合素质和行动能力"的高素质技术技能人才。从高等学校的办学使命上，要认真履行高校的五大使命即"人才培养、科学研究、社会服务、文化传承创新、国际交流合作"，不断强化职业本科学校的内涵建设，推动职业本科学校高质量发展，提升类型教育的办学水平。从职业教育作为类型教育的办学职责上，要根据职业教育的特殊职责，引导职业本科学校培养多样化人才、传承技术技能、促进就业创业，办出职业本科教育的类型特色。

（二）对比性维度：自证与他证

职业本科学校办学的法律地位已经明确，本科学校设置的准入门槛已经设定，职业本科的招生量和职业本科学校的发展规划蓝图已经绘就，但就职业本科的发展历史积淀、办学成效、毕业生质量等看，职业本科发展还处于摸着石头过河的阶段。所以职业本科办学水平评价要为职业教育的发展提升地位、提高认可、提供职业本科发展的模式、经验，促进相关制度进一步完善。外界和过去成果是自身的一面镜子，只有在与外界的交流与对比中，才能更好地发展自己优势。[1]要引导职业本科找准自身发展位置，通过比标准、比自身、比同行，坚持横向比较和纵向比较相结合，激励和督促高校发现问题，加强管理，改进办学质量。

（三）指标针对维度：六大特征

办学水平是职业本科学校准入性指标、过程性指标和成果性指标达成与满足要求的程度。职业本科教育至少具有六大特性：适应性、高等性、职业性、本科性、技术性和实践性。职业本科的办学水平实质是针对这六大特性满足

---

[1] 朱丽婷,宋路平.民办本科院校办学水平评估及其指标体系设计[J].煤炭高等教育,2011,29(2):54—56.

要求的程度。①评价体系的内容选取、指标释义、数据采集要能够反映本科职业的六大特性,将职业本科特征抽象化为可以测量、可以获取、可以验证的指标,从而全面系统地反映职业本科的办学水平。"十年树木,百年树人",教育效果具有隐性化、滞后性的特点,一方面,要强调职业教育的适应性、职业性、实践性及学生就业等即时性指标;另一方面,针对职业本科的评价不可过于功利性和急于求成,如在专业设置要着眼当前发展趋势,专业布局要有适度的超前性和前瞻性。要坚持定性与定量相结合的原则,对于准入性指标、即时性指标、第三方评价指标要采取定量评价方法,而对于过程性指标、质量性指标、内隐性质量和迟滞性指标宜采取专家评定法等定性评价方法。

四、职业本科学校办学水平评价指标体系建构

(一)评价指标的确立

在理论梳理的基础上,根据职业本科学校的准入条件、评价的价值取向以及设计的逻辑,选择准则层评价指标。先采用访谈法,初定指标;再通过专家咨询法,删除不重要和重复性指标。接下来采用 Likert 5 级量表,邀请专家对二级指标的重要性进行评价和筛选。根据专家评分的平均数(N)和标准差(SD),删除重要性平均得分小于 3.5、标准差大于 1 的指标。在 SPSS 中进行指标间的自相关分析,将相关系数大于 0.8 的指标选择性删除。最终拟定办学定位、办学条件、专业水平、师资水平、人才培养水平、科研和社会服务水平、国际化水平、可持续性发展水平等 8 项一级测评指标、24 个二级测评指标、72 个三级测评指标。

(二)评价模型的构建

采用层次分析法(Analytic Hierarchy Process,AHP)构建评价模型,构造层次结构,构建指标间两两比较的判断矩阵,计算各层指标权重并进行一致性检验。该方法可将决策的因素层层分解为目标、准则、指标等多个层次,并通过两两比较进行重要性判断,从而进行排序和对多目标决策进行分析。

(三)评价指标权重

权重是指反映各项指标对上一级指标及在整个指标体系中相对重要的程度。不同因素对职业本科办学水平的影响力不同,故反映在评价指标体系中,

---

① 崔奎勇,蔡云,史娟.职业本科教育质量指数构建研究[J].中国高教研究,2022(3):94—98.

需要对不同的评价指标赋予不同的权重,从而使每项指标科学地反映其影响程度。对评价指标进行两两比较来确定各因素的相对重要性,构造如下判断矩阵(表 8-1),B_{ij} 取值采用 9 标度方法。

表 8-1 职业本科办学水平指标判断矩阵

A	B_1	B_2	B_3	⋯	B_n
B_1	B_{11}	B_{12}	B_{13}	⋯	B_{1n}
B_2	B_{21}	B_{22}	B_{23}	⋯	B_{2n}
B_3	B_{31}	B_{32}	B_{33}	⋯	B_{2n}
⋯	⋯	⋯⋯	⋯	⋯	⋯
B_n	B_{n1}	B_{n2}	B_{n3}	⋯	B_{nn}

在判断矩阵中,$A_{ij}=B_i/B_j$,其中 B_i 为行元素,B_j 为列元素($i=1,2,\cdots n; j=1,2,\cdots n;$);满足 $B_{ii}=1$, $B_{ij}>0$, $B_{ij}=1/B_{ji}$;

A_{ij} 为表示相对于 A 元素而言,两个指标 B_i 与 B_j 相比,对 A 元素相对重要性的值。如果 B_i 与 B_j 同等重要、稍微重要、明显重要、极其重要、极端重要,则分别用 1、3、5、7、9 标度;若 B_j 与 B_i 相比较,则用上述标度值的倒数 1、1/3、1/5、1/7 和 1/9 来确定标度。2、4、6、8 及其倒数介于上述标度之间。

采用和积法计算其权重,进行层次单排序及一致性检验。计算矩阵 A 的特征向量 $W_B=[W_1, W_2, \cdots, W_n]^T$,则 W_i 即为层次单排序中指标 B_i 对上级指标 A 的权重。计算判断矩阵的最大特征根 $\lambda_{\max}$,根据:

$$CI=\frac{\lambda_{\max}-n}{n-1} \qquad (8\text{-}1)$$

引入不同阶数矩阵的随机一致性指标 RI,求得 CR(CR=CI/RI)小于 0.1,判断矩阵通过一致性检验。通过逐层计算各级指标关系,并对层次总排序进行一致性检验,得到各指标权重(见表 8-2)。

表 8-2 职业本科学校办学水平评价指标体系

一级指标 (准则层)	权重	二级指标 (因子层)	权重	三级指标(指标层)	权重	类 型
1. 办学定位	0.102	办学目标	0.055	立德树人	0.033	过程性
				人才培养规格	0.022	过程性

续　表

一级指标 （准则层）	权重	二级指标 （因子层）	权重	三级指标(指标层)	权重	类　型
1. 办学定位	0.102	办学方向	0.047	发展规划	0.027	过程性
				培养定位	0.02	过程性
2. 办学条件	0.091	土地面积	0.012	校园占地面积	0.005	
				生均占地面积	0.007	条件性
		建筑面积	0.014	总建筑面积	0.004	条件性
				生均校舍建筑面积	0.005	条件性
				生均教学科研行政用房面积	0.005	条件性
		仪器设备	0.019	生均教学科研仪器设备值	0.006	条件性
				生均图书	0.006	条件性
				生均经费投入	0.007	条件性
		校内实训场所	0.022	产教融合实践平台	0.006	条件性
				生均实训场所	0.005	条件性
				生均工位数	0.005	条件性
				基地建设水平	0.006	条件性
		校外顶岗实习基地	0.024	合作龙头企业数	0.011	条件性
				合作基地建设水平	0.013	条件性
3. 专业发展	0.163	专业设置	0.064	专业设置	0.031	条件性＋过程性
				培养定位	0.033	条件性＋过程性
		专业群建设	0.051	专业群数量	0.024	条件性＋过程性
				专业群协调情况	0.027	条件性＋过程性
		建设机制	0.048	动态调整机制	0.026	条件性＋过程性
				诊断整改机制	0.022	条件性＋过程性
4. 师资水平	0.136	师资数量	0.022	专业教师数量	0.010	条件性＋过程性
				正高级专业技术职务的专任教师	0.012	条件性＋过程性
		师资结构	0.056	生师比	0.009	条件性＋过程性
				兼职教师占比	0.005	条件性＋过程性

续 表

一级指标 (准则层)	权重	二级指标 (因子层)	权重	三级指标(指标层)	权重	类 型
4. 师资水平	0.136	师资结构	0.056	兼职教师授课比	0.005	条件性+过程性
				双师素质教师占比	0.008	条件性+过程性
				硕士占比	0.008	条件性+过程性
				博士占比	0.011	条件性+过程性
				高级职称占比	0.01	条件性+过程性
		教师能力	0.058	师德师风建设	0.012	条件性+过程性
				教学名师	0.012	条件性+过程性
				国家级奖励或荣誉	0.01	过程性+成果性
				教学创新团队	0.013	过程性+成果性
				科研创新团队	0.011	过程性+成果性
5. 人才培养	0.154	人才培养方案	0.02	人才需求调研	0.01	过程性
				培养方案制定	0.01	过程性
		课程体系	0.033	课程标准	0.009	过程性+成果性
				课程内容	0.008	过程性+成果性
				学时结构	0.006	过程性+成果性
				岗课赛证融合	0.01	过程性+成果性
		课程资源	0.032	在线课程资源	0.016	过程性+成果性
				教材建设	0.016	过程性+成果性
		人才培养模式	0.02	培养模式改革创新	0.009	过程性+成果性
				培养模式产生影响	0.011	过程性+成果性
		人才培养质量	0.049	学生技术技能水平	0.013	过程性+成果性
				就业率	0.011	成果性
				首岗对口率	0.013	成果性
				毕业生薪酬	0.012	成果性
6. 科研和社会服务水平	0.117	科研水平	0.066	科研平台	0.021	过程性+成果性
				科研项目	0.02	过程性+成果性
				科研成果及转化	0.025	过程性+成果性

续 表

一级指标 （准则层）	权重	二级指标 （因子层）	权重	三级指标（指标层）	权重	类　型
6.科研和社会服务水平	0.117	社会服务水平	0.051	横向技术服务	0.015	过程性＋成果性
				非学历培训	0.013	过程性＋成果性
				社区公益	0.011	过程性＋成果性
				文化传承	0.012	过程性＋成果性
7.国际化水平	0.111	国际交流	0.049	面向国(境)外职业技能培训	0.018	过程性＋成果性
				招收留学生	0.017	过程性＋成果性
				学生国(境)外交流交换人数占比量	0.014	过程性＋成果性
		国际影响	0.062	海外办学	0.019	过程性＋成果性
				标准输出	0.027	成果性
				承办国际会议、赛事等	0.016	成果性
8.可持续性发展水平	0.126	社会认可度	0.081	第三方评价	0.011	成果性
				在校生满意度	0.015	成果性
				毕业生满意度	0.018	成果性
				企业满意度	0.019	成果性
				学生家长满意度	0.018	成果性
		改革创新	0.045	引领职业本科发展的标准、成果	0.018	成果性
				特色创新	0.027	成果性

五、职业本科学校办学水平评价实施

（一）评价体系的科学性与适用性

本评价指标体系的设计通过专家访谈与咨询，指标筛选，并根据专家评价与科学测算，确定指标权重，为科学评定职业本科提供了一种可以借鉴的方法。

本评价指标体系在内容上全面而不冗余，涵盖了办学定位、办学条件、专业发展、师资水平、人才培养、科研和社会服务水平、国际化水平、可持续性发展水平等全方位评价,其中关于办学条件作为准入性条件和发展性指标,在职业本科发展初期具有重要意义。在培养定位、人才培养水平、师资水平、科研社会服务能力上提出了更高的要求,突出了其高等性。针对职业性,强调产教融合、校企合作的人才培养模式,"双师"素质教师队伍建设,岗课赛证的融通,毕业生的首岗针对性以及动态化的专业(群)建设等。在国际化交流、社会服务、文化传承方面强化了职业本科的适应性和服务国家战略的指向。

(二)评价数据的采集与处理

由于数据的分散性以及数据的内隐性,在实施评价时,通过合适的方式采集高质量数据是评价实施的关键。从数据来源看,一是全国高等职业院校状态数据、高等职业教育年度质量报告数据,此类数据公开且较为可靠。二是第三方机构,包括政府、社会、行业对单项和综合的评价数据,具有较强的中立性、独立性、逻辑性。三是通过专项调查形成的数据,如教师、学生家长、在校生和毕业生的满意度数据。四是专家评价法取得的数据,如人才培养定位、专业群协调情况及动态调整机制、改革创新等方面的成果和成效等,需要专家根据文本资料、社会反馈、相关成果进行综合研判。对原始数据要进行相应处理,一是赋分,如参照准入值(或标准值)按档赋分、根据增长率数据或横向对比数据赋分;二是针对数据的性质和单位不同,对数据进行归一化处理。

(三)评价体系的优化与调整

由于职业本科发展处于起步和探索阶段,职业本科的发展内涵、发展路径和发展模式也处于动态变化中,评价指标和相关权重也要根据不同发展时期和发展阶段进行动态调查。还要建立分类评价,根据院校的特色分类调整评价指标与权重,以引导职业本科办学向高质量、高水平、特色化和可持续发展。

第二节 职业本科专业建设与人才培养水平评估

发展职业本科是新时代我国职业教育提质升级的应然之需与实然之路。开展职业本科专业评价,微观上有利于引导办学主体明晰办学方向、促进专业诊改与内涵建设,提升人才培养质量;宏观上能够服务教育主管部门政策完善,优化技能型人才结构,增进行业社会认同。评价体系不仅需强调设计的科学性与实施的可行性,还要注重基于应用场景和主体诉求差异的平衡性调适。

同时要强化评价结果应用,培育新时代职业本科特色质量文化,协同推进职业本科生态化、高质量、可持续发展。

一、职业本科专业评价的目的

职业本科是现阶段我国职业教育发展的重点与热点。2021年10月,中共中央办公厅、国务院办公厅发布《关于推动现代职业教育高质量发展的意见》,提出"到2025年,职业本科教育招生规模不低于高等职业教育招生规模的10%"。

自1999年起,我国就开展了职业本科人才培养的探索与试点。近几年伴随"职教20条"等政策发布趋势,历经多年实践,我国职业本科专业层面形成了"4+0""3+2""2+2"等高职本科联合培养模式;学校层面形成了高职升格、独立学院转设、高职与独立学院合并转设等多种办学模式。然而,在如火如荼的办学试点背后,如何全面洞悉、客观把握和精准评判专业办学水平和教育教学质量,如何科学鉴定当前高职院校各专业是否达到申办职业本科水平,亟须建构一套职业本科专业评价体系。

当前关于高职专科的评价体系设计的研究与实践比较成熟,中国知网相关文献达560多篇,各级教育行政部门、督导部门、社会学术团体以及各高职院校内部的专业评价方案百花齐放。应用型本科专业评价相关研究相对较少,主要聚焦评估思路原则、指标设计、工作组织等,但总体上指标呈现显著学科性、应用性特征不太鲜明。关于职业本科专业评价的研究刚刚起步,仅有关于职业本科评估的意义、主要质量因素及评估原则的初步探索,或从"产业导向+能力本位"提出职业本科教育评价设计的基本原则。

综观现有研究,除精准针对职业本科专业评价的研究屈指可数外,还呈现"三重三轻"特征。一是重评价设计本身、轻评价对象剖析。重点围绕评价理论、设计原则与指标体系的论述,未能在精准剖析职业本科定位与特征基础上建构相应评价模型。二是重指标体系建构、轻评价方法设计。通常研究进展到指标体系设计为止,对评价如何实施、如何设计量表、如何采集数据涉及甚少。三是重政策落实、轻政策优化。评价设计往往以现行职教政策为依据,但对发展预期及政策趋势研判不够,对政策优化的参考价值有限。职业本科作为职业教育体系重要组成部分,一方面与普通高等教育分属不同教育类型,与应用型本科存在培养定位与逻辑起点上的本质差异(学科知识体系导向还是职业岗位能力导向);另一方面,相对高职专科而言,职业本科对技术技能人才培养的规格、定位和能力要求更高，特别是在学位制度设计框架下，格外注重基于实践逻辑的体系化知识建构。为此，无论高职专科还是应用型本科的现行专业评价体系均不适用于职业本科，建构基于职业本科独特定位和辨识度的专业评价体系具有重要的理论与现实意义。

二、职业本科专业评价的价值取向

（一）指引正确办学方向

"为党育人、为国育才"是我国教育的根本使命。2020年10月，国务院印发《深化新时代教育评价改革总体方案》，指出要"充分发挥教育评价的指挥棒作用，引导确立科学的育人目标，确保教育正确发展方向"。职业本科属于职业教育体系中定位较高的培养层次，专业评价体系设计如何精准立足职业本科定位，厘清职业本科规律，洞悉职业本科特质，需把握其两大属性特征。一是职业性。评价体系应充分彰显职业教育类型特色，以培养大国工匠、能工巧匠为根本使命，以技术技能人才需求为导向，以职业岗位能力为逻辑起点，强化爱岗敬业、工匠精神的培育，而非应用型本科的复制移植版。二是高端性。应把握高层次技术技能人才培养定位，应对数字化、智能化时代产业集群化、生产柔性化、工艺复杂化以及岗位复合化等颠覆性嬗变，面向高端产业和产业高端，注重通识能力、创新能力培养，而非高职专科的简单升级版。

（二）促进质量诊断改进

截至目前，全国已经开展了数百个职业本科专业联合培养试点，教育部已经批准32所职业本科独立办学试点。改革试点的目的在于探索新路径，积累新经验，带动面上改革。习近平总书记指出"要发挥好试点对全局性改革的示范、突破、带动作用"，为此，当务之急是深入贯彻落实《关于建立职业院校教学工作诊断与改进制度的通知》《深化新时代教育评价改革总体方案》等文件精神，建立一套精准适用职业本科的专业评价体系，对试点工作进行一轮全面科学的质量诊断评价，从而总结经验做法，发现问题，激发内生动力，持续诊改优化，推动办学水平螺旋式上升，为建立健全职教本科专业人才培养质量保证体系，引导树立具有职业本科特质的质量文化观，持续提升高层次技术技能人才培养质量奠定基础。

（三）服务政策制度优化

我国职业本科发展政策供给始于2014年，迄今累计约出台9项，其中

2021年密集发布5项。从现行政策框架和演进特征分析，当前政府对职业本科发展的态度可概括为"鼓励探索，稳步推进，适时审慎，质量为本"。目前，职业本科的政策体系仍不完善，标准制度、运行制度、监管制度、评价制度等均有所缺位，政策工具的组合效应尚不够显著，政策红利有待进一步释放。

（四）增进行业社会认同

外部性是职业教育的重要特征，产教融合是职业教育的本质要求。对职业本科专业的评价，既是教育系统内部的办学质量诊断，也是行业企业、人民群众和社会各界对职业教育的一次"考试"。为此，职业本科专业评价体系设计在服务办学主体和教育行政部门的同时，应充分表达产业诉求、体现人民意志、反映社会期许。在评价专业人才培养质量时，要遵循工具性和人文性相统一的原则，既考量毕业生技术技能水平，又注重综合素养养成。除人才培养质量导向外，指标体系还应重点突出专业服务经济社会发展的能力与贡献，特别是服务双循环新发展格局、企业技术研发、技能型社会建设、文化传承创新等国家战略和社会热点的能力。要以评价的导向作用增进产业与社会对职业本科办学水平的认同，提升职业本科教育适应性。

三、职业本科专业评价的设计逻辑

（一）理念维度：参照OBE理念

参照《悉尼协议》以成果为目标导向的教育（Outcome-Based Education，OBE）理念，围绕人才培养结果（产出）对目标、模式、路径与方法系统开展评价设计，突出结果导向。一是通过对职业本科专业进行全方位多维度评估，检验专业建设现状与成果，强化评价结果的客观性、全面性与有效性；二是注重结果应用，以评价结果为鉴，为未来专业建设与人才培养改革指明方向；三是着力构建动态的、开放的、持续改进的质量保证体系，辅以常态化的跟踪与反馈机制，切实推动职业本科专业内涵式发展。同时针对我国职业本科办学定位与现状，深入贯彻我国深化新时代教育评价改革、促进职业教育类型化发展等政策精神。

（二）结构维度：基于TQM理念

全面质量管理（Total Quality Management，TQM）理念自20世纪80年代起逐步引入高等教育和职业教育中，之后被广泛应用，验证了其对办学质量评价工作的重要指导意义。围绕专业建设基本内涵，将职业本科评价指标分为条件性、过程性、成果性及创新性四种类型。其中条件性指标具有通用性，主要依据《本科层次职业教育专业设置管理办法（试行）》，侧重于对职业本科专业设置准入门槛的鉴定。过程性指标主要考察专业建设管理过程的完整性、规范性及机制完备性。成果性指标侧重于职业本科专业建设成果与人才培养水平的高阶评价，是专业高质量发展的重要导向。创新性指标主要是鉴于我国职业本科专业发展仍处于探索阶段，用于引导和激励各办学主体在办学模式、路径、机制等方面积极开拓创新，探寻新规律，总结新经验，树立新范式。

（三）工具维度：采用 QQM 方法

教育信息存在数据样本小、结构化程度低、量度水平低等特征，且当前我国职业本科尚缺乏成熟理论依据或足量事实经验，过多定性评价容易影响其客观性，绝对量化评价又容易产生功利性导向。定性定量相结合（Qualitative and Quantitative Methods，QQM）是比较行之有效的评价方法。指标体系建构与权重设计，可借鉴国际范例，依靠专家智慧，总结试点经验，采用德尔菲法进行定性分析；同时选用粗糙集属性约简方法开展初始指标甄选，模糊层次分析法（Fuzzy Analytic Hierarchy Process，FAHP）和熵值法进行权重优化。评价主体确定，拟实行专业自评，同行、专家、教师、教学管理人员、在校生、毕业生及用人单位多主体协同共评的多维度、开放性评价模式；评价工具量表设计也需兼顾定性和定量，根据指标内涵差异采用不同变量类型。

（四）质量维度：借鉴 CMM 模型

日本工程教育专业认证委员会（JABEE）采用四级制质量等级评定：A（Acceptable），满足认证标准；C（Concerned），基本满足认证标准，希望能继续提高；W（Weakness），基本满足认证标准但较弱，要求必须采取措施提高；D（Deficiencies），不满足认证标准，需重新申请认证。鉴于我国职业本科办学起步时间不长、试点类型多样、模式尚不成熟、发展需求旺盛等国情，职业本科专业评价宜遵循"资格评价和水平评价相结合、诊断性评价和形成性评价相结合、鉴定效用和发展效用相结合"的原则，故在 JABEE 基础上借鉴能力成熟模型（Capability Maturity Model，CMM），将质量等级分为五级。（见图 8-1）实践中将 CMM 指数转化百分制后，按"初始级［0—75］、准入级［75—80］、标准级［80—85］、成熟级［85—90］、优化级［95—100］"界定。

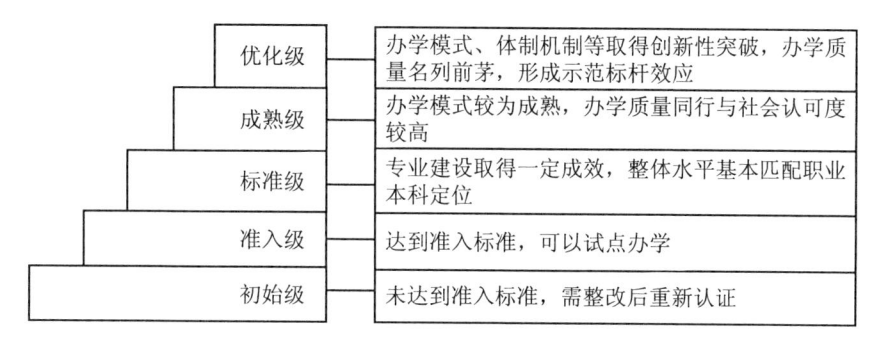

```
┌─────────┬──────────────────────────────────────────┐
│ 优化级  │ 办学模式、体制机制等取得创新性突破，办学质 │
│         │ 量名列前茅，形成示范标杆效应              │
├─────────┼──────────────────────────────────────────┤
│ 成熟级  │ 办学模式较为成熟，办学质量同行与社会认可度 │
│         │ 较高                                      │
├─────────┼──────────────────────────────────────────┤
│ 标准级  │ 专业建设取得一定成效，整体水平基本匹配职业 │
│         │ 本科定位                                  │
├─────────┼──────────────────────────────────────────┤
│ 准入级  │ 达到准入标准，可以试点办学                │
├─────────┼──────────────────────────────────────────┤
│ 初始级  │ 未达到准入标准，需整改后重新认证          │
└─────────┴──────────────────────────────────────────┘
```

图 8-1　职业本科专业评价质量层级

四、职业本科专业评价的测度路径

（一）评价指标体系建构

在理论梳理与政策要点剖析基础上，汇集德、美、日等国高等工程教育专业认证标准，以及我国典型省份高职院校、应用型本科院校现行专业评价指标体系，共甄选确定关键词 213 个。采用基于 k-means 聚类与粗糙集属性约简原理的指标筛选方法，首先对指标数据进行无量纲化处理，再基于 k-means 算法进行离散化处理，计算最优聚类中心数目，接着以各准则层指标作为条件属性，以系统聚类结果作为决策属性，将 213 个关键词依据 7 个准则层分别形成 7 个决策表，并按照相对约简原理删除显著性不高的指标，最终保留 72 个初始指标。

通过德尔菲法修正，邀请业界结构化高水平专家团队按照 Liket 5 级量表对每项指标进行打分，并计算协调程度。以变异系数 V 表示，设共有 n 个指标，m 位专家，第 i 项指标第 j 专家打分为 E_{ij}，该指标的平均数为 $\bar{E}_i$、标准差为 S_i、变异系数为 V_i，则有：

$$V_i = \frac{S_i}{\bar{E}_i} = \frac{\sqrt{\frac{1}{m-1}\sum_{j=1}^{m-1}(E_{ij}-\bar{E}_i)^2}}{\frac{1}{m}\sum_{j=1}^{m}E_{ij}} \tag{8-2}$$

根据式(8-2)计算后，剔除平均数小于 3 且变异系数大于 0.3 的指标 6 项，并按照条件性、过程性、成果性及创新性四类指标属性分组，最终形成由 7 个准则、21 个因子、66 个指标组成的指标矩阵。运用 K-W 方法作显著性分析，取显著性水平为 0.05，计算得到 K-W 检验概率为 $P=0.0174<0.05$，表明指标

体系具备合理性。

(二) 评价指标权重确定

采用 FAHP 确定指标权重。首先建立层次结构模型,收集专家评价,构建判断矩阵,记作:

$$A = \begin{bmatrix} a_{11} & a_{12} & \cdots & a_{1n} \\ a_{21} & a_{22} & \cdots & a_{2n} \\ \cdots & \cdots & \cdots & \cdots \\ a_{n1} & a_{n2} & \cdots & a_{nn} \end{bmatrix} \quad (8\text{-}3)$$

其次进行层次单排序及一致性检验。将矩阵 A 的最大特征根记作 $\lambda_{\max}$,其对应的特征向量记作 $\omega(A\omega = \lambda_{\max}\omega)$。将 ω 归一化处理后得到权重向量 W,即为同一层次相应元素对于上一层次某因子相对重要性的排序权值。

最后自上而下逐层计算各级指标关系,并对层次总排序进行一致性检验,得到各指标权重(见表8-3)。

表8-3 职业本科专业建设与人才培养水平评价指标体系及权重

准则层	权重	因子层	权重	指标层	权重	类型
A1 专业规划	0.105	B11 专业定位	0.041	C111 专业设置	0.022	过程性
				C112 培养定位	0.019	条件性
		B12 发展规划	0.026	C121 专业发展规划	0.015	过程性
				C122 规划执行情况	0.011	过程性
		B13 建设机制	0.038	C131 动态调整机制	0.017	过程性
				C132 协同发展机制	0.010	过程性
				C133 诊断改进机制	0.011	过程性
A2 师资水平	0.132	B21 教师能力	0.042	C211 师德师风建设	0.010	条件性
				C212 专业带头人	0.019	条件性+过程性
				C213 名师、技能大师	0.013	过程性+成果性
		B22 师资结构	0.067	C221 生师比	0.014	条件性
				C222 兼职教师占比	0.010	条件性
				C223 "双师"素质占比	0.015	条件性
				C224 硕士占比	0.011	条件性

续　表

准则层	权重	因子层	权重	指标层	权重	类　型
A2 师资水平	0.132	B22 师资结构	0.067	C225 博士占比	0.011	条件性
				C226 高级职称占比	0.006	条件性
		B23 团队建设	0.023	C231 教学创新团队	0.012	过程性＋成果性
				C232 科研创新团队	0.011	过程性＋成果性
A3 办学条件	0.113	B31 基础条件	0.029	C311 生均经费投入	0.012	条件性
				C312 生均图书数	0.005	条件性
				C313 生均计算机数	0.005	条件性
				C314 生均网络带宽水平	0.007	条件性
		B32 校内实训基地	0.048	C321 生均实训场所	0.008	条件性
				C322 生均工位数	0.008	条件性
				C323 生均仪器设备	0.008	条件性
				C324 基地功能	0.011	过程性
				C325 基地建设	0.013	过程性＋成果性
		B33 校外实习基地	0.036	C331 稳定合作企业数	0.009	过程性
				C332 合作企业规模	0.007	过程性
				C333 基地条件功能	0.011	过程性
				C334 企业导师水平	0.009	过程性
A4 人才培养	0.169	B41 人才培养方案	0.056	C411 人才需求调研	0.021	过程性
				C412 培养方案制订程序	0.011	过程性
				C413 培养方案内容	0.024	条件性＋过程性
		B42 课程体系	0.068	C421 学时结构合理	0.028	条件性＋过程性
				C422 选修课开设	0.023	条件性＋过程性
				C423 岗课赛证融合	0.017	过程性＋成果性
		B43 培养模式	0.045	C431 培养模式改革创新	0.029	过程性＋成果性
				C432 协同育人	0.016	过程性＋成果性
A5 课程建设与教学实施	0.183	B51 课程标准	0.023	C511 课程标准研制	0.012	过程性＋成果性
				C512 思政育人融入	0.011	过程性＋成果性
		B52 课程资源	0.036	C521 在线资源建设	0.019	过程性＋成果性
				C522 教材开发	0.017	过程性＋成果性

续　表

准则层	权重	因子层	权重	指标层	权重	类　型
A5 课程建设与教学实施	0.183	B53 课程设计与实施	0.063	C531 教学内容设计与处理	0.021	过程性＋成果性
				C532 教学方法与手段	0.024	过程性＋成果性
				C533 教学评价	0.018	过程性＋成果性
		B54 实践教学	0.061	C541 实践教学体系建设	0.011	条件性＋过程性
				C542 实践教学过程管理	0.009	过程性
				C543 实践教学制度规范	0.008	过程性
				C544 技能竞赛	0.010	过程性＋成果性
				C545 毕业设计	0.023	过程性＋成果性
A6 科研与社会服务	0.143	B61 科技创新	0.083	C611 科技项目	0.014	过程性＋成果性
				C612 科技平台	0.018	过程性＋成果性
				C613 科技成果及转化	0.039	过程性＋成果性
				C614 横向课题	0.012	过程性＋成果性
		B62 社会服务	0.060	C621 技能培训与鉴定	0.034	过程性＋成果性
				C622 对口支援	0.011	过程性＋成果性
				C623 文化传承	0.015	过程性＋成果性
A7 办学成效	0.155	B71 服务对象满意度	0.052	C711 在校生评价	0.017	成果性
				C712 毕业生评价	0.022	成果性
				C713 用人单位评价	0.013	成果性
		B72 社会评价	0.066	C721 招生情况	0.015	成果性
				C722 就业创业质量	0.029	成果性
				C723 成果与奖励	0.022	成果性
		B73 特色发展	0.037	C731 国际化办学	0.016	创新性
				C732 特色创新	0.021	创新性

（三）内涵释义及标准解析

指标体系中，"协同育人""实践教学""'双师'素质教师占比""岗课赛证综合育人"等指标及权重设置一定程度上体现了职业教育特征，"博士比""科技平台""毕业设计"等指标及权重设置与本科层次相匹配。但多数指标对于职业本科的适配性更依赖于内涵释义及标准解析。如指标"培养定位"释义为

"对人才培养面向、目标、类型、层次与规格的界定",评价标准为"专业人才培养定位清晰,能够精准面向高端产业和产业高端中的特定职业岗位群,培养具有较高职业素养和实践水平,具备一定复合能力和创新能力的高层次技术技能人才,而高职专科等其他培养层次或普通本科等其他培养类型均无法满足";指标"岗课赛证融合"内涵诠释了"岗是逻辑起点、课是载体基石、赛是重要补充、证为评价标准"的逻辑关系,评价标准中要求职业本科课程设置能够精准落实对应职业岗位群的能力需求,融入相应的职业技能大赛项目和职业技能证书标准;指标"学时结构合理"涵盖实践学时占比、通识课占比、公共选修课占比和专业选修课占比四个观测点,同时在指标"在校生评价"的配套调查问卷中设计"选修课是否充足""是否安排导师选课指导"等题项进行互证与补充。

(四)分类评价方式设计

根据指标内涵属性与价值取向设计不同评价方式,主要有数据采集、资料查阅、剖析报告、问卷调查、网络访谈、文件佐证等。针对条件性指标,主张采用基于网络信息平台的数据采集方式,必要时提供清单或佐证材料,如"基础条件"中各类生均数据,"招生情况"中的"录取率""报到率"等。必要时设置否决制指标,如实践学时占比低于"国规"标准的50%,即视为不合格。针对过程性指标,主要采用资料审议评价形式。如指标"专业设置",设计专业剖析报告模板,统一大纲和题例,由被评价专业按规范提供专业自评剖析报告。针对成果性指标,属于显性成果的,设计计分规则,实行以提供的成果清单及佐证材料为依据的审议赋分评价方式;属于隐性成果的,如服务对象满意度,则分类设计问卷量表与采样方式,根据统计结果量化赋分。

此外,对于复合型指标,采用多种工具组合方式,以提升评价精准度。如因子"课程设计与实施",应以系统观整体评价"教学内容设计与处理""教学方法与手段""教学评价"三项指标。一是查阅教学改革实施方案、教学改革项目清单、教学改革成果汇编,鉴定改革研究情况;二是抽查教学设计、授课计划、教研活动记录、考核评价报告、在线课程后台数据报表等资料,审查改革实践情况;三是对在校生、教师和教学管理人员进行问卷调查和访谈,核验实际工作进展及成效。通过差异化评价方式设计,推动评价工作从程式化到模块化、单一化到多元化、标准化到个性化、行政化到社会化的良性演变。

（五）模型应用试点与修正

遴选两个职业本科专业开展试评价，A为某高职院校自2016年起与地方本科院校合办的机械工程专业，B为某2020年教育部批复升本学校的机械电子工程技术专业，结果如表8-4所示。

表8-4 职业本科专业建设与人才培养水平评价结果

评价对象 \ 要素类别	专业规划	师资水平	办学条件	人才培养	课程建设与教学实施	科研与社会服务	办学成效	总分	CMM等级
专业A	8.997	9.816	8.075	14.572	15.241	9.550	12.902	79.153	准入级
专业B	8.904	10.740	8.347	14.416	14.989	10.428	13.054	80.878	标准级

根据试评价结果，专业A位于准入级，距标准级仅差0.847分，由于除人才培养方案制定等环节联合开展外，专业建设与人才培养主要工作仍依托高职院校独立开展，意味着A已经完全达到独立办本科专业的准入条件。专业B位于标准级，整体实力高于A，特别是"师资水平""科研与社会服务"等指标大幅领先，表明B所在学校整体升本并历经一年多建设后，师资力量（重点是博士比）、科研水平等方面提升显著，建设重心及成效契合教育部相关文件的价值导向。专业A硕士、博士比尽管达到了文件规定要求，且相较其他高职专业处于领先水平，但与B差距仍不小。办学成效方面，由于B尚未诞生首届毕业生，暂时参照A毕业生相关数据，分析意义不大。

试评价结果与专家对两个专业办学水平的主观认知基本吻合，但个别指标权重仍待进一步调适或优化。鉴于早期试点专业数量有限，采用FAHP确定的初始指标权重针对不同应用场景的适用面和时效性均有局限。为此，可基于评价结果运用熵值法进行动态权重修正。随着评价模型广泛推行应用，职业本科参评学校与专业达到一定规模时，基于熵值法的客观性赋权结果会愈发可靠。

五、总结与展望

职业本科专业评价模型，凸显三大特征。一是理念先进性。充分立足职业本科发展的时代背景，以教育系统论、教育方法论等思想，以及工作过程课程观、行动导向教学观等职教理念为指导，深刻把握职业本科专业评价的价值取向,为办学试点验收、专业设置申报、学位授予评估等职业本科后续重点工作提供了支持。二是指标适切性。指标内涵有效反映了职业本科培养面向高端化、培养方式柔性化、培养结果多元化特征;指标甄选及权重设计,相对应用型本科而言强化了产教融合、实践教学、"双师"素质、岗课赛证综合育人、劳动教育、技术技能服务等,弱化了学科建设、学术人才、学术研究能力,彰显了职业性;相对高职而言强化了高层次人才队伍建设、综合素养养成教育、应用技术服务能力、科研反哺教学能力等,突出了高端性。试评价结果也进一步佐证了该评价模型对职业本科专业的适用性。三是方法科学性。通过主客观兼顾、定性定量结合的方法设计指标体系,动态调整权重,通过多类型数据共证、多维度指标互通、多形式材料协同等手段,提升了评价的客观性与可靠性;基于网络信息平台的数据采集方式确保了评价实施的便利性与可行性。

当前我国职业本科处于起步与快速发展阶段。为适应高质量发展需要,发挥好专业评价的"指挥棒"作用,除了注重评价体系本身外,还需在实际应用中把握两大要点。

第一,做好平衡性调适。一是兼顾职业性与学科性平衡,随着学位制度的健全,未来职业本科的应用技术研究功能和服务产业升级能力将更为重要,相应指标可做一定强化;二是适应多种应用场景,针对职业本科不同发展阶段开展的准入性评价、诊断性评价、过程性评价或验收性评价,抑或针对不同评估项目,如学位授予点评估、年度教学质量评估、高水平专业(群)遴选评估、毕业生职业发展水平评估等,指标及权重都需做相应合理化调适;三是兼顾不同评价主体,教育督导部门、第三方评价机构以及学校本身开展专业评价的价值诉求和关注点各异,指标体系及评价方式也需相应调适。

第二,强化评价结果应用。教育行政主管部门一方面要逐步健全常态化评价机制,建立可靠的数据采集与诊断通路,掌握各院校职业本科办学探索实践中的要点、亮点与难点,并制定行之有效的应对策略,特别是深化大数据、人工智能技术在评价中的应用,发挥其实时、动态、智能的数据监测、诊断预警、信息披露等功能,服务政府职业本科发展促进政策供给能力建设;另一方面要引导社会各界参与职业本科专业评价工作,以不同本位视角和主体诉求审视办学工作及成效,实现"兼听则明"。各办学主体应依据评价体系主动开展阶段性、周期性自评,并积极配合教育督导部门、第三方评价组织开展的数据采集监测及评估活动,实现以评为鉴、以评促建。同时要持续增强质量文化意识,培育新时代职业本科特色质量文化,促进职业本科专业生态化、高质量、可持续发展。

第三节　职业本科专业建设与人才培养质量保证体系建设

职业教育类型化发展以及职业本科教育高水平发展,根本是要以高质量的专业建设和人才培养质量,不断取得社会认可,尤其是学生与家长的认可。而提升人才培养质量的核心举措是建设科学有效的质量保障体系。

一、内部质量保证体系架构

立德树人是高校的根本任务,国家通过一系列政策文件和项目推动本科教学质量的提升。《教育部关于深化本科教育教学改革全面提高人才培养质量的意见》(教高〔2019〕6号)指出"坚持立德树人,围绕学生忙起来、教师强起来、管理严起来、效果实起来,深化本科教育教学改革,培养德智体美劳全面发展的社会主义建设者和接班人",从教育教学管理、教育教学制度改革、教师潜心育人、组织保障等四大方面提出22条意见。《本科层次职业学校设置标准(试行)》(教发〔2021〕1号)指出"学校建立以章程为核心的现代大学制度,内部组织机构健全、质量保证体系完善",在人才培养上规定"校企合作共同制定专业人才培养方案,课程内容对接职业标准、教学过程对接生产过程,将新技术、新工艺、新规范纳入教学标准和教学内容与行业企业开展深度合作",体现了职业本科人才培养质量的职业性要求。

(一)人才培养质量观

质量是一种"符合规格",即产品符合某种标准或期望,产出等于或大于承诺。质量具有广义和狭义之分,狭义的质量指产品质量,广义的质量涉及社会领域、生活领域、环境领域和教育领域等。人才培养质量是一个客观性问题,但是人才培养质量的对象是学生,作为施教者的学校、教师以及相关的关联主体,处于动态变化过程,因而人才培养质量是一种静态的结果,更是一种动态的过程。

对于高等教育人才培养质量及保障的认识和研究还存在一定的局限与误区。如把高校教育质量等同于教学质量、把教育质量保障等同于教学质量保障、把高等教育质量保障体系等同于高等教育评估体系。从人的成长过程和全面发展看,教学质量是教育质量的一部分,而教学质量保障是教育质量保障一部分,高等教育质量的评估仅仅是高等教育质量保障的手段或途径之一。由于高职教育是一种"职业性"教育,所以要求企业全面参与人才培养质量保障。①

(二)人才培养质量保证体系

国际标准化组织ISO9000将"质量保障"定义为:提供某种实体满足质量要求的信赖程度,在质量体系内实施且按照需要进行的全部有策划的系统的活动。全面质量管理(Total Quality Management,简称TQM)以其先进管理理念和方法的操作性、有效性在全球范围内得到广泛应用。其倡导全员参与、过程控制、预防为主、持续改进科学的管理理念,强调"提高人的工作质量"以实现提高产品的质量。全面质量管理引入教育质量领域,以其理论的"解释性"和"指导性"成为实施人才质量保证重要理论依据。基于审核评估视角,董垌希认为要加强内部质量保障体系有效性建设,以内涵发展为重点,在组织机构、质量标准、质量监测、信息反馈与质量改进等方面精准发力。②方潜生认为高校质量保障体系存在着质量标准不完善、保障机构不健全、质保效度不高等问题,高校可采取制定主要教学环节质量标准、强化多元协同联动、构建PDCA循环、培育质量文化等对策,不断完善内部质量保障体系。③本科教育质量保障可以分为内部的质量保障以及外部的质量保障。其中内部的保障要素涉及教师队伍、学生、教学条件、教学管理、学校管理和后期服务;外部的保障包括政府、行业、企业和同类院校等。④

上述研究对于构建职业本科人才培养质量保证体系具有借鉴意义:高校是质量保障和评价的主体,要建设内部人才培养质量保障体系,实行全方面、全过程、全要素的质量监控,通过持续改进、动态管理、闭环工作链保障与提升人才培养质量。要针对人才培养与市场需求的脱节问题、"双师型"师资队伍建设不足的问题,构建符合职业本科发展规律的人才培养质量保障体系。

---

① 吴旗.高职院校内部人才培养质量保障体系构建[J].中国成人教育,2015(15):106—108.
② 董垌希.本科教学审核评估对高校内部质量保障体系建设的启示[J].现代教育管理,2019(6):56—59.
③ 方潜生,黄显怀,程家福,潘和平.从审核评估看高校内部教学质量保障体系的完善[J].现代教育管理,2019(11):57—61.
④ 华平.高职院校人才培养质量监控体系与保障机制构建[J].教育与职业,2017(16):44—50.

二、质量保证体系建设关键环节解析

（一）人才培养质量体系构建

根据全面质量管理理论，借鉴职业教育和本科有关研究成果，结合职业本科的人才培养定位、规格和特点，构建"要素—过程—内容"三维职业本科人才培养质量保证体系框架，主体上涉及老师、学生和企业等关联主体，时序上涉及学生在校学习的全生命周期质量管理，空间上涉及教室、实训室、校外实训等物理空间，载体上涉及专业、课程、课堂等，过程上涉及PDCA计划、组织、检查、改进等相互促进的过程。

（二）人才培养质量体系关键环节

第一，领导支持，增强内部质量保障领导力。影响高校内部质量保障的主要因素，包括领导支持、组织机构、经费保障、激励机制、多方参与、数字化治理、保障过程评价等，而其中最为主要的是领导支持。学校主要领导重视人才培养质量，将人才培养质量与学校发展规划紧密结合[①]，能够在思想上、组织上、资源上、激励上增加内部质量的保障。

第二，重构目标，建设指标体系的导向力。形成以学生为中心的质量保障导向，将教师的教学、专业的设置、课程的建设与实施、课堂教学等相关活动，着力到是否有利于培养高素质技术技能人才，促进学生的全面发展与全生命周期成长。

第三，研发标准，增加实施的对标基准。开发教师、课程、教学、实习实训、学生发展等各方面的标准，提高质量保障的参照基准。基于标准，形成"尺子"，为组织、运行和质量监测提供依据。标准的开发要形成系列化、网络化，形成互相佐证、系统协调、相互支撑的衡量标准。

第四，构建组织，保障运行。质量运行涉及不同的主体，涉及学校、院系、专业等不同层面，需要调动全员参与。在组织上要优化调整组织机构，建立质量管理责任机构，负责统筹协调。成立质量管理领导小组并建立相关制度，保障质量管理高效开展。调整职能部门、院系的职能，赋予质量管理的职责与权力，根据需要建立矩阵化质量管理工作小组。

---

① 陈凡.高校内部质量保障:作用和成效——基于联合国教科文组织"IQA项目"案例的实证分析[J].中国高教研究,2016(9):23—28.

表 8-5 基于"要素—过程—内容"职业本科人才培养质量保证体系框架

过程内容要素	教师	专业	课程	教学	实习实训	学生
目标体系	师德高尚、结构合理的高水平教师队伍	适应性、前瞻性的专业结构	结构合理、资源丰富、适应技术技能结养	高效、互动、有效的教学	校企共建与共同实施一流实习实训	全面发展的高素质技术技能人才
标准体系	1. 人才引进标准 2. 教师专业发展标准 3. 专业带头人标准 4. 骨干教师标准	1. 专业标准 2. 专业群标准	1. 课程标准 2. 课程资源建设标准 3. 课程资源实施标准	1. 教学标准 2. 教学实施标准	1. 实习实训标准 2. 毕业设计标准	1. 学业标准 2. 学生全面发展标准
组织体系	1. 人才领导小组 2. 教师发展中心	1. 以群建院 2. 学校—分院—专业群三级建设机制	1. 课程开发团队 2. 资源建设团队	1. 教学研讨 2. 教学研究项目 3. 教学反思	1. 职教集团 2. 产教融合共同体 3. 产教融合共建共享机制	1. 院系、专业、班级为主体的学习组织建设 2. 竞赛、科研等兴趣小组
运行体系	1. 高水平教学团队建设 2. 教师教学能力建设 3. 教师培训与进修	1. 专业人才培养模式 2. 专业人才培养方案 3. 专业群建设 4. 专业申报与审批	1. 课程与资源开发支持体系 2. 课程与资源计划与实施 3. 课程与资源使用推广 4. 课程与资源建设奖励机制	1. 教学计划 2. 教学方法改革 3. 教学环境支持系统	1. 实训基地共建 2. 课程共建 3. 教材共建 4. 共同授课 5. 共同评价	1. 加强学生学风建设 2. 加强考核管理 3. 加强学生激励机制 4. 学习软硬件环境支持
监测体系	1. 师德师风监测 2. 教学业绩监测 3. 教师成长监测	1. 专业预警机制 2. 常态化诊断整改 3. 人才需求调研 4. 第三方评价	1. 诊断整改 2. 信息搜集与反馈 3. 第三方评价	1. 课堂教学质量分析 2. 听课、评课制度 3. 学生评价制度 4. 第三方评价	1. 数量与质量产出监控 2. 定期诊断 3. 第三方评价	1. 日常学习水平、实习实训质量监测 2. 思想、生活、就业等全方位监测 3. 第三方评价
改进体系	师资队伍结构优化	专业动态调整	动态调整、循环改进	教学组织、教学方法革新与优化	持续沟通、不断改进	持续改进

第五,建设质量监测体系,保障信息及时反馈。建立由学校、企业、社会、第三方机构等构成的广泛的监测体系,及时反馈各种信息,为决策、纠偏、改进提供支撑。充分利用教学质量报告和教学状态数据,结合日常的课程测评、教学督导、教学委员会、学生问卷调查、党政干部听课、青年教师教学比赛、教师培训、用人单位满意度调查、毕业生跟踪调查等多种手段[①],构建完善的内部质量监测体系。结合数字校园建设,提高数据的集成、分析与预警功能,提升信息化监测、智能化决策水平。

第六,评估与改进体系。逐步改变由行政领导、职能部门监督改进的做法,建立互相评估、主动改进的机制,真正构建起"自觉、自省、自律、自查、自纠的大学质量文化",将质量意识落实到教育教学各个环节,内化为师生的共同价值追求和自觉行动。

三、常态化诊断改进机制设计

"诊改"的目的是为了提高职业教育的高素质技术技能人才培养质量,要运用制度、机制对能力、文化、行动等实施控制,让制度运行成为机制,让机制坚持成为能力,让能力升华成为文化,让文化自觉成为行动,从而实现持续提升人才培养质量。[②]培养什么样的技术技能人才、怎样培养技术技能人才是高职院校要解决的根本问题和首要任务。诊改要坚持问题导向和需求导向,问题导向是明晰问题来源,是指向过去;需求导向是注重发展,指向未来。[③]要运用现代质量管理理论,按照"需求导向、自我保证、多元诊断、重在改进"的工作方针,坚持自主性原则、系统性原则、客观性原则、持续改进原则,建立常态化的自主保证人才培养质量机制。表8-6为基于诊断整改内容的建设机制分析表。

(一)建立常态化需求调研分析机制

通过SWOT分析、对比分析等,常态化诊断学校的现状、优势与不足,准确把握社会、经济和区域发展的情况,确定学校发展的历史方向和战略方向,制定学校发展的总体规划。将调研需求横向传导到各部门,通过调研制定专

---

① 乔连全,王佳慧.高校内部质量保障体系的构建与特色——以厦门大学为例[J].中国高等教育评论,2018,10(2):172—179.
② 任占营.职业院校教学工作诊断与改进制度建设的思考[J].国家教育行政学院学报,2017(3):41—46.
③ 崔岩.从"迎评"到"诊改",高职"蝶变"的路径[N].光明日报,2017-6-8.

业发展规划；纵向传承到各院系、各专业，层层分解，制定符合学校总体发展需求的规划。明确学校、部门、院系、专业专项调研的时间周期、组织方式，形成高质量调研报告，并将调研报告贯彻到发展规划中，形成系统、全面、完整、支撑度高的目标链。

表 8-6　基于诊断整改内容的建设机制分析表

项目	内容	基本要求和观测点	工作要点
两链打造	目标链	发展总规划、专项规划、二级单位规划，形成规划体系；科学性、完整性、主体性、系统性	SWOT 分析，对比分析，需求分析
	标准链	专业、课程、教师三层面的责任主体，主体依据学校发展规划，确立自己目标和标准	制定标准，完善标准，修订标准
螺旋运行	学校	细化目标任务，制订年度工作计划。监测预警与改进措施，形成诊断报告。可执行、可操作、自主性、激励性	细化任务，监测预警
	专业	专业诊断改进制度与报告；制度化、覆盖面、主体性、科学性、有效性	专业诊改，诊改报告
	课程	课程改进制度与报告；制度化、覆盖面、主体性、科学性、有效性	课程诊改，诊改报告
	教师	教师改进制度与报告；制度化、覆盖面、主体性、科学性、有效性	教师诊改，诊改报告
	学生	学生改进制度与报告；制度化、覆盖面、主体性、科学性、有效性	学生诊改，诊改报告
引擎驱动	常态化激励机制	主要领导重视，亲自部署诊改工作。分管领导抓方案的制定、指导、培训、落实、监督等工作；关联的考核制度；诊改宣传与培训	领导小组，组织机构，激励机制，考核评价，激励机制，宣传培训
平台建设	数字化平台	平台建设实现数据的源头即时采集；先进性、科学性、可行性、符合性、有效性	平台建设方案，数据采信、整理、分析、挖掘、报告

（二）建立全覆盖诊断改进机制

建立覆盖学校、专业、课程、教师、学生全覆盖诊断改进机制，以"8 字形"质量改进螺旋为模式，按照"事前设定目标标准、事中进行监测预警以及事后开展诊断改进"的运行步骤，制定详细的诊断方案。通过调研分析，自主制定目标、自主开展诊断改进。开发规范、科学、指导性强的专业标准、课程标准、教学标准、教师专业发展标准、学生成长标准等,实现专业标准、课程标准和教学标准全覆盖,以标准为起点实现螺旋式上升,提高人才培养质量。

（三）建立诊断改进考核激励机制

提升学校治理水平,加强相关制度的不断完善,建立与现代职业本科教育相适应的治理体系。强化诊断改进相关的制度建设和考核评价,激励相关部门和个人,将诊断改进工作与评优评先、职称晋升、人才项目、绩效工资相挂钩。

（四）建立诊断改进宣传培训机制

加强诊断诊改的理论、政策和经验宣传,营造诊断改进的"人人、时时、事事"参与氛围。加强诊断改进的培训,将培训工作纳入教师培训学时。提升诊断改进的理念认同、制度认同、文化认同,进而转为自觉的行动,实现从关注"结果质量"评价向关注"质量生成"的全过程转变。

（五）建立诊断改进数字化平台

加强数字化平台的建设,通过数字化平台采集学校、教师、专业、课程、学生等各方面的实时数据,实现数据的可采、可信、可比、可用。应用数字化平台,实现由分散治理向集中治理转变,全面、实时掌握人才培养过程信息。做好数据的整理、分析、挖掘,完善预警功能,实现从关注结果向关注质量生成转变。

第九章　职业本科发展的外部体系及联动机制

社会环境对职业人才的需求,使得职业本科教育体系既要包括内涵发展系统,又要包括外部联动系统,外部联动系统又包括产教融合、招生就业、社会服务、社会认同等子系统。通过与外部环境的协调共生,职业本科教育体系不断优化内部结构和功能质量,以凸显体系的动态性和开放性。

第一节　职业本科的产教融合

基于历史原因,职业本科的产教融合形式主要是通过高等职业院校的工学结合、校企合作等原有形态逐步演变而来,在演变过程中突出技术技能、工艺设计方面的高层次属性。职业本科的产教融合的现有模式有内生式、嵌入式、协同式、延伸式等多种。①

一、职业本科教育产教融合的主要模式

（一）内生模式

内生模式是指职业院校通过激发自身内部动能,实现产教协作实体化运行,从而形成"产学研一体化"利益共同体的产教融合模式。学校在严格遵守各项法律法规的前提下,立足区域发展和社会需求,依托学校特色专业群,创办生产经营性企业。学校与企业共享团队、共用设备、共建课程、共制方案、共研标准、共搭平台,教学组织与企业生产紧密结合,形成以产助学、以研促产的产教融合发展新形态。例如湖南软件职业技术大学坚持"院企一体",依托现

---

① 李振华,谢颖.本科职业教育产教融合共同体模式构建研究[J].中国高校科技,2022(Z1):115—119.

代设计学院动漫制作技术省级特色专业,成立校办企业——湖南艺工厂传媒有限公司,企业被文化部、财政部、国家税务总局评定为国家级动漫企业,成为湘潭首家国家级动漫企业。2021年被湖南省发改委、教育厅、人社厅确定为湖南省第二批建设培育的产教融合型企业。

(二)嵌入模式

嵌入式培养实现学校和企业资源共享,使学生顶岗实习与就业岗位实现无缝对接,为企业量身定做应用型技术技能人才。学校根据用人单位的需要,同企事业单位共同制定人才培养方案,设计课程体系、课程教学标准等,并且将学生实习实训课程延伸到企业,实现学校、学生、企业三者共赢。如西安信息职业大学根据陕西经济发展现状和信息产业、现代制造业、高新技术产业、文化创意产业对高层次技术技能人才结构的要求,系统构建"基础技能""综合技能""生产技能"和"创新能力"四级能力递进的实践教学体系。同时,按照工程训练标准、校企深度融合的标准分类建设实训基地,从课程、专业、人才培养等层面实现校企深度融合。

(三)协同模式

部分职业本科院校通过与地方政府或产业园区联合共建二级学院、产业学院等协同产教融合模式,融合教育与产业的边界,从而产生"1+1>2"的协同创新推动力。如泉州职业技术大学围绕装备制造、石油化工、建材家居、电子信息、纺织鞋服及现代服务业等新兴、主导和支柱产业,结合学校办学特色与定位,加强现有专业之间的跨专业融合和资源共享,加强培育信息安全与管理、工程造价等专业,以"产业伙伴型大学"为专业建设定位,努力成为区域产业发展离不开的教育伙伴。

(四)延伸模式

主要依托中外合作项目,实施跨国校企合作,吸收国外优秀职业教育经验的同时,也向外输出职业教育的中国模式。如河北工业职业技术大学坚持"中韩文化融合、培养模式融合、技经能力融合、专本学历承接"的人才培养理念,以专业合作国际化、专业定位市场化、培养目标动态化、建设思路体系化、建设内容系统化、培养模式融合化、建设过程规范化、校企合作多维化、产教融合机制化等为专业建设目标,培养全面发展、适应跨境电子商务企业和各类中小企业营销、贸易等一线工作需要的高素质技术技能型人才,形成了以两渠道、五平台、五项目、两目标为框架的"就业导向、职业驱动、能力本位、层次递进"的

"2552"人才培养模式。

上述四种产教融合的模式,是现阶段职业本科教育产教融合的主要演变模式。随着国家相关政策制度调整与转变,势必会有越来越多的职业本科院校探索出新的模式和路径,进一步实现校企之间优势互补、资源共享、互惠互利和共同发展。

二、职业本科教育产教融合的发展困境

当前职业本科教育的产教融合模式构建虽然取得一定的创新成果,但在发展过程中还存在诸多困难,融合层次也有待进一步提高。活动理论强调了活动在知识技能内化过程中的桥梁性作用,该理论可为产教融合模式研究提供新的视角。活动理论系统包含了三个核心成分(主体、客体和共同体),三个次要成分(工具、规则和劳动分工)。从活动理论的视角来看,当前职业本科教育产教融合发展水平有待提升的主要原因在于部分活动成分的不足乃至缺失。[①]

(一) 补充内生模式的活动资源

现有的职业本科教育产教融合模式中,最常见的是内生模式,该模式面临的最大问题是适合创新创业发展的活动资源偏少。现有职业本科试点院校中,绝大多数都单独设有创新创业学院,师资队伍、课程体系相互独立,"专创融合"课程偏少,多停留在口号式、样板式、备赛式阶段,受益学生占在校生比例低。缺少专家学者和高水平师资的及时介入,使得学生专业化发展受限,且产教融合过程中无法与"上游"的内生项目有效对接,创新创业教育所需资源难以为继,由此创新创业与产教融合的内生动力难以持续发展,后续与产教融合之间的衔接存在沟壑,造成创新创业教育的前期投入无法满足职业本科教育产教融合的发展需求。

(二) 增强嵌入模式的活动共同体

通过嵌入式人才培养模式,校企之间可以建立良好持久的合作关系,学校了解企业需求,企业提前培养人才,是一种能够实现学生、学校、企业三方共赢的模式。如浙江广厦职业技术大学基于土木建筑、木雕艺术、智能制造等优势

[①] 张瑜,阮晓文,宣慧.产业—专业双耦合下本科职业教育产教融合协同育人的路径探析[J].江苏教育研究,2021(15):3—10.

专业群的政、校、行、企资源，以职教集团为载体，以共建特色产业学院为抓手，开展"中职—高职专科—职业本科"人才培养体系建设。但是总体而言，嵌入模式活动主体彼此之间主动协作和承接发展较为缺乏，存在"层次低、稳固差、不对等"等问题，人才培养模式停留于表面，暂未形成职业本科教育产教融合共同体发展态势，亟待能够整合多方力量的共同体参与，以提升人才培养可持续性。

（三）完善协同模式的活动规则

协同模式以产业学院的建设最具代表性，试点职业本科院校中最多建有12个产业学院。目前，产教融合的协同模式在组织特征上存在身份与价值认同机制、组织目标与评价机制、运行规则与文化体系等方面问题[①]，缺乏规范统一的运行规则。为了化解多方主体在目标、身份、价值、激励等方面的矛盾，梳理多方主体在权责不清、产业与教育系统间内耗等方面的问题，亟须改进、完善协同模式规制。

（四）丰富延伸模式的活动工具

现有试点职业本科院校的国际合作模式多以合作办学为主要模式，产教融合走向国际的案例尚不多见。一方面与职业本科教育尚处于"练内功"阶段，在发展规划中以国内发展为主有关；另一方面与鲜有跨国、跨区域产教融合延伸模式的活动工具引导与服务有关。其活动工具的引导缺位，引发了选择国际化路径"走出去"建设海外学院、丝路学院的活力欠缺，进而导致实现中国产教融合标准与方案输出的潜力得不到合理开发，跨国跨界的产教融合资源尚未能有效利用。

三、职业本科教育产教融合的发展动能

（一）发挥政策功能

政策的牵引始终是保障职业本科教育产教融合发展的组织主体，以"政、校、行、企、研"产教融合活动共同体，共同发挥在有效对接产教融合中的规则赋能优势。

1. 发挥创新驱动发展的战略引导与政府在政策制定中的兜底功能

通过放权赋能，激发行业、协会、企业、社会等多元主体参与职业本科教

---

① 刘晓,钱鉴楠.发展型理论下的职业教育专业建设与产业发展:匹配逻辑与理论框架[J].高等工程教育研究,2020(3).

育,为深化产教融合奠定基础。牢牢把握政府在职业本科教育建制化管理中专业目录、人才培养模式与产教融合的对接功效,优先形成具有区域联盟适应性发展的政策体系,通过制定和完善产教融合的发展政策,为职业本科教育提供政策保障。

2. 发挥地方在政策制定与落实中的导向功能

围绕企业增效益与提生产的实际需求,增强学校服务企业员工培训进修、线上学习培养等合作服务。把产教融合的合作条款落实到学校人才培养、科学研究和社会服务等制度设计中,促进企业与学校工作和文化场域的沟通融合,促进双方互动融合的资源供给协调。引导和推动行业企业与地方政府、社区等形成广泛联动,在创新创业形成的知识产权架构下,引导地方强化对职业本科教育的支撑。同时,优化地方政府和社会资本合作、购买服务模式,推出购买产教融合专业服务岗位等方式带动多元主体的参与。①

3. 发挥学校、行业企业在政策落实中的特色功能

紧紧围绕培养具有宽厚理论知识和专深实践技能,能应对复杂工作情境中高层次的技术技能问题的本科层次技术技能人才培养目标,强化本科教育的通识性与职业教育的实践性,深化区别于其他类型职业教育的研究属性。联合多元主体,在已有职业教育特色基础上融入"研"的要素。搭建产与教融合的立交桥,在教育教学、实习实训、教学评价、教学管理、师资建设、社会服务等多方面,设计符合学校长远发展和特色化、标准化学校建设的制度体系。

(二)更新融合模式

现有成功案例表明,职业教育产教融合实践关键在于多元主体参与、确保建设有效性,核心在于提升行业企业认同感和协同性。基于活动理论的六要素,完善活动规则、活动工具、活动客体、活动分工,有助于解决产教融合四种模式的发展困境。我们应从以下四个方面发力②:

1. 增加活动资源的丰富性

如山东外事职业大学在创新创业人才培养过程中,坚持以创新创业学院建设为引领,初步构建了以实施全方位创新创业提升工程为核心的"1·2·4"塔式创新创业教育模式。一个中心指以"核心素养"培育作为人才培养的工作

---

① 刘楚珂.政府在职业教育产教融合中的作用研究[J].职业教育(中旬刊),2022(3):10—12.
② 刘奉越,王丽婉,高婷婷.职业教育产教融合研究的文献计量分析及话语体系构建[J].河北师范大学学报(教育科学版),2022(2):78—86.

中心,两个原则是坚持以"理论教学为基础""实践教学为重点"的工作原则,四个融合指促进"专创融合、赛课融合、产教融合、校企融合"。该校以协同共建为机制,打造开放共享的创新创业实践平台;以产教融合为依托,建设"政企行校"协同育人双创导师队伍;以高教改革为契机,将双创教育融入人才培养全过程,推出了一系列改革创新举措,取得了一定的成绩。

2. 提升活动共同体协作性

充分发挥活动共同体的协同作用,构建以政府为主导,学校、行业企业为主力,科研机构、社会等为主体,社会资本、社区资源为协同辅助的产教融合联动发展模式。如新疆天山职业技术大学主动推进企业全面参与专业人才培养全过程,以此为抓手促进活动共同体在产教融合中的协同演进,进一步提升产教融合共同体在人才培养、应用开发与成果转化等方面的协同贡献度。

3. 完善活动规则的科学性

如河北石油职业技术大学与长城汽车共建"长城汽车产业学院",共同培养适应和引领京津冀汽车产业发展的高素质应用型人才、复合型人才、创新型人才,开设专业紧密对接长城汽车全技术领域全产业链。长城汽车支持产业学院的办学建设、参与产业学院的办学过程,打造校企命运共同体,制定"人才共育,过程共管,成果共享,责任共担"的产教融合规则,推进校企协同育人。

4. 强化活动工具的有效性

如广东工商职业技术大学实施大旺校区"领航计划",以社会服务为载体,联合政府等多主体共同开设面向社会的产教融合专门服务区,在服务区域内设计生产、消费、交流、协作等子功能区,共同探索国际合作试验区,切实实施"走出去"战略,并促进共同体的沟通交流与演进发展。在产教融合共同体群体协作中注重开发国际化合作功能,最大限度释放共同体的国际合作与研究的发展潜力,积极推进职业本科教育试点改革任务。

(三)搭建平台体系

当前,职业本科教育由于缺乏能够有效整合资源、合理分配利益的活动平台,导致在制度落实层面出现障碍。搭建有效平台体系,主要依赖于以下三个层面的建设。

1. 科学制定平台建设规划

聚焦现代服务业、战略性新兴产业、未来产业等,搭建不同层次的平台联结,提升行业企业参与产教融合发展的积极性与便利性。构建高真实感的产教融合行为活动模型,为其融合结果进行仿真与可信度评价,加强对未来产教融合群体行为互动的可信度、可控性、可拓性的分析与解释,促进职业专科、职业本科、职业硕士的技术认证与贯通衔接。

2. 建立健全监督评估机制

基于"双高计划"建设监督评估平台,建立健全地方与行业企业等的协同机制,加强产教融合虚实两端的关键技术、数据驱动与活动管理的建模感知与对接,强化产教融合虚拟仿真行为活动与现实世界的映射与同步,以此促进数据应用与数据开发能力的建设,实现虚实结合的数据流转与共享,为产业学院的内部质量诊断与改进等"云管理"积累经验。

3. 强化产教融合技术平台建设

加强产教融合共同体的技术开发与合作,搭建职业本科教育产教融合发展平台,以此提高对市场的敏感度,优化人才培养的全过程,逐步实现从专业群到专业联盟、从职教集团到职教区域联盟的发展逻辑。人才培养从人工智能、区块链技术的介入入手,发挥出"大数据＋智能化"活动的发展优势。以平台系统的活动消除由多方主体"身份管理"带来的融入过程困境,进一步活跃产教融合群体思想,平衡利益分配,增强大规模人才培养的平台建设。

第二节　职业本科的招生就业

《中华人民共和国国民经济和社会发展第十四个五年规划和2035年远景目标纲要》提出,实施现代职业技术教育质量提升计划,建设一批高水平职业技术院校和专业,稳步发展职业本科教育。2022年2月,在教育部新闻发布会上,教育部职业教育与成人教育司司长陈子季提到,我国职业本科高校现有32所,在校生12.9万人,为确保到2025年10%的发展目标,将多措并举,加大职业本科教育人才培养力度。

一、职业本科的招生现状

(一) 招生人数

2019年高职(专科)招生总人数483.61万,首次超过普通本科招生人数431.29万,2021年这一数据差距进一步拉大,高等职业教育规模已显著大于普通本科教育。同时,2019年全国首批本科"职业大学"获批,面向全国招收本科学生。

截至2021年,全国普通、职业本专科共招生1 001.32万人,其中,普通本科招生444.60万人,占普通、职业本专科招生人数的44.4%;职业本科招生4.14万人,占普通、职业本专科招生人数的0.41%;高职(专科)招生552.58万人,占普通、职业本专科招生人数的55.19%。①

2021年,全国普通、职业本专科共有在校生3 496.13万人,其中,普通本科在校生1 893.10万人,占普通、职业本专科在校生人数的54.15%;职业本科在校生12.93万人,占普通、职业本专科在校生人数的0.37%;高职(专科)在校生1 590.10万人,占普通、职业本专科在校生人数的45.48%。

《国家职业教育改革实施方案》发布后,我国职业本科发展驶入快车道。2019年全国职业本科招生2.58万人,2020年招生人数扩大到3.84万人,2021年招生人数为4.14万人,从整体数据上来看,职业本科的招生规模在不断扩大,但是招生规模增速仍然不够。要达成2025年占比10%的目标,职业本科每年招生人数需达到50万人以上的规模,年均增速要超过100%。这既需要对现有的招生模式进行改革,也需要对招生政策做出大幅度调整。与此同时,短期的大规模扩招也将带来生师比的进一步增大,各职业本科高校在师资引进和培训方面也需同步加大力度。

(二)专升本情况

高职高专学生的专升本形式有多种途径。"专升本"一般特指普通高等学校专升本考试,又简称"普通专升本考试",是指应届普通全日制专科毕业生经过一定选拔程序可以进入普通高等学校本科继续学习。办学条件达到国家设置标准的普通本科院校,经省教育厅批准,可按规定的推荐选拔程序和名额招收优秀高职高专毕业生进入本科阶段学习,国家公办和民办一、二、三本院校均具有普通专升本招生资质。目前,各省专升本招生名额主要来源于本省的普通高等本科院校。

2022年教育部职业本科备案数据显示,32所职业本科高校共备案608个专业,其中兼报专升本招生专业328个②,即超过50%的本科专业兼招专升本学生。职业本科高校开设专升本专业,是职业本科高校招收本科学生的另一

---

① 数据来源:教育部2019—2021年全国教育事业统计数据。
② 数据来源:教育厅教职成厅函[2022]8号文件。

个重要渠道。

2022年2月,教育部召开的新闻发布会中提到,目前全国专升本的比例已达20%,下一步将力争让更多的职业学校毕业生接受高质量的职业本科教育。随着未来三年职业本科的大规模扩招,将给有志于继续提升学业、锻炼技能、面向就业的考生提供更多的机会。浙江省2021年各招生院校仅开放普通本科专业招生,2022年新增高职本科专业,高职本科专业的招生计划占比近5%。广东工商职业技术大学2022年普通高校专升本普通批次共开设15个招生专业,涵盖了工学、管理学、文学、教育学、艺术学等5个学科门类,该校专升本招生计划超过5 000人。

高职(专科)院校毕业学生,期望通过专升本提升学历以更好就业,虽然现阶段目标院校仍以普通本科为主,但是从教育部职业本科备案专业的数据变化趋势可以看出,未来职业本科高校专升本专业将是专升本招生名额的重要来源。

(三)生源情况

目前,职业本科高校本科学生的来源主要有三个,分别是普通高考、单考单招、普通专升本。表9-1给出了部分职业本科高校2018—2020年普通高考录取分数线(含部分升本前数据)。

表9-1 部分职业本科高校2018—2020年本科录取分数线

序号	学校名称	办学性质	录取省份	2020年分数线		2019年分数线		2018年分数	
				文	理	文	理	文	理
1	泉州职业技术大学	民办	福建	465	402	464	393	332	229
2	南昌职业大学	民办	江西	488	463	502	449	151	168
3	江西软件职业技术大学	民办	江西	488	463	502	449	141	140
4	山东外国语职业技术大学	民办	山东	460		503	448	170	172
5	山东工程职业技术大学	民办	山东	458		503	449	170	172
6	山东外事职业大学	民办	山东	457		503	445	170	170
7	河南科技职业大学	民办	河南	467	432	503	339	184	183
8	广东工商职业技术大学	民办	广东	435	420	459	390	215	205
9	广州科技职业技术大学	民办	广东	435	422	458	388	327	205

续 表

序号	学校名称	办学性质	录取省份	2020年分数线		2019年分数线		2018年分数线	
				文	理	文	理	文	理
10	广西城市职业大学	民办	广西	381	388	347		200	200
11	海南科技职业大学	民办	海南	484		546	496	282	302
12	重庆机电职业技术大学	民办	重庆	449	415	458	405	140	140
13	成都艺术职业大学	民办	四川	463	452	472	459	192	180
14	西安信息职业大学	民办	陕西	414	359	400	363	179	161
15	西安汽车职业大学	民办	陕西	414	353	400	363	176	164
16	辽宁理工职业大学	民办	辽宁	472	374	156	152	241	180
17	运城职业技术大学	民办	山西	400	370	130	130	150	150
18	浙江广厦建设职业技术大学	民办	浙江	495		264		344	
19	南京工业职业技术大学	公办	江苏	318	330	287	310	291	292
20	新疆天山职业技术大学	民办	新疆	370	317	207	181	201	201
21	上海中侨职业技术大学	民办	上海	407		150		144	
22	湖南软件职业技术大学	民办	湖南	384		320		321	282

数据来源:各校官网、各省市教育考试院等。

从表 9-1 中可以看出,升本之后的各职业本科高校,其文理科录取分数线均有较大幅度的提升。以重庆机电职业技术大学为例,该校是全国首批本科层次职业学校改革试点单位,2019 年开始招收本科学生,2020 年获得"专升本"招生资格。该校 2021 年专科录取最低分数线为 180 分,而本科录取最低分数线为 446,两者存在近 260 分的差距。2021 年湖南软件职业技术大学首批五个本科专业软件工程技术、大数据工程技术、电子商务、数字动画、建设工程管理招生计划全部录满,本科生生源充足且生源质量好,分数线均高于本科录取线,其中物理类最高 480 分,超出湖南省本科录取线 46 分,历史类最高分 500 分,超出湖南省本科录取线 34 分。各高校录取分数最高的为浙江广厦建设职业技术大学,2020 年的文理科(本科)录取分数线都在 490 分以上。

(四)存在问题

1. 专科学生与本科学生共存,分数差距大

对高职院校而言,通过升格职业本科这一方式,使学校的生源质量产生了

质变,大量高校录取分数线都出现翻番,乃至3倍的情况。生源质量的提升,势必将带来教学质量的提升、教学成果的产出、就业渠道的拓宽等益处。但是现有的职业本科院校均呈现专科学生与本科学生共同存在的状态,且专科学生的比例要显著高于本科学生。

以山西工程科技职业大学为例,该校现开设39个职业本科(4年制)专业,67个职业专科(3年制)专业。全日制本、专科在校生3.14万人,其中职业本科生1.2万人,约占总人数的1/3。该校2021年本科文史类录取分数最低为456分,专科文史类录取分数最低为309分,2021年本科理工类录取分数最低为402分,专科理工类录取分数最低为283分,本专科录取分数存在明显差距。

表9-2给出了2021年江西软件职业技术大学的最低录取分数和位次,从中可以看出不论是文科还是理科,本科批次的最低录取分数均为专科批次的近3倍,最低录取位次均有超过10万多名的差距。同时还应注意到该校各批次的最低录取分与该批次的控制线分数是完全一致的,说明最低录取分数是由控制线来决定的。

表9-2 江西软件职业技术大学2021年最低录取分数和位次

科目类型	录取批次	省控线	最低录取分	最低位次
文科	本科二批	496	496	47 533
理科	文科二批	443	443	115 105
文科	专科批	150	150	174 816
理科	专科批	150	150	214 241

数据来源:江西省教育考试院。

基于当前职业本科试点工作的实际开展情况,职业本科院校在升格之后的相当长一段时间内,将一直存在着职业本科与职业专科共存的局面。职业本科学生和职业专科学生既有共同点也有差异点,如何充分发挥好本科和专科学生各自的优势特点,共促共进,是当前职业本科院校学风建设的核心任务,也是一个亟待解决的难题。

2. 职业本科民办高校占多数,竞争能力弱

现有的32所职业本科高校中,有南京工业职业技术大学等10所公办学校,占比31.25%,其余各高校为民办性质,职业本科院校特别是民办职业本科院校在与普通本科院校竞争过程中存在明显的劣势。

首先是民办职业本科高校本身的新生报到率不高,而身为职业技术大学的民办职业本科高校其新生报到率低的情况更为严重。以新疆天山职业技术大学为例,该校 2021 年职业本科实际录取数为 2 183 人,实际报到(含专升本)人数为 1 708 人,报到率 78.24%。其他民办职业本科高校的实际报到率也都与普通本科高校存在明显差距。

其次民办职业本科高校办学条件仍有待进一步完善。由于我国民办高校起步晚,自身竞争力比较弱,缺少一定时间上的文化积淀和人文内涵,较少享受国家财政支持、师资力量总体薄弱等诸多因素影响,导致招生过程中很难吸引优秀学生填报,多数职业本科高校沦为本科控制线的保底院校。以景德镇艺术职业大学为例,该校前身是景德镇陶瓷大学科技艺术学院,属于民办独立本科二级学院,2020 年经教育部批准转设为景德镇艺术职业大学。截至目前,作为唯一一所独立院校单独转设的职业本科高校,其近三年的最低录取排名呈下降趋势(如表 9-3 所示)。2021 年该校理工类录取分数低于省控制 4 分,职业本科的属性未给该校带来正向增益。

表 9-3　景德镇艺术职业大学 2019—2021 本科文理投档分数情况

科目类型	2019			2020			2021		
	省控线	投档线	最低排名	省控线	投档线	最低排名	省控线	投档线	最低排名
文科	502	508	35 781	488	497	36 418	496	501	44 320
理科	449	452	97 795	463	467	99 683	443	439	118 243

数据来源:江西省教育考试院。

相关报道显示,2022 年起,教育部将制定职业本科建设指导意见,明确职业本科教育的办学定位、发展路径、培养目标、培养方式、办学体制,完善职业本科院校设置标准和专业设置办法,支持符合条件的国家"双高计划"建设单位独立升格为职业本科院校,支持符合产教深度融合、办学特色鲜明、培养质量较高的专科层次高等职业学校,升级部分专科专业,试办职业本科教育。同时,教育部将遴选建设 10 所左右高水平职业本科教育示范学校。随着更多高水平职业院校高等职业学校加入职业本科的建设的工作,上述问题将逐步得以缓解。

二、职业本科的就业现状

2021 年 10 月,中共中央办公厅、国务院办公厅印发《关于推动现代职业教育高质量发展的意见》,要求职业教育优先发展先进制造、新能源、新材料、现代农业、现代信息技术、生物技术、人工智能等产业需要的一批新兴专业,加快建设学前、护理、康养、家政等一批人才紧缺的专业,改造升级钢铁冶金、化工医药、建筑工程、轻纺制造等一批传统专业,撤并淘汰供给过剩、就业率低、职业岗位消失的专业。随着我国进入新发展阶段,产业升级和经济结构调整不断加快,各行各业对技术技能人才的需求越来越强烈。

最新统计数据显示,近5年高等职业学校毕业生半年后就业率持续稳定在90%左右,即便在新冠疫情影响下,2020年就业率依然达到84.23%,反映出社会对于职校毕业生较为旺盛的需求,而职业本科的毕业学生相对职业专科学生就业更有优势。

(一)毕业人数情况

由于首批职业本科教育试点工作开展仅有3年时间,尚未迎来4年制的本科毕业学生,现有的职业本科毕业学生仅有"专升本(2年制)"一种类型。

2022年南京工业职业技术大学首批共有903名"专升本"学生顺利毕业,该校应届生郭同学将入职一家电气行业的上市公司,成为一名嵌入式软件开发工程师。吸引他的,除了11万元的年薪,还有公司的综合实力和发展前景。他把这个工作机会归功于职业本科期间的学习,"学校在理论和技能方面为我插上了双翼"。该校另一名应届生谈同学揣着多个国家级智能制造技能比赛一等奖、5项国家实用新型专利,获得了15家公司的面试资格,拿到了10份录用通知。最终,他选择了无锡一家专注于工业自动化产品研发与应用的行业知名公司。

2020年浙江广厦建设职业技术大学首次招收四年制普通本科、两年制普通专升本本科两个类型的职业本科学生。其中四年制普通本科六个招生专业共招1 476人,两年制普通专升本共招221人。2022年该校首届本科毕业生共184人,就业去向主要有三个:企业工作、升学深造、考公考编,其中以入职对口企业工作为主要就业方式。

如图9-1所示,全国首批职业本科试点高校(22所)中,多所高校迎来首批本科(专升本)毕业学生,合计人数约为1.2万人。[①]多数学生的就业去向尚未有详细统计,但他们的本科毕业证书和学士学位证书让就业路的数量和宽度

---

① 数据来源:各校官网。

都有明显的增加,考研、考公考编、入职世界500强企业都成他们就业的可选方案。

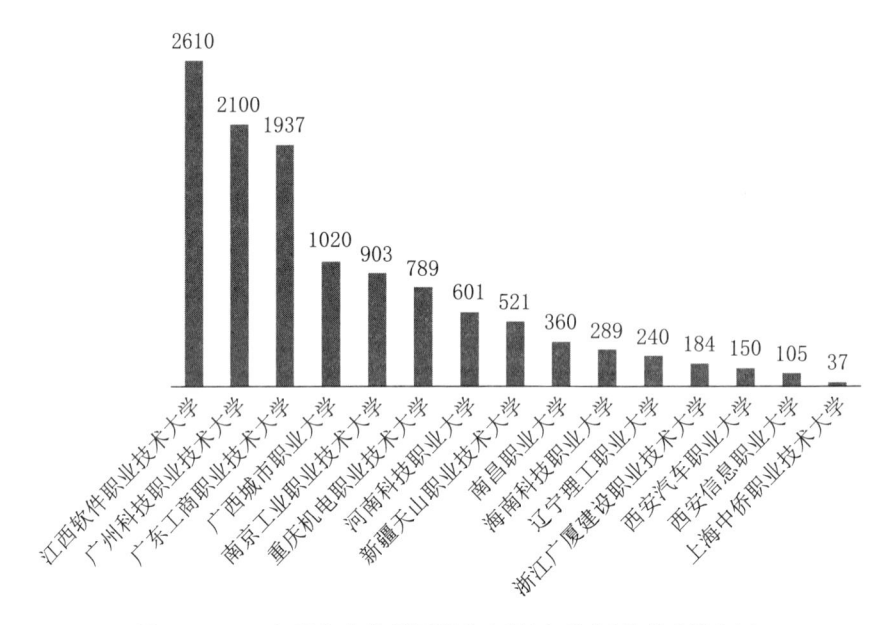

柱状图数据（2022年部分高校首届职业本科(专升本)毕业生数）：
- 江西软件职业技术大学：2610
- 广州科技职业技术大学：2100
- 广东工商职业技术大学：1937
- 广西城市职业大学：1020
- 南京工业职业技术大学：903
- 重庆机电职业技术大学：789
- 河南科技职业大学：601
- 新疆天山职业技术大学：521
- 南昌职业大学：360
- 海南科技职业大学：289
- 辽宁理工职业大学：240
- 浙江广厦建设职业技术大学：184
- 西安汽车职业大学：150
- 西安信息职业大学：105
- 上海中侨职业技术大学：37

图 9-1 2022年部分高校首届职业本科(专升本)毕业生数(人)

（二）学位授予情况

2021年11月,国务院学位委员会发布《关于做好本科层次职业学校学士学位授权与授予工作的意见》(以下简称《意见》),《意见》明确了具有本科层次职业教育学士学位授予权的学校可开展本科层次职业教育学士学位授予工作,明确了职业本科学士学位授权、授予等的政策依据及工作范围,对职业本科学士学位授予权的审批权限和申请基本条件及授予方式、基本程序、授予标准、授予类型、学士学位证书和学位授予信息提出了要求,并同时强调学位授予标准需突出职业能力、职业素养水平以及职业教育特色。

全国最早的一批本科职业学校于2019年招生,2022年部分高校迎来首届本科(专升本)毕业学生,这批学生中绝大多数都获得了学士学位证书。升本以来,多所职业本科高校由于学校等主要办学指标达到要求,被增列为学士学位授权单位,其部分专业增列为学士学位授予专业。近日,广东省学位委员会批准广东工商职业技术大学为学士学位授予单位,批准网络工程技术、软件工程技术、数字媒体技术、机器人技术、现代物流管理、电子商务、工程造价、机械设计制造及自动化、汽车服务工程技术、应用英语 10 个专业为学士学位授予专业。同期，广东省学位委员会批准了广州科技职业技术大学为学士学位授予单位，批准计算机应用工程、旅游管理、环境艺术设计、电气工程及自动化、国际经济与贸易、数字印刷工程、建筑工程、机械设计制造及自动化、汽车服务工程技术、应用英语 10 个专业为学士学位授予专业。校方表示，这标志着学校本科教育教学迎来了新的起点，部分数据见表 9-4。

表 9-4 部分职业大学学士学位授权情况（截至 2022 年 7 月）

院 校	授权专业数	授权专业
广西城市职业大学	16	工业机器人技术、机械设计制造及其自动化、智能制造工程、车辆工程、汽车服务工程、大数据技术与应用、计算机应用工程、工程造价、土木工程、物流管理、旅游管理、会计、国际经济与贸易、工艺美术、环境艺术设计、学前教育
重庆机电职业技术大学	13	机械设计制造及其自动化、机械电子工程、车辆工程、汽车服务工程、电气工程及其自动化、智能制造工程、物联网工程、大数据技术与应用、数字媒体技术、工程造价、物流管理、财务管理、学前教育
海南科技职业大学	10	大数据技术与应用、物联网工程、护理、健康服务与管理、机械设计制造及其自动化、土木工程、化学工程与工艺、制药工程、航海技术、水路运输与海事管理
江西软件职业技术大学	10	软件工程、网络工程、信息安全与管理、计算机应用工程、通信工程、智能控制技术、电子商务、会计、环境艺术设计、数字媒体艺术
广东工商职业技术大学	10	网络工程技术、软件工程技术、数字媒体技术、机器人技术、现代物流管理、电子商务、工程造价、机械设计制造及自动化、汽车服务工程技术、应用英语
广州科技职业技术大学	10	计算机应用工程、旅游管理、环境艺术设计、电气工程及自动化、国际经济与贸易、数字印刷工程、建筑工程、机械设计制造及自动化、汽车服务工程技术、应用英语
南昌职业大学	10	材料成型及控制工程、机械制造及自动化、电子商务、大数据与财务管理、现代物流管理、市场营销、应用英语、舞蹈表演与编导、音乐表演、视觉传达设计
辽宁理工职业大学	9	建筑工程、工程造价、机械设计制造及自动化、汽车服务工程技术、软件工程技术、大数据工程技术、大数据与会计、电子商务、现代物流管理
新疆天山职业技术大学	6	会计、电子商务、旅游管理、大数据技术与应用、智能制造工程和通信工程专业

续　表

院　校	授权专业数	授权专业
西安信息职业大学	6	软件工程、电子信息工程、智能制造工程、计算机应用工程、电子商务、轨道交通信号与控制
南京工业职业技术大学	5	机械电子工程技术、自动化技术与应用、软件工程技术、电子信息工程技术、国际经济与贸易
浙江广厦职业技术大学	5	土木工程、工程造价、工艺美术、电子商务、软件工程
河南科技职业大学	5	学前师范、机械设计制造及其自动化、计算机应用工程、土木工程、护理
西安汽车职业大学	4	汽车工程技术、数字媒体技术、市场营销、现代物流管理
上海中侨职业技术大学	3	数字媒体技术、食品质量与安全、建筑工程

数据来源：各校官网。

统计表 9-4 中相关专业出现频次，前十名学士学位授权专业分别为：机械设计制造及自动化、电子商务、软件工程、汽车服务工程、计算机应用工程、工程造价、现代物流管理、土木工程、数字媒体技术、大数据技术与应用。

第三节　职业本科技能培训与技术服务

国务院在《关于加快发展现代职业教育的决定》的文件中明确提出：职业院校除了实施为社会经济服务的中高级职业技能人才培养的学历教育外，还要"密切产学研合作，重点服务企业特别是中小微企业的技术研发和产品升级，加强社区教育和终身学习服务"。这既是对职业院校社会服务职责和内容的高度概括，也是对职业院校办学方向提出的要求。职业院校有义务利用自身优势资源开展为区域经济、行业产业服务，以技术推广、技术研发和产品升级为主的技能培训和技术服务工作。

一、技能培训的概念及职业本科的正确定位

技能培训是以增强劳动者市场就业竞争力为目的，由技能培训机构开展

的,针对劳动者的理论知识和实操能力培训。技能培训与学历教育有着明显的区别,前者注重某项技能的提高,而后者注重综合素质的提高。部分技能培训可以帮助劳动者获得国家认可的技能证书。技能培训具有针对性强、学时较短、注重某项领域的突破等方面的特点。

2022年4月20日,我国修订了《中华人民共和国职业教育法》(以下简称《职业教育法》),于2022年的5月1日统一实施。《职业教育法》着重强调了职业院校毕业的学生与普通高校毕业的学生有同等的机会,同时提出在人才市场招聘中,可以适当降低技术类求职者的学历要求。《职业教育法》还强调了"普职分流",目的在于九年制义务教育后,推进普通高校教育和职业教育的协调性发展,而将职业技能型培训结合到职业教育中去,可以有效促进协调性发展。

为有效实现"普职分流",国家教育部门提出了"国家学分银行",也就是把职业教育学生的学历、学校取得的学分以及其他学习成果,比如技能学习成果等,进行统一认证,然后为学生提供学分的积累和转换服务。这为职业教育的学生在升学、就业以及职业发展等各个方面提供了可量化的考量方式,让他们与普通高校毕业的学生享有同等的机会。其中,在升学方面,高职与专科院校、普通高校、职业本科院校在招生中,应当为职业学校毕业生留有一定比例的名额。在就业方面,用人单位不可以在岗位说明上区别职业学校毕业生与普通院校毕业生。同时事业单位以及国企应该在技能型岗位的录用中,更加注重求职者的技能,并且可以适当降低求职者的学历要求。"普职分流"中"职"部分的学历提升应由职业本科院校主要负责。

根据国际教育标准分类法(ISCED,2011版),职教本科与普通本科的名称是存在明显不同的,其中普通本科对应的名称为学士或等同学术教育(Bachelor's or equivalent level, academic,代码:64),而职教本科对应的名称为学士或等同专业教育(Bachelor's or equivalent level, professional,代码:65),两者均可获得学士学位,但分别属于学术教育和专业教育。我国现有高职(专科)教育可对应于短线高等职业教育(Short-cycle tertiary vocational education,代码:55)。根据该标准分类办法,普通高职负责较短时长的专业技能培训,而职教本科应该负责低层级高技能培训需求的任务,包括中学毕业生、高职(大专)毕业生,并根据学生的不同来源类别,制定相应的系统培训方案。

```
                    标准分类名称
                   （标准分类代码）
                    我国教育类别
```

Upper secondary general education 高级中等普通教育（代码：34）	Upper secondary vocational education 高级中等职业教育（代码：35）
普通高中	中职、中专、技校

普通　高考　　　　　　　单招　单考

Short-cycle tertiary general education 短线高等普通教育（代码：54）	Short-cycle tertiary vocational education 短线高等职业教育（代码：55）
高等专科	普通高职

专升本　　　　　　　　　专升本

Bachelor's or equivalent level, academic 学士或等同学术教育（代码：64）	Bachelor's or equivalent level, professional 学士或等同专业教育（代码：65）
普通本科	职教本科

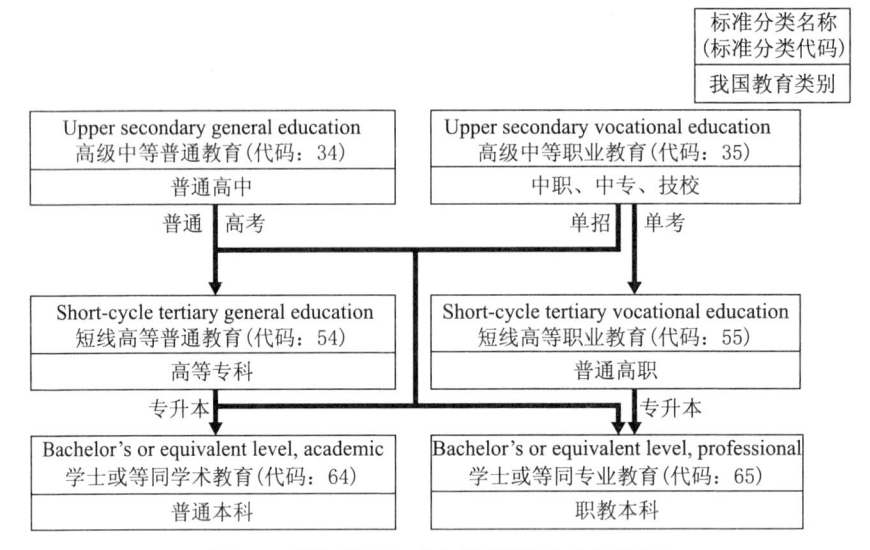

图 9-2　国际教育标准分类法（职业教育部分）

随着人口老龄化等结构性变化的来临，社会应该更加注重对家政服务型技能人才的培养，为社会多输出育儿、照料老人、健康管理等方面的技能型人才。同时，《中华人民共和国职业教育法》也提出了要鼓励开展职业教育类型技能培训的培训机构发展。职业本科教育作为职业教育的顶端形态，在对内和对外的技能培训中应承担起特有的责任。

二、技术服务的概念及职业本科的正确定位

技术服务是技术市场的主要经营方式和范围，是指拥有技术的一方为另一方解决某一特定技术问题所提供的各种服务。例如开展非常规性的计算、设计、测量、分析、安装、调试，以及提供技术信息、改进工艺流程、进行技术诊断、检验检测等服务。

职业本科院校开展具有显著职业本科属性的技术服务工作尚有待时日，但是部分院校已初步形成有自身特色的技术服务模式。河北工业职业技术大学深入实施创新驱动发展战略和知识产权战略，牢牢抓住京津冀协同战略发展机遇，积极参与地区创新发展行动计划。学校共建有7个省级研发平台，涉及新型金属材料、智能制造、电气工程、大数据分析、环境保护、生物制药等领域。学校以省级研发平台为依托，抓住经济转型、产业升级的关键问题，面向京津冀区域钢铁、焦化、冶金等行业开展技术咨询、工艺优化等服务，通过技术咨询、政府购买

服务等方式为政府提供相关技术服务。学校同时启动和探索高职教育新型智库建设,打造金融研究院、长城文化中心职教中心、钢铁研究院等三个特色性地方智库(或平台)作为学校建设高绩效地方新型特色智库(或平台)培育项目。

国务院办公厅《关于推动现代职业教育高质量发展的意见》中提出,要保持职业教育"办学方向不变、培养模式不变、特色发展不变",稳步推动本科层次职业教育发展,该项指示彰显了职业本科院校的办学定位,这也是职业本科教育发展方向需要解决的根本性问题。因此,职业本科教育可以参考现有职业教育技术服务模式,继续做好以下三个方面的坚持工作。

(一)坚持特色发展不动摇

职业本科院校要坚持自身的办学特色,抓住职业本科试点的契机,完善专业动态调整机制,紧扣服务产业、服务区域经济发展,结合相关行业领域、产业链技术发展,调整本专科专业结构并逐步迭代升级。与行业企业同频共振,与产业发展同向同行,人才培养规格与教育类型对接匹配,不断强化校企双主体办学、校企协同育人、工学结合培养。

(二)坚持经济服务不动摇

职业本科院校要根据区域人才需求状况,为推动区域及周边经济社会发展而办。学校应主动适应区域经济发展方式转变和产业优化升级的需要,不断提高专业建设与区域经济的适合度及专业发展与产业调整的契合度,合理规划专业布局,抓好专业链与产业链的对接,人才培养链与区域发展的对接,实施学校专业群结构性调整,改造传统专业,新建与区域经济社会发展契合度高的新专业。

(三)坚持产教融合不动摇

产教融合是实现职业本科教育高质量发展的核心路径,职业本科教育应坚持服务于高层次技术技能人才培养,服务于知识技能积累,服务于产业发展需求。学校应同企业一起深度参与专业建设,共建实验实训基地,从而解决技术工艺难题。

三、职业本科技能培训与技术服务的典型案例

(一)以南京工业职业技术大学为例[①]

南京工业职业技术大学校作为国家第一所公办本科职业院校,支撑国

---

① 信息来源:中国高职高专教育网 http://www.tech.net.cn/.

家重点产业、战略性新兴产业、区域支柱产业发展,学校充分发挥人才和专业优势,集聚政、行、企、校多方资源,在乡村振兴、智能制造等领域积极努力进取。

1. 校企共建让"双师型"教师名副其实(案例 1)

打造一支高素质"双师型"教师队伍,是推动职业教育高质量发展的重要保障。该校以社会经济发展需求为引领,瞄准科技前沿,整合各方资源,打造了"技术联盟"型、"协同服务"型、"双创孵化器"型、"国际伴随"型四类 120 余个"产学研"合作"双师型"教师培养培训基地。该校要求所有专业教师每五年必须有累计 6 个月及以上的时间到企业或生产服务一线实践,通过培训+考核评级提升自身实践教学水平。同时积极引进优秀的高技能人才、企业领军人才、项目经理、技术主管以及能工巧匠到校任教,通过外引内培,校企共育,让"双师型"教师名副其实。

2. 发挥专业优势助力乡村振兴(案例 2)

在乡村振兴的大背景下,该校商务贸易学院与具有"天下第一淘宝镇"美誉的徐州睢宁沙集镇强强联合,积极探索品质化、品牌化、国际化发展路径。目前,已开通运营 Shapee 跨境店铺 3 个、海外店铺 3 个、Lazada 店铺 3 个,辐射新、马、泰等市场。通过实操店铺,实战经营,学生深化和巩固了知识、技能,提升了创新创业意识。项目指导老师胡志刚博士开设了"跨境电商实务——速卖通平台操作"个性化课程;国贸团队刘红副教授编写了《跨境电商实务教程》教材。目前,该项目荣获江苏省互联网+创新创业大赛二等奖。"以跨境电商垂直产业运营为平台的高职'产学研创'模式研究"获得"推荐省级创新训练一般项目"。

3. 科技副总助力乡村振兴再上新台阶(案例 3)

"科技副总"属省级科技人才[①],入选的科技副总,在任期间与企业开展深度产学研合作。江苏省科技厅根据签订合同的内容,对企业投入高校院所 30 万元以上合作经费的项目,给予"产学研合作项目"指导性计划立项支持。近两年该校有 22 位获批科技副总。2021 年度开展产学研合作 13 项,其中两位教师入选了科技镇长团成员,一位教师挂职常熟市人社局副局长,一位教师挂职龙潭街道工委副书记。这两位教师积极融入地方,以"时时记宗旨,处处求

---

① "科技副总"上岗,带来啥变化?[N].南京日报,2021-9-6.

实效"为标准,充分发挥"智库参谋、桥梁纽带、科技服务、以才引才"作用,推动产创融合,服务产业强链,助力乡村振兴。

(二)以河北科技工程职业技术大学为例①

河北科技工程职业技术大学是全日制公办本科层次职业高等学校之一,是国家示范性高等职业院校、国家优质专科高等职业院校、中国特色高水平专业群(A档)建设单位、教育部首批学徒制建设单位。1991年承担原国家教委高职教育试点任务,2021年1月,升格为河北科技工程职业技术大学。

1. 疫情之下稳步推进社区教育服务(案例1)

在疫情特殊环境下,该校利用多种形式开展社区教育服务,除在线学习外,还积极利用户外环境开展继续教育服务,增加了电声乐队项目,完成了少年篮球训练营项目,社区及老年教育活动达到5 000余学时,并积极申报"河北省校办老年教育试点"。一年来,继续教育与社会培训服务成效显著,继续教育与培训总量达到3.5万余人次,28万余学时;农村再就业人员岗前培训,企业技术培训,社区教育等多形式、广面向的培训服务工作250余项;SYB创业培训4 005人;退役军人及消防人员适应性培训等2 300余人。

2. 从精准扶贫到乡村振兴情系村民脱贫致富奔小康(案例2)

2020年该校定点扶贫村张家口市宣化区塔儿村乡西庄子村脱贫摘帽,学校驻村工作队乘势而上,接续奋斗,拓展脱贫攻坚成果,同乡村振兴有效衔接,做好乡村振兴工作。一是抓项目建龙头,致力于把脱贫致富抓在手上,帮助鑫磊蔬菜种植专业合作社由种植向综合性种养殖转变,优化种养殖结构,抓品牌建设,延伸销售链条。二是抓党建建平台,致力于将强本固基扛在肩上,组织村民进行"每人一技"技能培训,推进"党建+远教电商""党建+结对帮扶"。三是抓基础建机制,致力于将群众冷暖放在心上,改善村民出行条件,建立生活帮扶机制,丰富群众文化生活。近三年来,西庄子村民年均收入增长1 000元以上,特别是建档立卡户实现年均增收1 500元以上,全村建档立卡户91户150人全部脱贫。学校西庄子村驻村工作队连续获省级优秀驻村工作队荣誉称号,驻村工作组在2018年、2019年、2020年年终考核中连续获得优秀奖励。2021年4月徐平同志被河北省委组织部、河北省扶贫办授予"全省扶贫脱贫优秀驻村第一书记"荣誉称号。

---

① 信息来源:中国高职高专教育网 http://www.tech.net.cn/.

3. 研学并进,成果转化服务军民融合(案例3)

2020—2021年该校深度对接军工单位、军民融合型企业,面向军工特种车辆、军警特种服装、应急救援装备等三个领域,建设军工特种车辆技术研究中心、军警特种服装新技术研究所、应急救援产业技术研究院。依托河北省军民融合产学研用示范基地,持续推进军民融合特色化科技服务,完成军民融合项目研究13项,新增军民融合成果11项,完成军民融合成果转化8项,带动一批省内职业院校积极参与军民融合发展。军工特种车辆技术研究所的科研工作与学校县域科技服务站的企业走访相结合,与军民融合企业深度对接,了解企业在军工特种车领域的实际需求,开展相应的技术研发工作,做到项目源于实践,服务于企业。重点研究项目"轮履复合式变体车轮研发"在邢台市军民融合专项、校级应用创新项目以及河北金后盾专用汽车制造有限公司等多方支持下,在军用全地形车上装车实验获得成功,实现了军用特种车通过性能的跨越性提升。2020年,该项技术进入成果转化阶段,目前已和相关企业签订了成果转化协议。研究所成立一年来,实现了三项成果转化。

四、职业本科院校技能培训和技术服务发展对策

职业本科院校如果同时具备较高的技术研发能力和较高的社会服务能力,自然能够得到社会的高度认可。如何提升职业本科院校技术研发和社会服务能力,以下四个突破方向可作为参考。①

(一)聚焦高精尖产业领域

职业本科院校的技能和技术服务模式既不能"两种本科一个样",也不能"专科本科一个样"。正如南京工业职业技术大学党委书记吴学敏2022年5月在接受《21世纪经济报道》时提出:本科职业教育在专业设置上要瞄准"两个高端",一是面向高端产业,二是面向产业高端。职业本科院校师生要主动瞄准"高精尖"产业领域,主动参与产业转型升级,将"以高端技术技能人才培养服务技能型社会建设"作为自身的社会责任,将技术技能服务"长入"经济、"渗入"人心、"汇入"生活、"融入"文化②,为国家培养技术性人才和知识性工匠。

---

① 王振杰.高标准建设职业本科学校的四个关注点[N].中国教育报,2022-1-11.
② 朱德全,杨磊.发展职业本科是服务高质量发展的突破口[N].中国教育报,2021-10-26.

（二）建设高层次研发平台

技术研发平台是职业本科院校开展社会服务的重要支撑。职业本科院校要注重区域经济发展、产业转型升级和支柱产业，分层次、有重点地加大对现有技术研发平台和科创基地的投入力度，重点实施"大平台、大项目、大成果"培育工程，与行业龙头企业、科研院所等联合共建一批工程研究中心、协同创新中心、重点实验室等研发平台，产出一批有影响力的研发成果，实现服务水平提升。

（三）开展高水平技术攻关

职业本科院校要定位于解决较复杂问题和较复杂操作，集中力量开展高水平技术攻关工作，形成技术技能特色优势发展。要提升立地式科研能力，开展立地式应用技术研发，聚焦先进制造技术，建设高水平科研团队，面向区域经济、高端产业、行业龙头企业，协助企业进行工艺改进与技术升级，缩短科研成果转化周期，提升服务地方经济社会发展的能力。把高水平技术研发同高层次技术技能人才培养相结合，把解决"卡脖子"问题的技术要素、技术路线等融入人才培养中，产生明显社会效益。

（四）开展高质量社会服务

一方面，多方合作共建高水平培训基地。按照培训项目与产业需求对接、培训内容与职业标准（评价规范）对接、培训过程与生产过程对接要求，校企合作建设一批高水平培训基地。另一方面，联合行业企业开发资源，建设一批培训资源开发中心，面向重点人群、新技术等开发培训项目，共同研制培训方案、培训标准、课程标准等，分级分类开发培训课程资源包。针对企业流程再造、产品更新、技术升级，开展定制化企业职工培训；面向智能制造、人工智能等重点领域、人才紧缺领域，开展新技术技能培训和普惠技能培训。

第四节　职业本科教育发展的社会认同

职业教育作为类型教育，是我国国民教育事业不可或缺的组成要素，承担着为我国经济发展培养高素质劳动者和技能型人才的重任。职业教育的不断发展与完善，并获得社会的高度认同是我国经济社会健康有序发展的重要一环。

一、职业教育社会认同的影响因素

随着中国特色社会主义新时代社会主要矛盾的根本转变,现有职业教育与劳动者的现实需求之间的新矛盾也日渐凸显。目前,包括中等职业教育、职业专科教育、职业本科教育在内的我国职业教育体系整体社会认同度较低,制约着职业教育应有价值功能的发挥。

社会认同理论最早创建于 20 世纪 70 年代初期,但由于我国职业教育发展相对滞后,导致有关职业教育社会认同度的研究偏少,特别是关于职业教育社会认同度的概念尚未明确,有待继续研究。同时,职业本科教育由于试点时间较短,相关的社会认同度研究目前还处于初期阶段。结合现有研究①,总结影响职业本科教育社会认同度的主要因素。

(一)政府影响因素

就我国目前的教育发展状况而言,社会和政府在普通高等教育上的关注度要大幅高于对高等职业教育的关注度。如在教育经费投入方面,职业院校要远低于本科院校。以 2020 年为例,该年度高等职业院校的教育经费总投入仅占高等本科院校的 22%,而高职招生人数超过本科院校 81 万人,无法获得充足的资金保障,是造成职业教育缺乏较高社会认同度的主要原因之一。高等职业教育的发展需求和所获教育资金投入之间的矛盾仍在日益增大。

近年来,部分省政府为了大力发展本地区的职业本科教育,投入了较大规模的优势资源,制订了不少政策法规。全国各地多所高职院校积极筹备升本工作,一些学校得到政府大力支持,升本计划被纳入当地"十四五"规划。比如漳州市人民政府正积极谋划创建"漳州职业技术大学",支持漳州理工职业学院、漳州科技职业学院升格为职业本科高校规划;贵州安顺市人民政府重点支持安顺职业技术学院申报并建设贵州"双高"校,力争三年内部分专业实现职业本科层次招生。但是,从总体上来看,各级政府对职业本科的支持力度仍较普通本科教育小很多。部分学校"升本"工作虽然得到了政府的全力支持,但是想要成功升格为职业本科院校,仍然任重而道远。

---

① 李名梁.利益相关者视角下提升职业教育社会认同度关键要素研究[J].江苏高职教育,2022(1):23—30.

（二）学校自身因素

由于目前多数的职业本科院校是由原高职专科院校升格而来,在发展过程中不得不面临"旧问题"和"新挑战"这两重压力。其中"旧问题"主要是指原有学校职业教育质量本身就不高,而"新问题"是指职业本科教育对教育质量提出了新的高度要求。硬件方面,多数职业院校升格为职业本科后办学条件并未有明显的提升,其中民办职业本科院校的这方面问题更为突出;教学方面,课程设置与知识需求不够匹配,社会需求和专业技能不够匹配,导致一方面企业"招工难",另一方面却出现毕业生"就业难"的问题。师资方面,现有职业本科院校的"双师型"教师相对不足,而具备本科属性的"双师型"教师更为缺乏,这就导致培养出的学生很难成为知识技能兼具的复合型人才。

天津大学教育学院副院长潘海生认为"职业本科,关键在于获得社会认可,根本在于办学质量,取决于标准体系的建立、内涵的提升和保障体系的完善"[1]。职业本科应建立标准体系,遵循职业教育类型属性和技术技能人才的成长规律,抓紧制定职业本科教育的实习实训标准、人才培养质量标准、专业仪器设备装备规范等各项标准,构建适合国情、结构合理的职业本科教育标准体系,加强职业本科内涵建设。

（三）社会文化因素

从教育观念的角度来看,由于受到从古至今中国传统教育观念的深刻影响,高学历成为大众求学之路上的主要目标,普通高等院校和职业院校存在明显的层级感,民众对职业教育的印象往往会与"差生教育、断层教育、低收入教育"等层面相挂钩。本科层次的职业教育作为"新鲜事物"的出现时间较短,短期内并不会对传统观念带来本质性的改变。从传播学的角度来看,社会媒体尤其是自媒体对职业教育的正面性宣传不足,民众对职业教育和职业院校了解不够深入,乃至存在一定程度的偏见。对职业院校和职业教育的整体评价不高是不容忽视的事实。

2021年《中国青年报》教育科学部向全国职业院校学生发放调查问卷,了解职业院校学生的就业意向,共收到有效问卷26 596份。问卷结果显示超六

---

[1] 晋浩天.职教本科,未来之路怎么走[N].光明日报,2022-1-25.

成职校学生毕业后不愿当蓝领。①而造成职业院校学生不愿当"蓝领"的影响因素如图9-3所示,其中多个方面都属于社会对职业教育的刻板印象,而改变这些刻板印象恰恰是职业本科教育应有的发展价值。

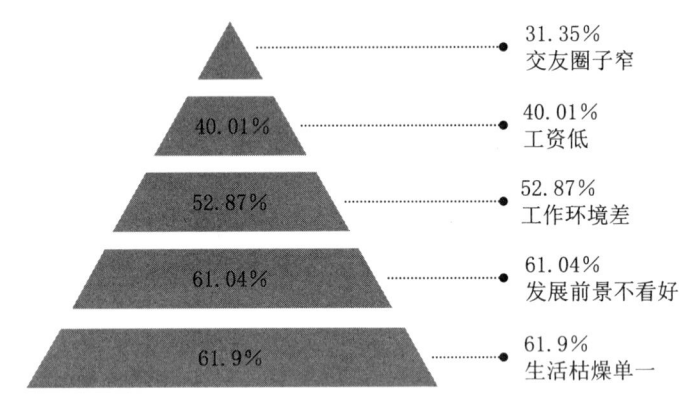

```
                    31.35%
                    交友圈子窄
        40.01%      40.01%
                    工资低
      52.87%        52.87%
                    工作环境差
     61.04%         61.04%
                    发展前景不看好
    61.9%           61.9%
                    生活枯燥单一
```

图9-3　职业院校学生不愿当"蓝领"的影响因素

二、职业本科提升社会认同度面临的问题

职业本科教育作为一个新事物,拥有利好的政策发展环境,但在社会认同度方面仍有待提升。从国家层面来说,发展职业本科教育甚至专科层次的职业教育是不可阻挡的趋势,但至少目前来说,将职业本科的社会认同度提升至与普通本科教育相近的地位,在发展上还存在以下障碍。②

（一）生源之争

统计近年来各本科高校的录取分数可以得知,民众对本科高校接受度从高到低分别为公办普通本科、民办普通本科、公办职业本科、民办职业本科。而现有职业本科中民办职业本科占比多数,部分省已出现职业本科过线即可录取,甚至降分录取的现象,如不及时予以纠正,民众也将对职业本科形成刻板印象。现阶段以及未来很长一段时间,职业本科院校在生源方面,以及其他多个方面,都将不可避免地受到普通高等教育的挤压。各职业本科教育试点院校不得不面临着生源质量不理想的状况,办学定位也将因为生源问题而受

---

① 杨洁."蓝领"不受青睐,追新兴职业成潮流[N].中国青年报,2021-10-11.
② 李名梁,贺珍珍.职业教育社会认同度研究:现状、视角与展望[J].职教发展研究,2019(2):26—30.

到挑战,这将进一步加剧社会认同的难度。

(二) 类别之争

虽然国家层面已经将职业本科与普通本科毕业生的权益均衡性作了统一定调,但事实上,即使同样是普通本科毕业生,在考公、就业、考研层面仍然存在区别对待现象。[①]即便是公有性质的企事业单位以及党政机关,在毕业生招聘时经常设定各种条件,比如985高校、211高校、双一流高校、一流A类、一流B类,更何况让职业本科高校毕业生来享受同等待遇。虽然近年来国家在各类政策文件中明确指出高等职业教育与普通高等教育具有同等地位,但各类企业对包括职业本科在内的职业教育认可度仍有待提高,对待普通高等教育要明显优于高等职业教育,在人才招聘过程中,即便是技术型企业也是更看重普通高校出身,更偏好高学历人才。

(三) 学位之争

2022年6月,部分职业本科院校的首届职业本科毕业生被授予学士学位。现有普通本科目前分14个学科门类,如工学、理学、经济学、管理学等,职业本科目前只区分了19个专业大类。现有的学位授予办法是将19个专业大类对应到普通本科的14个学科门类中去,颁发工学、理学、文学、法学等学士学位而非专业学位,这使得职业本科教育与普通本科教育在学位设置上暂无差异。职业本科教育的根本任务在于培养高层次技术技能人才,强化学生在实习实训中学习隐性经验,突出高等职业教育课程的实践性与应用性。由于处于试点期,我国职业本科教育人才培养体系尚未成熟,试点院校仍处在"摸着石头过河"的探索时期,人才培养路径的适切性有待检验。

三、社会认同对职业本科发展的影响

社会认同是指个体意识到自己属于某个特定的社会群体,并感知到这种群体成员身份带给自己的情感与价值体验。职业本科教育的良性有序发展,一定程度依赖于职业本科教育是否获得较高的社会认同度。

(一) 有助于提升教育质量

高社会认可度、高生源质量、高教育质量、高就业质量是一套完整的、紧密

---

① 罗应棉,柯政彦.联合培养背景下职教本科生身份认同困境及对策研究[J].机械职业教育,2021(1):1—4.

关联的、良性循环的指标体系。生源质量决定了教育质量,教育质量决定了就业质量。想要获得好的生源,就必须扩大职业本科院校社会知名度,改善社会大众对职业本科教育发展状况的评价。职业本科教育的试点时期是提高社会认可度的关键期。

(二)有助于深化校企合作

职业教育经验能够被其他国家广泛借鉴和学习的国家,往往自身对职业教育的社会认同度也较高,其中又以德国为代表。通过国家立法支持,教育生产结合紧密,校企合作易于推动,人才考核客观公正。要在吸收国外成熟模式经验的基础上,结合我国国情,提高职业本科教育的社会认同度,为企业提供重新认识职业教育的平台,让企业主动承担起应有的社会责任,变企业商业行为为社会行为。

(三)有助于破除刻板印象

社会认同本质上是一种群体观念,利用职业本科教育的扩张契机,提升职业教育应有的社会地位,有利于破除社会群体对职业教育的刻板印象,缓解家长焦虑。"有学头、有盼头、有奔头"是2022年3月教育部新闻发布会上,职成教司司长陈子季对推动现代职业教育高质量发展的总体概况,这也是挺起职业教育的脊梁、提升职业教育社会认同度的有效途径。

四、职业本科增进职业教育社会认同的对策

(一)职业本科院校提升自我

职业本科试点院校肩负着构建符合本科层次水平、彰显职业教育特点的责任与使命,能够为促进职业本科教育的成长、完善现代职业教育体系奠定良好基础。职业本科试点院校要秉持高素质、高知识、高能力的人才培养目标,面向市场需求设置专业,人才培养方案既要体现出通识素质要求,又要体现出职业能力要求,从培养过程和培养结果两方面把控试点院校人才培养质量规格,促进教育试点稳步推进。①

首先,试点院校要建立一套科学完善的现代职业教育体系,强化普职融合,鼓励终身学习,为学习者提供终身统一的教育学习体系。其次,通过设置

---

① 胡茂波,唐欣宇,游子欢.本科层次职业教育试点的逻辑、意图、风险及其规避[J].职业技术教育,2021(24):12—17.

合理匹配的专业与课程、努力提升职业院校基础能力建设、注重学生理论知识与实践的结合以及建设优良的师资队伍，促进职业院校教学质量的全面大幅度提升。再次，在人才培养过程中，通过创新产教融合人才培养模式，促使学生将通识知识转化为基本素质与通用能力，将专业知识内化为职业素质与专业技术技能。要让学生在真实的实训场所中了解岗位能力与素质要求，提高学习协作能力、培养职业胜任能力、积累技术创新能力。最后，职业本科教育试点院校还应建立多样化的质量评价体系，构建起以政府、企业、学校为主导的三元评价主体，体现市场和行业企业需求，反映学生职业道德、专业知识、技能水平、就业情况的评价体系。

职业本科教育试点院校只有通过内生增长的多元提升路径，才能真正显现出服务地方经济发展，为当地企业行业培养供需适配人才的功能。

（二）校企合作双方实现共赢

"产教融合、校企合作"是职业本科教育面向岗位、面向市场、面向社会的重要途径之一。夯实企业在职业本科教育中的主体地位，有助于实现校企优势的融合，这对于保障人才培养路径的适切性，培养出满足社会发展需求的技术技能型人才具有关键作用。

突出试点院校的主导功能，寻找双赢的政策空间，主动邀请企业参与办学。通过与行业企业建立协同治理的人才培养体制，探索多元化的合作模式；确立科学合理的利益分配机制，探索多元化的投入模式；为企业输送适岗适需的高素质技术技能型人才，提供技术研发与成果支持。

突出参与企业的主体功能，帮助试点院校建立实训基地，增设实训设备，提供校外实习场地来提升试点院校人才培养的质量。要让企业在人才培养方案制定、教材编制、教师队伍建设、校企文化互通、学校管理与运行等方面提供意见。

突出政府的辅助功能，协助建立行之有效的校企合作激励机制，促进企业与试点院校的合作办学，逐渐扩大试点院校与合作企业的社会影响力，加强合作企业的参与度。同时将学校文化和企业文化有机结合，保持职业教育与社会的紧密对接，建设独具地方特色的高水平职业本科院校。

（三）相关利益主体协同整合

从政府角度来看，应发挥主导作用，健全多样化资金筹措渠道，优化教育资源配置均衡机制，建立科学规范、良性互动的评估机制，完善责任明晰、合力协作的管理机制。

从社会角度来看,应协助改变社会对职业教育的传统认识偏见,加大舆论宣传力度,传递职业教育正能量,营造尊重技工的社会氛围。加大对有突出贡献的高技能人才的宣传与表彰力度,同时大力开展各行各业职业技能大赛,让社会公众关注蓝领、尊重蓝领、理解蓝领。

从企业角度来看,应促进职业本科教育民营化和市场化。一方面,应广泛吸纳民间资本进行多层次、多元化开放办学,聘请企业高管和职业精英深入职业本科院校,给职业本科院校教学提供更多现实性指导与建议;另一方面,应积极鼓励企业办学、个人办学,通过校企联合办学,培养更多高素质人才,提高学生就业率,从而提升职业本科教育的社会认同度。

从第三方机构来看,应建立公平公正的职业本科教育评价体系,有效协调办学质量的自我约束和社会监控之间的关系,通过质量评价促进我国职业本科教育社会认同度的提高。

第十章　职业本科人才培养的制度与保障

现代职业教育治理体系和治理能力现代化是新时代深化职业教育改革、促进职业教育高质量发展的必然要求,也是职业本科学校制度建设的前提与基础。优良的制度体系,对推进人才培养方式变革、保障人才培养质量、培养更多高层次技术技能人才有着积极的作用。

第一节　现代职业教育国家资历框架搭建

一、国家资历框架的顶层设计

终身教育思想已成为世界各地开展教育教学改革的重要牵引,近年来我国教育体系日趋完善,国家现代职业教育资历框架的搭建也愈发受到重视,从政策制定到实践探索,国家现代职业教育资历框架的建设方向也逐步明晰。

（一）国家资历框架的概念

资历框架（Qualification Framework）也称学习成果框架,其解释有很多种。国际经济合作组织将其定义为"根据知识、技能和能力要求形成的连续、可被认可的资历阶梯"[①]。欧盟从学习成果出发,认为资历框架是将每个层级相应的学习成果进行分类、分级、认定和衔接,来构成一套连贯的全社会资历制度。国内有学者综合各类定义,将资历框架概括为"反映各类学习成果的等级和通用标准体系,旨在建立各级各类教育系统和劳动力市场之间相互衔接

---

① 张伟远,谢青松.资历框架的级别和标准研究[J].开放教育研究,2017,23(2):75—82.

的认证制度"①。而国家资历框架,即从国家层面建立起来的带有政策性和综合性特征的一种资历框架,其目的是通过建立统一的标准,对职业教育、普通教育、高等教育和继续教育等不同类型的教育资格进行沟通和衔接。②国家资历框架能够满足当前开放灵活的学习需求,各类学习成果能够实现积累和转换,有利于实现教育系统和劳动力市场之间的相互衔接,有利于终身学习的持续有效发展。

(二)理论基础

1. 终身教育理论

终身教育理论由法国教育学家保罗提出,他指出"受教育的机会是持续的,是终身享有的,而不局限于儿童和青少年,教育的开展也不应局限于学校范畴"③。终身教育理论的根本在于启示人们保持学习,在信息迅速发展的社会环境下,一门技术用终身的观念已经过时。终身教育理论是国家资历框架构建的重要标准,只有资历框架中各类学习成果有效认证、衔接和转换,终身教育的途径才能得以畅通。

2. 职业生涯发展理论

各国学者在不同国情环境和时代背景下提出了不同的职业生涯发展理论,典型的有萨柏的以个体职业清晰和选择过程为重点的职业生涯发展理论、施恩的职业生涯发展阶段理论和职业锚理论、金斯伯格的侧重幼年及青少年阶段的职业生涯发展理论、劳耐尔的以学习和职业能力成长角度划分的职业生涯发展理论等。从共性角度看,受社会环境、教育程度、职业性质和个体差异影响,职业生涯发展呈现出周期性特征。国家资历框架的制定则需要充分考虑职业生涯发展理论中的关键节点,参照个体成长的阶段性特征,来建立能够适应发展的教育框架。

3. 成效为本教育理论

1981年美国教育学家斯巴迪首次提出成效为本教育理论,其强调教育实施的成效,要让受教育者在学习完成后成功具备适应社会和行业的能力。斯巴迪将成效为本教育分为三步:一是能清晰准确地描述预期的学习成效;二是创造能够达成学习成效的学习环境;三是对学习成效是否达标进行评估,并转

---

① 张伟远.国家资历框架的理论基础和模式建构[J].中国职业技术教育,2019(18):9.
② 李玉静.资格框架制度:内涵与意义[J].职业技术教育,2015,36(1):1.
③ 保罗·朗格朗.终身教育引论[M].周南照等译.北京:中国对外翻译出版公司,1985:37.

换为等级和学分。①成效为本教育理念更关注学习者的学习成果框架,其教育模式在课程时长、学习资料、学习方法、学习地点方面取决于学习者需求而非固定不变。这也是成效为本的精髓所在,其目标是使学习者达到预期的学习成效,而不是仅仅关注考试成绩。成效为本教育理论是国家资历框架的重要基础,在现有许多国家资历框架中,教育体系都围绕成效为本来进行设计、展开和评价。

(三)构建模式

国家资历框架的构建主要遵循四方面原则:目的性原则、整体性原则、协调性原则和动态性原则。由表10-1可得②,国家资历框架主要包括普通教育、继续教育、职业教育、职业培训和各类业绩五个门类,其将各类学习成果都统一进了框架内,并对资历等级进行划分,大体上分为7级。不同国家和地区根据实际情况会再进行调整。国家资历等级标准通常为以知识、技能和能力作为三个维度,其中知识指相应的理论和实践知识,技能指相关的认知技能和实践技能,能力指相关的学习、实践、自主和担责能力。不同专业和行业在维度的具体划分上有所不同。

表10-1 国家资历框架的基本结构

资历框架					
资历等级与等级标准(知识、技能、能力)					
资历等级	普通教育	继续教育	职业教育	职业培训证书/职业资格证书	各类业绩
7级	学术型博士	学术型/专业型博士	专业型博士		
6级	学术型硕士	学术型/专业型硕士	专业型硕士		
5级	本科/学士	应用本科/学士	应用本科		
4级	大专	大专/高职	高职		
3级	高中	高中/中职/中技	中职/中技		
2级	初中				
1级	小学				

---

① Spady W G. Outcome-Based Education: Critical Issues and Answers[M]. American Association of School Administrators, 1801 North Moore Street, Arlington, VA 22209(Stock No.21-00488; $18.95 plus postage), 1994:1—24.

② 张伟远.国家资历框架的理论基础和模式建构[J].中国职业技术教育,2019(18):9.

国家资历框架系统是由资历框架、学习成果认证和学分银行组成,每一部分互相联系和制约。资历框架的等级划分和等级标准是顶层设计的核心,学习成果认证是实施资历框架的关键,学分银行是实施资历框架的管理制度。这也体现了国家资历框架分类、分级、认定和衔接的功能。

(四)国家制度发展

1994 年,国务院发布《关于〈中国教育改革和发展纲要〉的实施意见》中强调学历证书与职业资格证书并重,自此我国资历框架建设正式开启。[①]而后随着改革的不断深化,相关政策不断发展,我国国家资历框架建设不断推进。

1. 现代职业教育体系

国务院在 2002 年发布的《关于大力推进职业教育改革与发展的决定》首次提到"现代职业教育体系",首次对其内容做出清晰的诠释,并强调"我国要结合市场需求及劳动就业,构建结构合理、灵活开放、特色鲜明、自主发展的现代职业教育体系"。2011 年发布的《关于加快发展现代职业教育的决定》和《现代职业教育体系建设规划(2014—2020 年)》中分别阐述了现代职业教育体系的建设目标、总体要求和重点任务,要求构建具有职业教育特色的学位制度,打破传统职业教育的壁垒。现代职业教育体系建设规划(2014—2020 年)框架如图 10-1 所示,从中可以看到,其涵盖了多种层级,并实现了职业教育和普通教育的互通,推动了我国国家资历框架的构建。

2. 双证书制度

2006 年,教育部发布的《关于全面提高高等职业教育教学质量的若干意见》中首次提出"双证书制度",表明将在有条件的高职院校内形成职业技能鉴定机构,推行双证书制度以加强对学生职业能力的培育。"双证书"即学历证书和职业资格证书。双证书制度是职业教育发展上的一项重要政策。2010 年,《国家中长期教育改革和发展规划纲要(2010—2020 年)》提到"大力发展职业教育,积极推进双证书制度"。这在一定程度上弥补了职业教育与学历教育衔接上的制度缺失,使人才培养、课程设置和教学方式等方面都加大了对实践的重视,对接了经济社会发展的需要,使学习者能够更好地与社会接轨,进而推动了职业教育的改革。

---

① 国务院关于《中国教育改革和发展纲要》的实施意见[EB/OL].[1994-07-03]. http://www.moe.gov.cn/jyb_sjzl/moe_177/tnull_2483.html.

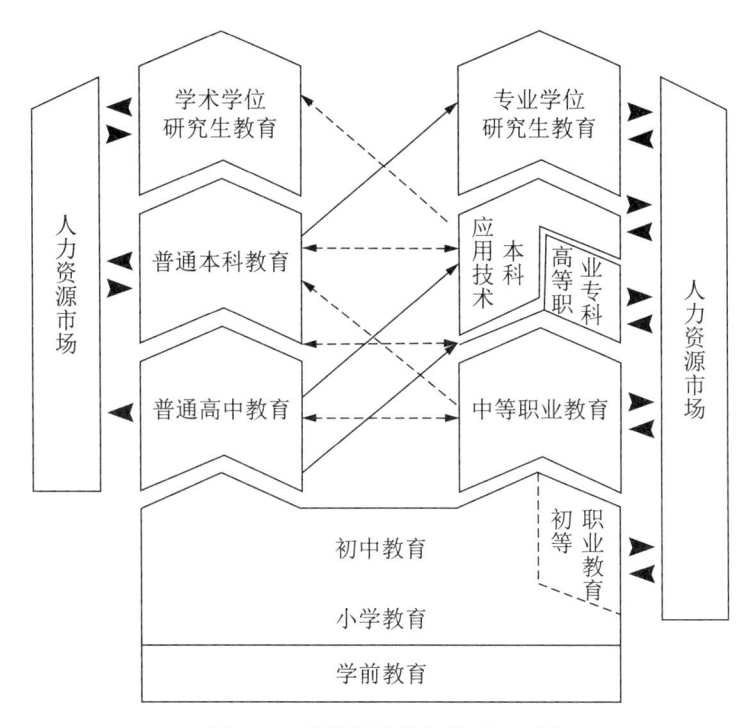

图 10-1　现代职业教育体系框架图

3. "1+X"证书制度

由于双证书制度在实际运作中受到了客观条件的限制,效果并不理想。2019年,国务院印发《国家职业教育改革实施方案》(职教20条),其中提到将在职业院校和应用型本科高校内启动实施"1+X"证书制(主要包括学历证书和若干职业技能等级证书),鼓励职业院校学生主动去获得多种职业技能等级证书,拓展就业本领,缓解结构性就业矛盾。实施以来,"1+X"证书的职业技能等级证书已有92个共22 949个试点。[①]"1+X"证书制度在探索实现学历证书和职业技能等级证书的互通衔接上发挥着重要作用,这也体现了"1+X"证书制度与推进国家资历框架建设有着密切关系。"1+X"证书制度是国家资历框架的基础,而国家资历框架为"1+X"证书中的学历证书与职业技能等级证书提供了匹配标准,可以说国家资历框架也是"1+X"的重要支撑。

---

① 最新,全国27省前三批1+X证书制度试点数量[EB/OL].[2020-07-06] https://www.kxyey.com/hot/336946.html.

（五）国家资历框架建设基本要点

国家资历框架建设的基本要点主要有以下三方面。①

一是要确立教育行为的测量标准。在测量标准上，以知识、技能和能力为三个基本维度；在衡量方式上，可以有多种方式，包括但不限于笔试、实践操作、行为履历等；在证明方式上，以学习成效为目标，可以通过成绩、学习成果和声望等来反映。

二是要确立教育行为单元的逻辑依据。国家资历框架的设计要横纵向全面考虑不同的教育行为单元，以保证教育层次的连续和完整。从整体上来看，可分为初等教育、中等教育和高等教育；从实际需要来看，可分为普通教育、职业教育和闲暇教育；从教育形态来看，可分为线下教育、线上教育和混合教育。

三是要确立教育行为时效标准。对于学习能力、学习成果等认定时效需要根据实际情况进行调整。如学习者的学习能力具有普适性，通过普通学习所获得的文凭应当终身有效；而由于技术的不断更迭和市场的不断变化，因此技术技能类证书的有效期需要因具体专业、行业而定。

二、基于学分银行的学习成果互认机制设计

随着新《职教法》的实施以及高等教育体制改革的不断深入，"学分银行"已成为高职院校提高应用型人才培养质量的一种重要手段，"学分银行"可以使学生充分利用学习时间和空间，按照自己的喜好去选择想学的知识，为职业本科专业建设和人才培养提供重要支撑有所帮助。

（一）学分银行的基本概念

"学分银行"（The Credit Bank System，简称 CBS）由韩国最早提出，是以服务公民终身学习为指导思想，以学分认定、累积和转换为主要内容，以实现在不同类型教育间的流动为目的的一种新型的学习制度和教育管理制度。"学分银行"作为终身教育制度建设探索的一项重要创新，国家资历框架与学分银行开始频繁出现在我国国家教育改革的政策文件中。2016 年 3 月，国务院颁布的《国民经济和社会发展第十三个五年规划纲要（2016—2020）》首次提

---

① 王洪才，汤建.国家资历框架建设：内涵·目的·要点[J].华中师范大学学报(人文社会科学版)，2019，58(4)：8.

出"制定国家资历框架,推进非学历教育学习成果、职业技能等级学分转换互认"。2017年1月颁布的《国家教育事业发展"十三五"规划》再次指出,要"制定国家资历框架,建立个人学习账号和学分累计制度"。2019年2月,中共中央、国务院颁布的《中国教育现代化(2035)》也指出,"建立全民终身学习的制度环境,建立国家资历框架"。经过漫长的摸索与研究,2020年1月教育部发布的《关于职业技能等级证书信息管理服务平台和职业教育国家学分银行信息平台试运行工作的通知》,标志着我国国家学分银行的正式运行。2022年新修订的《中华人民共和国职业教育法》的出台,破解了我国资历框架、学习成果认证、学分银行建设中长期遇到的关键问题,为学分银行建设提供了制度保障。

(二)学分银行的建设模式

当前国际上,学分银行可以分为以下四类:"框架"+"标准"模式、"框架"+"协议"模式、"协议式"模式以及"学分银行"模式。"框架"+"标准"模式是通过建立资历框架以及认证标准而针对学习者学习成果进行学分认证的模式,以英联邦国家为主,如英国、澳大利亚、新西兰等。"框架"+"协议"模式是通过协议的方式建立起具有参照性的资历框架,从而实现学分互认,欧盟各成员国在国家间进行学习成果认可时便是采取这种模式。"协议式"模式是指以建立认证制度为基础各教育机构通过签署协议的方式承认对方的学分,如美国、加拿大等国家。以韩国为代表的"学分银行"模式则是通过在教育机构学习课程或是参与教育部的学分认证考试等多种形式获得学分,将之存入个人在学分管理系统注册的账户中,累积达到一定数量,最终获取高等教育学位证书。[1]

(三)学习成果互认机制构建

学习成果认证制度是按照资历框架的等级和标准,基于成效为本的评价和质量保障机制,个人的学习成果经过政府认可的权威机构评审获得认可的制度,旨在保证各类学习成果互认的对等公平和实质等效,保证资历和学分的质量和社会公信力。长期以来,我国职业教育主要是在中职/中技和高职两个等级,目前本科层次职业教育也只处于试点阶段。新《职业教育法》明确提出,高等职业学校教育由专科、本科及以上教育层次的高等职业学校和普通高等

---

[1] 王立科.从理念到实践:我国"学分银行"制度建设的模式与策略选择[J].中国高等教育研究,2013(11).

学校实施,这为资历框架中职业教育系列各等级之间的纵向衔接提供了制度保障,畅通了职校学生的升学通道,让职业教育学生一样可以拥有高学历。因此,在各等级之间的学习成果互认一是要对接岗位职业能力需求,建立学习成果认证能力单元。能力单元可以是代表完成某项工作的一组最少的不可再分的任务要求。二是对接"1+X"证书制度,建立职业教育岗课赛证融通课程体系。"1+X"证书制度可以科学确定培养目标,使证书培训内容有机融入专业人才培养过程中,实现课程的层级设计和模块组合,重构面向产业岗位群职业能力的课程体系和课程标准。三是对接资历框架等级和学分标准,建立先前学习成果认证机制。统一的等级标准和学分标准可以为学习成果认证、积累与转换提供尺度,可用于正规教育、非正规教育、非正式学习等所有学习成果的计量。四是对接公共服务信息平台,建立数字化资历信息。公共服务信息平台应可以保证课程质量,避免重复建设,能够实现社会教育、培训资源的优化共享和有效利用,并为政府相关决策提供数据支撑和服务。五是对接成效为本质量观,建立内外结合的内部控制体系。通过外部质量保证内部相应管理机构,运用科学合理的评价工具,建立以成效为本的评价标准和评价模式,使学习者无论以何种形式或方式获得的学习成果,只要通过资历框架标准体系认证,就能获得相应的学分和资历。①

三、终身学习促进政策及氛围营造

终身教育是一项综合的社会系统工程,涉及不同类型的教育对象,牵涉不同的行政部门,单靠教育行政部门无法统筹实施。改革开放以来,我国教育事业迅速发展,各级教育的入学率普遍提高,学校教育之外的终身学习需求也日益高涨,各种非正规教育也有了很大发展,但相对于学校教育来说,我国学校外的终身教育/学习法律保障薄弱,制约了终身教育/学习政策的落实与实践的推进。

(一)终身学习立法的必要性

当前,我国正面临百年未有之大变局,应对急剧的社会变化,建设社会主义现代化强国,实现人的全面发展和社会的可持续发展、高质量发展,需要全面提高国民素质,而提高国民素质的根本途径在于推动全民终身学习。政治

---

① 于倩.国家资历框架下区域性学分银行标准体系构建研究[J].教育与职业,2022(10).

建设、经济建设、文化建设、社会建设以及生态建设都需要全民终身学习的支持,可持续发展、创新驱动、区域协调发展、科教兴国、人才强国、乡村振兴等一系列国家战略的深入实施也需要全民终身学习作为战略支撑。近年,有关部门虽然出台了一些推进全民终身学习的政策文件,如关于社区教育、学习型城市建设的指导意见等,但由于法律约束力较弱,有关政策难以落实。要实现全体人民学有所教、时时能学、处处可学、人人皆学的战略目标,迫切需要在国家层面立法对终身学习政策、制度提供充分的法律保障。

(二)终身学习立法的可行性

终身学习是社会发展的必然趋势,在重视学历教育的同时,发挥非学历教育、继续教育和职业技术培训教育等多种功能,为学习者提供更多的受教育机会。《终身学习促进法》能够将正规教育(有组织的学习)之外的各类非正规教育和非正式学习(无固定形式的、非组织化的学习)活动,如社区教育、老年教育、工作场所中的实践学习、团队学习、自主学习等都纳入法律与政策范围中。由于现有的教育相关法律都是以"教育"为保障和规范的主要目标,制定《终身学习促进法》,将保障和促进的主要目标聚焦于其他教育法律中很少涉及的非正规教育、非正式学习活动,不仅能突出立法的独特视角,也有助于避免同已有教育法律中有关非正规教育规定在内容上的交叉重复乃至冲突。

(三)终身学习的氛围营造

(1)教学方式变革。教育者和学习者通过教学互动而相互影响,而由于专业之间的边界阻隔,知识通常以"串联"而非"并联"的关联方式展示,师生的"教"与"学"不能以应有的方式呈现。以往"灌输主义"和"应试主义"的"效率模式"导致了学习者被动学习、机械学习、厌烦学习。提供高质量的教学内容是学习者主动学习并获得理解的基本前提,这必然要求现有知识呈现方式的转变。基于专业构建的知识教学体系的组织逻辑必须以共通的育人价值为"统领",这也必然要求进行教学体系、课程体系,乃至知识体系的反思与重建。学习资源的开发应符合本土的、现实的、时代的需求,更应符合并基于学习者发展的特点和需要。"少即是多"的智慧应体现在课程方面(精简课程),同时需要变革课堂(自主灵活)。

(2)评价方式变革。教育评价事关教育发展方向,有什么样的评价指挥棒,就有什么样的办学导向。促进学习是教育评价的核心目的。评价要为学习者的学习服务,因而要尊重学习过程的规律,保证评价的"完整性"。促进学习的评价是促进所有而不是部分学习者学习的评价。身与心、认知和非认知能力的培养,这些目的都必须纳入评价的范围之内,都务必得到关注。面向终身学习的评价变革一定是走出"功利导向"的阶段评价、片面评价,是学习共同体中走向"全人导向"的终身评价、全面评价。

(3)教育系统变革。应对学习生态危机,需要"跳出教育看教育",在对教育系统内外的审视中寻找出路。仅局限于正规机构的教育讨论并不能涵盖存在于整个社会内部和整个社会的丰富的教育可能性,必须看到在任何时间和空间的动态学习文化的需要和价值。学习共同体是学习型社会的应然样态和本质要求。学习型社会的建构强调学习的生态系统性,强调家庭、学校、社会协同推进。要以学习共同体建设为突破口,强调知识的联结与转化,以及"知情意行"的关联与共生。多方合作与多元融合的教育系统变革,将有力推动学习生态的整体改观。①

第二节 职业本科学位制度设计

一、现行学位制度体系评价

1980年2月,第五届全国人民代表大会常务委员会第十三次会议审议通过《中华人民共和国学位条例》(简称《学位条例》),并明确于1981年1月1日起施行;1981年5月,国家又颁布了《中华人民共和国学位条例暂行实施办法》(简称《学位条例实施办法》),明确了学位授予标准、课程、考试等要求。我国学位制度就此正式建立,这标志着我国高等教育逐步规范化、法制化和科学化,高等教育体系进入了发展新阶段。当前,自《学位条例》与《学位条例实施办法》颁布以来已有40余年,在不断的探索和发展中,具有中国特色的学位制度体系已然形成。而随着社会主要矛盾的转变和社会经济产业结构改革的不断深化,经济社会发展对高层次技术技能型人才的需要亟须职业本科来满足,完善职业本科学位制度体系成了经济产业发展的必然要求。

基于此,本节主要介绍学位制度的基本概念、现行学位制度,以及当前职业本科发展中的学位建设情况,从而为后文职业本科学位制度的具体设计做

---

① 樊小伟.迈向终身学习的学习生态变革[J].课程与教学.2022(6).

铺垫。

(一) 学位制度的基本概念

学位制度可以理解为保障授予学位的质量和学位工作的有效管理,国家或高等学校所制定的相关法令、规程或办法。学位制度规定了"什么样的人有资格申请""以什么标准来衡量是否可以申请""可以申请什么类型的学位""由谁来授予学位""如何授予学位"等一系列学位申请与授予的管理问题。[①]学位制度作为一种标准化规定,制约、规范和激励着学位申请与授予的全流程,其具有三方面功能[②]:一是服务社会发展需求,推动规范完善高等教育体系;二是促进人才培养,提升国民素质;三是增进学术交流,提升国际影响力。

(二) 现行学位制度

在西方国家现行的学位制度中,美国学位分为副学士、学士、硕士、博士四个等级,包含三种类型:研究/学术型、专业实践型以及其他,其分类依据大致与高等教育机构分类一致,即大体上分别对应研究型综合大学、地区级大学、文理学院和社区大学。其中副学士学位是美国学位制度的特色,主要分为两种:一种是职业学位,即拿到副学士学位后直接进入社会工作的学位;另一种是转学学位,即再进入到学士学位阶段学习的学位。[③]英国现行学位体系分为学士、硕士、博士三级,每一级又分若干等级,例如学士分为荣誉学士学位和普通学士学位,荣誉学士学位比普通学士学位级别高,其又分为三级。除此之外,英国的学位制度还细分了具有高等职业教育特征的基础学士学位,同时与国家职业资格等级制度相对接。[④]而德国的传统是两级学位制度,没有学士学位,随着博洛尼亚改革,德国开始效仿英美的三级学位制度,主要也分为学士、硕士和博士。现今德国仍有部分学校认为两级学位制度能够更好地培养人才,因此现阶段德国为传统学位制度和新学位制度并存。[⑤]

而我国自《学位条例》与《学位条例实施办法》颁布以来,已建立学士、硕士、博士三级学位体系。在学位类型上分为学术学位和专业学位,其中学术学

---

① 何谐.我国高等职业教育学位制度的构建研究[D].西南大学.
② 王战军,张微,张泽慧.中国学位制度实施40年:背景、作用与展望[J].中国人民大学教育学刊,2021(2).
③ 周洪宇.学位与研究生教育史[M].北京:高等教育出版社,2007:131.
④ 贾欣.英美职业教育学位制度实践及启示[J].教育与职业,2019(16):73—78. DOI: 10.13615/j.cnki.1004-3985.2019.16.014.
⑤ 贺红岩.博洛尼亚进程下德国学位制度的改革[D].河北:河北师范大学,2007.

位侧重理论和学术研究,主要有 13 个学科门类。专业学位则偏向技能应用型,其硕士层次专业学位有金融硕士等 40 种,博士层次专业学位有口腔医学等 6 种,学士层次专业学位仅有建筑学 1 种。而对于职业本科学位,不少学者提出要建立与高等职业教育相匹配的"工士"学位制度①,但相关学位制度体系仍未建立。

综上可知,各国学位制度呈现出统一趋势,中西现行的学位制度存在着相似之处。第一,学位的结构大致相同,基本分为学士、硕士和博士三个等级,除美国有副学士学位。第二,学位类型设置为学术型与专业型并存。而尚未建立系统完备的高等职业教育学位也成了大多数国家现行学位制度的普遍特征。

(三)当前职业本科发展中的学位建设情况

面对职业教育学位的缺失,我国目前正在稳步发展本科层次职业教育,出台了一系列政策措施。2014 年,国务院印发的《关于加快发展本科层次职业教育的决定》中提及要创新发展高等职业教育,"探索发展本科层次职业教育""研究建立符合职业教育特点的学位制度",将其视为发展高等职业教育、构建现代职业教育体系的重要举措之一。2018 年,中央全面深化改革委员会第五次会议审议通过的《国家职业教育改革实施方案》中明确提出"开展本科层次职业教育试点"的改革任务。随后,2019 年 5 月,15 所经教育部批准的"职业学院"成为首批职业本科的试点学校;2020 年,教育部公布了 6 所新升格第二批"职业大学";2021 年 12 月,国务院学位委员会发布《关于做好本科层次职业学校学士学位授权与授予工作的意见》,要求将职业本科纳入现有学士学位工作体系。

而当前职业本科的学位建设也存在与现代职业教育体系建设不同步的问题。主要表现为以下三点。

第一,三年制高职学位设置缺位。当前我国的学位体系分为专业学位和学术学位两大部分,学位分为学士、硕士和博士三个层级。而在学位和学位授予权上,高等职业教育始终缺位,这也导致了高职毕业生在学历提升上受到限制,社会认同感不足。

---

① 李梦卿,任寰.美国"副学士"与我国"工士"学位制度建设比较研究[J].职教论坛,2015(19):31—36.

第二,未形成贯通一致的专业学位体系。自开始施行专业学位教育制度以来,我国目前设置有博士专业学位6种,硕士专业学位40种,而学士专业学位仅1种。可以看出,当前职业本科学位尚未建立完善的情况下,其余三个层级的专业学位在纵向上还未形成贯通一致的体系。

第三,职业导向特征不明显。专业学位和学术学位的主要区别在于对人才培养的目标、模式与标准不同。专业学位更注重对技术技能的培养,更重视实践和应用;学术学位则以学术研究为导向,更偏重理论和研究。在高等教育体系较为成熟的国家,各阶段专业学位的人才培养模式和特征都较为明显。而我国则存在培养模式和标准不够明晰、专业学位师资短缺、学术学位和专业学位趋同的问题。

二、职业本科学位制度设计依据[①]

建立学位制度是职业教育类型特征的重要体现,也是我国职业教育高质量发展的必由之路。早在2009年,有学者就呼吁设立高等专科教育的学位制度。2014年,《国务院关于加快发展现代职业教育的决定》提出"研究建立符合职业教育特点的学位制度"。为响应这一政策,关于职业教育学位制度设计的研究随即云集,但在政策层面尚未有所突破。2019年,《国家职业教育改革实施方案》发布后,我国职业本科迎来高速发展,相应学位制度设计诉求更为迫切。2021年,国务院学位委员会发布《关于做好本科层次职业学校学士学位授权与授予工作的意见》(学位办〔2021〕30号)(以下简称《意见》),将职业本科纳入现有学士学位工作体系,按学科门类授予学士学位,学士学位证书格式一致,但在学士学位授权、学位授予标准等方面强化了职业教育育人特点。至此,职业本科学位制度建设踏上了新征程。

(一)学位制度的演进、层次与类型

1. 学位制度的演进

学位制度起源于中世纪欧洲,原初"学位"是教师行会组织中的具备教学从业资格的凭证,相当于职业资格证书。随着近代工业革命发展,西方社会进入机器大工业时代,科技发展和社会分工细化促进了学科体系的形成,学位制

---

① 施星君,余闯,毛海舟.职业本科授予学位类型探析——基于人才培养定位的本质追溯[J].教育与职业,2022(10).

度孕育而生。在德国硕士研究生教育模式和英国学士学位制度的基础上,美国建立了相对成熟的学位制度体系。我国自新中国成立以来就积极重建高等教育学位制度。1956年出台《中华人民共和国学位条例(草案)》《中华人民共和国国务院学位和学衔委员会组织条例(草案)》,1980年出台《中华人民共和国学位条例》,之后学位制度逐步完善,体系不断健全,兼顾了与国际接轨和中国国情。为加快培养社会急需的复合型、应用型高层次专门人才,自1990年开始,国务院学位委员会先后批准设置了工商管理硕士学位(MBA)、建筑学专业学位、教育硕士专业学位、工程硕士专业学位等系列专业学位。

2. 学位的层次

国内外学术界对学位的关注更多地聚焦层次结构。美国学位分为副学士、学士、硕士、博士四个层次,其分类依据与高等教育机构分类基本一致,即大体上分别对应研究型综合大学、地区级大学、文理学院和社区大学。我国的学位层次分为学士、硕士、博士三级。在高等职业教育仅有专科层次的时候,已有不少学者提出要建立与高等职业教育相匹配的"工士"学位制度。总体上,大多数学者倾向于构建"工士—学士—硕士—博士"四级学位体系。这一思想对完善我国学位制度体系具有重要的启示意义,但不足在于只强调了学位体系的层次维度,而忽略了类型维度。

3. 学位的类型

学位的类型通常仅有学术学位和专业学位两种,而两种类型纵向上并未贯通所有学位层次。例如硕士学位,学术硕士比较重视理论知识和科研能力的培养,而专业硕士主要培养对应行业专门人才,注重实践能力与应用能力的培养。美国学位包含三种类型:研究/学术型、专业实践型以及其他。其中,专业实践型设置了副学士学位。德国原先并未作学位的类型区分,高等职业教育学位层次相当于职业资历框架的第六级,等同于学士学位,由应用技术大学授予;2020年1月起,德国通过《职业教育法修正案》,新增了专业学士、专业硕士两级学位认证。英国为两年制学习者设置了基础学位制度,同时与国家职业资格等级制度相对接。这些学位制度尽管存在着些许类型蕴意,但层次特征仍显著依附。我国在20世纪90年代之前仅有学术学位一种类型。1991年设立专业学位以来,逐渐形成了以硕士为主,学、硕、博三层次并存的专业学位教育体系。硕士层次专业学位含金融硕士等40种,博士层次有口腔医学等6种,学士层次仅建筑学1种。这就意味着目前我国广大应用型本科所授予的学士学位属于学术学位，与应用型本科人才培养定位不相匹配，故一批学者呼吁设立第三种学位类型。①

（二）学位制度设计的依据

1. 职业本科人才培养定位高于高职专科

相对于高等职业专科培养"高素质技术技能人才"而言，职业本科人才培养定位更高。一是技能更为高端，职业本科是职业教育适应经济社会变化，特别是服务高端产业和产业高端的产物，如新材料、智能制造、生物技术、集成电路等高端产业，以及传统产业改造升级之后的产业链高端环节。二是技能更为复杂，体现为解决一项工作任务往往需要多种技能协同，或一个人需要同时具备解决多项工作任务的能力，以及更高层次的生产工艺流程的优化改进能力。三是更多心智技能替代操作技能。以"云、物、大、智、区"为代表的新一代网络信息技术蓬勃发展以及与传统产业的深度融合，引发生产组织智能化、工作内容迭代化、工作关系协同化等颠覆性嬗变，推动传统分工体系瓦解与新型协同发展关系重构，以分析、理解、评价、感知等为代表的心智技能远远重要于可被机器轻易替代的操作技能。

2. 职业本科人才培养定位异于应用型本科

职业本科与应用型本科的人才培养定位颇受争议。典型观点有：第一，趋同论，如"应从培养学科应用型人才向培养高素质、高技能型人才转变"等。第二，差异论，如"技术教育培养的是技术型人才，职业教育培养的是技能型人才"。第三，中间论，如"应用型本科人才是介于传统学科型人才与职业技能型人才的中间型人才"等。从人才培养逻辑起点看，学科体系仍是应用型本科人才培养体系建构的首要依据，而职业教育人才培养的逻辑起点是岗位能力需求。从人才培养规格看，尽管应用型本科注重实践能力，但更强调技术理论知识在实际工程或生产中的应用，培养目标更多地指向工程师、技术员类型的人才，而职业本科培养的人才必须满足岗位用人需求，实现毕业即能上岗，理论知识通常仅遵循够用即可原则。从人才培养模式看，应用型本科通常按照知识谱系结构与科学认知规律设计课程编排逻辑，序化教学内容，并通过实践环节提升知识应用能力，而职业本科则基于实际工作过程的系统化组织教学内

---

① 施星君,余闯,毛海舟.职业本科授予学位类型探析——基于人才培养定位的本质追溯[J].教育与职业,2022(10).

容和教学过程,只不过工作的工艺、流程比高职专科更为复杂。

三、职业本科学位制度形塑

鉴于职业本科人才培养定位与学术型本科、应用型本科的本质差异,授予职业本科毕业生学术学位显然是不合适的。2022年出台的《关于加强和改进专业学位教育工作的若干意见》指出,"专业学位,或称职业学位,是相对于学术性学位而言的学位类型,培养适应社会特定职业或岗位的实际工作需要的应用型高层次专门人才"。据此可知,专业学位的授予对象是技术型人才,而非技术技能型人才。为此,职业本科学位可命名为应用学士学位。职业本科应用学士学位设置:一是要坚持职业能力导向。设立应用学士学位的初衷更多是为了对职业教育领域高层次人才培养的评价与激励,彰显国家与社会对职业教育和技术技能人才的重视,同时有利于进一步健全我国学位制度体系。不能因为学位是学术水平的衡量标准与象征就弱化了技术技能人才培养的根本取向,而应充分遵循职业教育规律,坚持职业能力导向,坚持应用学位证书与职业技能证书并行,为高端产业和产业高端培养高层次应用人才。二是要坚持技术与技能相统一。在职业本科层次,技术与技能的关系更为紧密,两者并非算术叠加,而是形成高度耦合的有机体。职业本科人才培养在突出学生实践能力本位的基础上,还要注重能力背后的应用理论和附身技术支撑。实践对于原理的意义应区别于工程技术教育的"验证性"功能,而转向"生成性"服务,即通过应用研究解决企业实际生产问题。基于异质共生理论进一步探寻技术与技能的耦合共生逻辑是应用学士学位制度体系建构的关键。三是要坚持工具性与人文性相统一。职业教育应坚持工具性与人文性相统一的价值取向,也就是哲学意义上利益动机与终极动机的统一。职业教育一方面要为经济社会发展培养技术技能人才,另一方面也应关注受体个人的职业成长与社会发展。应用学士学位的制度设计应秉承这一价值取向,在引导职业院校及师生重视职业能力发展的同时,更要强调立德树人。①

四、职业教育学位制度完善的展望

对于职教本科而言,纳入资历框架只是开始。《关于做好本科层次职业学

---

① 施星君,余闯,毛海舟.职业本科授予学位类型探析——基于人才培养定位的本质追溯[J].教育与职业,2022(10).

校学士学位授权与授予工作的意见》的发布,意味着职业教育从此不再是"断头教育",将职教本科纳入学位体系也能够打破对职业教育的固有偏见,有助于防止职业本科院校的毕业生在就业、升学中被歧视,助力职业本科实现高质量发展,扭转社会对职业教育的看法,大大提高职业教育的含金量。因此,职业本科的发展,要突出职业教育特征,突出职业素养和能力的培养,要不断完善职业教育学位制度,建立职教本科专业标准体系,深化内涵建设,完善保障体系。

（一）加强理论体系建构,厘清应用学位设置逻辑

目前关于职业本科学位设置的理论研究尚未形成体系,研究深度与业界共识度不高。例如,应用学位设置的价值取向、目标体系、方法体系、评价体系、制度体系等领域,还缺乏足够的理论支撑和实践支撑。因此要着力构建积极健康的职业教育学术研究与交流氛围,呼吁高等教育、职业教育领域知名专家共同关注应用学位设置主题,从职业本科人才培养的面向、定位、规格、模式、路径、评价等关键领域着手开展理论研究,尽快完善和深化职业本科学位设置相关理论研究,为进一步丰富中国特色职业教育理论添砖加瓦。广大办学主体要加强先试先行,特别是在学分管理、毕业设计等环节的模式探索与制度创新,以及对毕业生人才培养质量的可持续跟踪评价,在实践中积极总结经验做法,以支撑理论研究。

（二）规范学位授予标准,健全学位资格评估机制

一是从授方层面明晰,应用学位应由谁赋权、谁授予、谁核准、谁认证、谁监督;教育行政主管部门、职业本科学位授予点学校,以及第三方评价组织分别扮演什么角色和履行哪些权责;省级、地方性学位委员会如何健全职业教育学位授予职能;职业院校如何设立与运行学位评定委员会等机构。二是从受方层面约束,健全学位资格评估机制,要求学生的知识、能力和素养水平应达到规定标准。要明晰学位证书与学历证书、职业技能等级证书之间的逻辑关系,如学位证书和学历证书标准是否完全一致,是否需要职业技能证书作为先行条件。三是从方法层面设计应用学位证书授予路径,包括学位授予点的申请条件、申请流程、审批流程,学校学位评定工作流程,应用学位证书的授予方式以及相应的官方认证方式等。

（三）加强促进政策供给,强化学位制度法律保障

《意见》作为首个职业本科学位授予的指导性文件,对学士学位授予的主

体、对象、流程与规范作了相应规定,但在实践层面仍需要更完善、更翔实的配套政策加以落实。为此,要加强促进职业本科学位授予方面的政策研究与制定。一是强化在应用学位要义、学位类型、授予标准、授予规范等方面的政策供给,提升应用学位制度的顶层设计水平。二是以学位政策为杠杆,探索进一步推动职业本科学校与专业建设、教育教学改革,以及治理水平提升方面的政策供给。三是以学位标准为导向,加强对职业本科学校的业务指导与质量监管,不断提升职业本科学校及专业的产业适应性和社会认可度。此外,还需要争取在立法层面的突破,将职业本科学位制度纳入职业教育法和学位条例中。

(四)搭建新型资历框架,打通职业人才发展通路

从国际经验来看,搭建资历框架有利于解决高等职业教育学位与职业资格等级的对接问题。当前,我国职业教育国家资历框架尚未形成,但历经两年多的"1+X"证书试点,以"学分银行"为切入点的国家资历框架搭建被津津乐道。在应用学士学位先行的基础上,可逐步推进探索设立专科层次的应用副学士(工士)学位以及研究生层次的应用硕士学位,从纵向上突破学术层级衔接藩篱,打通职业人才发展通路,促进职业教育类型化发展;从横向上适时启动允许普通高等教育学生修习职业教育高一级学位、职业教育学生修习普通高等教育高一级学位的制度设计,推动高等职业教育与普通高等教育之间的学程衔接和有机融通。同时,要促进微观层面学习者各种正式、非正式学习成果的转换,以及宏观层面各国之间高等职业教育成果的交流与互认。

第三节 职业本科治理体系建构

一、国家职业教育法律及制度体系的顶层设计

近年来,党中央明确提出"把制度建设摆到更突出的位置"。在职业教育领域,国家职业教育制度建设不断推进。所谓职业教育的国家制度体系,"本质上是公共权力的制度安排,是国家层面针对职业教育所做出的的总体制度设计。"[①]改革开放以来,我国职业教育已有40多年的历程,国家职业教育法律

---

① 冯孟.美国职业教育国家制度的构建及其启示[J].职业教育研究,2015(1):83—87.

及制度体系也在不断变迁,大体上可分为三个阶段。

第一阶段是 1978—1999 年,这个阶段以国家为主体,初步建立职业教育体系,全面恢复职业教育发展,奠定了国家职业教育制度体系的基准。[1]这一阶段职业教育作为补充性教育的存在,出台了一些相关制度政策,如《关于办好"七二一"大学的几点意见》《中共中央关于教育体制改革的决定》《国务院关于大力发展职业技术教育的决定》等。其中首部《中华人民共和国职业教育法》也是在此阶段颁布,其进一步明确了职业教育的法律地位。

第二阶段是 1999—2020 年,这个阶段国家职业教育制度采用"地方创新—国家吸纳"的模式,地方举办的职业学校规模大大超过国家或行业,这使得在制度的构建上,地方的自主性、创新性更强。

第三阶段是 2021 年至今,这一阶段职业教育的地位大大提升,现代化职业教育体系建设进入法治化阶段。习近平总书记对职业教育工作作出重要指示,并强调要加快构建现代职业教育体系。1996 年颁布的持续了 26 年的职业教育法也迎来了首次大修。2022 年 4 月,十三届全国人大常委会第三十四次会议表决通过新修订的《中华人民共和国职业教育法》(简称"新职教法"),并决定于 2022 年 5 月 1 日起施行。"新职教法"首次明确提出"职业教育是与普通教育具有同等重要地位的教育类型",并提出如"职业教育与普通教育相互融通""统筹推进职业教育与普通教育协调发展""促进职业教育与普通教育的学习成果融通、互认"等一系列横向纵向融会贯通的顶层设计,来推进职业教育与普通教育的协调发展,进而提升职业教育的社会地位。[2]

综上可以看出,国家职业教育法律及制度体系在不断地重塑职业教育社会地位和法律地位,主要从教育的定位、实施路径和社会影响三个维度出发来进行顶层设计。[3]

(一)职业教育定位

教育定位从社会、教育本身和职业教育层面出发,有不同的理解。首先,从社会层面来说,教育定位表示国家及社会将教育归为哪一发展领域,赋予其

---

[1] 肖冰.职业教育国家制度建构的路径依赖与关键节点——兼论"职教 20 条"的制度意义[J].高等工程教育研究,2020(5):7.

[2] 郝云亮.新职业教育法背景下普职融通的必要性、现实意义和实现路径[J].当代职业教育,2022(3):4.

[3] 金星霖,石伟平.职业教育社会地位之重塑——对新修订版《中华人民共和国职业教育法》总则部分的解读[J].高等职业教育探索,2022(3).

什么样作用和目的①;其次,从教育本身来说,教育定位说明了教育的本质、培养的对象和培养目标;最后,从职业教育层面来说,教育定位则明晰职业教育与普通教育的发展关系。对职业教育定位的重塑,主要通过法律和制度的实施,来对职业教育赋予不同的社会角色,进一步提升其社会价值与功能。主要包括以下三方面:一是社会功能的提升,赋予职业教育更多社会责任,将其与社会经济产业整体发展相联系,拔高制度体系建立目的,提高格局站位。二是对职业教育属性内涵进行梳理,厘清其本质和外延,有助于把握职业教育内核。三是突出类型教育特色,确定职业教育是与普通教育具有同等重要地位的教育类型。

（二）职业教育实施路径

实施路径指在教育过程选择的教育标准、育人模式和管理制度。通过优化办学特色和管理模式,来提升职业教育的专业型和前沿性,以培养更多优质技术技能人才。主要包括以下三方面:一是坚持职业导向,根据经济社会发展需要,结合职业分类、职业标准、职业发展需求,制定教育标准或者培训方案。二是优化治理体系,国家机关、社会组织、利益群体和公民个体通过制度安排共同管理教育公共事务,以分权和集权来调整优化共治主体的权责关系。②三是明确受教育群体,针对特定群体因地制宜开展职业教育,有助于提高教育收益,并对受教育者职业发展产生正向作用,进而促进地区经济建设和教育体系构建。③

（三）职业教育社会影响

通过改变社会文化来提升社会对职业教育的刻板印象,塑造职业教育良好的社会形象,营造良性的社会发展环境。主要包括以下两方面:一是营造社会风气。过去"职业教育"总是与"成绩差""失败者"等标签绑定,形成了大众对职业教育的偏见。而通过对职业技术技能人才的表彰,采取措施提高其声量、扩大其正向舆论,重塑职业教育的社会影响力,可扭转大众偏见。二是互通教育资源。加强国际交流合作,鼓励合作办学,实现教育资源互通,提升职

---

① 阮成武.新中国60年教育定位变迁及价值转向[J].华中师范大学学报(人文社会科学版),2011(2):136—141.
② 褚宏启.教育治理:以共治求善治[J].教育研究,2014(10):4—11.
③ 王奕俊,吴林谦,杨悠然.受教育者成本收益视角的东西部职业教育协作精准扶贫机制分析——以"滇西实施方案"为例[J].苏州大学学报(教育科学版),2019,7(1):65—74.

业教育的前沿性和国际性,最终提升职业教育社会影响。

二、内部治理机制建设

"坚持和完善中国特色社会主义制度、推进国家治理体系和治理能力现代化"是党的十九届四中全会提出的重大战略任务。《中国教育现代化(2035)》提出"推进教育治理体系和治理能力现代化"。进入新时代以来,中国教育模式、形态、内容和学习方式正发生深刻变革,教育治理呈现出多方合作、广泛参与的特点。高等职业教育作为国家教育的重要组成部分,要求高等职业教育必须关注治理。

随着知识经济的发展,大学之间的竞争越来越激烈,好的大学不仅要有高水平的教学水平,更要有现代化的管理能力。提高大学管理水平,要求大学要"善治"。当然,完善的大学治理并不是大学成功的唯一保障,但有效的治理一旦与大学的战略目标、发展计划以及文化背景协调一致,就可以有效促进大学的发展。大学治理的任务就是要有效实现大学的目标、优化大学内部机构、监督大学的运作。现实中大学与大学之间存在的差距一定程度上体现在大学的内部治理结构、治理水平的完善程度和优化水平上。

因此科学合理的内部治理结构能够形成高校自我管理、自我约束、自我规范的内部管理体制和监督约束机制,为高等教育的办学和管理保驾护航。

(一)坚持和完善党委领导下的校长负责制

为加强高校党的建设,党的十三届四中全会以后中共中央正式确定了在我国高等学校发展事业中,全面实行党委领导下的校长负责制。党中央先后发布了《中国共产党普通高等学校基层组织工作条例》《中华人民共和国高等教育法》《坚持和完善普通高等学校党委领导下的校长负责制的实施意见》等一系列重大法律法规,体现了党中央从严治党、管党治党的一贯方针,体现了各高校在实践探索中的经验。因此,在贯彻落实党中央关于高校党委绝对领导下的校长负责制的现实工作中,必须进行五大体制改革,即高等教育办学体制改革、高等教育管理体制改革、高等教育经费筹措体制改革、高等教育招生就业制度改革和高等教育内部管理体制改革。对于这一点,习近平总书记曾做过精辟的阐述:"办好中国特色社会主义大学,要坚持立德树人,把培育和践行社会主义核心价值观融入教书育人全过程;强化思想引领,牢牢把握高校意识形态工作领导权;坚持和完善党委领导下的校长负责制,不断改革和完善高校体制机制；全面推进党的建设各项工作，有效发挥基层党组织战斗堡垒作用和共产党员先锋模范作用。"他从全局高度科学地指出了我国高等教育发展的路线，为高校全面推进党的建设新的伟大工程进一步指明了方向。①

（二）坚持依法治校

大学章程建设是现代大学制度建设的核心，是高校内部治理结构的"宪法"，是推动高校内部治理结构建设的重要载体和基石。要实现教育现代化，就离不开制度的保障。以章程为核心，坚持依法治校就是其中的一项重要内容，属于制度文明的范畴。依法治校，在本质上就是以国家相关法律法规为基础和依据，在管理过程中体现社会主义办学方向，保证人才为谁培养、怎样培养的重大问题。我国高校管理模式一个显著的特点就是依靠经验进行管理，随着社会发展，这种传统的治校模式已经不能适应现代化高水平发展的需要，在推动构建社会主义性质大学的事业中，道德观念、社会责任感和价值取向等方面的因素已经成为衡量一所高校治理能力中的重要标尺，我们既要强调依法治校，同时也要强调以德治校，只有将两者进行有效结合，平衡互补，才能推动新时代职业本科教育的高质量发展。

（三）推动育人管理与权益保障深度结合

党的"十九大"以来，为进一步把贯彻落实全国高校思想政治工作会议和《中共中央国务院关于加强和改进新形势下高校思想政治工作的意见》精神引向深入，教育部制定了《高校思想政治工作质量提升工程实施纲要》，将管理育人质量提升体系建设作为高校思想政治工作质量提升工程的十大育人体系之一。如何营造良好的育人环境，全面保障师生员工合法权益，这是职业本科学校治理能力现代化的重要工作之一。在实践工作中，必须关注学生正当性、合法性、合理性权益的保护及保障，不仅要让学生知道享受什么样的权益，还要引导其树立正确的社会责任感。而对于学生教育管理工作中的法律问题，我们应该从实际工作机制着手进行调研、解决。在日常工作中就要积极对各类高校学生教育管理法律问题进行调研总结以形成经验，在借鉴其经验的基础上，结合自身办学定位的实际情况，从学校到院系两个维度建立起法律风险防范体系。

---

① 张松志.本科层次职业教育内部科学化治理体系研究[J].产业与科技论坛.2021，20(23).

（四）坚持深化二级管理

落实立德树人根本任务是高校基础工作和中心工作，这主要需要依托专业人才培养来实现，而专业人才培养既需要学校的统筹、引领和保障，更需要二级学院的规划、落实和承担，伯顿·克拉克曾经说"高等教育中更佳的端点是基层"。要建设特色高水平职业本科，就要不断完善二级管理体制机制，适当赋予二级学院人权、事权、财权、专业发展决策权，完善院系治理的内生动力，以保证特色高水平职业本科专业建设和人才培养的自主性。

三、外部治理与协同治理

职业教育是"跨界"的教育，"是教育与职业的联姻，学校和企业的携手，政府与教育的联结，行业与职业的交集"。大学外部治理是大学与外部利益相关组织间的权力分配，推动职业本科教育改革，要摆脱过去单一治理主体、单一治理手段的局限，积极建构多元主体共治、多维制度要素互补的外部治理结构。构建职业本科教育内部协同治理体系，促使职能的充分发挥，对改革的顶层设计要求更高，对改革的系统性、整体性、协同性要求更强。其中需要具备理念，以合作、协商等方式确定共同的职业本科教育发展目标，推动互利共赢内部协同治理体系日渐完善，进一步实现治理能力的现代化。

（一）充分发挥政府自上而下规制性作用

教育理念相对滞后制约着新时代中国高等教育综合改革的推进。要加强人才培养的中心地位，就得从体制机制、改革举措、方式方法上有所创新，以思想观念的转变为突破口，推进教学内部协同治理体系的改革。与管理相比，治理（governance）理论强调治理主体的多元性及主体间的协同，追求各主体的利益一致性及共同发展。单纯从概念上来看，"治理"是指"各种公共的或私人的机构管理其共同事务的诸多方法的总和，是使相互冲突的或不同的利益得以协调，并采取联合行动的持续过程"。治理的实质是在承认并尊重不同主体利益、价值的基础上，借助一种公共互动装置来促成彼此间的最大公共利益，以此调动所有组织成员的参与热情。治理理论更重视治理主体与环境之间所形成的互动关系。现代大学制度下的传统教育教学管理方式，诸如大学行政（包括学校行政部门和院系行政部门）在职教本科教学中发挥着主导作用，多是基于科层制度的行政管理模式，实际上无法满足社会对大学治理提出的新要求。在这种管理模式中，教师和学生尽管是教学的主体，尽管对教学质量有着关键影响,却缺乏发言权和影响力。在教学的各环节和各层面,师生之间尚未构建起自主表达、协商对话、达成共识的合作模式以及以学术为旨归的有机联系和作用机制,以致教师、学生与学校之间耦合不足,缺乏有效联动与互动,教师应对教学挑战的能力不足,教风学风及教学效果普遍欠佳。协同治理理论强调打破单一的主体管理结构,形成多元主体共治共管、协同治理的大治理格局。

（二）建立学校内外部治理共同体

协同治理是在公共生活过程中,政府、非政府组织、企业、公民个人共同参与到公共管理的实践中,发挥各自的独特作用,组成和谐有序高效的公共治理网络。治理决策必须兼顾权衡各方的利益,否则会导致不公平。建立治理共同体是实现无缝治理的基础。在坚持治理层级、治理维度明晰化的同时,要实现它们的有效合作,以公共利益为载体和纽带,避免条块分割导致的区隔,形成各利益主体共享、协调的治理网络。[1]产教融合、校企合作是职业院校办学的基本规律。与企业紧密合作是职业大学与普通本科大学办学模式的显著区别。[2]因此要在适度分权的基础上积极探索各利益相关者建立治理共同体,释放治理共同体参与决策的主人翁意识,营造"和而不同"的良好氛围,重视社会对学校治理的参与度,加强社会在学校治理过程中的监督、评价功能。

（三）建立开放办学的协同组织体系

治理能力是治理结构、大学制度与治理效能、治理有效性之间的桥梁和纽带。治理是通过正式或非正式的制度安排,形成多向度的反馈闭合过程,使不同的利益相关者(主体)联合行动,共同推进对象客体(共同事务)发展目标的实现。尊重多元利益主体的协商,必须提升治理能力,进而提高治理效能。积极探索治理能力现代化改革与建设的可行路径与策略,能为职业本科教育内部协同治理体系的顺利推进提供有效支持。要积极倡导政府、社会、学校三方协作,打破原有的相对封闭格局,加强横向联合,不断强化学校与外界的积极互动,建立有效制度规约各利益相关者,实现责权利协调一致。要最大限度地发挥利益相关者的潜能,防止少数利益相关者的自利倾向而影响全局。在确立学校组织目标后,除治理的计划、执行环节之外,还应当建立行之有效的反馈环节。利益相关者的建议、诉求及时反馈给学校,形成稳定顺畅的协同治理机制。

---

[1] 蔡俊.新建地方本科院校利益相关者共同治理机制研究[J].黑龙江教育(高教研究与评估),2019(5).

[2] 关晶.新升格职业大学治理的挑战与应对[J].高等工程教育研究,2021(1).

图书在版编目(CIP)数据

创新与突破：职业本科教育发展研究 / 余闯，施星君著．—上海：上海社会科学院出版社，2022
 ISBN 978 - 7 - 5520 - 4011 - 1

Ⅰ.①创… Ⅱ.①余… ②施… Ⅲ.①高等职业教育—研究—中国 Ⅳ.①G718.5

中国版本图书馆CIP数据核字(2022)第213950号

创新与突破：职业本科教育发展研究

著　者：余　闯　施星君
出 品 人：佘　凌
责任编辑：陈如江
封面设计：黄婧昉
出版发行：上海社会科学院出版社
　　　　　上海顺昌路622号　邮编200025
　　　　　电话总机 021 - 63315947　销售热线 021 - 53063735
　　　　　http：//www.sassp.cn　E-mail：sassp@sassp.cn
照　　排：南京理工出版信息技术有限公司
印　　刷：上海新文印刷厂有限公司
开　　本：720毫米×1000毫米　1/16
印　　张：20.75
字　　数：348千
插　　页：1
版　　次：2022年12月第1版　2022年12月第1次印刷

ISBN 978 - 7 - 5520 - 4011 - 1/G·1218　　　　　　　　定价：98.00元

版权所有　翻印必究